国家“双高”建设新形态教材

船舶图样识读与绘制

主　编　王璐璐
主　审　王华兴　赵达琦

哈尔滨工程大学出版社
Harbin Engineering University Press

内容简介

本书共分为十个项目,首先介绍船体制图中的一般规定及图线的应用,其次重点进行船体结构节点图、船体型线图、船体总布置图、船体中横剖面图、船体基本结构图、船体肋骨型线图、船体外板展开图、船体分段划分图及船体分段结构图的识读与绘制。本书在编写过程中,贯穿让党的二十大精神入脑入心这一标准,精选船舶行业新时代十年的发展史、奋斗史、贡献史,精选船舶建造领域新时代十年的典型榜样,将工匠精神等新时代精神谱系融入知识体系,滋养学生的家国情怀、敬业精神,增强历史自信。本书以企业为依托,以船舶行业企业实际生产船舶图纸为载体,从工作任务角度设计学习任务和拓展任务,强调以学生为中心,采用教、学、做一体化的模式,使学生具备识读和绘制船体图样的基本能力。

本书可作为高等职业院校船舶工程技术专业教材,也可供船舶与海洋工程专业学生及有关专业技术人员参考使用。

图书在版编目(CIP)数据

船舶图样识读与绘制 / 王璐璐主编. —哈尔滨 :
哈尔滨工程大学出版社, 2024. 1
ISBN 978-7-5661-4195-8

Ⅰ. ①船… Ⅱ. ①王… Ⅲ. ①船舶-识图②船舶-制
图 Ⅳ. ①U662. 2

中国国家版本馆 CIP 数据核字(2024)第 009954 号

船舶图样识读与绘制
CHUANBO TUYANG SHIDU YU HUIZHI

◎选题策划 雷 霞 **◎责任编辑** 丁 伟 **◎封面设计** 李海波

出版发行 哈尔滨工程大学出版社
社　　址 哈尔滨市南岗区南通大街 145 号
邮政编码 150001
发行电话 0451-82519328
传　　真 0451-82519699
经　　销 新华书店
印　　刷 哈尔滨市海德利商务印刷有限公司
开　　本 787 mm×1 092 mm 1/16
印　　张 20
字　　数 611 千字(含图册)
版　　次 2024 年 1 月第 1 版
印　　次 2024 年 1 月第 1 次印刷
书　　号 ISBN 978-7-5661-4195-8
定　　价 70. 00 元(含图册)
http://www. hrbeupress. com
E-mail:heupress@ hrbeu. edu. cn

船舶行指委“十三五”规划教材编委会

编委会主任：李国安

编委会委员：（按姓氏笔画排名）

马希才　王　宇　石开林　吕金华　向　阳
刘屈钱　关业伟　孙自力　孙增华　苏志东
杜金印　李军利　李海波　杨文林　吴志亚
何昌伟　张　玲　张丽华　陈　彬　金湖庭
郑学贵　赵明安　柴敬平　徐立华　徐得志
殷　侠　翁石光　高　靖　唐永刚　戚晓霞
蒋祖星　曾志伟　谢　荣　蔡厚平　滕　强

前　　言

【编写背景】

为适应船舶行业的快速发展，贯彻落实《国家职业教育改革实施方案》《职业院校教材管理办法》等文件关于开发校企合作的国家规划教材精神，推进“三教改革”，推动现代学徒制、“一个依托，三个对接”等人才培养模式改革，编者联合渤海造船厂集团有限公司等船舶行业企业，以推进二十大精神“进教材”为抓手，总结职业教育教学改革和活页式教材开发经验，坚持以培养学生实践能力为目标，编写了“知识体系+任务书”的活页式教材。本书坚持育人导向，根据船舶领域职业岗位的任职要求，参照相关的职业资格标准，以行业企业中船舶生产设计和典型工作任务为基础，以学生职业能力为核心，以船舶企业实际造船生产设计为导向，旨在培养学生良好的识图和绘图的基础技术素养。同时，教材编写团队深入学习二十大精神，把二十大精神中关于社会主义核心价值观、实现中华民族伟大复兴中国梦的使命担当以及培育工匠精神和科学精神、文化自信等核心关键词与教材内容紧密结合。本书注重学生实践能力、创新能力和奋斗品质的培养，引导学生“在做中学”“在学中做”，在实践中践行党的二十大精神，切实做到学思用贯通，知信行统一。

【教材定位】

“船舶图样识读与绘制”是船舶工程技术专业的核心课程，其在课程体系中，对学生专业能力的培养起到承上启下的作用。本课程旨在培养学生识读和绘制船体图样的能力，为后续的专业学习提供足够的知识储备。

【特色创新】

1. 校企合作开发，融入职业要素。

在本书编写过程中，作者团队调研了大连、山海关、青岛、葫芦岛等多地船舶企业，通过实地调研，完成了职业岗位分析，课程内容与船舶设计、建造等实际岗位工作过程和职业标准对接，并根据企业要求和技术发展及时更新教材内容，大大增强了教材的适用性。邀请行业企业专家参与教材大纲制订、教材样章编写及教材内容审定全过程。

2. 强调学生的主体地位，遵循学生的认知规律。

在构建教材知识框架时，以行业企业中船舶生产设计和典型工作任务为基础，以学生职业能力为核心，以船舶企业实际造船生产设计为导向，以成绩评价单为载体，遵循学生的认知规律。教材所有内容都是围绕培养船舶工程技术方面的专业能力来展开的，主要由相关知识模块、学习任务模块、拓展任务模块组成。三个模块在设置时，呈现递进关系，循序渐进，力求内容通俗易懂，图文并茂。学习任务体现基本专业技能，而拓展任务以拓展职业能力的培养为主，符合学生能力的形成规律。而学习任务模块和拓展任务模块在设置时，又体现了相对独立性，以便学生在使用教材时可随时随地进行拆解。

3. 紧密衔接职业岗位。

本书编写围绕典型工作任务的工作过程，对教学内容进行改革和重新组合，突出内容的针对性和适用性；以真实工作任务为载体，通过任务驱动、工学结合的人才培养模式，边学边练与教学做结合的教学模式，学习、掌握船体建造工作过程中图样识读和必要的绘制方法，使教学过程与工作过程一致。

4. 信息化资源丰富，教材呈现立体化。

本书利用学校在线教学平台、学堂在线等线上课堂优势，书网融合，更加方便教材内容的更新，方便师生自由使用教学资源，方便教师自主组织教学。

5. 坚持立德树人，落实三全育人。

本书融入了二十大精神，从学习目标、知识点、学习任务、布置任务到成绩评价单、任务总结单，无处不蕴含对学生爱国、爱民族、爱行业、爱企业等爱国主义情怀的植入和敬业精神、工匠精神、劳模精神等爱岗敬业精神的培养。

本书通过“讲一个故事、树一个榜样、举一面旗帜、悟一个道理”的方式，以工匠精神、航母精神、企业精神等为主体，以求真务实、实践创新、技能报国、劳动光荣等为主线，根据每一个项目以及每一个任务的内容，在每个项目中设置素养小课堂，按主题选取编辑若干个故事，每个故事后设置启示、思考和标语，将思政教育自然地渗透到专业课程中。

【配套资源】

本教材配套资源丰富，除了教材配备的丰富的视频、微课等资源外，编者团队还在学校在线教学平台和学堂在线开设了在线精品课，其中有课程简介、课程概要、学习指导、教案、教学录像、练习、拓展学习、课件等大量信息化资源，便于开展线上线下混合式教学。

【编写分工】

本书的项目一、项目五、项目六、项目十由渤海船舶职业学院王璐璐副教授编写，项目二、项目八由渤海船舶职业学院王璞讲师编写，项目三由渤海船舶职业学院刘雪梅教授编写，项目四、项目七、项目九由渤海船舶职业学院刘曼讲师编写。本书由王璐璐副教授担任主编，渤海造船厂集团有限公司高级工程师王华兴和葫芦岛市交通综合行政执法队赵达琦担任主审。

【致谢】

本书在编写过程中得到了不少同行、专家、教授、船厂师傅的帮助和支持，在这里致以深切的谢意。另外，本书在编写过程中，借鉴了其他一些专业教材、杂志、电教录像、网络上的有益内容，将在参考文献上一一注明。同时由于编者水平有限，书中有些问题可能考虑不周，疏漏与错误之处也在所难免，竭诚欢迎读者批评指正，从而使本书进一步改进和完善。

编　者

2023 年 9 月

目　　录

项目一　船体制图的一般规定及图线的含义

【项目描述】

船体图样是建造船舶的重要技术文件，为了便于船舶设计、生产和技术交流，船体图样的表达方法、尺寸注法、图线以及所用符号需要统一规定。为此，有关部门制定和颁布了一系列标准，包括国家标准局批准的国家标准(以 GB 表示)、全国船舶标准化技术委员会和中国船舶工业总公司批准的行业标准(分别以 CB* 和 CB 表示)、各工厂企业批准的企业标准。这些标准适用范围不同，但统属技术法规，每个从事造船工作的人员必须严格遵守，认真执行。

与船体制图直接相关的标准主要有：

《金属船体制图》(GB/T 4476—2008)；

《船舶产品图样和技术文件管理》(GB/T 3243.1～3243.6—1995)；

《金属船体构件理论线》(CB/T 253—1999)；

《船舶产品专用图样和技术文件编号》(GB/T 14—2011)；

《船体结构 相贯切口与补板》(GB/T 3182—1983)；

《船体结构 型材端部形状》(GB/T 3183—2013)；

《船体结构 流水孔、透气孔、通焊孔和密性焊段孔》(GB/T 3184—2008)；

《船舶焊缝符号》(GB/T 860—1995)；

《造船 船舶布置图中元件表示法》(GB/T 3894—2008)。

【项目目标】

知识目标

1. 掌握船体图样中各种图线、符号的组成及其含义；
2. 熟悉船体图样中尺寸的标注方法；
3. 掌握船体图样中主要焊缝符号的表达含义。

能力目标

1. 能够根据图线种类确定其在图中表达的含义,并能正确使用图线;
2. 能够根据金属船体构件理论线规定确定船体构件理论线的位置;
3. 能够正确理解船图中焊接符号所代表的含义,并能在船图中正确标注焊缝符号。

素质目标

1. 具有良好的职业道德,树立质量意识和诚信意识;
2. 具有较强的责任意识和一丝不苟的工作态度;
3. 具有分析问题、解决问题的能力。

【学习任务】

学习任务 1:船体图线及符号应用;
学习任务 2:金属船体构件理论线应用;
学习任务 3:焊缝符号在船体图样上的应用。

【学习载体】

以船体制图相关标准为载体。

【学习评价】

完成本项目的学习后,按照下表对本项目的学习情况进行总评,评价总分为 100 分。

成绩评价单

评价内容	分值	自我评价(30%)	小组互评(40%)	教师评价(30%)	总分
(1)图纸幅面和图样比例、尺寸标注的规定	20				
(2)船体图线及符号应用	20				
(3)金属船体构件理论线应用	20				
(4)焊缝符号在船体图样上的应用	20				

续表

职业素养考核(职业精神、思想政治、创新发展)	20				
合计					
自我评价与总结					
教师点评					

【素养小课堂】

良工“匠心”造航母

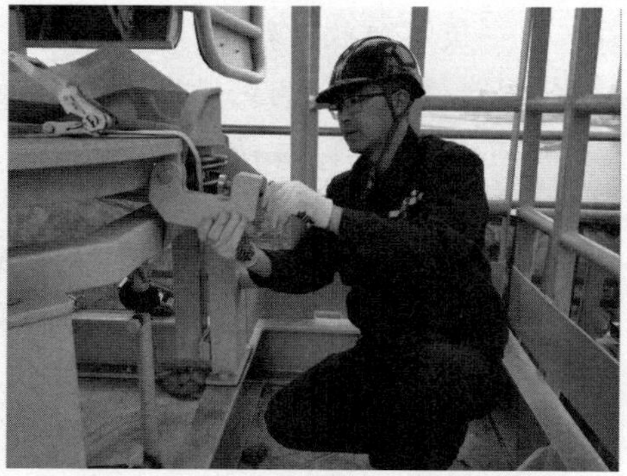

大连船舶重工集团有限公司钳工戴振涛

戴振涛是大连船舶重工集团有限公司(简称大连船舶重工)船坞总装三部舾装车间钳工四班班长,高级技师,曾荣获“大国工匠年度人物”、全国五一劳动奖章、全国技术能手、大连市劳动模范、大连市“十大杰出青年岗位能手”等荣誉。

“能不能有更好的方法”

“小时候,每当看到巨轮从船台入水,都觉得特有气势。”戴振涛说。戴振涛的父亲也是一名船厂工人,每次船舶建成,船厂都会邀请参建工人的家属参加下水仪式,这使戴振涛的内心被强烈震撼。

子承父业。1996 年,从船舶钳工专业毕业的戴振涛进入大连船舶重工,成为一名普通的钳工。船舶钳工的工作现场在船舶的“心脏”——机舱,其中舵机位于艉部舵机舱内,关系到船舶航行安全,其重要性不言而喻。

为承担起这份沉甸甸的责任,戴振涛刻苦钻研施工图纸、设备说明书,无论是检修设备还是运行新设备,他都在现场仔细观看、动手实践,虚心向经验丰富的师傅请教。就这样边学边干,戴振涛快速成长为独当一面的技术骨干。

“最开始我想,‘别人会的,我也要会’,后来干得多了,就想‘能不能有更好的方法’。”戴振涛十分重视工艺改进。

2007 年,经班组员工推荐,戴振涛被任命为班组长,带领班组员工从事各类船舶辅机及舵系、货油泵透平机的安装、调试和交验等工作,负责的4.5万吨化学品成品油船、3.5万吨多用途成品油船、1 800 TEU集装箱船、30万吨油船以及军品的生产任务，均按期优质完成，他的班组也成为大连船舶重工数一数二的攻坚班组。

参与安装中国第一台航母阻拦机

2012年11月23日，歼15战斗机第一次在辽宁舰的甲板上被阻拦索稳稳拉住，成功着舰。

“当初安装阻拦机时，完全是摸着石头过河。”2010年，戴振涛所在班组接到了我国第一台航母阻拦机的安装任务。航母阻拦机的作用是帮助舰载机降落着舰，用一根钢索，在3 s内将重达20多吨、时速高达250 km的舰载机拉住，使其瞬间平稳地在甲板上停下来。

“阻拦机中每个装置的安装精度都可能对舰载机和飞行员的安全产生重要影响。”戴振涛说。阻拦机横跨舰尾左右舷，装备巨大，但仅导轨的水平精度，就要求每米不超过一根头发丝六分之一粗细的误差。为此，戴振涛带领班组反复地对各项数据进行测量、计算、调整，天气、风向、载重等因素变化都要考虑在内。

经过坚持不懈地攻坚，戴振涛所在班组先后完成了机舱动力设备、舵机、汽轮冷水机组、全船生活保障设备、特装设备等600余套设备的安装和调试工作，尤其在飞机起降特装设备施工中，完成了核心设备飞机轮挡止动装置、偏流板装置、阻拦机装置的安装及调试工作，使其在各种工况下经受住考验。在施工现场，大家常称赞戴振涛是辅机舵系安装调试的“大拿”。

扎根一线　传承匠心

从接触民用船舶，到参与我国航母建造，再到如今各式船舶设备的调试维护，戴振涛始终“在船上，在现场”。

在一次某船舵系钻孔、铰孔施工中，戴振涛发现，磁力钻钻孔误差较大会影响铰孔施工进度，增加工人劳动强度。经过反复的研究和试验，他创新设计出可调式磁力钻机座，在提高了钻孔精度的同时，大大减轻了工人的劳动强度，保证了生产节点的按期实现。

据不完全统计，该操作工法的创新，在保证工作质量的同时为该道工序的完成节约工时288个，经集团在各在建船舶推广，该工法已累计为集团节约费用千万元。

“我常对徒弟们说，钳工做的是精细活，要钻研，耐心做好每一个基础工作。”戴振涛说。

“把平凡的事做好，在不断学习提高的同时，我也希望能将技能传授给年轻人，为集团、为国家建造出更多更好的船舶。”戴振涛说。

如今，我国第一艘航空母舰辽宁舰正在服役。作为曾参与过辽宁舰、山东舰两艘航空母舰建造的戴振涛，仍奔走在船舰维护保障的一线，日复一日地对数据、设备进行测量改进。脚踏实地地与船舶打了20余年的交道，戴振涛精益求精，兢兢业业，用责任和担当淬炼出一颗良工“匠心”。

【启示】良工方能成为巧匠，十年日复一日，不怕枯燥，不怕单调，恪尽职守，精益求精，铸就了工匠精神。一个国家、一个民族的发展，离不开各行各业劳动者的共同推动。也正是有许许多多像戴振涛这样的人，在平凡的岗位创造非凡的业绩，为中国制造高质量发展保驾护航。

【思考】劳模是一种荣誉，更是一种精神。谈谈你从中获得哪些启示？

来源于：中工网－工人日报(有改动)

标语：劳动铸就梦想，技能开创未来

【知识结构】

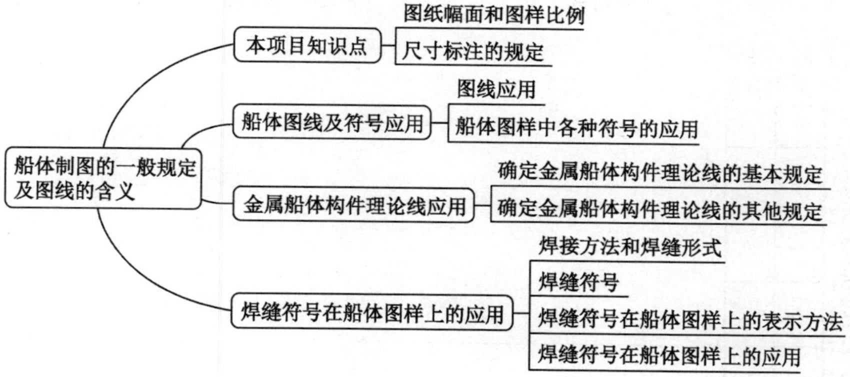

【相关知识】

1. 图纸幅面和图样比例

(1)图纸幅面及格式

①基本幅面

标准中规定了五种基本幅面,见表 1-1,绘制图样时应优先采用。

表 1-1　基本幅面

幅面代号	A0	A1	A2	A3	A4
$B\times L$/mm	841×1189	594×841	420×594	297×420	210×297
图纸幅面/m	1.00	0.50	0.25	0.12	0.06
c/mm	10			5	
a/mm	25				

②幅面的延伸

根据绘图需要，也可延伸基本幅面，其方法是：按所选基本幅面短边的整数倍沿短边延伸，如图 1-1 所示。延伸后的图幅宽度不得超过 A0 幅面的宽度。

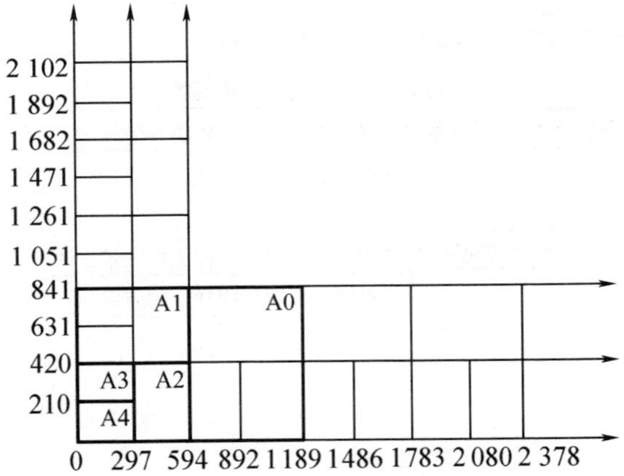

图 1-1　图纸幅面延伸的规定

图纸幅面

③图纸边框格式

图纸四边画有边框线，边框格式见图 1-2，边框线用粗实线绘制，a、c 尺寸见表 1-1 规定。标题栏、图样管理栏和反向图号栏的尺寸、格式及内容详见后面相关内容。

(2)图样比例

①船体图样的比例

绘制船体图样时，应采用表 1-2 中规定的比例。

②比例的标注

每张图样上均标注采用的比例。同一图样中，若各图形采用的比例相同，则将比例标注在标题栏内；若各图形采用的比例不同，则将主要视图的比例标注在标题栏内，其他图形的比例标注在各图形名称线的下方，见图 1-3。

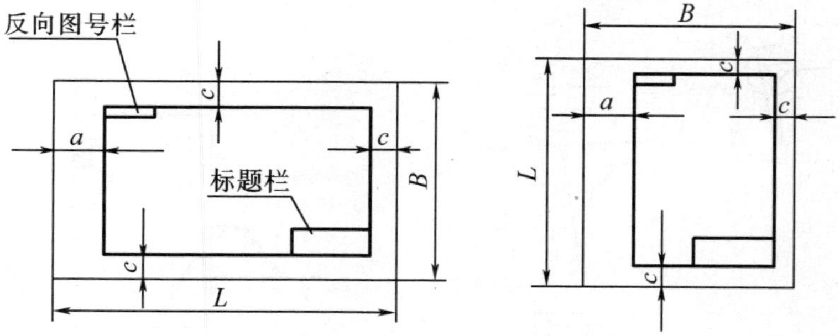

图 1-2　图纸边框格式

表 1-2　船体图样的比例

比例的种类	采用的比例			
与实物相同	1:1			
缩小的比例	1:2 1:20 1:200	1:2.5 1:25 1:250	1:5 1:50 (1:30)	1:10 1:100 (1:40)
放大的比例	2:1	2.5:1		

注：括号中的比例不推荐使用。

2. 尺寸标注的规定

《金属船体制图》对尺寸标注的方法做了规定，择要介绍如下。该标准没有明确规定的部分，应按《机械制图》（GB/T 4458）绘制。

（1）尺寸标注的一般原则

①同一构件的尺寸一般只标注一次。规格或尺寸相同的构件可只标注一个。尺寸应标注在表示构件最清晰的视图上。

②船体构件的定位尺寸是指构件理论线（构件安装位置线）距基准线的距离，或指两构件理论线之间的距离。当不按照《金属船体构件理论线》标注定位尺寸时，则用符号“⟋⟋⟋”表示该构件的理论线位置，见图 1-4。

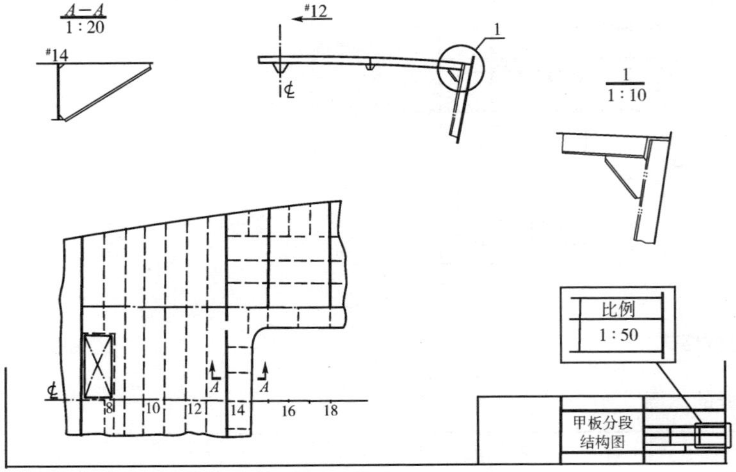

图 1-3　比例的标注

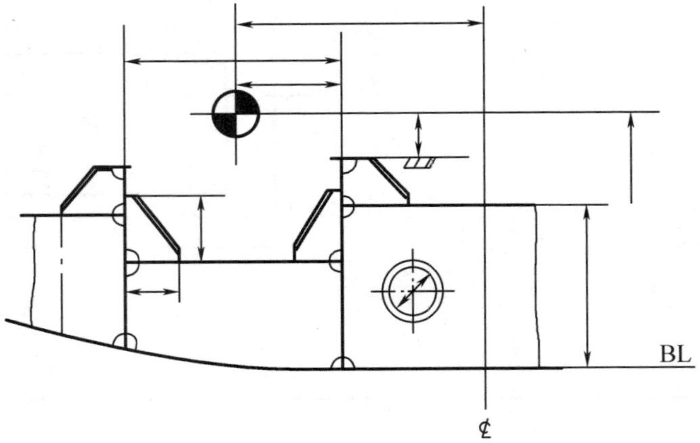

图 1-4　定位尺寸的标注

③定位尺寸高度方向的基准常为基线、水线;宽度方向的基准常为船体中线、船舷;船长方向的基准常为船中站线、肋位线。

④待定尺寸标注时,要在尺寸数字前加"~"符号。

(2)尺寸标注的一般规定

①圆、圆弧尺寸的注法

圆的直径、圆弧半径和大圆弧半径按图 1-5 形式标注。当圆弧半径过大或在图形范围内无法标出其圆心位置时,按图中形式标注。

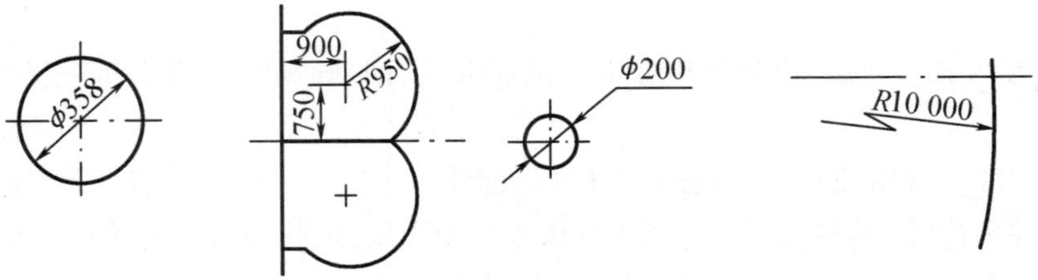

图 1-5　圆的直径、圆弧半径和大圆弧半径的注法

②光滑过渡处尺寸的注法

在光滑过渡处标注尺寸，必须用细实线将轮廓线延伸，从它们交点处引出尺寸界线，见图 1-6。

③无足够的位置画箭头或写数字时的尺寸注法

在没有足够的位置画箭头或写数字时，可按图 1-7 的形式标注。

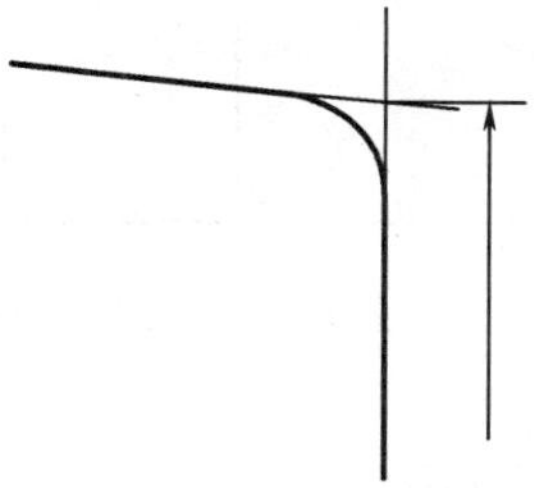

图 1-6　光滑过渡处的尺寸注法

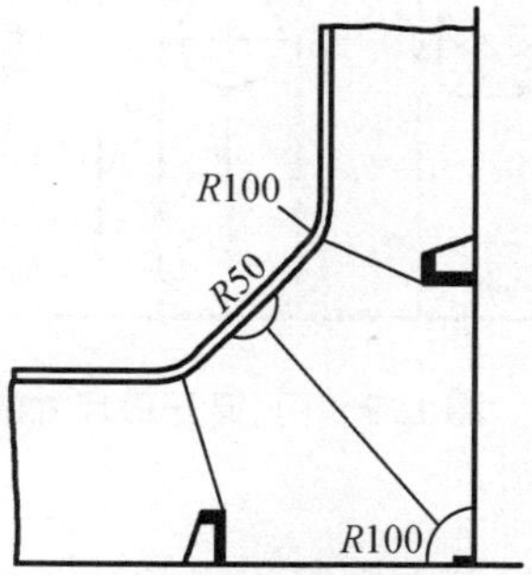

图 1-7　无足够的位置画箭头或写数字时的尺寸注法

④开孔、开口的尺寸注法

a. 人孔、减轻孔的开孔尺寸注法见图 1-8。人孔需在开孔中心线下方标明“人孔”字样，见图 1-8(a)。

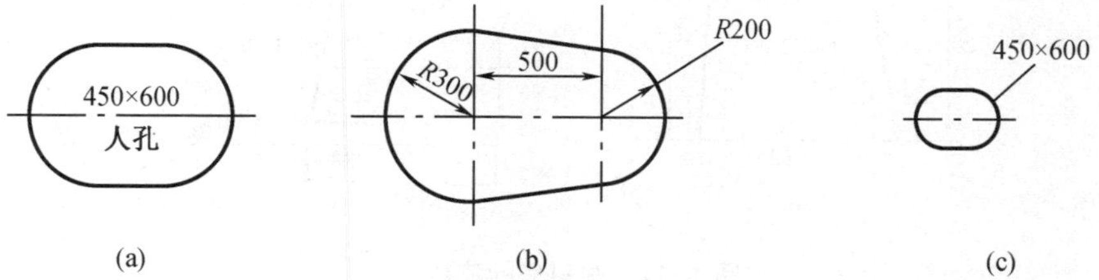

图 1-8　人孔、减轻孔的开孔尺寸注法

b. 矩形开口尺寸的标注为短边×长边，用 *R* 表示开口圆角半径。窗的开口高度为开口中心到围壁下甲板上表面的垂直距离。用 *h* 表示门的开口下缘距甲板上表面的最小高度。相同的开口尺寸可只标注一个。图 1-9 示出了门、窗开口尺寸的标注形式。

c. 流水孔、通焊孔、透气孔的开孔尺寸标注见图 1-10。

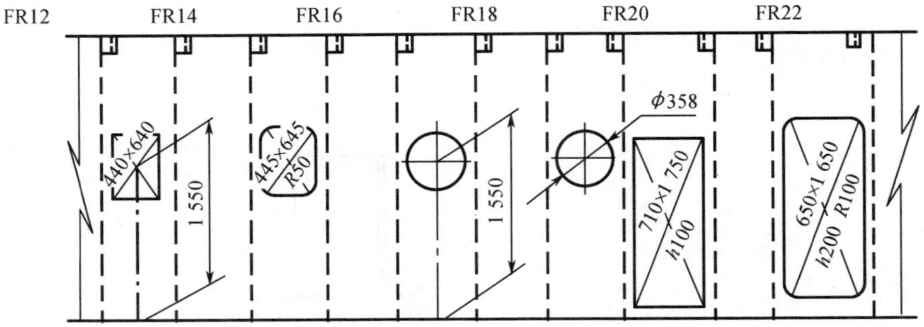

图 1-9　门、窗开口尺寸的注法

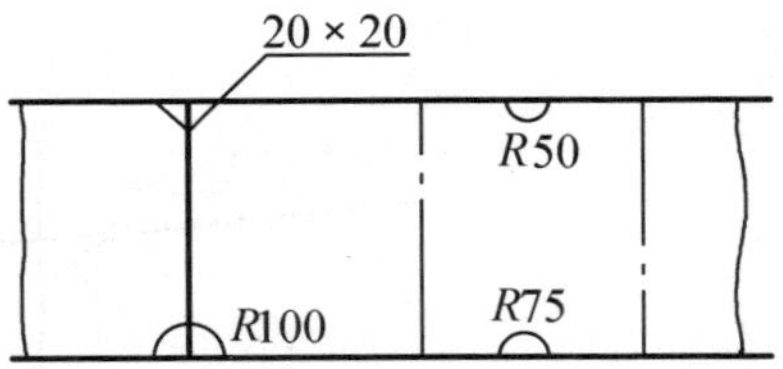

图 1-10　流水孔等的开孔尺寸注法

⑤倾斜度的注法

船体上某些结构的倾斜度，如烟囱和甲板室前端壁倾斜度应采用直角坐标法，而不宜采用角度标注法，见图 1-11。

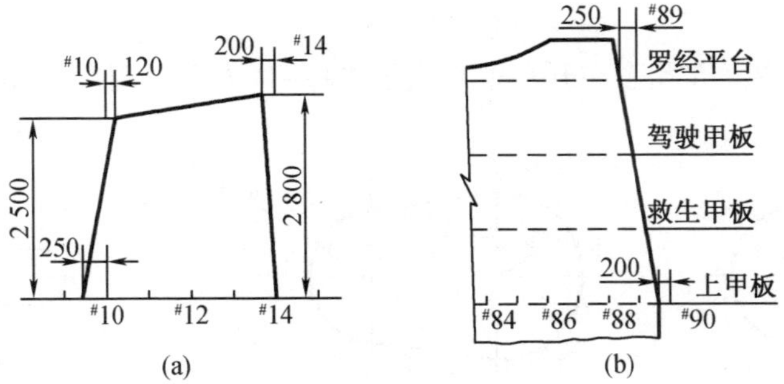

图 1-11　倾斜度的注法

⑥尺寸简化注法

a. 构件等距离布置时，构件间距尺寸可采用图 1-12 所示标注形式。

b. 若尺寸界线的一端为基准平面且尺寸线较长，则基准平面的尺寸界线可省略，见图 1-13。

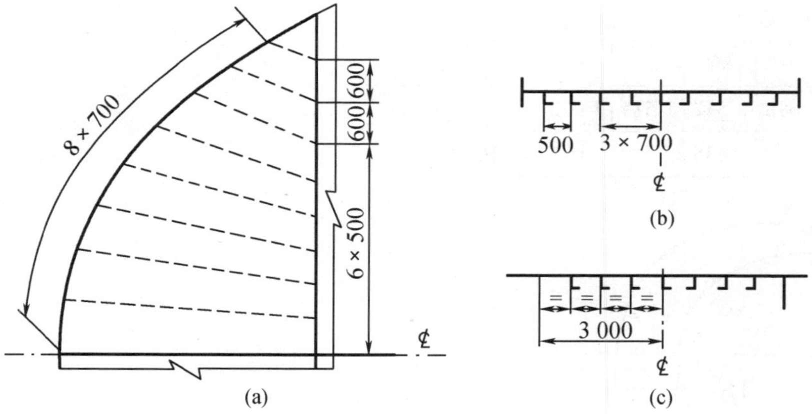

图 1-12　构件等距布置时的尺寸注法

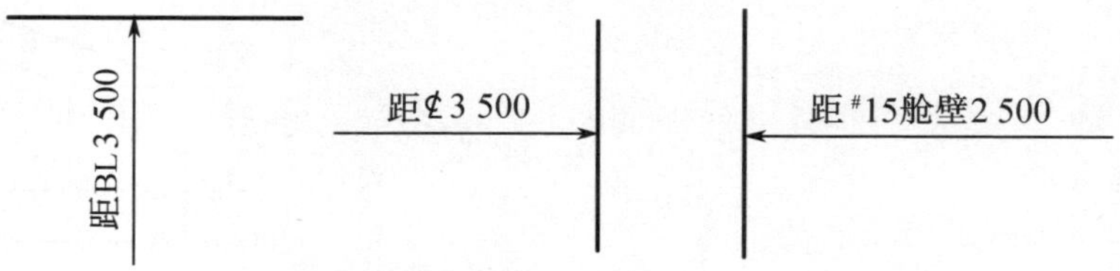

图 1-13　距基准较远时的尺寸注法

⑦曲线尺寸的注法

曲线轮廓的尺寸是通过标注曲线上若干点的坐标来表示的。曲线上若干点的坐标值可直接标注在图上,如图 1-14 所示;也可以型值表的形式列出,见图 1-15。

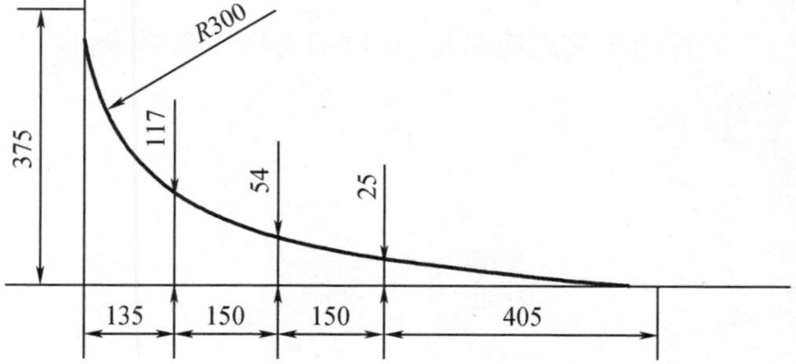

图 1-14　直接标注曲线尺寸

烟囱型值(半宽)

名称	肋位号										
	74	75	76	77	78	79	80	81	82	83	84
顶线	—	—	1 310	1 475	1 610	1 685	1 587	1 515	1 072	—	—
底线	1 332	1 530	1 722	1 890	2 045	2 170	2 235	2 200	2 032	1 710	1 040

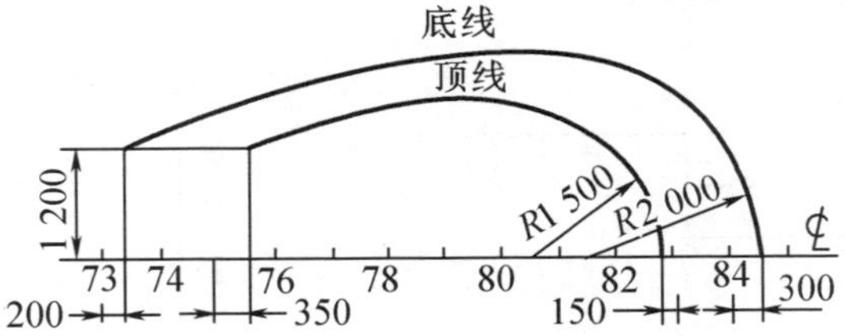

图 1-15　型值表法标注曲线尺寸

⑧肋位的编号及注法

民用船肋位由船尾向船首依次进行编号。

a. 全船性图样每隔 5 档肋距标注肋位号,肋距不同时应分别标注出不同区域的肋距。

b. 船体分段结构图中,肋位按偶数标注。不满 4 个肋位的,均应标注出肋位号。

⑨船体主尺度的注法

船体主尺度以列表的形式标注,书写时上、下行的小数点应对正,数值的有效位数需全部写出。

【任务实施】

案例 1.1　船体图线及符号应用

1. 图线的形式及应用范围

《金属船体制图》中规定了船体图样应采用的图线形式及应用范围，见学习任务单 1。

2. 图线的画法和要求

（1）图线粗细的选择应根据图形的大小、复杂程度及图样的类型而定。一般来说，图形大而简单的，图线可取粗些，型线图中的图线则要求细些。粗细一经选定，则应保持同类图线的粗细浓淡基本一致。粗线应尽量画得黑而光亮，细线也应画得黑而清晰。

（2）虚线、轨道线、点划线及双点划线的线段长短和间隔应各自大致相等。这几种线的线段长短和间隔在《金属船体制图》中未做规定，画图时可视图样的具体情况而定，一般可按图 1-16 提供的参考数据绘制。

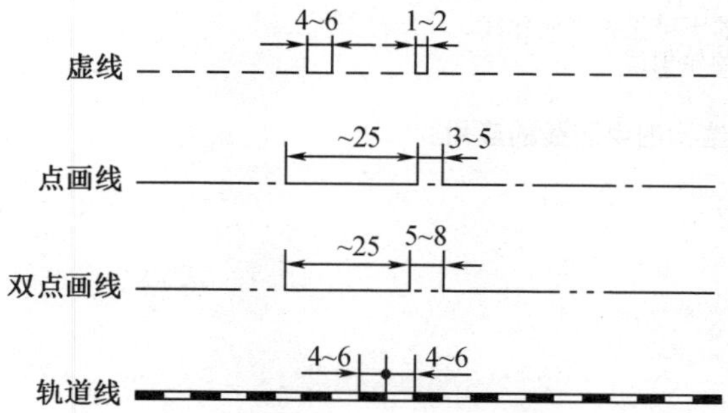

图 1-16　虚线等的画法

3. 图线的应用

图 1-17 中示出了各图线所代表的含义。

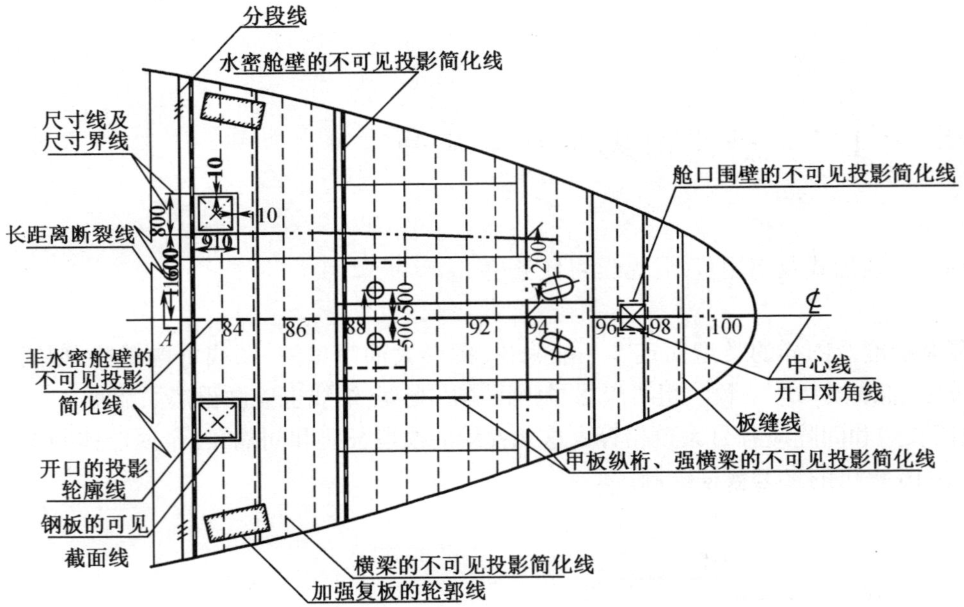

图 1-17　结构图中图线的应用

结构图中图线的应用

布置任务单 1

<table>
<tr><td>学习领域</td><td colspan="3">船舶图样识读与绘制</td></tr>
<tr><td>学习任务 1</td><td>船体图线及符号应用</td><td>学时</td><td></td></tr>
<tr><td>任务描述</td><td colspan="3">任务导入：
图线除了组成图形表示船体、设备、构件的形状外，在结构图样中还以不同图线表示不同构件在视图中的投影。图 1-18 分别由不同图线组成，代表不同的船体结构。熟悉船图中图线的形式及应用范围，掌握图线画法，对于绘制和识读船体图样是十分重要的。
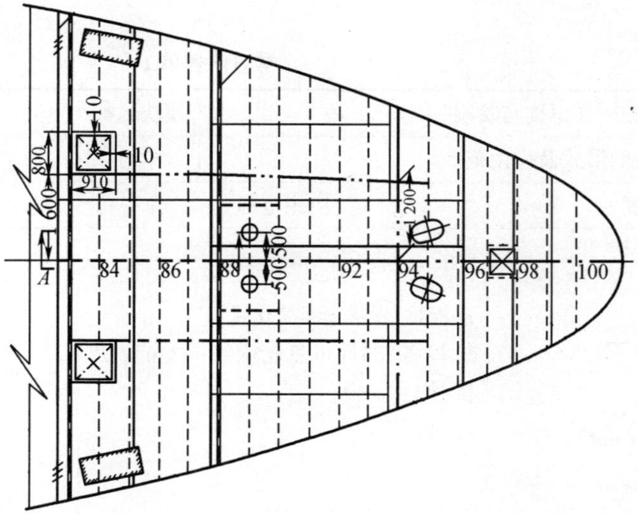

图 1-18</td></tr>
<tr><td>任务要求</td><td colspan="3">技能要求：
(1)能够掌握船体图线的种类及应用范围；
(2)能够掌握船体符号的种类及应用范围；
(3)能够正确绘制船体图线和图形符号；
(4)能够综合运用船舶结构的知识与船体图线识读船体图纸。</td></tr>
</table>

续表

任务要求	职业素质要求： (1)具有一丝不苟的工作态度； (2)具有自我学习、不断更新知识结构的意识和能力； (3)具有分析问题、解决问题的能力。
学习资源	教材、教学课件、图片、图纸。

学习任务单 1

学习领域	船舶图样识读与绘制		模块名称	项目一：船体制图的一般规定及图线的含义	
任务名称	图线的形式及应用范围		学时	班级	
序号	名称	形式(宽度)	应用范围	示例	学习笔记
1	粗实线	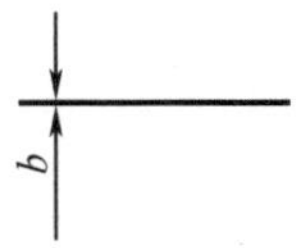 (b=0.4~1.4 mm)	a. 板材、骨材剖面简化线； b. 设备、部件可见轮廓线(总布置图除外)； c. 名称线。	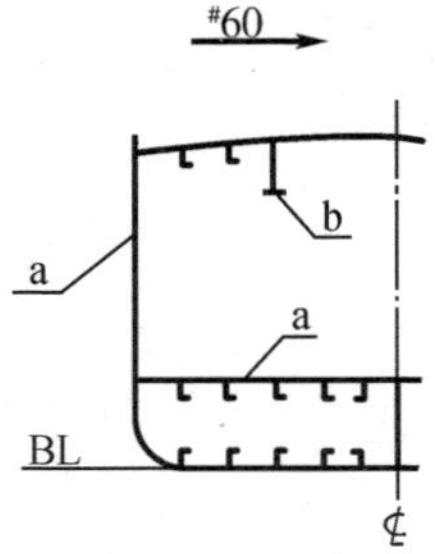	
2	细实线	—————— (<b/3)	a. 可见轮廓线； b. 尺寸线与尺寸界线； c. 型线； d. 基线； e. 引出线与指引线； f. 接缝线； g. 剖面线； h. 规格线。	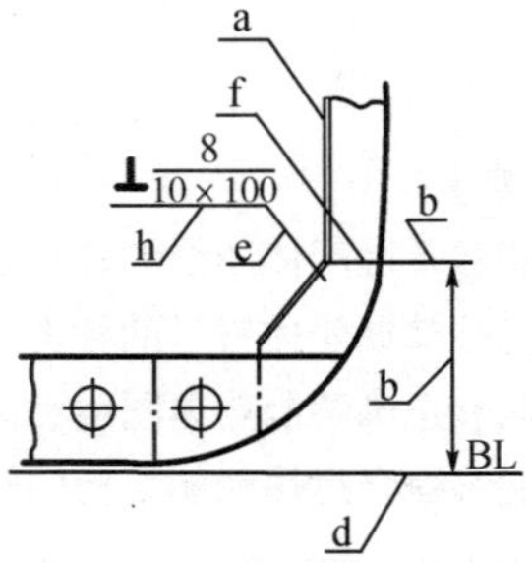	

续表 1

序号	名称	形式(宽度)	应用范围	示例	学习笔记
3	粗虚线	— — — — (b)	不可见板材简化线(不包括规定采用轨道线表示的情况)。	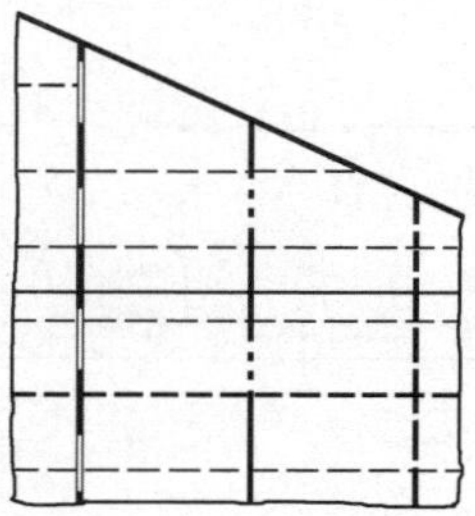	
	轨道线	(b)	主船体结构图内不可见水密板材简化线(肋骨型线图、分段划分图等除外)。		
4	细虚线	- - - - - - - - - ($<b/3$)	a. 不可见轮廓线; b. 不可见次要构件(肋骨、横梁、纵骨、扶强材等)的简化线。	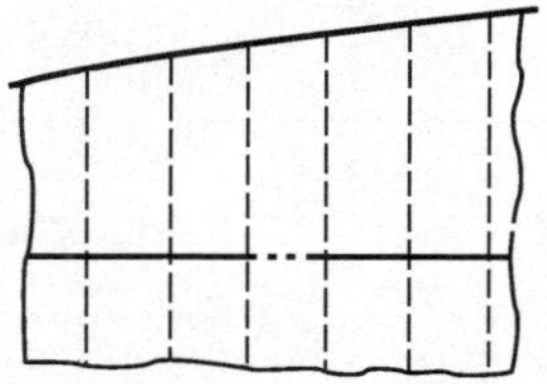	
5	粗点画线	——·—— (b)	a. 可见主要构件(强肋骨、舷侧纵桁、舱壁桁材等)的简化线; b. 钢索、绳索、链索的简化线。	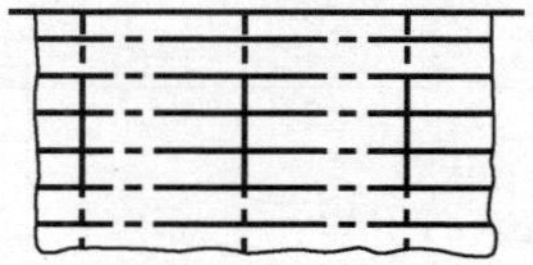	
6	细点画线	——·—— ($<b/3$)	a. 中心线; b. 可见次要构件(同 4)的简化线; c. 开口对角线; d. 转圆线; e. 液舱范围线; f. 折角线。	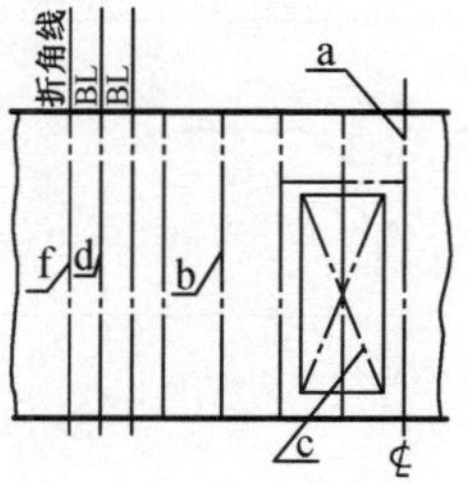	

续表 2

序号	名称	形式(宽度)	应用范围	示例	学习笔记
7	粗双点划线	(b)	不可见主要构件(强肋骨、舷侧纵桁、强横梁、甲板纵桁、舱壁桁材等)的简化线。	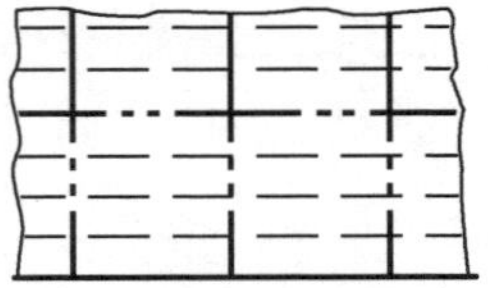	
8	细双点划线	(<b/3)	a. 非本图构件可见轮廓线； b. 假想构件可见轮廓线； c. 肋板边线； d. 工艺开口线。	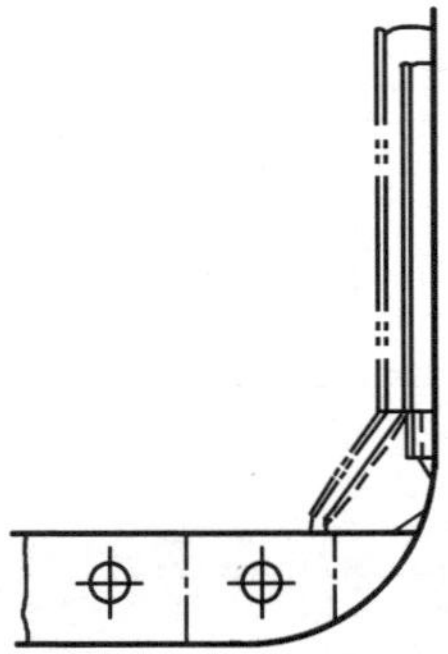	
9	波浪线	(<b/3)	构件断裂边界线。	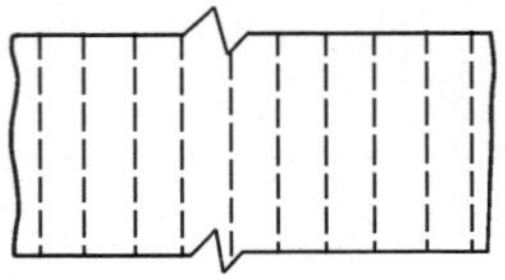	
	折断线	(<b/3)		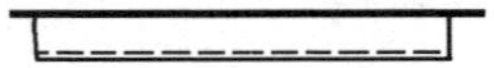	

续表 3

序号	名称	形式(宽度)	应用范围	示例	学习笔记
10	斜栅线	 (<b/3)	分段界线(分段划分图除外)	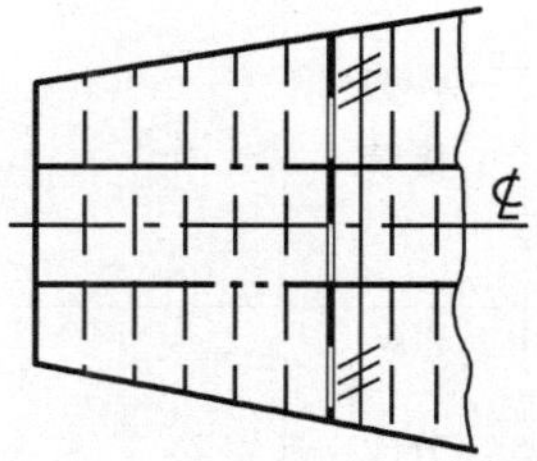	

学习任务单 2

学习领域	船舶图样识读与绘制	模块名称	项目一:船体制图的一般规定及图线的含义		
任务名称	金属船体制图图形符号	学时		班级	

序号	名称	符号	示例	学习笔记
1	吃水符号	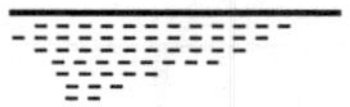	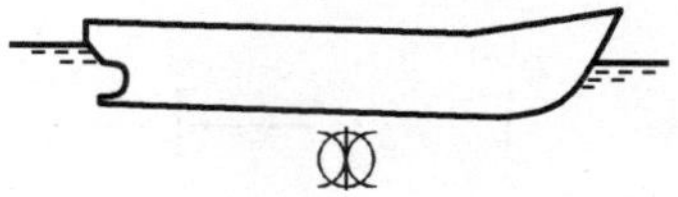	
2	船中符号			
3	轴系剖面符号		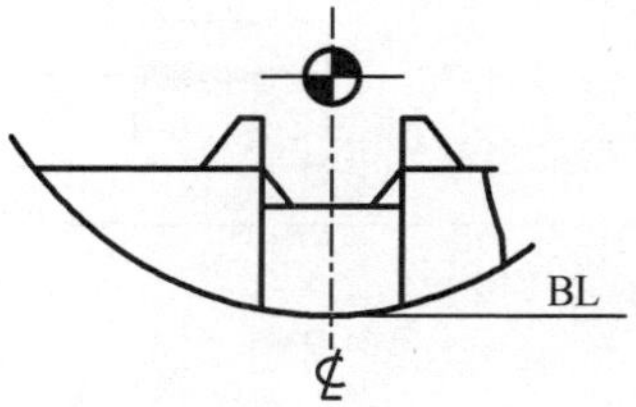	

续表 1

序号	名称	符号		示例	学习笔记
4	端接缝和边接缝符号	一般接缝		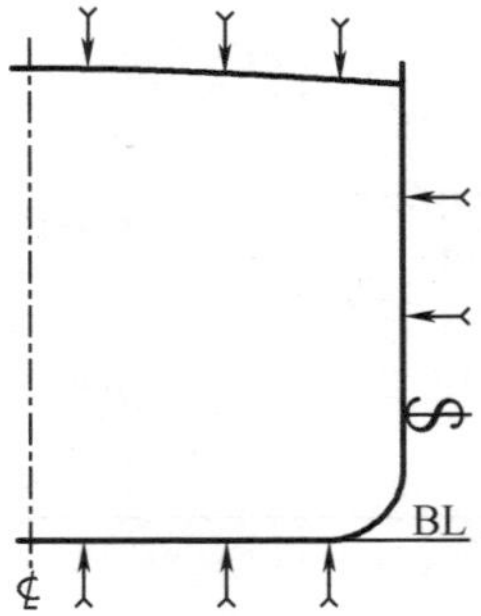	
		分段接缝			
5	连续符号			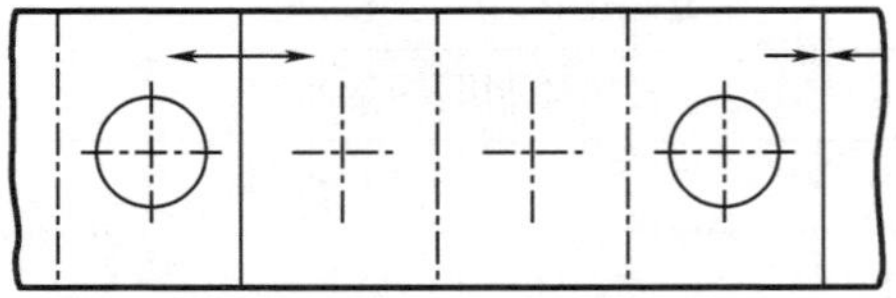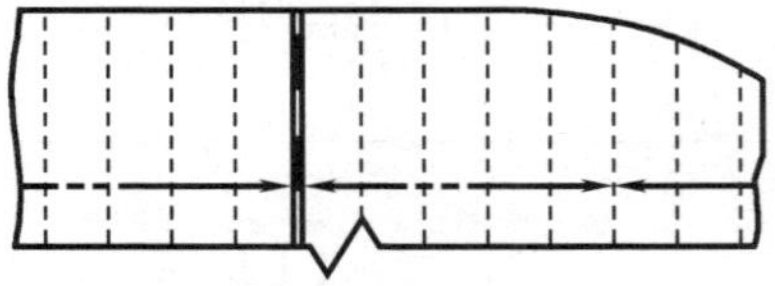	
6	间断符号				
7	视向符号	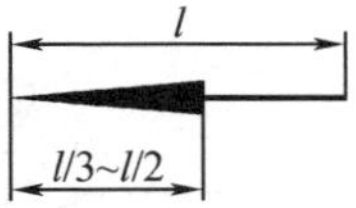			
8	肋位符号	#			

续表 2

<table>
<tr><th>序号</th><th>名称</th><th>符号</th><th>示例</th><th>学习笔记</th></tr>
<tr><td rowspan="2">9</td><td rowspan="2">小开口符号</td><td>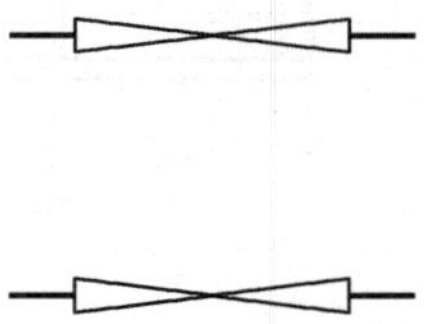</td><td>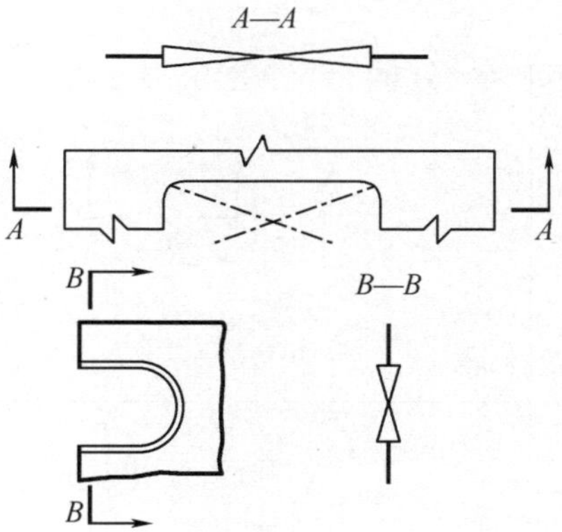
</td><td rowspan="2"></td></tr>
<tr><td>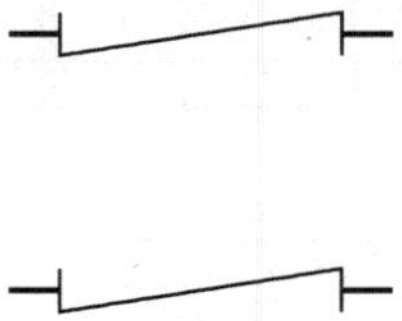</td><td>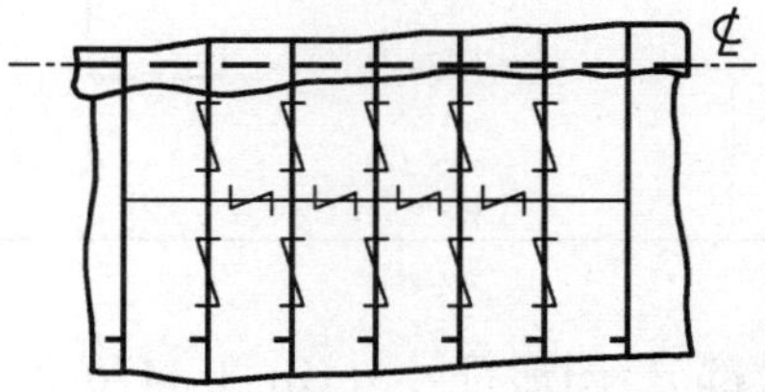
</td></tr>
</table>

续表 3

序号	名称	符号	示例	学习笔记
10	剖切符号		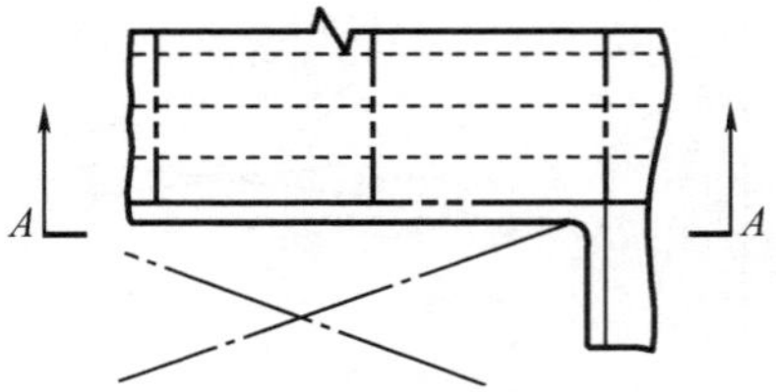	
		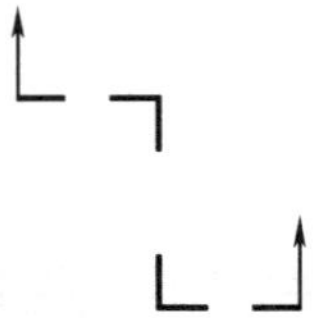	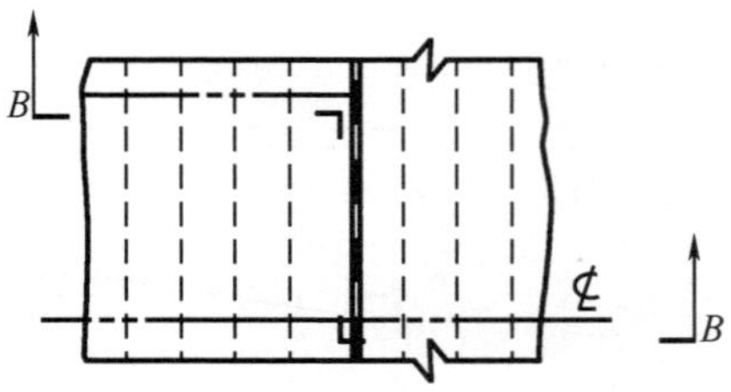	

《金属船体制图 第 2 部分:图形符号》(GB/T 4476.2—2008)中对船体图样中的图形符号做了规定,见表 1-4。

个别符号的使用说明:对于表中的连续符号和间断符号,若图形上的断续关系已经明确,则该符号可以不画;舱底图、围壁平面图等图形中,小开口虽未被剖切,但仍可使用小开口剖面符号;若同一图形中,小开口剖面符号使用较多时,则可采用图纸下半部分的简化画法形式。

布置任务单 2

<table>
<tr><td>学习领域</td><td colspan="3">船舶图样识读与绘制</td></tr>
<tr><td>学习任务 2</td><td>金属船体构件理论线应用</td><td>学时</td><td></td></tr>
<tr><td>任务描述</td><td colspan="3">任务导入：
船体结构图样一般采用小比例绘制，构件通常采用不同图线表示其投影，因此，对于图样中构件的定位尺寸可能出现不同理解。如图 1-19(a)中的舭侧纵桁距基线的距离为 3 100 mm，由于舭侧纵桁腹板的截面为粗实线，该尺寸可能理解为图 1-19(b)中所示的多种情况。为了给予明确的表示，《金属船体构件理论线》规定了船图中定位尺寸的度量原则，即规定了构件理论线的位置。
船体构件理论线是确定构件定位尺寸的依据，在船体建造时是确定构件安装位置的基准线。
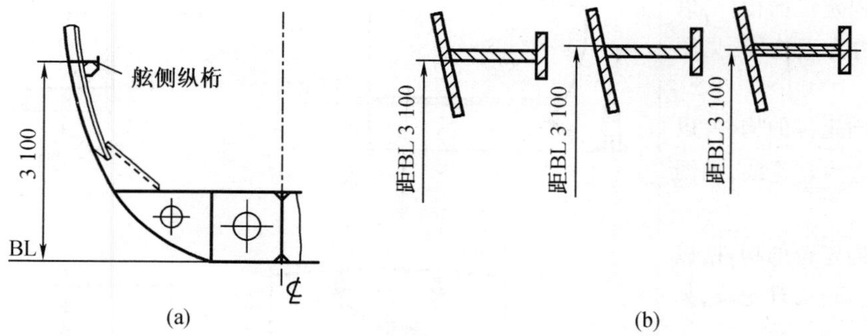

图 1-19</td></tr>
<tr><td>任务要求</td><td colspan="3">技能要求：
(1)能够正确应用金属船体构件理论线基本规定；
(2)能够正确应用金属船体构件理论线其他规定；
(3)能够结合生产图纸，根据金属船体构件理论线基本规定和其他规定的内容，确定船舶构件的理论线位置。
职业素质要求：
(1)具有严谨认真的工作态度；
(2)具有创新意识，以及获取新知识、新技能的学习能力；
(3)具有分析问题、解决问题的能力。</td></tr>
<tr><td>学习资源</td><td colspan="3">教材、教学课件、图片、图纸。</td></tr>
</table>

学习任务单 3

学习领域	船舶图样识读与绘制	模块名称	项目一:船体制图的一般规定及图线的含义			
任务名称	确定金属船体构件理论线的规定	学时		班级		学习笔记
确定金属船体构件理论线的基本规定	(1)沿高度方向定位的构件,以靠近基线(BL)一边为理论线,见图 1-20(a)。 (2)沿船长方向定位的构件,以靠近船中(⨯⨯)一边为理论线,见图 1-20(b)。 (3)沿船宽方向定位的构件,以靠近船体中线(℄)一边为理论线,见图 1-20(c)。 (4)位于船体中线的构件,取其厚度中线为理论线,见图 1-20(d)。	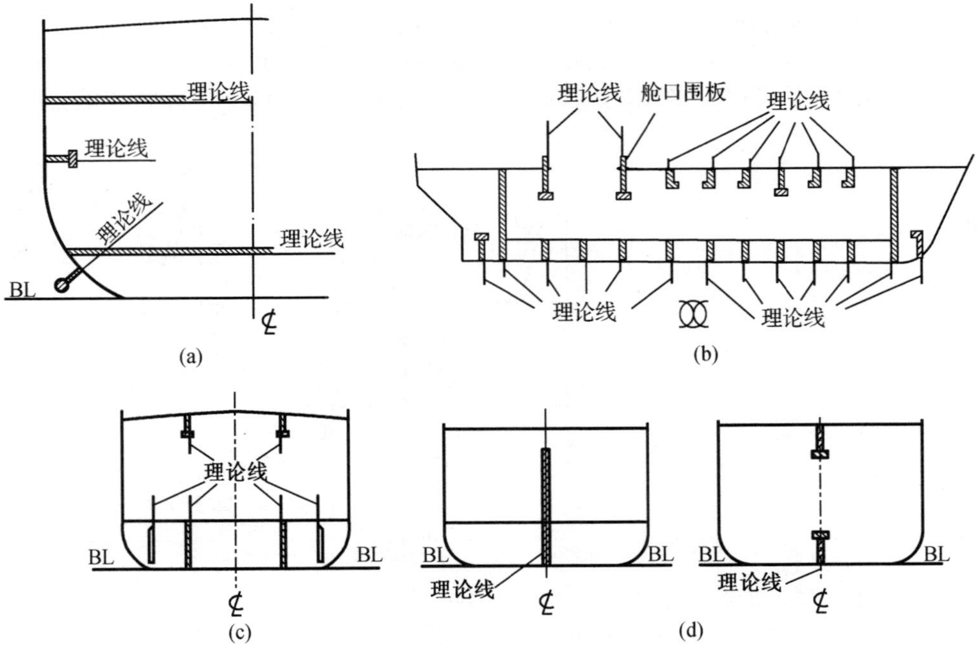 **图 1-20　确定理论线的基本原则**				

续表 1

确定金属船体构件理论线的其他规定	下列构件或具有下列结构形式的构件，其理论线位置由下列规定确定，而与基本规定无关。 （1）不对称型材和折边板材以其背面为理论线，见图 1-20（b）和图 1-21。 （2）封闭型对称型材，以其对称轴线为理论线，见图 1-22。 （3）外板、烟囱、轴隧以板的内缘为理论线，见图 1-23（a）。锚链舱围壁以板的外缘为理论线，见图 1-23（b）。	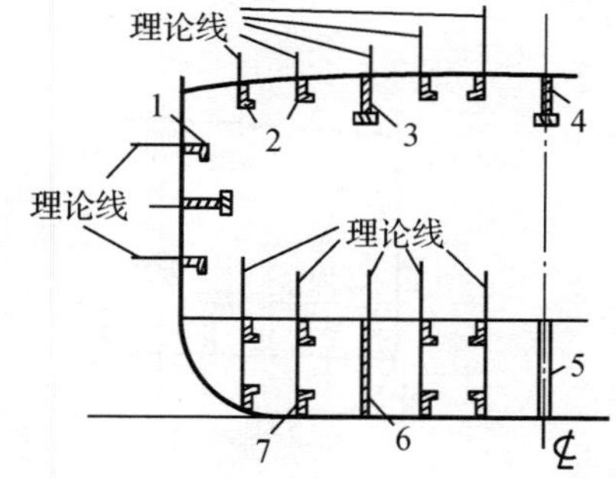 1—舷侧纵骨；2—甲板纵骨；3—甲板纵桁；4—甲板中纵桁；5—中底桁；6—旁底桁；7—船底纵骨。 **图 1-21　不对称型材的理论线** 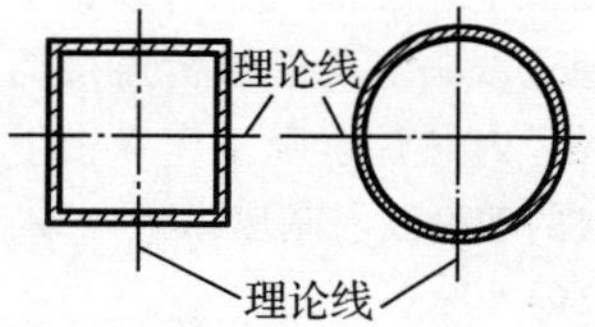 **图 1-22　封闭型对称型材的理论线** 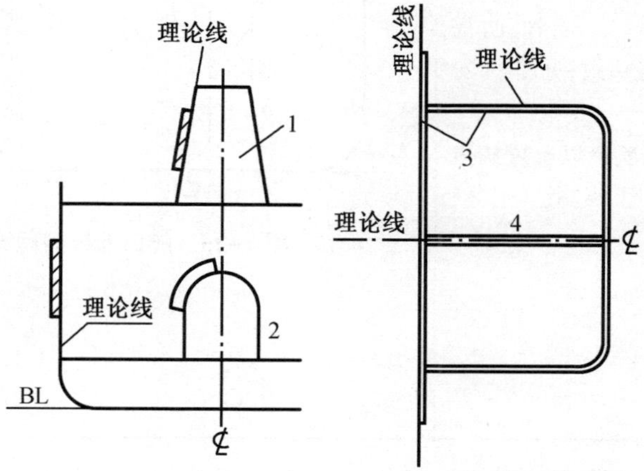 1—烟囱；2—轴隧；3—锚链舱围壁；4—锚链舱中纵舱壁。 **图 1-23　外板、烟囱、轴隧及锚链舱围壁的理论线**	

续表 2

确定金属船体构件理论线的其他规定	(4)基座纵桁腹板以靠近轴中心线一边为理论线，纵桁面板以面板下缘为理论线。与基座纵桁连接的旁桁材或旁内龙骨以及基座纵桁下的旁桁材的理论线与基座纵桁一致，见图 1-24。 (5)舱口围板以靠近舱口中心线一边为理论线。舱口纵桁以及舱口端围板所在肋位的横梁、肋骨、肋板的理论线与舱口围板一致，见图 1-20 和图 1-25。 (6)边水舱的纵舱壁以布置扶强材一边为理论线，见图 1-26。	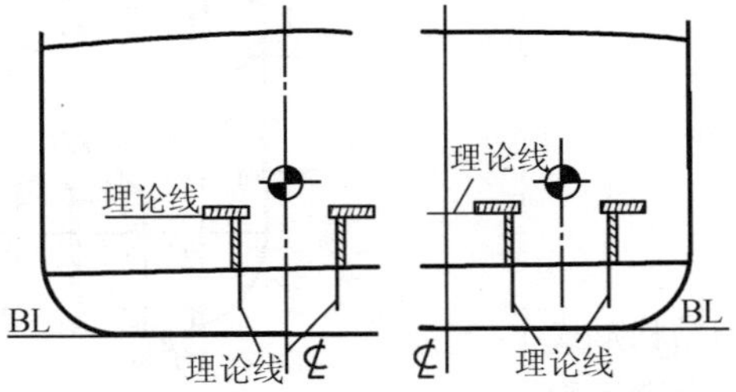 **图 1-24　基座纵桁的理论线** 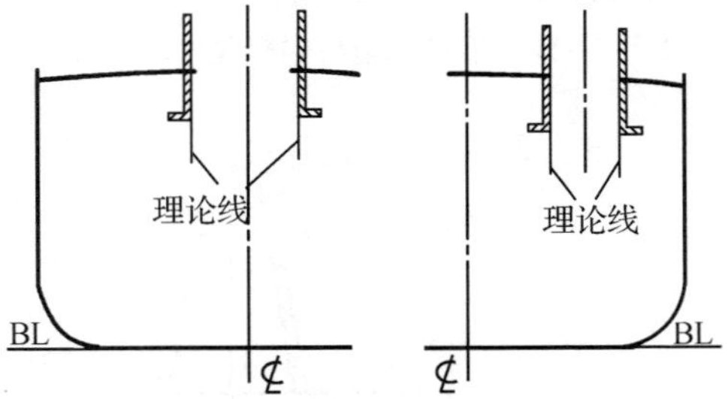 **图 1-25　舱口围板的理论线** 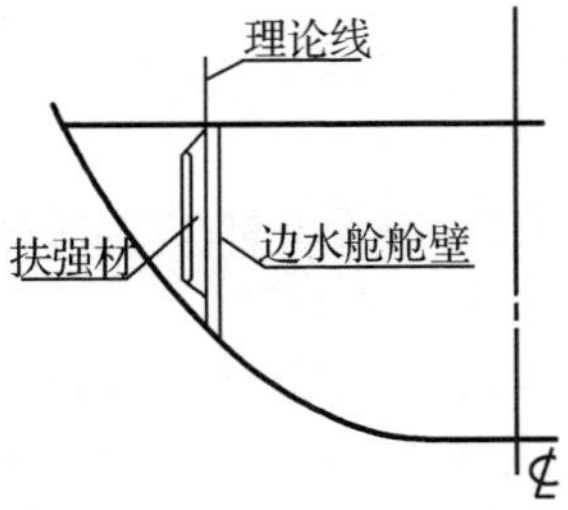 **图 1-26　边水舱的纵舱壁的理论线**	

布置任务单 3

<table>
<tr><td>学习领域</td><td colspan="3">船舶图样识读与绘制</td></tr>
<tr><td>学习任务 3</td><td>焊缝符号在船体图样上的应用</td><td>学时</td><td></td></tr>
<tr><td>任务描述</td><td colspan="3">任务导入：
现代船舶是采用焊接形式连接的，在船体图样上标注船舶焊缝符号，主要是为了表明船舶焊接中所采用的焊接方法、焊缝形式及焊缝的尺寸。焊缝符号主要在船体施工图样上使用，如图 1-27 所示。所以掌握焊缝符号的含义和标注方法，对于识读和绘制船体施工图样是十分重要的。
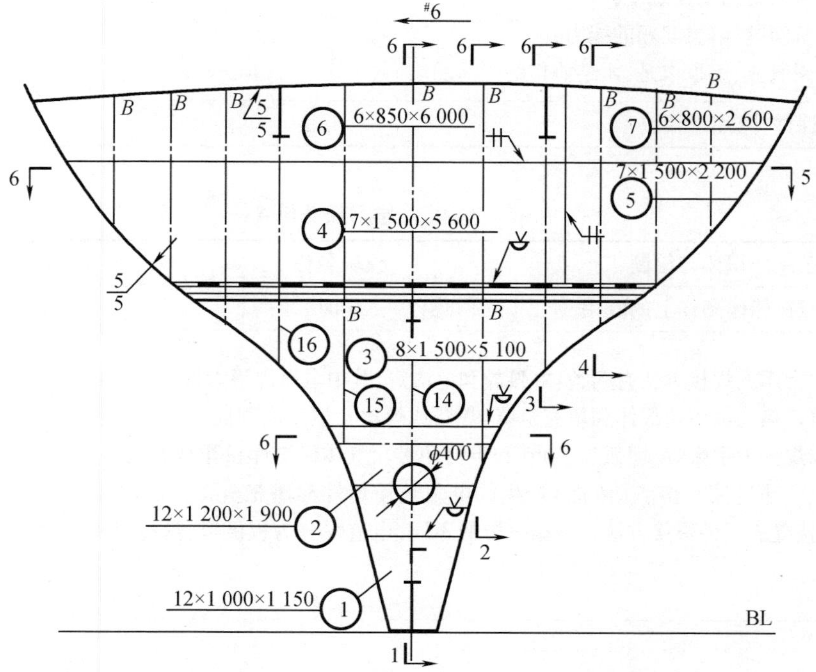

图 1-27　焊缝符号</td></tr>
</table>

续表 1

任务要求	技能要求： (1)能够了解船体焊缝符号的组成； (2)能够理解船体焊缝符号所表达的含义； (3)能够掌握船体焊缝符号在图样上的应用； (4)能够综合运用焊缝符号的知识正确识读船体图样中的焊缝符号。 职业素质要求： (1)具有严谨认真的工作态度； (2)具有分析问题、解决问题的能力； (3)具有爱岗敬业、实事求是、团结协作的优秀品质。
学习资源	教材、教学课件、图片、图纸。

学习任务单 4

<table>
<tr><td>学习领域</td><td>船舶图样识读与绘制</td><td>模块名称</td><td colspan="4">项目一：船体制图的一般规定及图线的含义</td></tr>
<tr><td>任务名称</td><td>焊缝符号在船体图样上的应用</td><td>学时</td><td></td><td>班级</td><td></td><td>学习笔记</td></tr>
<tr><td>焊接方法</td><td colspan="3">现代船舶建造中常用的焊接方法有两类：电弧焊和电渣焊，其中电弧焊最为常用。
电弧焊是利用电弧热局部熔化焊体和填充金属（焊条或焊丝），然后凝固成坚实接缝的一种焊接方法。电弧焊分为手弧焊、埋弧焊（自动和半自动焊）、气体保护焊和等离子焊等。
电渣焊是利用电流通过液态熔渣（渣池）产生的电阻热使焊件和填充金属（电极）熔化，然后凝固成坚实接缝的一种焊接方法。根据电极的不同，电渣焊分为板极焊、丝极焊和熔嘴电渣焊。</td><td colspan="2">电弧焊　　电渣焊</td><td></td></tr>
</table>

续表 1

焊缝形式	焊缝的形式主要取决于焊接接头的形式。焊接接头是指焊件相互连接需要焊接的部分。船体焊接中常见的焊接接头形式有对接接头、T型接头、角接接头、搭接接头和塞焊接头等,见图 1-28。 焊缝是焊接接头经施焊后形成的接缝。常见的焊缝形式有对接焊缝、角焊缝和塞焊缝。船体焊接中,角焊缝数量最多,对接焊缝次之,塞焊缝较少。 1. 对接焊缝 对接接头施焊后所形成的焊缝称为对接焊缝。为了保证一定的熔深和连接强度,对接焊缝又分为 I 型、V 型、U 型等形式,见图 1-29。 2. 角焊缝 T 型接头、角接接头和搭接接头施焊后所形成的焊缝称为角焊缝。角焊缝又分为连续角焊缝和断续角焊缝两种。 (1)连续角焊缝 连续角焊缝是指沿整个焊缝长度无中断的角焊缝。它又分为单面连续角焊缝和双面连续角焊缝。连续角焊缝也有 I 型、V 型、U 型等不同形式,见图 1-30。	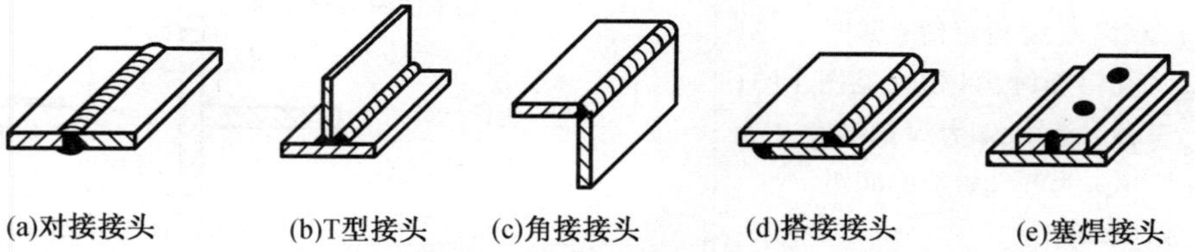 **图 1-28　焊接接头的形式** 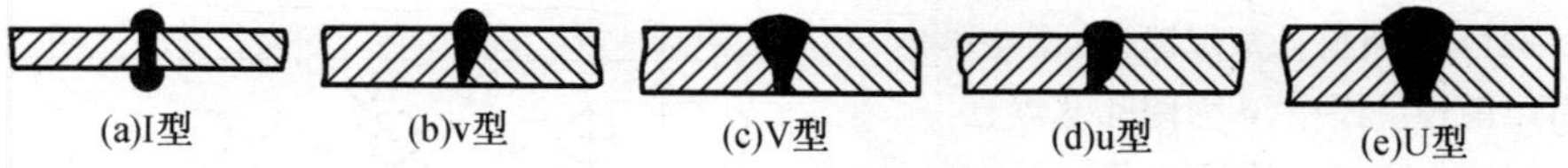 **图 1-29　对接焊缝的形式** 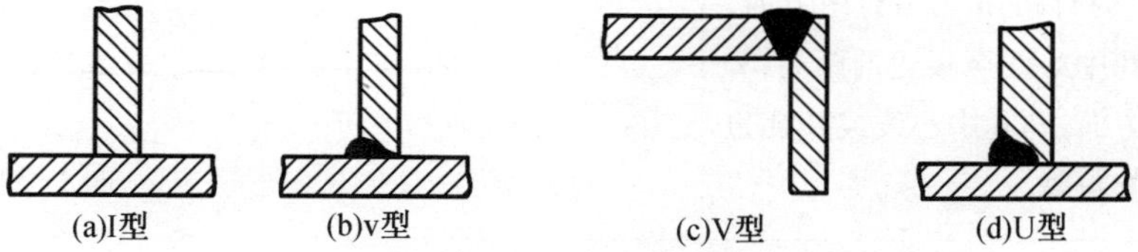 **图 1-30　连续角焊缝的形式**

续表 2

焊缝形式	(2)断续角焊缝 断续角焊缝是指沿整个焊缝长度不连续的角焊缝。断续角焊缝又分为单面断续角焊缝(见图 1-31(a))、双面断续角焊缝(见图 1-31(b))和交错断续角焊缝(见图 1-31(c))三种。图中,k 为焊角高度;l 为焊缝长度;e 为断续焊缝的间距。 3. 塞焊缝 塞焊接头施焊后形成的焊缝称为塞焊缝。塞焊缝有圆孔塞焊缝(见图 1-32(a))和长孔塞焊缝(见图 1-32(b))两种。图中,d 为圆孔塞焊直径;l 为长孔塞焊孔长;b 为长孔塞焊孔宽;e 为圆孔塞焊中心距或长孔塞焊间距;e_1 为行距;a 为沿行距方向,圆孔或长孔中心线至板边的距离;a_1 为沿行距方向,圆孔中心线或长孔边缘至板边的距离。	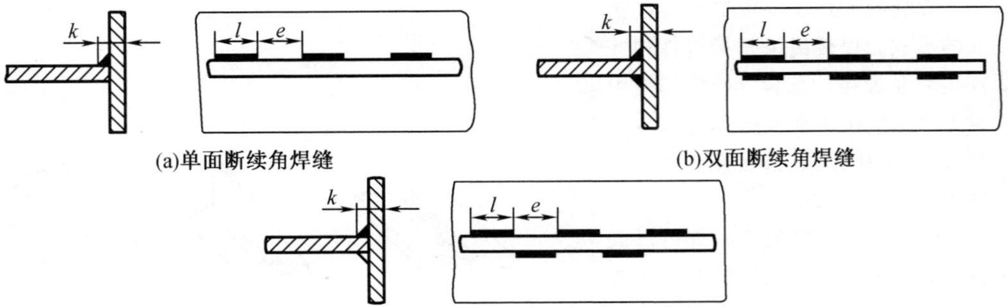 (c)交错断续角焊缝 **图 1-31　断续角焊缝的形式** 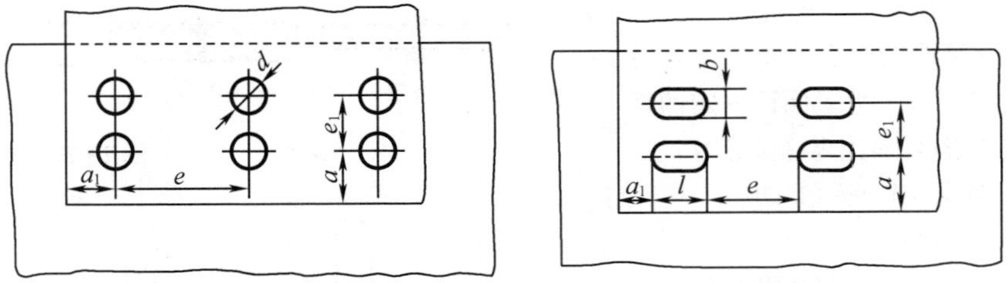 (a)圆孔塞焊缝　(b)长孔塞焊缝 **图 1-32　塞焊缝的形式**
焊缝符号	焊缝符号应明确地表示所要说明的焊缝,而且不使图样增加过多的注解。焊接符号一般由基本符号和指引线组成,必要时还可以加上辅助符号、补充符号和焊缝尺寸符号及数据。 1. 基本符号 基本符号用于表示焊缝横截面的形状,是焊缝符号中必须标注的符号,用粗实线表示。常用的焊缝基本符号详见相关标准。 2. 辅助符号 辅助符号是表示焊缝表面形状特征的符号,也用粗实线表示。不需要确切地说明焊缝表面形状时,可以不用辅助符号。辅助符号的应用示例详见相关标准。	

续表 3

焊缝符号	3. 补充符号 补充符号是为了补充说明焊缝的某些特征而采用的符号。补充符号应用示例详见相关标准。
焊缝符号在图样上的表示方法	完整的焊缝表示方法除了上述基本符号、辅助符号、补充符号外，还包括指引线、焊缝尺寸符号及数据、焊接方法。 1. 指引线 指引线用细实线表示，一般由带有双边箭头的箭头线和基准线两部分组成，见图 1-33(a)。箭头线上的箭头要指向所标注的焊缝处。箭头线应当倾斜，可绘在基准线的左端或右端，当位置受限制时，允许箭头线弯折一次，见图 1-33(b)。基准线一般应保持水平，其上下方用来标注焊缝基本符号、辅助符号、补充符号和有关尺寸。当箭头指向焊缝的正面时，基本符号应标注在基准线上面，见图 1-34(a)；当箭头指向焊缝的背面时，基本符号应标注在基准线下面，见图 1-34(b)；标注对称焊缝及双面焊缝时，应在基准线上下两面同时标注，见图 1-34(c)。在基准线的尾端有时标有尾部符号，用以标注焊接方法或相同焊缝数量。

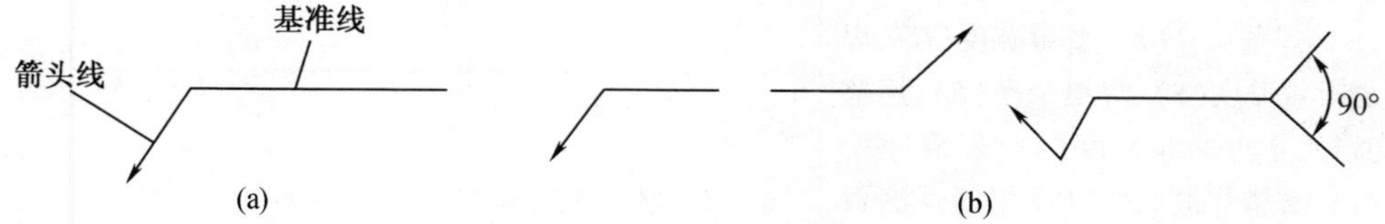

图 1-33　指引线

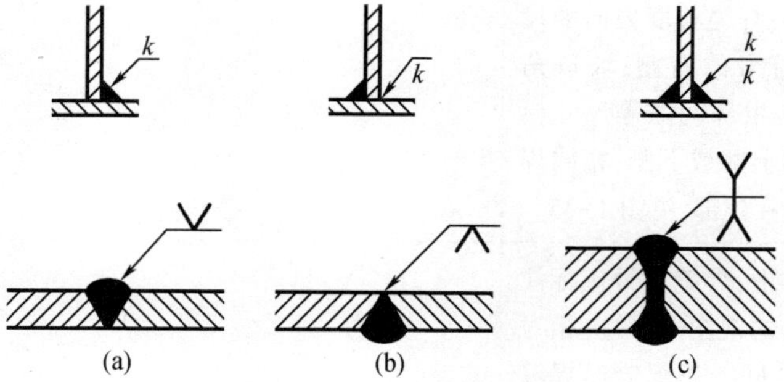

图 1-34　基本符号的标注方法

续表 4

焊缝符号在图样上的表示方法	2. 焊缝尺寸符号 根据需要，在标注焊缝符号时有时应标出有关尺寸。焊缝的有关尺寸包括工件厚度（t）、根部间隙（b）、坡口深度（H）、钝边高度（P）、根部半径（R）、坡口角度（α）、坡口面角度（β）、焊角尺寸（K）、焊缝宽度（C）、焊缝有效厚度（S）、焊缝余高（h）、熔核直径（d）、焊缝长度（l）、焊缝间距（e）、交错焊缝（Z）以及相同焊缝数量（N）。焊缝尺寸符号及数据的标注原则为：焊缝横截面上的尺寸标注在基本符号的左侧；焊缝长度方向的尺寸标注在基本符号的右侧；坡口角度、坡口面角度、根部间隙等尺寸标注在基本符号的上侧或下侧；相同焊缝数量符号标注在尾部，见图 1-35。	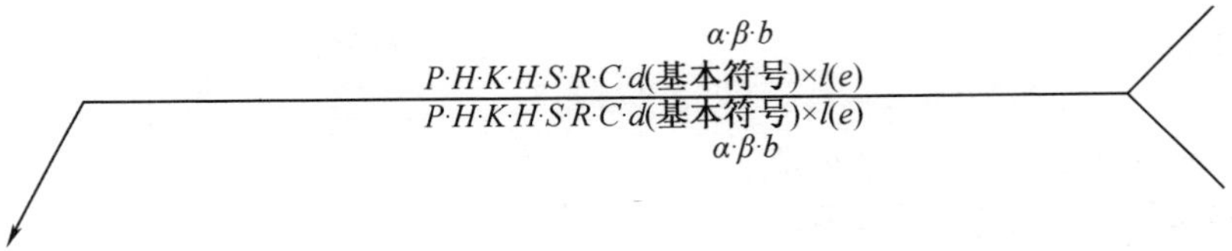 **图 1-35　焊缝尺寸的标注原则**	
焊缝符号在船体图样上的应用	在船体图样上，焊缝符号应标注在焊缝特征明显的视图中，并应相对集中，便于识读；同一条焊缝的焊缝符号一般只需标注一次；焊接形式相同，地位又相邻近的焊缝代号可共用一条横线，见图 1-36。焊缝符号的标注方法详见相关标准。	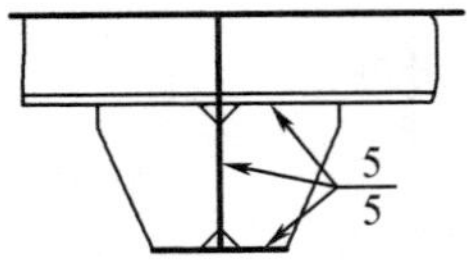 **图 1-36　焊缝符号相同时的标注方法**	

续表 5

焊缝符号在船体图样上的应用	在标注焊缝符号时应注意： (1)标注单边 V 型、单边 U 型的焊缝符号时，箭头应指向带有坡口一侧的工件，见图 1-37。 (2)两个以上构件连接后产生的焊缝不能作为双面焊缝，其焊缝符号和尺寸应分别标注，见图 1-38。 (3)坡口尺寸标注，有时可将焊缝部位放大，在局部详图上进行标注，见图 1-39。	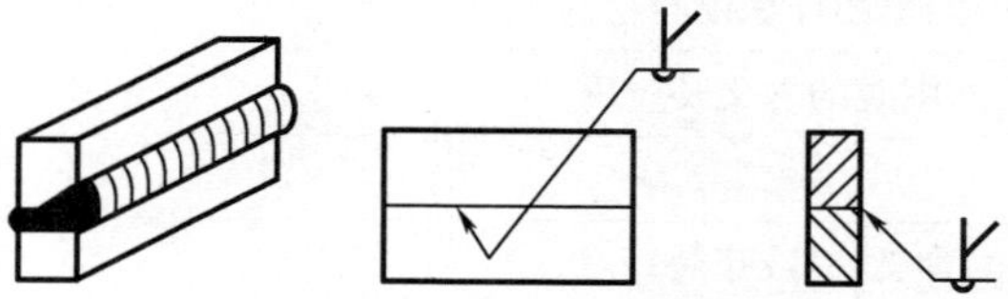 **图 1-37　单边 V 型、单边 U 型焊缝符号的标注** 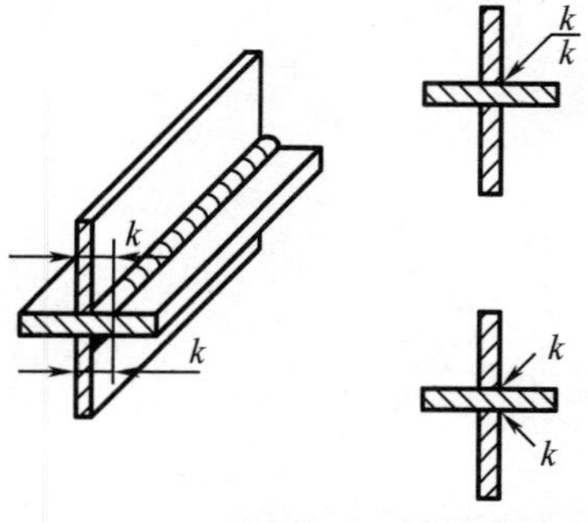 **图 1-38　两个以上构件连接焊缝的标注** 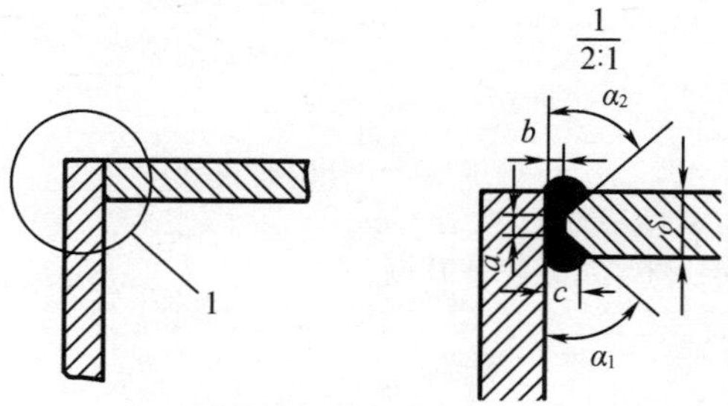 **图 1-39　坡口详图**	

任务总结单

学习领域	船舶图样识读与绘制	模块名称	项目一：船体制图的一般规定及图线的含义
任务名称	船体图线及符号应用		
职业素养总结	请按照知识总结思维导图格式，从职业精神、思想政治、创新发展等方面总结船体图线及符号应用的学习收获。		
知识总结	图线的含义是正确识读图纸的根本，将贯穿整门课程，在各个章节都有具体的应用，应该很好地掌握。本章的其他内容也都是后续学习的基础。无论是图纸中尺寸标注的规定还是金属船体构件理论线、图形符号或者焊接符号的含义，在图纸识读中都是重要的内容。		
笔记总结			

拓展任务单 1

<table>
<tr><td>学习领域</td><td>船舶图样识读与绘制</td><td>模块名称</td><td colspan="3">项目一:船体制图的一般规定及图线的含义</td></tr>
<tr><td>任务名称</td><td>图线的含义及应用</td><td>学时</td><td></td><td>班级</td><td></td></tr>
<tr><td>学生姓名</td><td></td><td>学号</td><td></td><td>组别</td><td></td></tr>
<tr><td>任务描述</td><td colspan="5">根据前面所学的图线的含义,完成拓展练习。</td></tr>
<tr><td colspan="2">画出右侧图形符号,并标注在图中相应位置。</td><td colspan="4">(1)船中________
(2)船体中心线________
(3)船体基线________
(4)轴系剖面________
(5)吃水________
(6)理论线________
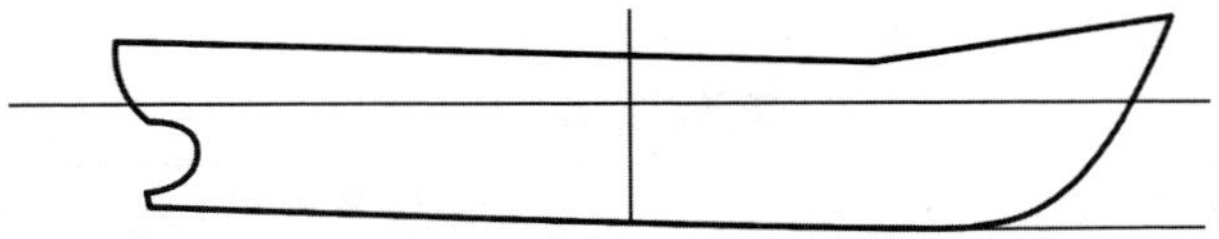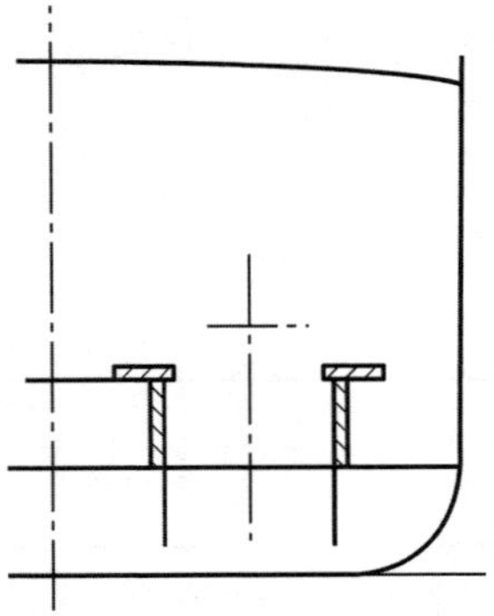</td></tr>
</table>

续表

右侧结构图中各构件的简化线分别是什么图线？	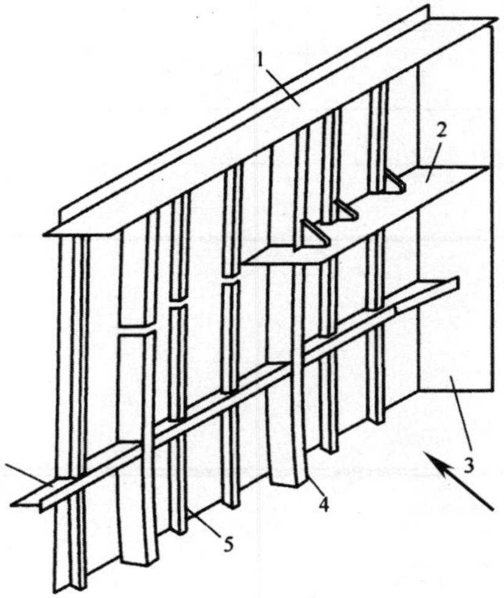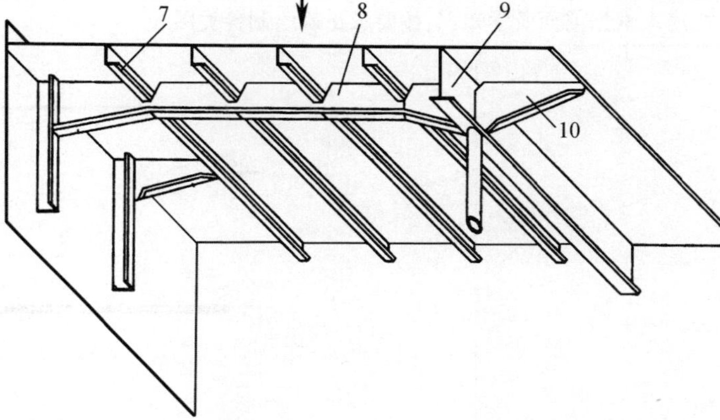 1— 2— 3— 4— 5— 6— 7— 8— 9— 10—

拓展任务单 2

学习领域	船舶图样识读与绘制	模块名称	项目一:船体制图的一般规定及图线的含义		
任务名称	绘制图线	学时		班级	
学生姓名		学号		组别	
任务描述	根据前面所学知识,按要求正确绘制各类图线。				

在指定位置绘制两条所示图线。	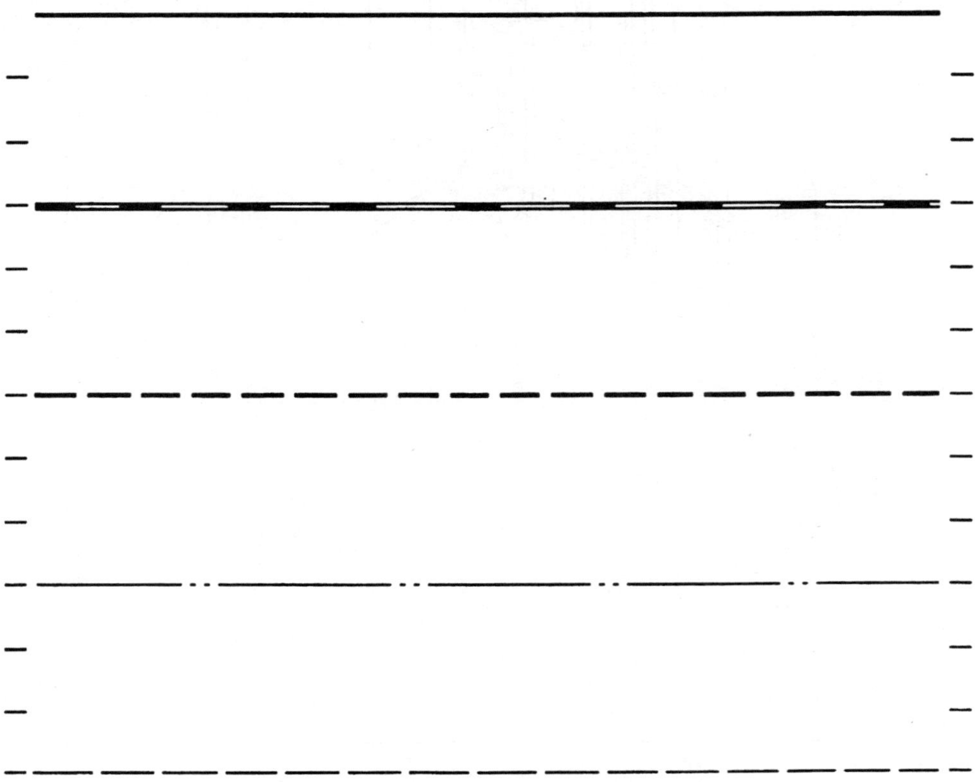

拓展任务单 3

学习领域	船舶图样识读与绘制	模块名称	项目一:船体制图的一般规定及图线的含义	
任务名称	焊接符号的应用	学时		班级	
学生姓名		学号		组别	
任务描述	根据前面所学知识,完成焊接符号的标注。				

按下列要求在图中标注焊缝符号。

焊接要求:

(1)甲板纵桁、强横梁与甲板板的连接采用交错断续角焊,$k=6$,$l=75$,$e=75$;

(2)甲板纵桁、强横梁的腹板与面板的连接采用交错断续角焊,$k=7$,$l=75$,$e=175$;

(3)支柱与加强板的连接采用周围焊,$k=6$;

(4)肘板与其他构件的连接采用双面连续角焊,$k=5$。

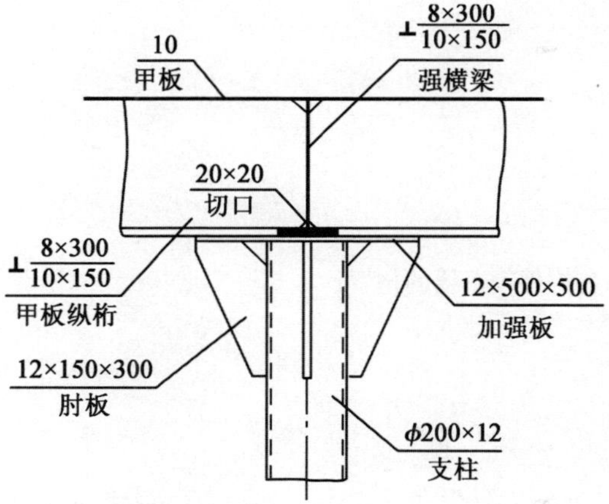

拓展任务单 4

学习领域	船舶图样识读与绘制	模块名称	项目一:船体制图的一般规定及图线的含义		
任务名称	金属船体构件理论线应用	学时		班级	
学生姓名		学号		组别	
任务描述	根据前面所学金属船体构件理论线的一般规定与其他规定知识,完成下图理论线位置的标注。				

在图中标出各构件理论线的位置。

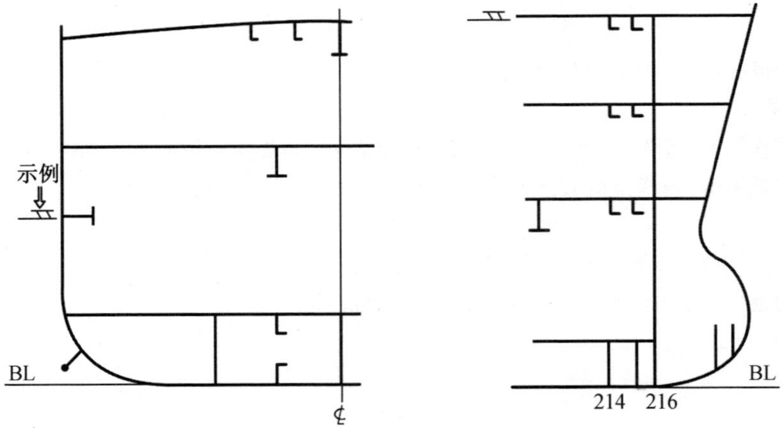

项目二　船体结构节点图的识读与绘制

【项目描述】

船体是由外板和纵横相交的构件所组成的,船体纵横构件相互交叉连接的地方称为节点。表示节点处结构详情的视图称为节点视图。在船体结构中,节点处的结构是比较复杂的。要正确认识船体结构,必须首先认识节点处的结构,而节点是由板材、型材和肘板相互交叉连接而成的,因此要想绘制和识读船体结构图样,就必须能够正确绘制和识读节点处的视图,要掌握节点视图的绘制和识读,就应该先掌握板材、型材和肘板的表达方法。

【项目目标】

知识目标

1. 掌握船体节点图中板材与常用型材的表达方法;
2. 掌握船体节点图中板材与型材的连接画法;
3. 掌握船体结构图样的表达方法。

能力目标

1. 正确识读船体结构节点图;
2. 正确绘制船体结构节点图;
3. 正确运用船体结构图样的表达方法。

素质目标

1. 具有严谨的工作态度;
2. 具有创新意识,以及获取新知识、新技能的学习能力;
3. 具有团队意识和团结协作精神。

【学习任务】

学习任务 1:识读船体结构节点图;
学习任务 2:绘制船体结构节点图。

【学习载体】

150 t 冷藏船等典型节点图。

【学习评价】

完成本项目的学习后,按照下表对本项目的学习情况进行总评,评价总分为 100 分。

成绩评价单

评价内容	分值	自我评价(30%)	小组互评(40%)	教师评价(30%)	总分
(1)简化画法	20				
(2)节点视图绘制	20				
(3)剖面图绘制	20				
(4)向视图绘制	20				
职业素养考核(职业精神、思想政治、创新发展)	20				
合计					
自我评价与总结					
教师点评					

【素养小课堂】

徐玉如院士——中国智能水下机器人之父

徐玉如院士，哈尔滨工程大学教授、中国工程院院士、智能水下机器人专家。

徐玉如院士讲解水下机器人情况

徐院士1966年毕业于哈尔滨军事工程学院海军工程系。生前任哈尔滨工程大学海洋综合技术工程研究中心主任，教授，博士生教师，哈尔滨工程大学国家重点学科“船舶与海洋结构物设计制造”的学科带头人，是国家有突出贡献的专家，中船总劳动模范和全国国防科技工业先进工作者。

徐院士从1972年开始从事我国第一艘深潜救生艇的研究工作；1987年成为水下机器人专家组成员，是“探索者号”水下机器人主要研究成员之一。徐院士作为总体技术组副组长和系统集成负责人，从“八五”起就开始了与它同呼吸、共命运的不解缘分。

智能水下机器人已经发展出了多个型号，人们看到它一步步实现了自主导航、自主避障和自主简单作业，成功地在海洋环境中实现了自主识别、自主绘图、自主作业以及自主远航；看到它们获得中船科技进步一等奖、国防科学技术一等奖直至获得国家科技进步二等奖；也看到新型号开始启动，它打算在复杂的航道与港湾进行复杂的作业，很快它将到湖、海中一试身手……成绩后面，有着太多我们看不到的艰辛，最终，这些付出以它们独有的分量，在时间与世事的荡涤下，沉淀为一枚勋章，院士——国家以这种形式给予了徐玉如以及这个科研集体最高级别的认可。

徐院士深知自己作品对国家的影响，也深知它在国际上的地位，所以这个爱国主义者有一种强烈的欲望：“我们在这个领域代表着国家的水平，所以我们无论如何要为了国家赶上去，一定要坚定这个信念。这个世界认可实力政策，那么做人也好，做中国人也好，没实力就会被看不起。要争这口气。”

徐院士也推心置腹地叮嘱后来者：“要执着，这是一个科研工作者成功的前提；要有胸怀，容纳更多的人合作；要踏实，不要浮躁、不要张扬，认认真真做事，工程技术是0和1的问题，不允许任何的含糊。”

2010年6月，徐院士已经被确诊为胃癌晚期，但他却放心不下在研的水下航行器在长航中是否稳定安全，刚做过放疗就出海做长航试验。徐院士说：“一天只有24个小时，对于我们科研工作者来说，每一分每一秒都要好好珍惜，把自己的科学研究和国家的科技需求结合起来，用有限的时间，做出最大的努力。”

徐院士在海边做实验时,为了抓住实验窗口期,天不亮就带领团队出海。为了让科研经费花在刀刃上,忍着身体的剧痛,租了最便宜的小船,海浪拍打在他的脸上,浸湿了衣衫,海风袭来冰凉刺骨,但徐院士手握栏杆神情自若,他矢志报国、敬业奉献的形象刻在了团队成员的心里。他身患重病,却甘愿为国家的船海事业燃尽生命的最后一丝能量。

徐院士心系“国家事”、肩扛“国家责”,把毕生精力献给了祖国的科技和教育事业。近年来,哈尔滨工程大学海洋无人航行器技术“兴海”学术团队不断凝练传承我国水下机器人事业开拓者徐玉如院士“开源聚才、同心凝智、学用至善、融合创新”的科研精神,在我国智能水下机器人领域做出了突出贡献。

【启示】

徐院士在发展中国水下智能机器人技术方面做出了突出贡献,在机器人系统建模与仿真、载体设计优化、智能控制体系结构、试验系统集成等方面做出了关键性技术贡献。他治学治教严谨、学术造诣精深、学术成就卓著,为中国船舶与海洋工程领域科学技术发展做出了卓越贡献,深受业界同志、学校教师和学生爱戴。

【思考】徐院士曾说过,“人活一世总要做点儿事情,哪怕只做好一件事情,才不枉此生。”他用毕生精力让我国智能水下机器人领域厚积薄发,他敢于拼搏、求真务实的精神也激励着一代船人不断前行。徐院士代表了伟大的“智水精神”,谈谈你从中获得哪些启示。

来源于:哈尔滨工程大学微信公众号文章——“徐玉如院士,这御海盛世,如您所愿”(有改动)

标语:矢志报国、敬业奉献

【知识结构】

- 船体结构节点图的识读与绘制
  - 板材、常用型材和肘板的表达方法
    - 板材的画法及尺寸标注
    - 常用型材的画法及尺寸标注
    - 肘板的画法及尺寸标注
  - 板、型材的连接画法
    - 板材与板材的连接
    - 型材与型材的连接
    - 板材与型材的连接
    - 型材贯穿的画法
  - 船体结构图样的表达方法
    - 视图（基本视图、向视图）
    - 剖视图
    - 剖面图
    - 重叠画法
    - 简化画法
    - 覆板表示法

【相关知识】

1. 板材、常用型材和肘板的表达方法

在节点视图中，板材、常用型材和肘板的画法遵循正投影的基本原理，但由于绘制图样时要采用较小的比例，因此，板材、常用型材和肘板的画法和尺寸标注又有它的特殊之处，必须按国家和有关行业标准的规定进行。

(1)板材的画法及尺寸标注

①板材的画法

在船体结构图中，板材的轮廓线用细实线表示。小比例时，板材的厚度在图样上往往不能按比例绘出，因此规定：当板厚按比例缩小后，在图样上的尺寸小于或等于 2 mm 时，将表示板厚投影的两条细实线的距离画成粗实线的宽度（此规定同样适用于型材和肘板）。板材在图样中采用折断画法时，折断处用波浪线或折断线表示，剖面加画与水平成 45°角的剖面线。采用小比例时，当剖面厚度小于或等于 2 mm 时，剖面用粗实线表示，即用涂黑代替剖面符号（上述规定也适用于型材和肘板）。从板材断裂方向所得的视图，其画法与剖面画法相同。

②板材的尺寸注法

板材的尺寸注法有三种：整块板材尺寸按“厚度×宽度×长度”集中标注；断裂板材不标注折断方向尺寸；仅需知道厚度而没必要知道宽

度和长度的图样中,仅标注板材的厚度。尺寸可标注在图形中,也可引出标注在图形外。

③板材的形式

a. 平直板材

平直板材主要用于舱壁板、内底板和平台等部位,其画法及尺寸注法见图 2-1。

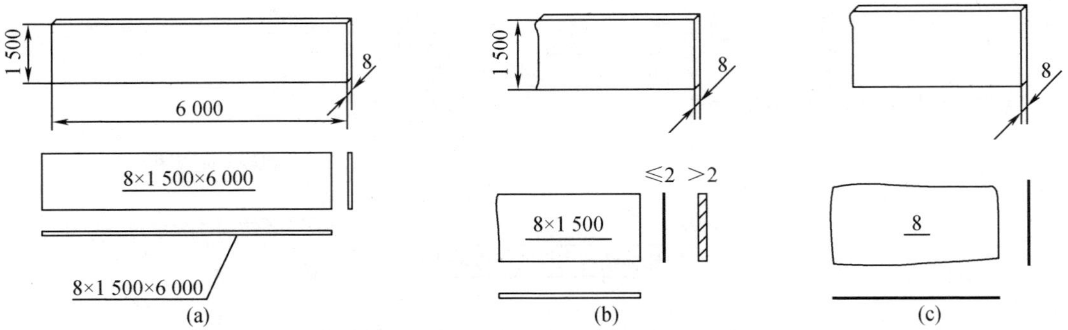

图 2-1 平直板材画法及尺寸注法

b. 弯曲板材

弯曲板材主要用于船体外板,其画法及尺寸注法见图 2-2。

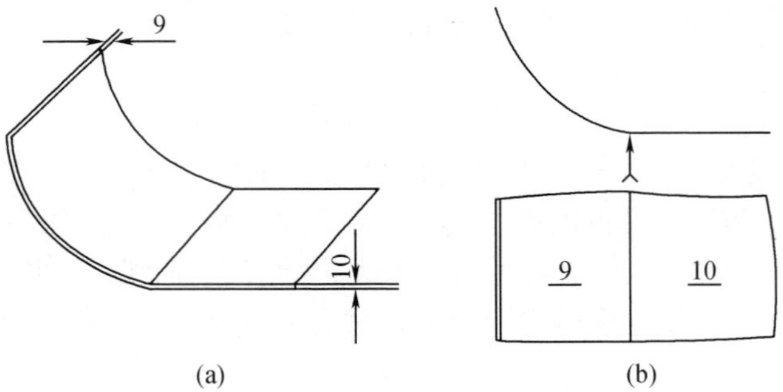

图 2-2 弯曲板材画法及尺寸注法

c. 折边板材

折边板材通常是将平直板材沿板边某一距离的直线折角而成(常为 90°),见图 2-3(a)。它的视图画法见图 2-3(b),折断画法见图 2-3(c)。在小比例时,板材厚度及剖面的画法与平直板材相同。折边板材的尺寸数字前要标注折边符号"∟",尺寸按"∟$\frac{厚度\times高度}{宽度}$"形式标注。

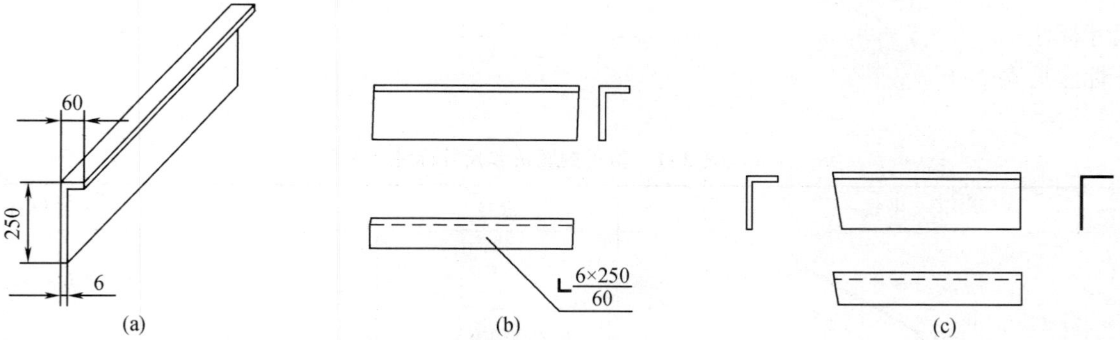

图 2-3　折边钢板画法及尺寸注法

(2)常用型材的画法及尺寸标注

型材是断面具有一定几何形状的钢材,可由钢厂轧制或由板材组合焊接而成。船体上常用的型材主要有扁钢、角钢、球扁钢、槽钢、工字钢、T 型钢、圆钢和钢管等。

①型材的画法

在小比例图样中,型材采用简化画法,球扁钢、槽钢和工字钢的内边缘倾斜及转折处小圆角省略不画,而用间距与粗实线宽度相等的两条细实线表示其厚度,用粗实线表示其剖面,见图 2-4。对于 T 型钢和工字钢的腹板厚度的不可见投影,允许用一条粗虚线表示。

②型材的尺寸标注

型材的尺寸采用集中标注,并在尺寸前标注型材符号,所标尺寸为型材断面尺寸。球扁钢、槽钢和工字钢的尺寸也可用它的型号表示。型材的型号数表示型材高度的厘米值,其他尺寸可参照相关标准从型材规格表中查出。

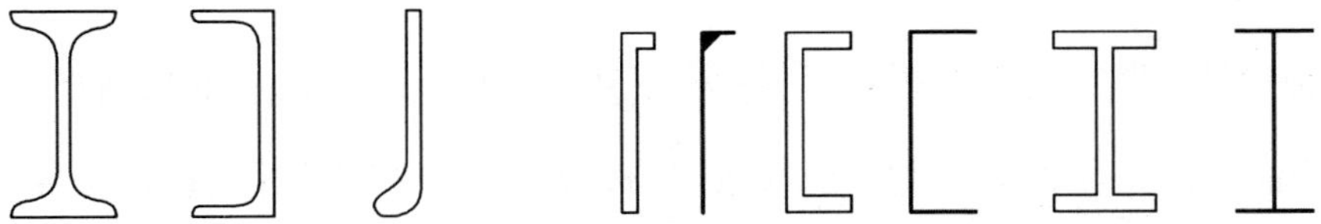

(a)大比例画法　　(b)小比例画法

图 2-4　轧制球扁钢、槽钢、工字钢的画法

③型材的画法和尺寸标注

型材的画法和尺寸标注见表 2-1。

表 2-1　型材的画法和尺寸标注

名称	形式	符号	尺寸标注
扁钢	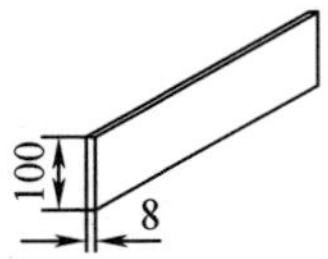	— 或 FB	宽度×厚度 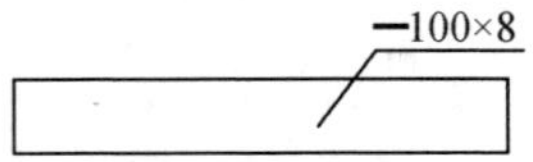
钢管	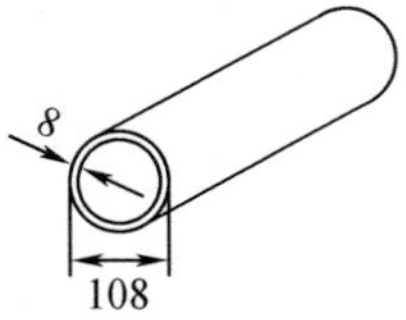	ϕ	外径×厚度 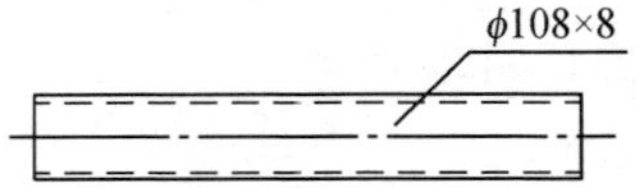
圆钢	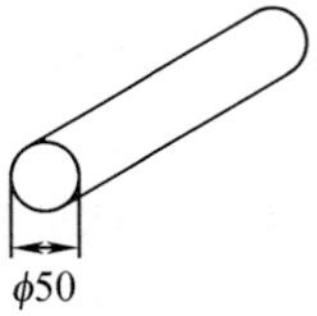	ϕ	直径 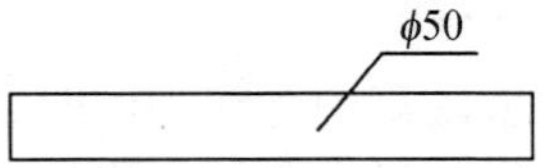

表 2-1(续 1)

名称	形式	符号	尺寸标注
半圆钢	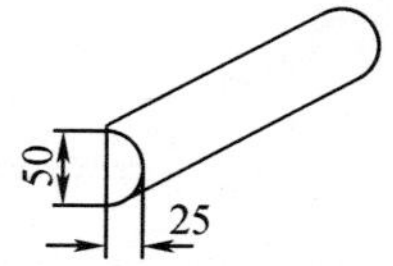	◓	直径×厚度 
角钢	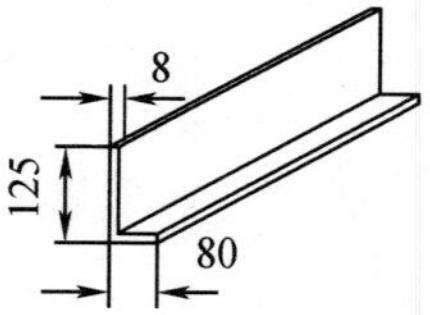	∟	长边宽×短边宽×厚度 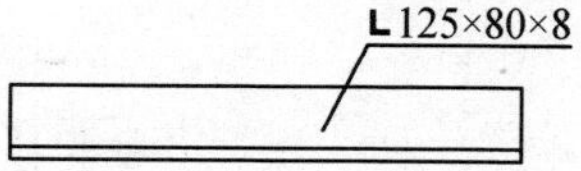
球扁钢	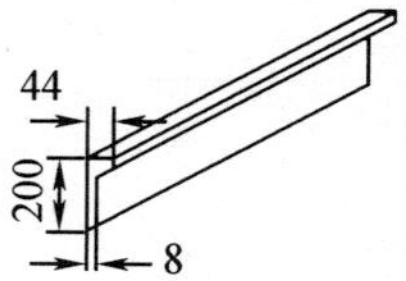	Γ 或 HP	高度×球宽度×壁厚 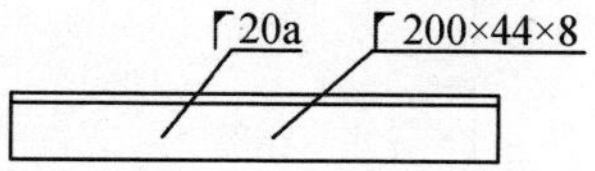
T 型钢	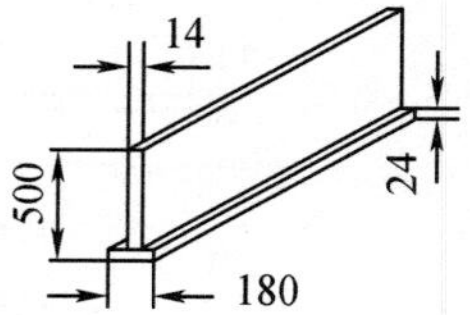	⊥	厚度×宽度(面板)/厚度×总高度(腹板) 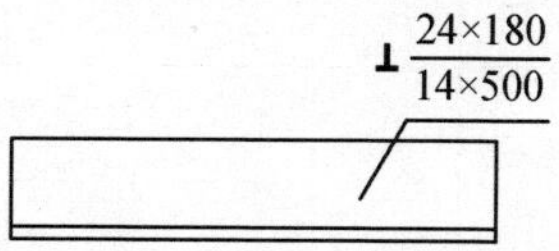
槽钢	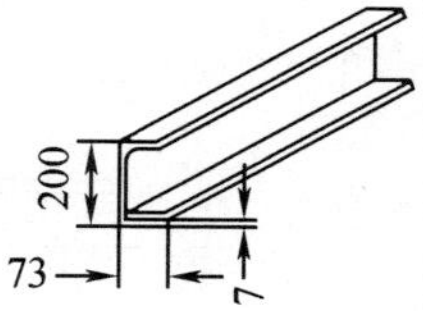	[	高度×宽度×壁厚 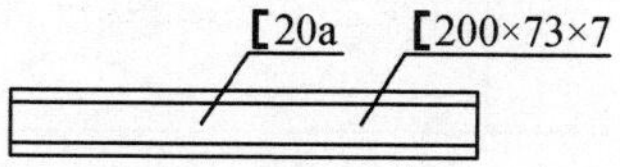

表 2-1(续 2)

名称	形式	符号	尺寸标注
工字钢	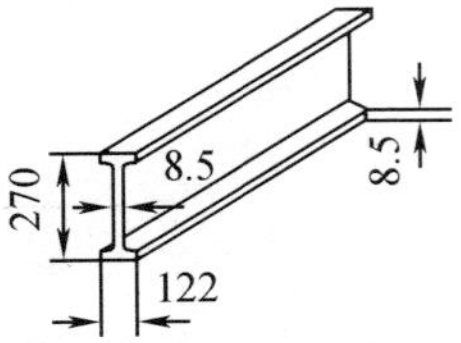	I	高度×宽度×壁厚 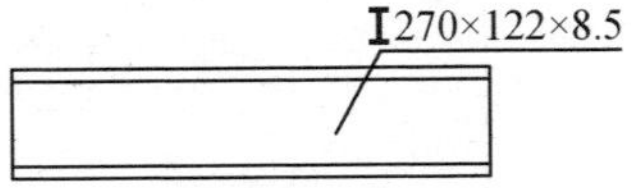
组合 球扁钢	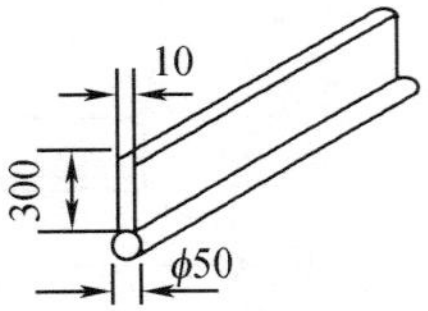		厚度×高度(腹板) 圆钢直径 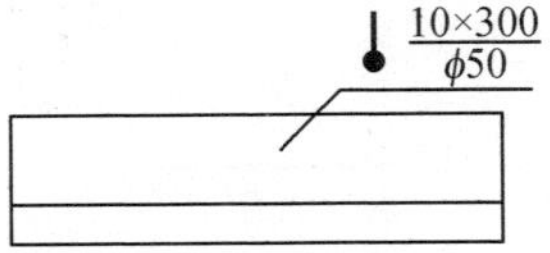
组合 工字钢	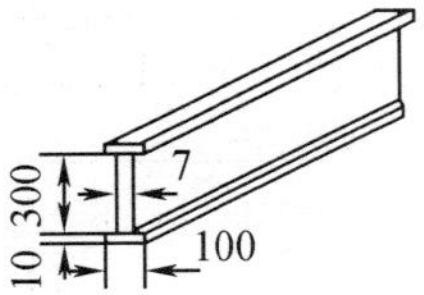	I	(厚度×高度)(腹板) 2(厚度×高度)(面板) 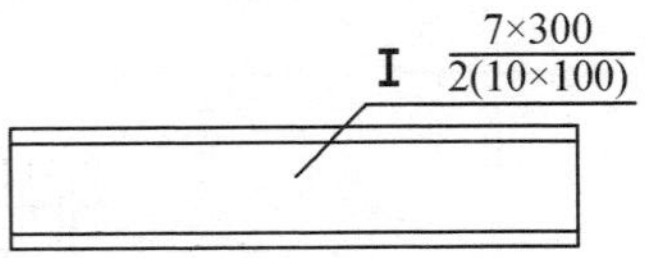
组合 T 型钢	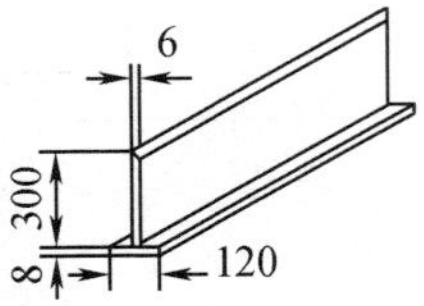	⊥	厚度×高度(腹板) 厚度×高度(面板) 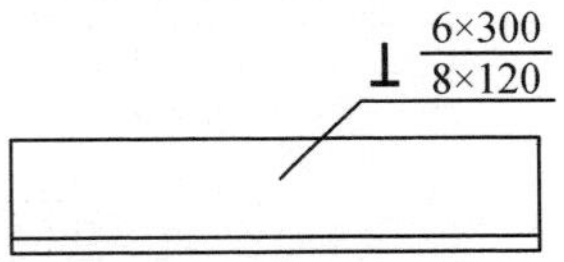

表 2-1(续 3)

名称	形式	符号	尺寸标注
组合角钢	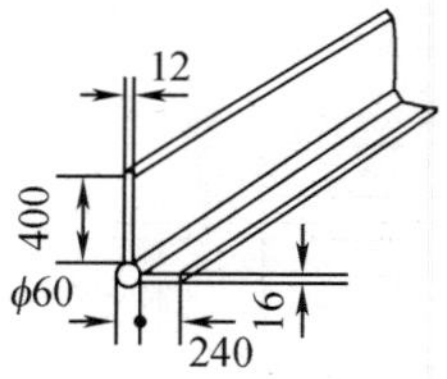	L	长边厚×长边宽 / 短边厚×短边宽圆钢直径 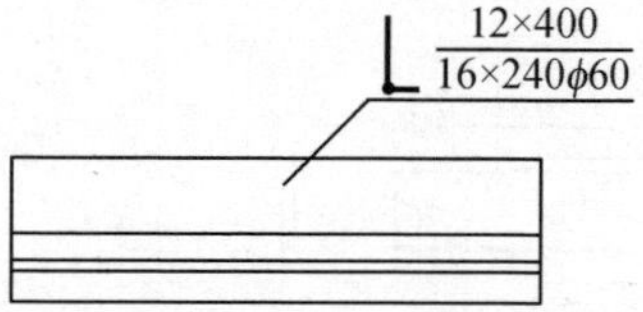

④常用型材画法及尺寸注法举例

a. 扁钢:主要用于加强筋或纵骨等小构件,其画法和尺寸标注见图 2-5。

b. 角钢:主要用于普通横梁、肋骨及扶强材等小构件,其画法和尺寸标注见图 2-6。

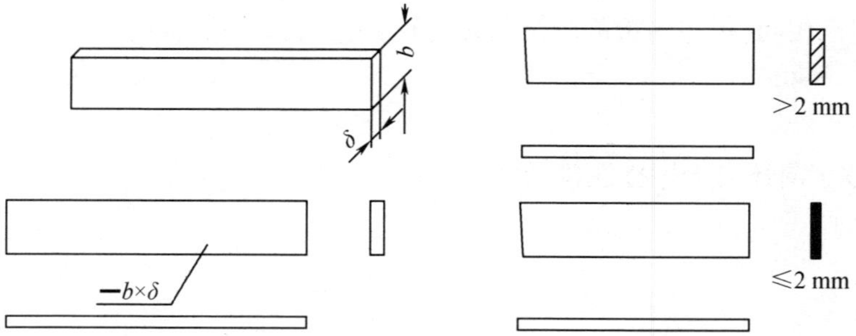

图 2-5　扁钢的画法和尺寸标注

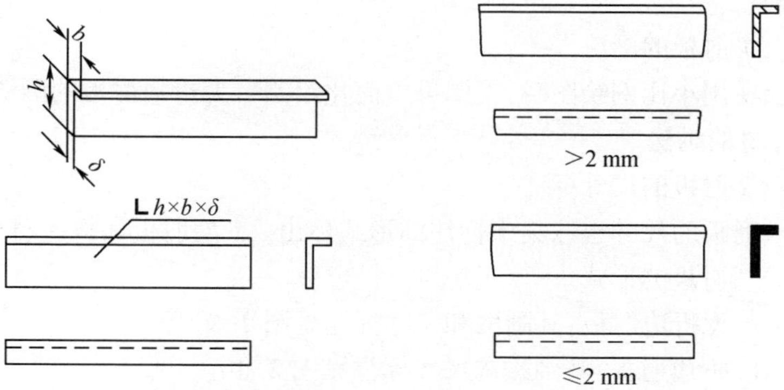

图 2-6　角钢的画法和尺寸标注

c. 球扁钢:主要用于各种纵骨等小构件,其画法和尺寸标注见图 2-7。

d. 组合 T 型材:主要用于各种强构件,其画法和尺寸标注见图 2-8。

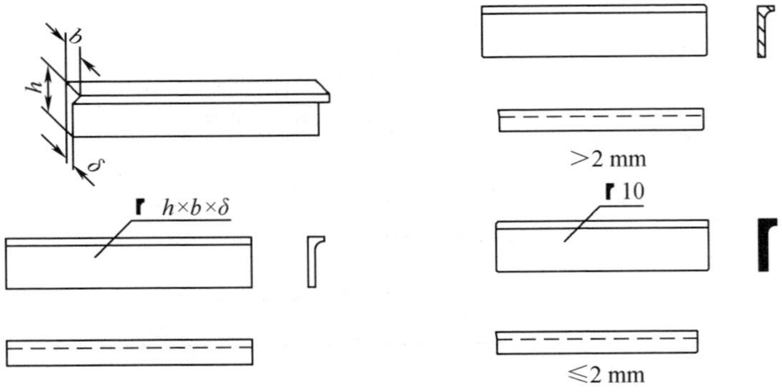

图 2-7　球扁钢的画法和尺寸标注

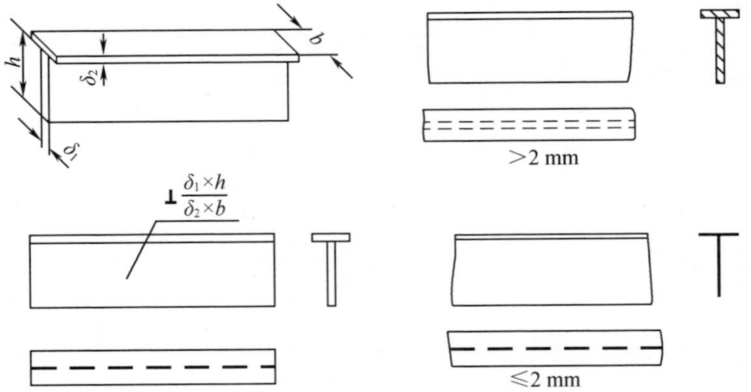

图 2-8　组合 T 型材的画法和尺寸标注

(3)肘板的画法及尺寸标注

肘板是由板材加工而成的板件,通常用作连接构件以减少端点连接处的应力集中。肘板的形式一般有无折边肘板、折边肘板、T 型肘板三种。

①肘板的画法

在用小比例绘图时,视图可以简化绘制。无折边肘板的画法与一般钢板相同,折边肘板的画法与折边钢板相同,T 型肘板的画法类似于 T 型材的画法。

②肘板的尺寸标注

肘板的尺寸也以集中标注的形式标出。T 型肘板和折边肘板的尺寸数字前还需分别标注符号“L”和“⊥”。

③肘板的形式

a. 无折边肘板:其画法和尺寸标注见图 2-9。

b. 折边肘板:其画法和尺寸标注见图 2-10。

c. T 型肘板:其画法和尺寸标注见图 2-11。

必须注意的是:不等边肘板在采用集中标注形式时,还应在视图中标注其中一边的边长,以免读图时误解。

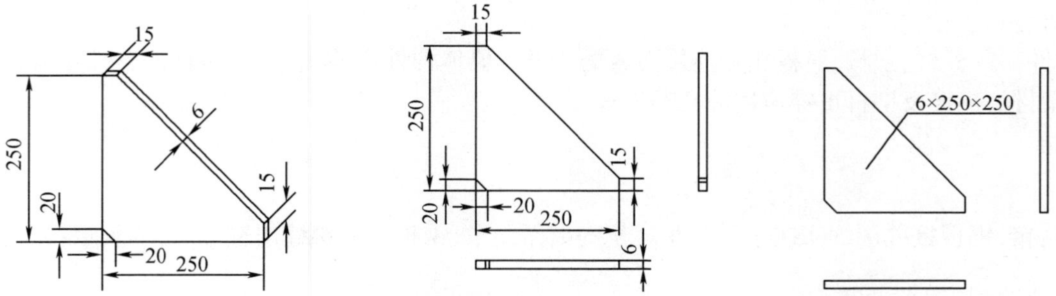

图 2-9　无折边肘板的画法和尺寸标注

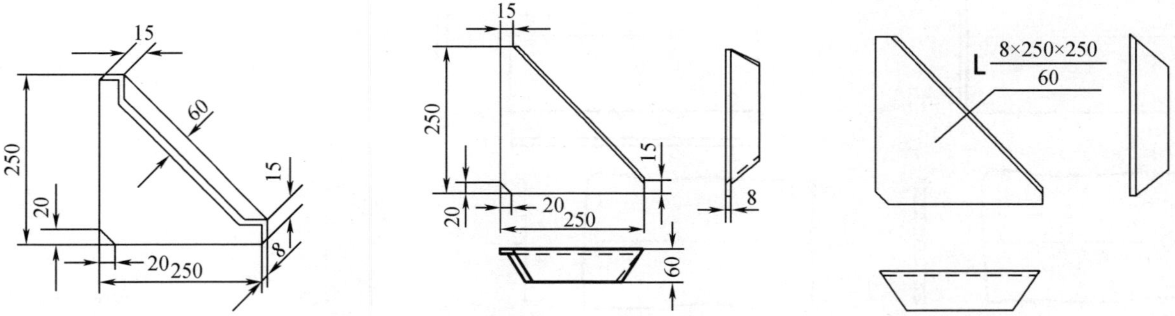

图 2-10　折边肘板的画法和尺寸标注

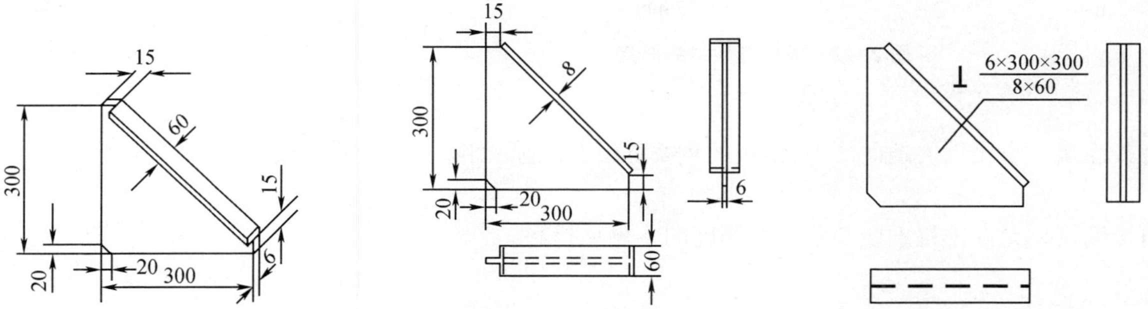

图 2-11　T 型肘板的画法和尺寸标注

2. 板、型材的连接画法

船体是由许多基本构件——板材、型材、肘板相互连接而成的。虽然船体构件比较复杂，但构件的连接不外乎是板材与板材的连接、型材与型材的连接、板材与型材的连接及型材贯穿连接等几种形式。

(1) 板材与板材的连接

①对接

图 2-12 所示为对接连接，钢板接缝用细实线表示。小比例的剖面图中，钢板一般接缝用符号“丫”表示；分段接缝用符号“$”表示。

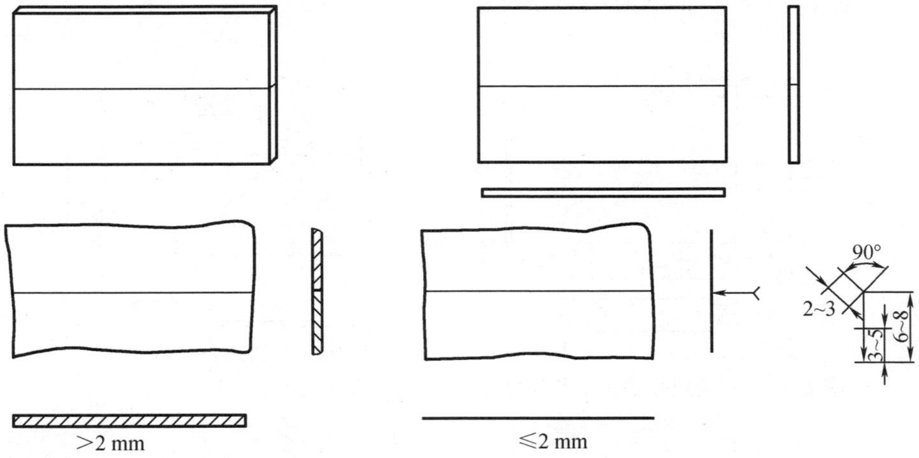

图 2-12　板材与板材的对接

板材与板材的对接

②搭接

图 2-13 所示为搭接连接。小比例的剖面图中，钢板的重叠处留有间隙，间隙不大于粗实线宽度。

③角接

图 2-14 所示为角接连接。允许用粗虚线表示板材厚度的不可见投影。

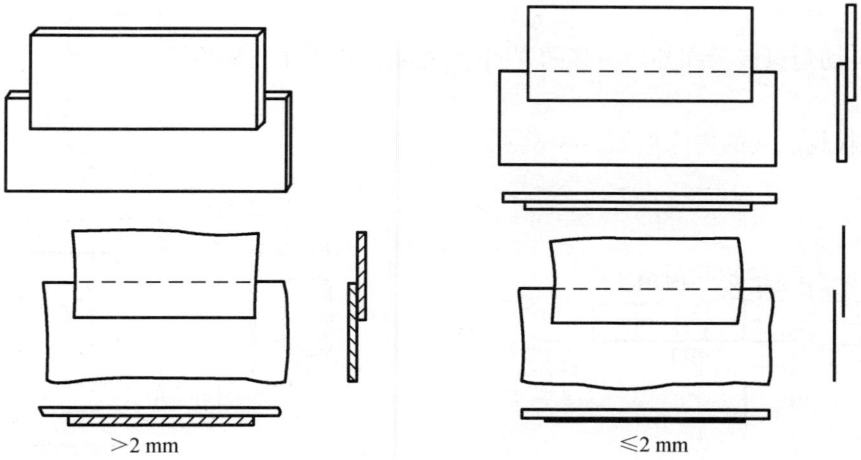

图 2-13　板材与板材的搭接

板材与板材的搭接

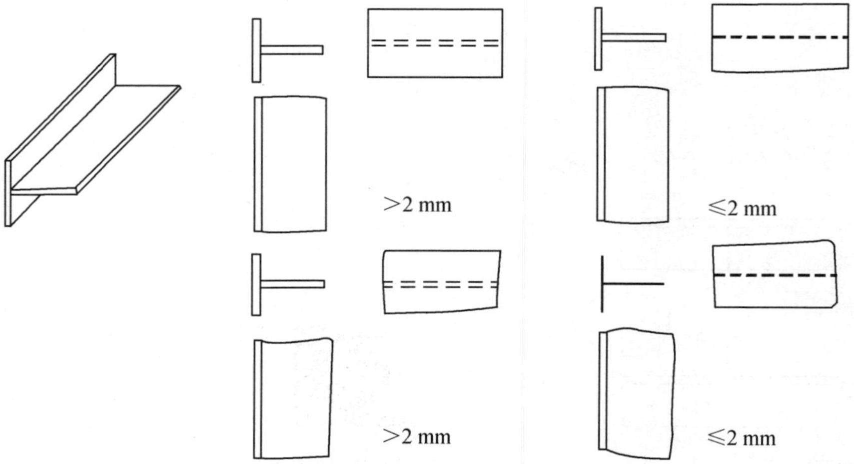

图 2-14　板材与板材的角接

板材与板材的角接 1

板材与板材的角接 2

④交叉连接

图 2-15 所示为交叉连接。间断钢板的工艺性切角只表示在外形明显的视图中,在其他视图中省略不画。

⑤覆板连接

图 2-16 所示为覆板连接。在平面图中,沿覆板轮廓线的内缘加细斜线表示。

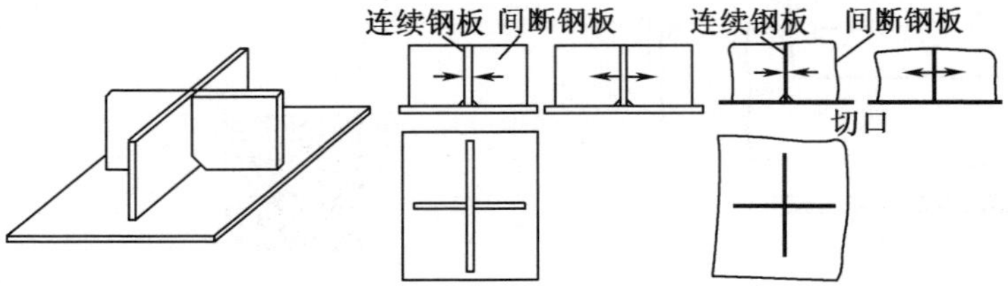

图 2-15　板材与板材的交叉连接

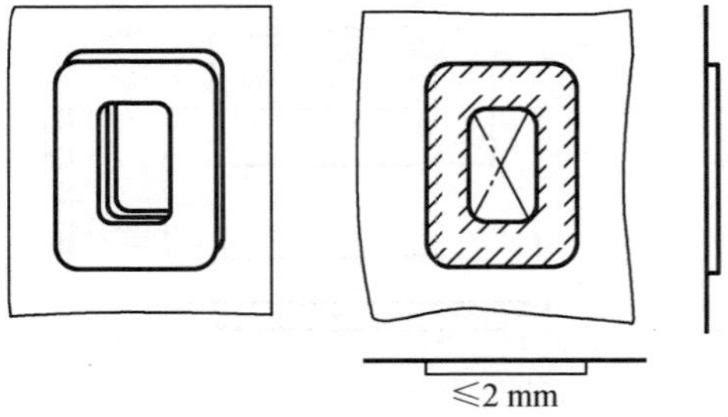

图 2-16　板材与板材的覆板连接

(2)型材与型材的连接

①对接

图 2-17 所示为对接连接。T 型材面板的接缝可用符号“ Y ”表示。

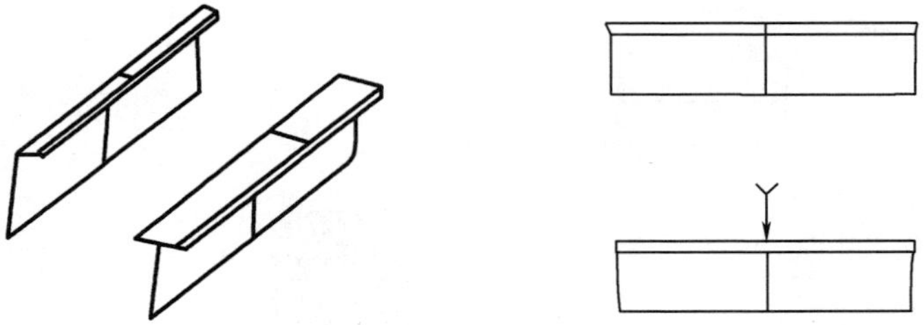

图 2-17　型材与型材的对接

型材与型材的对接

②搭接

图 2-18 所示为搭接连接。小比例剖面图中，两型材之间留有间隙，间隙不大于粗实线宽度。

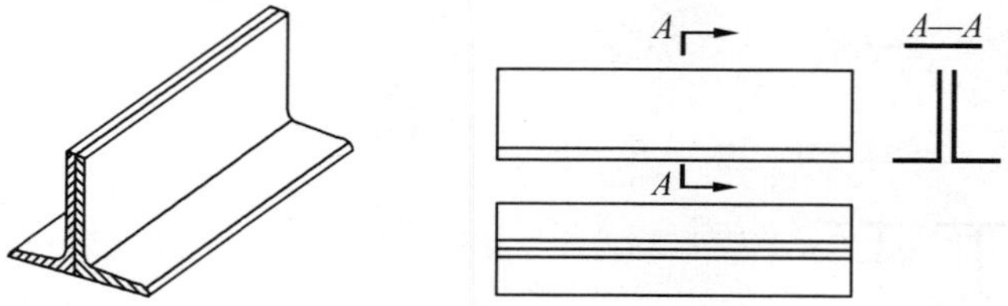

图 2-18　型材与型材的搭接

型材与型材的搭接

③交叉连接

图 2-19 所示为交叉连接。间断构件的工艺性切角只表示在外形显著的视图中，在其他视图中省略不画。

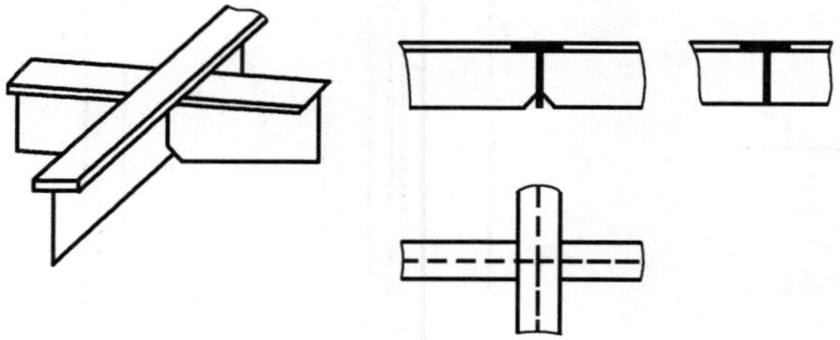

图 2-19　型材与型材的交叉连接

型材与型材的交叉连接

(3)板材与型材的连接

①角接

图 2-20 所示为角接连接。在简化画法中，型材遵循《金属船体制图》中的图线规定。

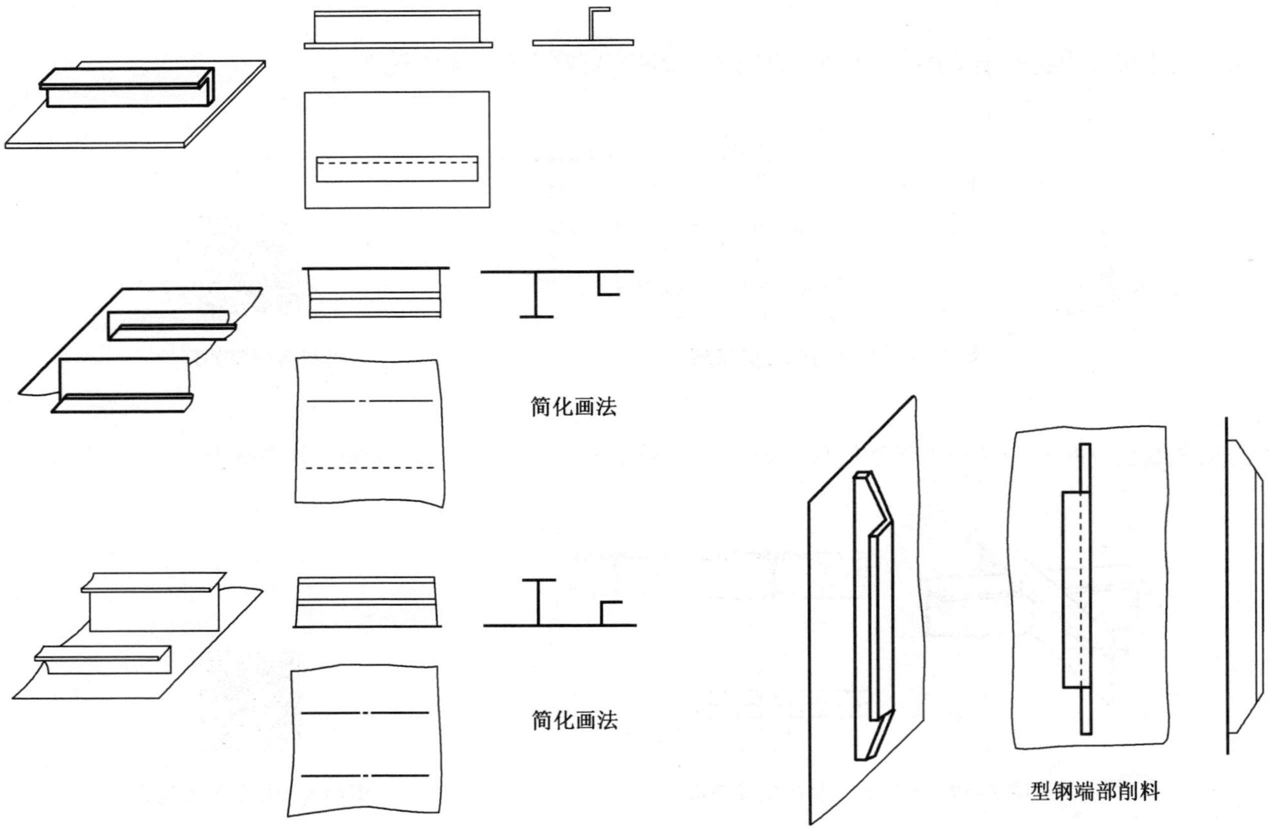

图 2-20　板材与型材的角接

②搭接

图 2-21 所示为搭接连接。小比例剖面图中，型材剖面与板材剖面之间应留间隙，间隙不大于粗实线宽度。

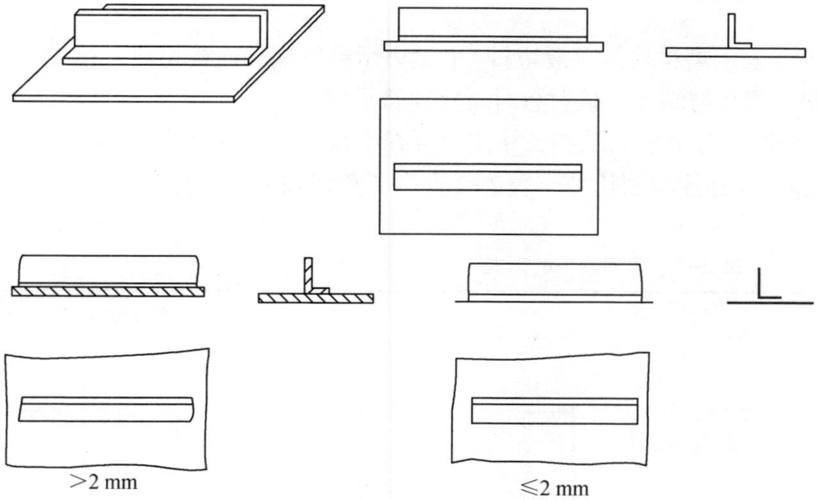

图 2-21　板材与型材的搭接

板材与型材的搭接

③肘板连接

图 2-22 所示为肘板连接。肘板不可见投影允许用粗虚线表示。

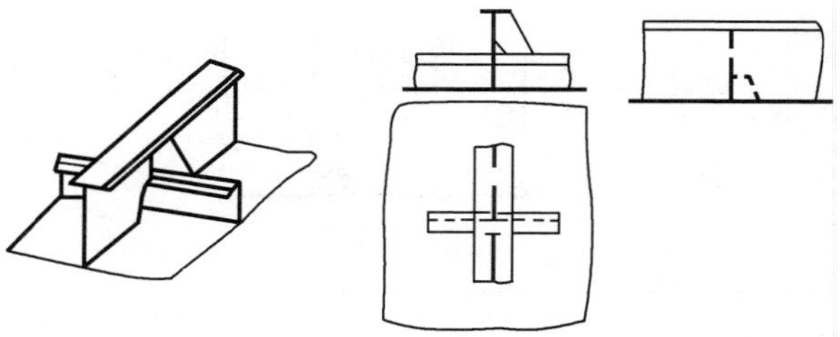

肘板连接 1

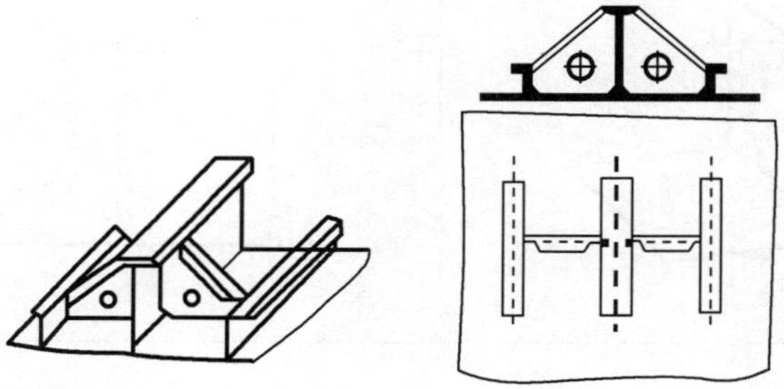

肘板连接 2

图 2-22　板材与型材的肘板连接

④型材端部形式

由于构件连接和施工工艺上的要求,型材端部有多种形状,有时需要切斜。标准形式的切斜尺寸由《船舶结构 型材端部形状》规定,可参照执行。

型材端部通常有 S 型、F 型、SS 型和 W 型四种。S 型表示型材端部腹板切斜。F 型表示型材端部面板切斜。SS 型表示型材端部腹板和面板都切斜。W 型表示型材端部腹板和面板都不切斜。当型材端部连接肘板时则标注符号“B”。

型材端部采用标注的切斜形式时，视图中只需标注切斜型别代号，从相关标注中可查得端部的具体尺寸。如果采用非标注的切斜形式，则需注明端部的详细尺寸。当型材在图中为简化画法时，只标注型别代号。表 2-2 列出了角钢端部的五种形式。

表 2-2　角钢端部的形式

墙部形状		画法和标注	简化画法中的标注
腹板切斜	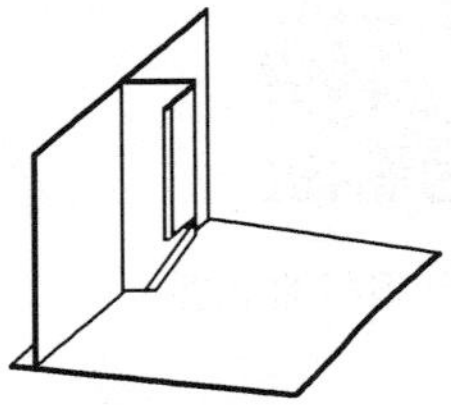	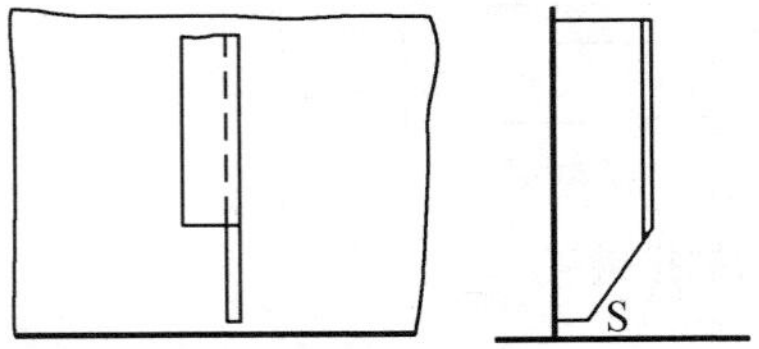	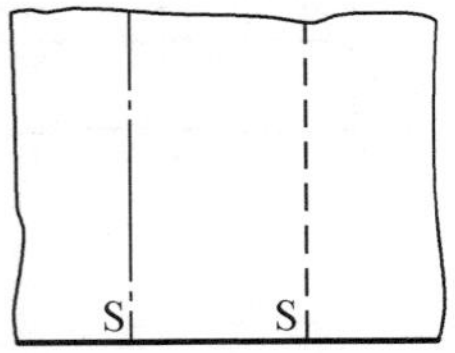
腹板和面板都切斜	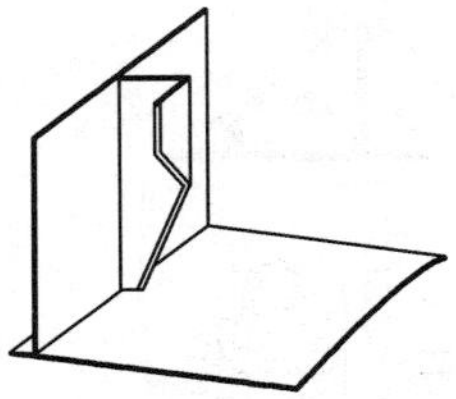	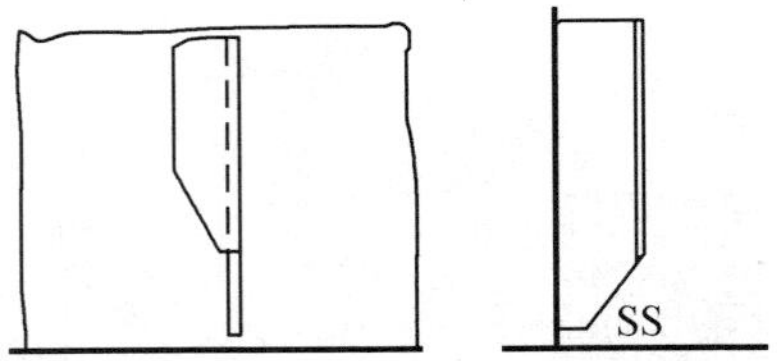	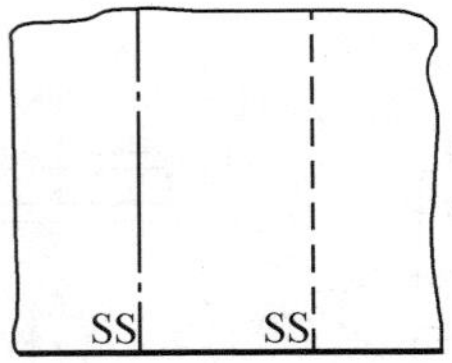

表 2-2(续)

墙部形状		画法和标注	简化画法中的标注
面板切斜	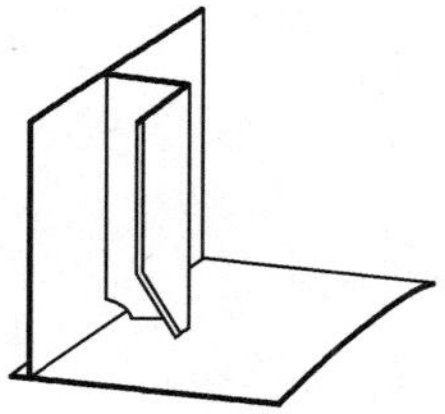	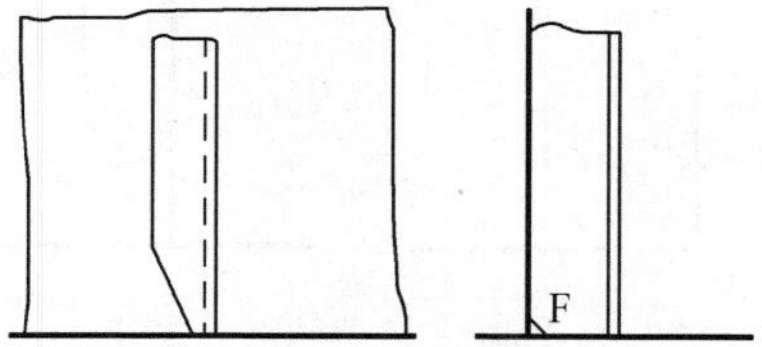	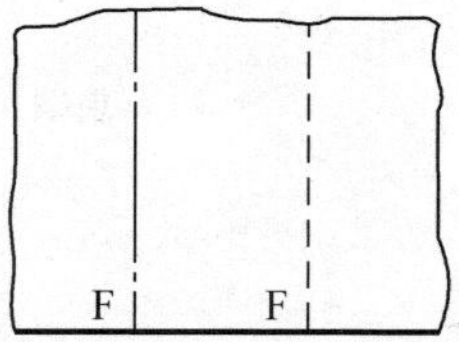
腹板和面板都不切斜	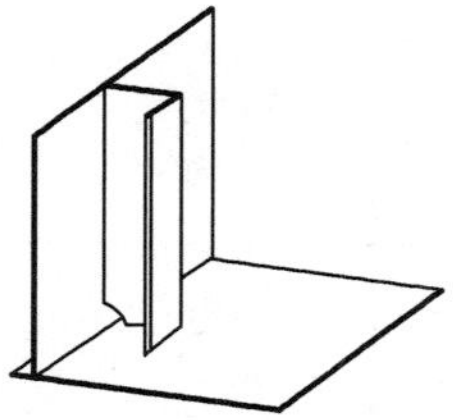	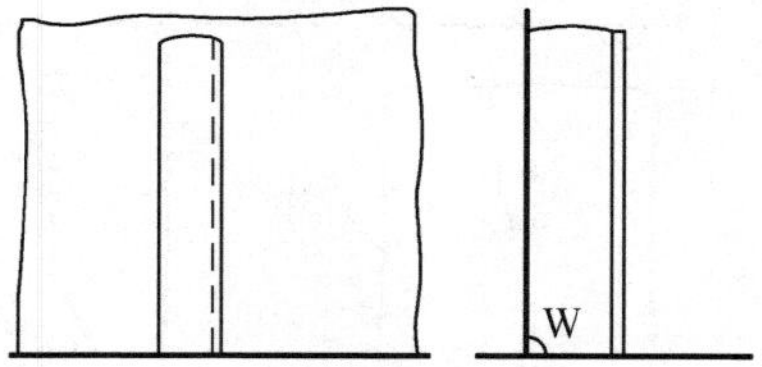	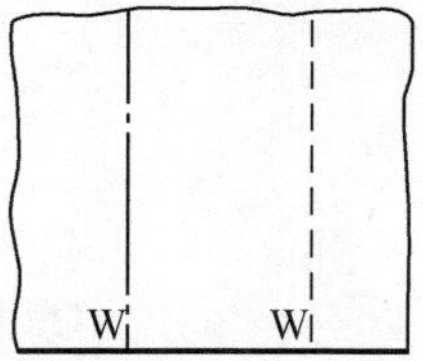
肘板连接	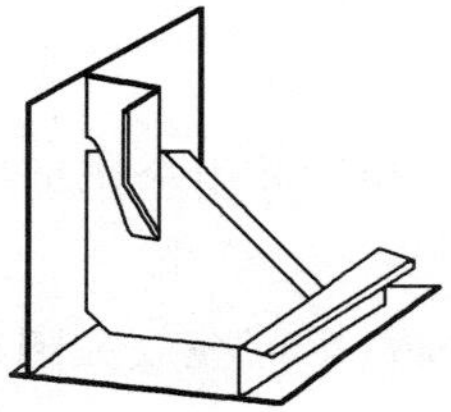	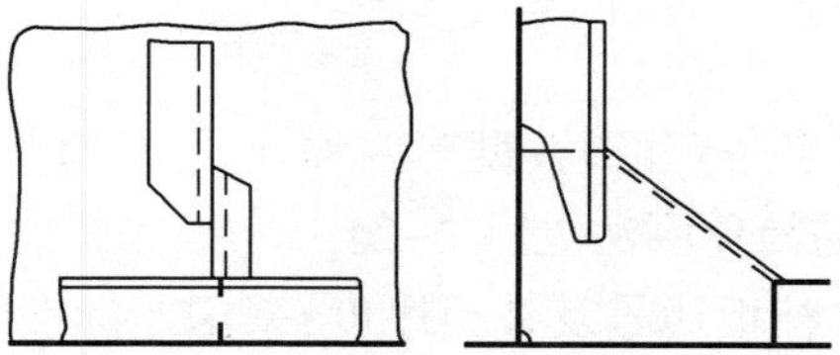	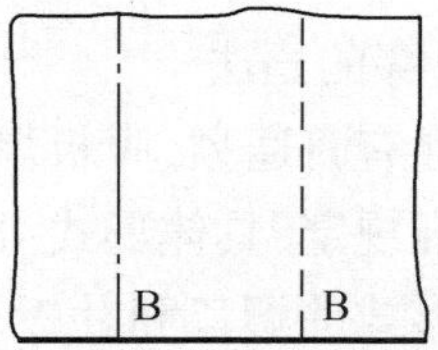

图 2-23 所示为扁钢、球扁钢、T 型钢端部切斜举例。在这里,扁钢、角钢、球扁钢和板材相焊接的一面均视为腹板。

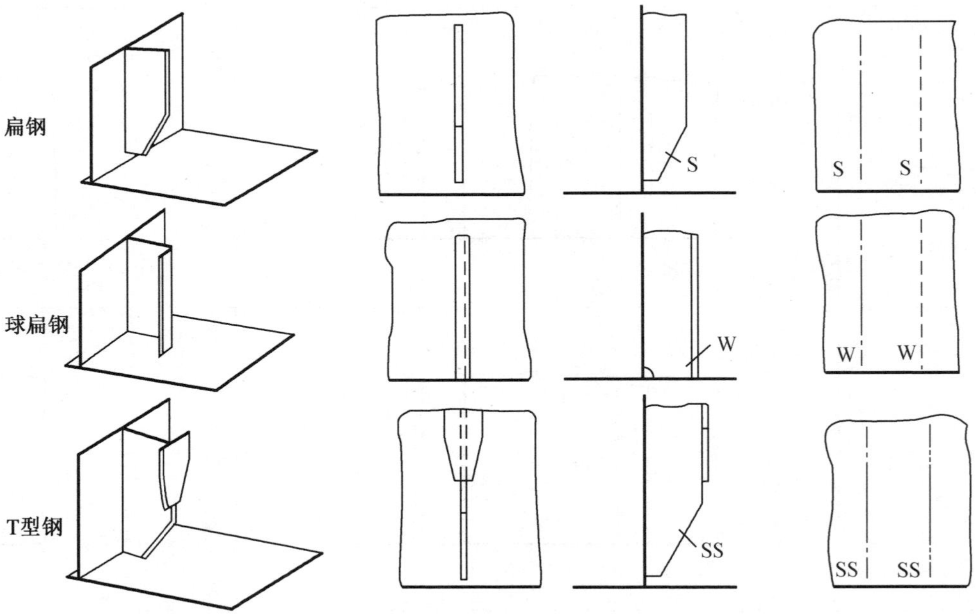

图 2-23　扁钢、球扁钢、T 型钢端部切斜举例

(4)型材贯穿的画法

型材的贯穿有直通型、腹板焊接型、补板型(水密、非水密)和镶嵌型等四种形式,切口与补板的标准形式和尺寸由全国船舶标准化技术委员会专业标准规定,具体形式可参照相关标准。它们的简化画法见图 2-24。

采用标准形式的切口和补板,视图中只需注明切口、补板代号及补板厚度;采用非标准形式的切口和补板,则需在放大图上注明切口和补板的全部尺寸。

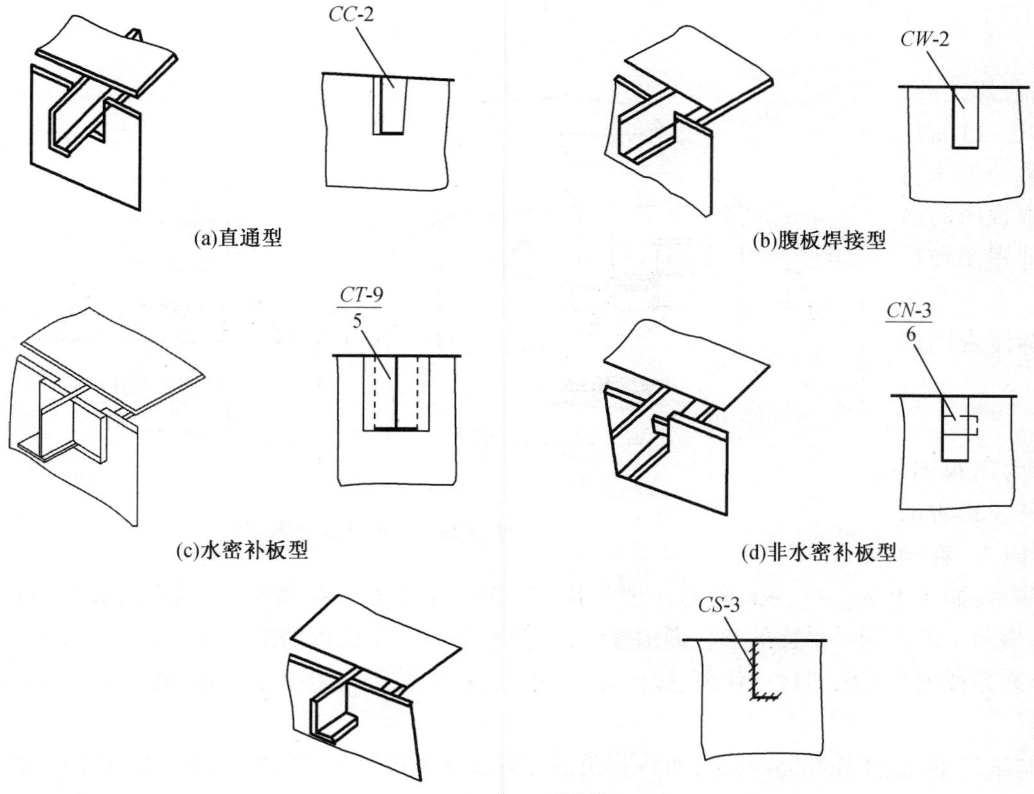

(a)直通型　(b)腹板焊接型　(c)水密补板型　(d)非水密补板型　(e)镶嵌型

图 2-24　型材贯穿的简化画法

直通型

镶嵌型

3. 船体结构图样的表达方法

船体结构图样是船体图样的重要组成部分，能够完整、清晰地表达船体结构形式和构件连接方式，为便于识读、易于绘制，《金属船体制图》中规定了图样画法。下面介绍船图中常用的几种表达方法。

(1)视图

①基本视图

物体除了可以从上、前、左三个方向进行投影之外,还可以从下、后、右三个方向进行投影,见图 2-25(a)。这样就产生了六个基本投影面,船体结构向六个基本投影面投影所得的图形为基本视图。六个基本视图的名称分别为主视图、俯视图、左视图、右视图、仰视图和后视图。各投影面及视图配置方式见图 2-25。在一张图纸中按图 2-25(b)配置各视图时,一律不标注视图的名称。

②向视图

船体结构向某一方向投影所得的图形为向视图。向视图用视向符号与大写的英文字母表示其投影方向和视图名称,如图 2-26 及图 2-27 中的"*A* 向"。在同一张图纸上画几个向视图时,应按字母顺序注写,如 *A*,*B*,*C*,…。视向符号一般为长 15~25 mm 的粗实线箭头,习惯上箭头长为总长的1/3~1/2,见图 2-26(b)。图 2-27 中的 *B* 向视图也表示了不在同一平面的圆柱面围壁结构,把不在同一平面内的结构展开在同一平面上,且用向视图表示的方法所得的视图称为展开视图。展开视图在视图名称中注明,如图 2-27 中的"*B* 向展开",图中注有 RL 的细点划线为转圆线。

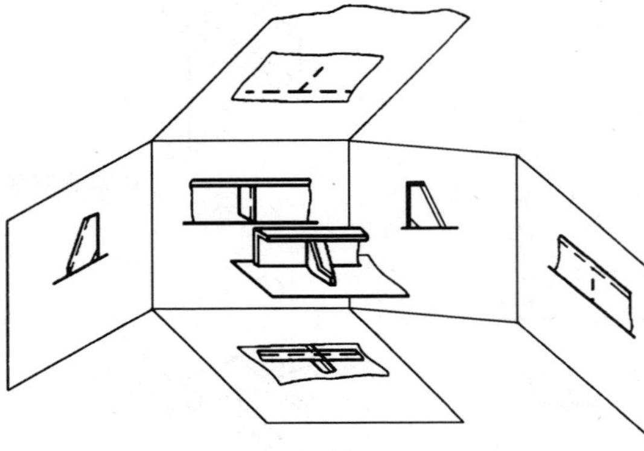

(a)

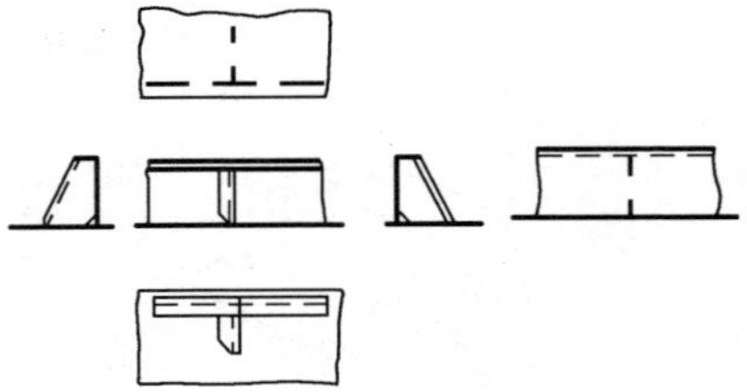

(b)

图 2-25　六个基本视图

(2)剖视图

假想用剖切平面剖切结构,将位于视者与剖切平面之间的部分移去,而将其余部分向投影面投影所得的图形,称为剖视图。如舱底平面图,见图 2-28。

当表示具有对称平面的结构时,可以以对称中心线为界,一部分用剖视图表示,另一部分用其他视图表示,见图 2-28、图 2-29。需要表示局部结构时,可用局部剖视方法表示,见图 2-29。

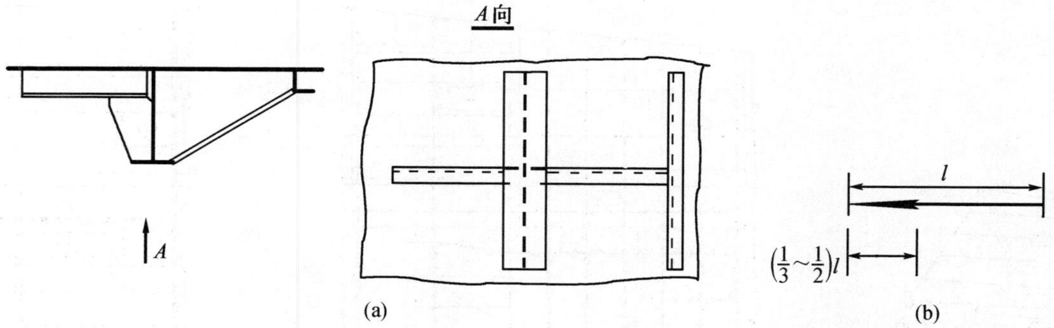

图 2-26　向视图的标注方法(一)

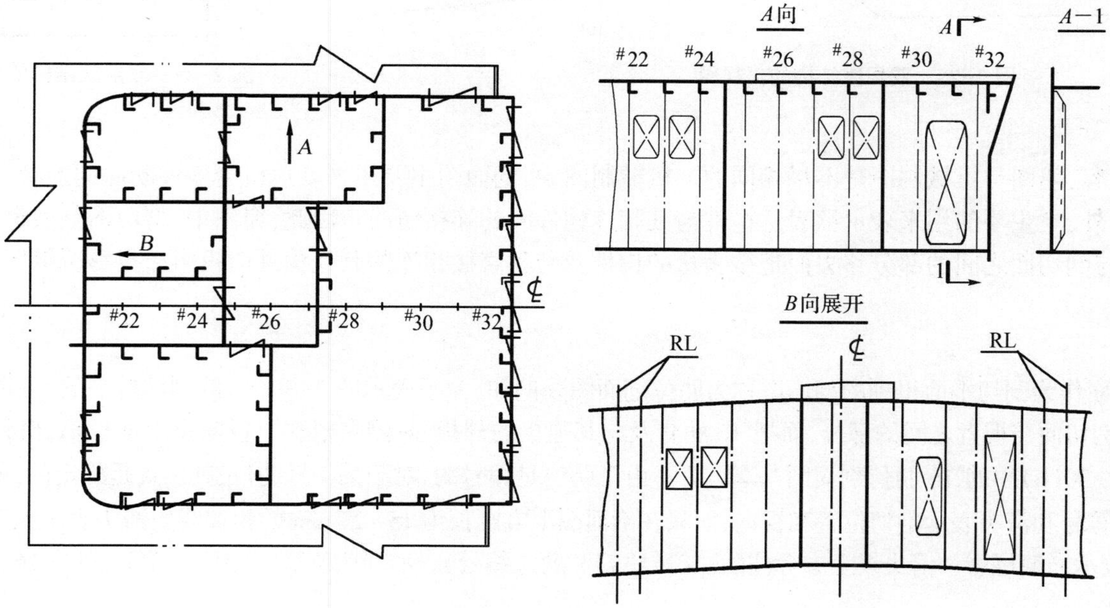

图 2-27　向视图的标注方法(二)

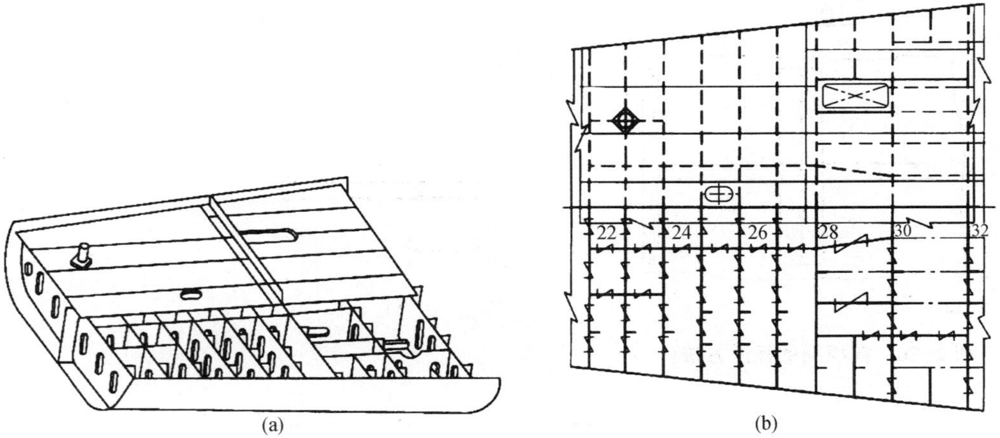

图 2-28　双层底结构的剖视图

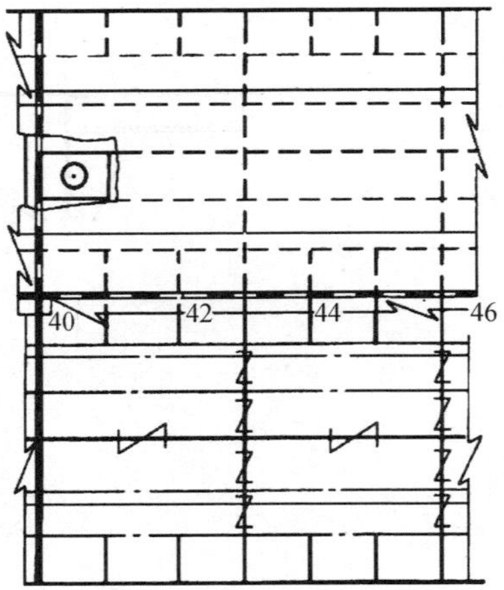

图 2-29　双层底结构的舱底平面剖视图

(3)剖面图

剖面图所表达的内容,船图与机械制图是不尽相同的。机械制图中,剖面图主要用来表达机器零件断面的形状。而船图中,剖面图除用来表达所剖构件的形状外,更主要的用来表示欲表达构件与其相连构件间的连接情况。因此,船图中,剖面图是假想在要表达的构件附近作一剖切面,将位于视者与剖切面之间的部分移去而把欲表达的构件及与其直接相连的其他构件向投影面投影所得到的图形。剖面图通常有以下几种类型:

①肋位剖面图

剖面图中以肋骨平面作为剖切平面得到的剖面图称为肋位剖面图。例如,为了表示图 2-30(a)舷侧结构中的#16 肋位的普通肋骨结构,可以假想取剖切面Ⅰ,移去剖切面与视者之间的部分,而把#16 肋骨及与其连接的外板、舷侧纵桁和肘板向投影面投影,得到的图形就是表示#16 肋骨结构的剖面图,见图 2-30(b)中的#16 肋位剖面图“#16→”。由于肋位是编号的,对于某一号肋位,其位置是确定的,所以表示肋位剖面图时,在相应视图中不用剖切符号和箭头表示剖切位置和视向,而只在剖面图上方画长为 15~25 mm 的粗实线大箭头表示投影方向,箭头指向右表示向船首看,箭头指向左表示向船尾看。箭头线上方标注肋位符号“#”和肋位编号,表示剖切位置,见图 2-30(b)中的#16 和#17 肋位剖面图。

②一般位置剖面图

除肋位外所有其他位置的剖面图称为一般位置剖面图。例如,为了表示图 2-30(a)所示舷侧结构中的舷侧纵桁结构,可以假想取剖切面Ⅱ,然后把舷侧纵桁及其连接的外板、横舱壁、普通肋骨、强肋骨和肘板向投影面投影,得到的图形就是表示舷侧纵桁结构的剖面图,见图

2-30(b)中的 *A*—*A*。通常情况下，一般位置剖面图在相应的视图中，用剖切符号与大写英文字母表示剖切位置、投影方向和剖面图名称（A↓‾‾ ‾‾↓A），在剖面图上方标注相应的视图名称 *A*—*A*。剖切符号为断开的粗实线，箭头为长 15 mm 的粗实线大箭头，视图名称下的横线也为粗实线，见图 2-30(b)。

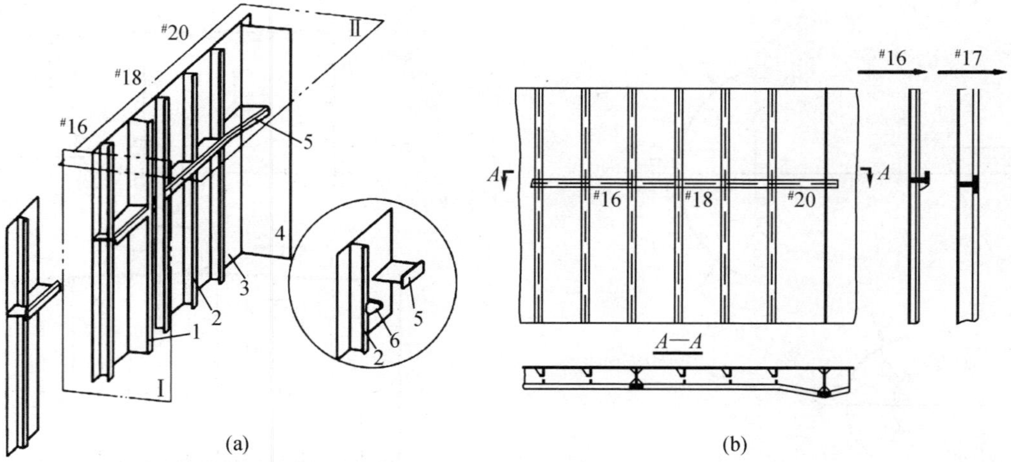

1—强肋骨；2—普通肋骨；3—外板；4—横舱壁；5—舷侧纵横；6—肘板。

图 2-30　剖面的表示方法

剖面图也可以直接绘制在剖切平面迹线的延长线（细点划线）上，不另加标注，见图 2-31。

③分剖面图

如果在剖面图（或向视图）中再作剖面以表示原剖面图（或向视图）中尚未表示清楚的结构，则称此剖面图为分剖面图。其标注形式见图 2-32，其中 1、2 是分剖面图的序号。

在主视图中，根据不同结构，辅以几个剖面图把船体结构完整地表示清楚，是船体结构图样中经常采用的表达方法。就图 2-30 的舷侧结构而言，除主视图外，再选择#16 肋位剖面图表示普通肋骨结构，#17 肋位剖面图表示强肋骨结构，以及 *A*—*A* 剖面图表示舷侧纵桁结构，就可以把该段的结构表示清楚。至于#15、#18、#19 和#20 肋位结构，因与#16 肋位相似，可以不再表示，而#21 横舱壁结构通常另画图样表示。

(4)重叠画法

重叠画法也称重叠投影法，即把不在某一剖面表达范围内的构件表示在该剖面图的相应位置上，并规定这些构件的可见轮廓用细双点划线表示,不可见轮廓用细虚线表示,见图 2-33。#36 肋位上的强横梁、强肋骨和支柱等构件画在表示普通横梁和普通肋骨结构的#35 肋位剖面图中。

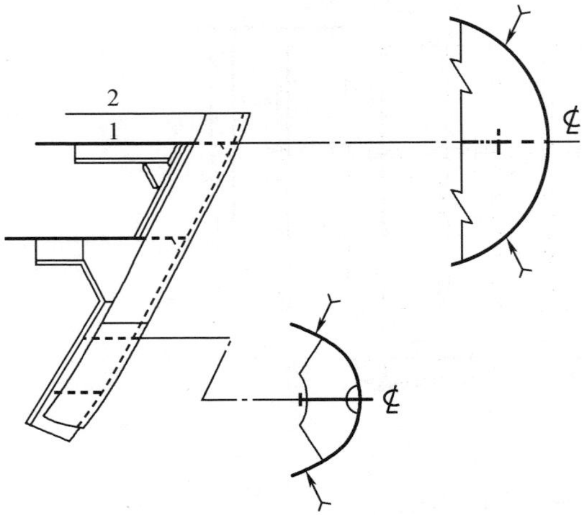

1—艏楼甲板;2—舷墙顶线。

图 2-31　配置在剖切平面迹线延长线上的剖面图

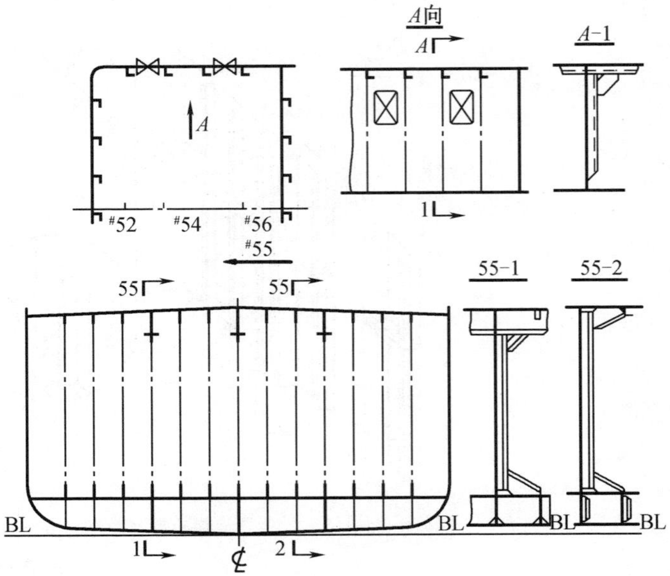

图 2-32　分剖面图的标注方法

重叠画法通常运用在中横剖面图和基本结构图中,目的是在基本剖面图中把船体某些局部变化的结构表达清楚,以减少识图和绘图工作量。

采用重叠画法时,要注意保证基本剖面图的图形清晰,否则应另外选择视图来表示。

(5)简化画法

为了绘图方便,船图中采用了一些简化画法。常用的简化画法有:

①构件的简化表示法

组成船体的构件众多,如按钢板、型材的正投影画法表示船体结构,则图面往往线条繁多,给绘图、识图带来不便。因此,《金属船体制图》中规定,船体结构图中可采用不同的图线表示构件的投影。这样,既简化图面,又能清晰地表示结构;既便于识图,又便于绘制。图

2-34(c)是图 2-34(b)的简化表示图形。

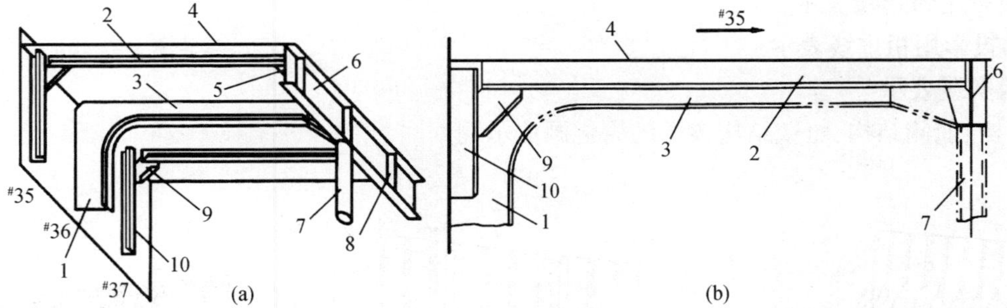

1—强肋骨;2—普通横梁;3—强横梁;4—甲板;5—肘板;6—甲板纵桁;7—支柱;8—加强筋;9—梁肘板;10—普通肋骨。

图 2-33　重叠表示法(示例)

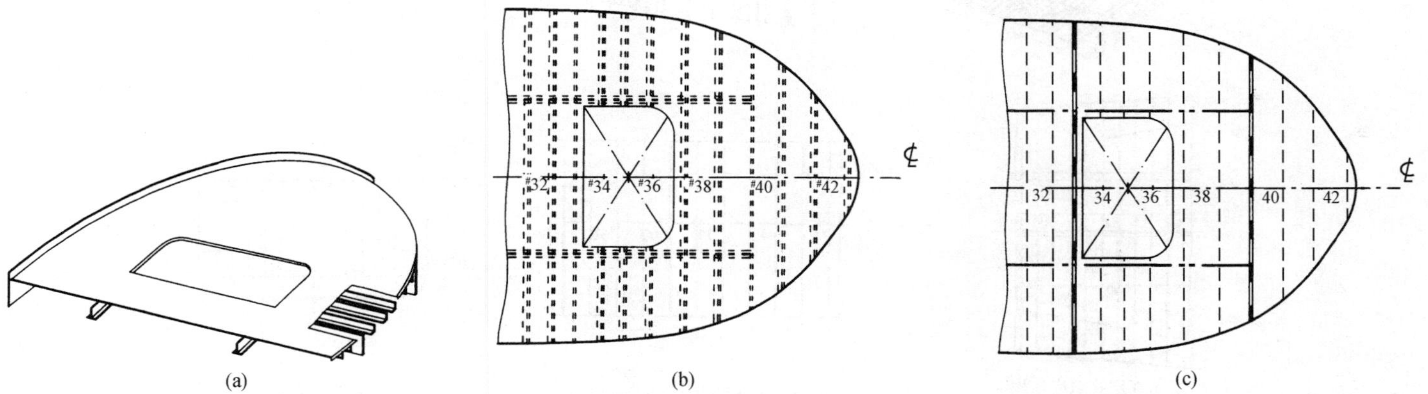

图 2-34　结构图样的简化画法示例 1

根据《金属船体制图》规定的图线应用范围,构件投影简化表示时所采用的图线基本可归纳如下:

a. 可见的主要构件(如强肋骨、舷侧纵桁、中内龙骨、旁内龙骨、舱壁桁材等)的投影用粗点划线表示;

b. 可见的普通构件(如普通肋骨、纵骨、舱壁扶强材等)的投影用细点划线表示;

c. 不可见的主要构件(如甲板纵桁、强横梁等)的投影用粗双点划线表示;

d. 不可见的普通构件(如普通横梁、纵骨、舱壁扶强材等)的投影用细虚线表示;

e. 不可见的水密板材的投影用轨道线表示;

f. 不可见的非水密板材的投影用粗虚线表示;

g. 可见的板材的投影用粗实线表示。

图 2-35 是双层底舱底结构、舷侧结构、舱壁结构图样的简化画法示例。

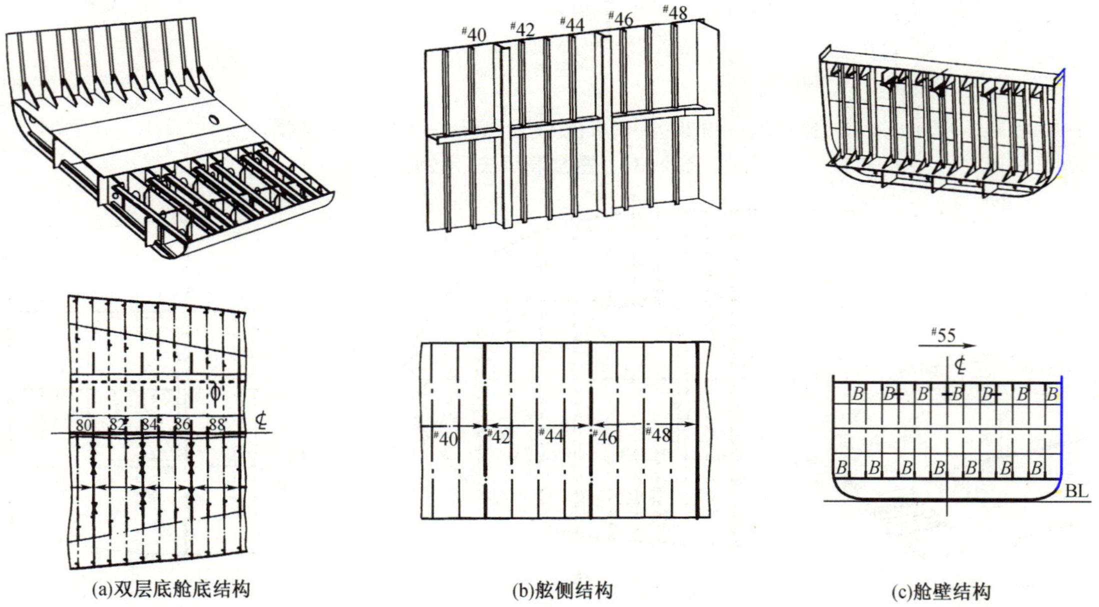

图 2-35　结构图样的简化画法示例 2

②压筋围壁及槽形舱壁的简化表示法

《金属船体制图》中规定了压筋围壁及槽形舱壁的简化表示法,见图 2-36。图中细点划线为压筋中线,且表示压筋数量。符号“⋁⌐”

“∨”等表示压筋在平板正面，见图 2-36(a)和(c)。反之，符号“Λ”“∩”等则表示压筋在平板背面，见图 2-36(b)和(d)。

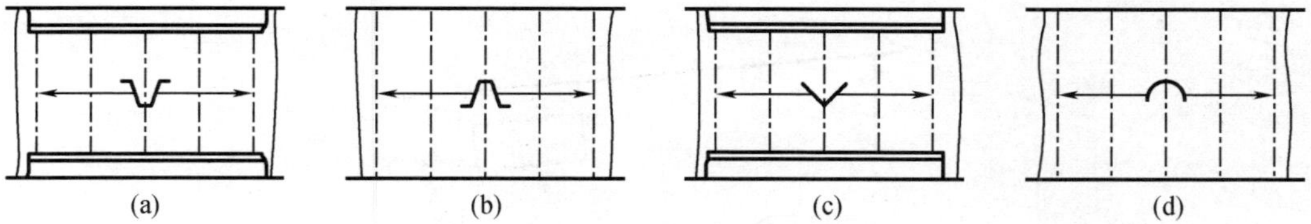

图 2-36　压筋围壁及槽形舱壁的简化表示法

③构件上开孔的简化表示法

构件上开有若干形状和大小相同的均布孔(如人孔、减轻孔、流水孔及透气孔等)时，可仅在两端各画一孔，中间孔只需用定位中心线表示，见图 2-37。

对于人孔和减轻孔，只需在两端的孔上注出其尺寸，见图 2-37(a)和(b)。而流水孔及透气孔只需注明其代号，见图 2-37(c)。图中代号 E100 的 E 表示腰圆形流水孔的代号，100 表示腰圆孔的长度为 100 mm，其他尺寸可根据 E100 查相关标准得到。

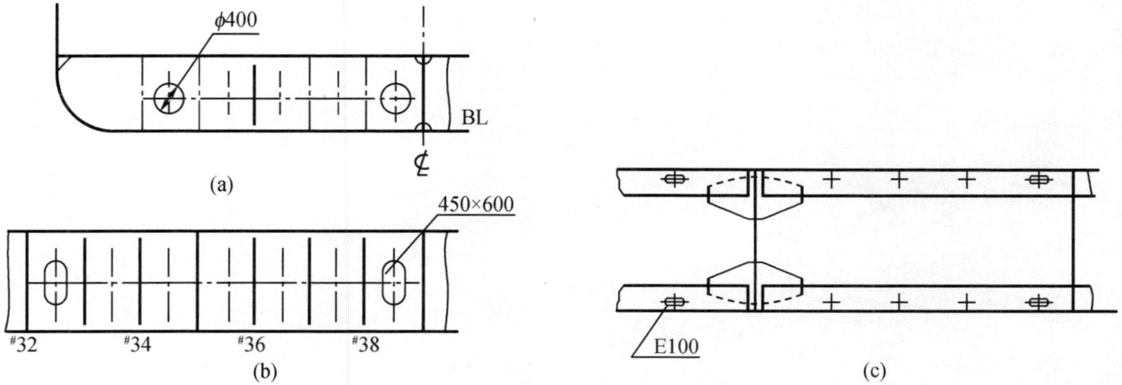

图 2-37　形状和大小相同的均布孔的简化画法

(6)覆板表示法

覆板在平面图上用覆板轮廓线加细斜线表示,如图 2-38 所示。

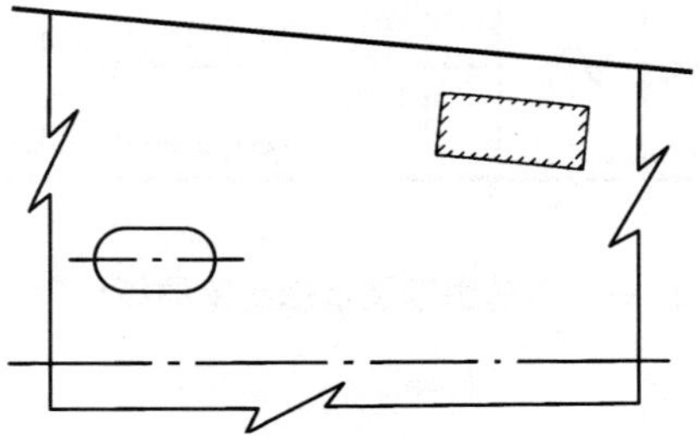

图 2-38　覆板表示法

【任务实施】

案例 2.1　识读船体结构节点图

布置任务单

学习领域	船舶图样识读与绘制		
学习任务 1	识读船体结构节点图	学时	
任务描述	任务导入： 图 2-39 为某船底纵骨节点的三视图，通过对该节点图的识读，了解船体节点图的识读方法以及必要的相关专业知识和应该注意的事项，为后续船体图纸的识读以及今后从事的船舶建造岗位工作奠定基础。		
任务要求	技能要求： (1)能够将节点图中的各个构件，按板材、型材、肘板等进行分解； (2)能够在几个视图中找出每个构件的对应投影； (3)能够结合视图看懂构件尺寸的标注； (4)能够结合视图看懂焊接符号的标注； (5)掌握正确识读船体节点图的方法和步骤。 职业素质要求： (1)具有严谨认真的工作态度； (2)具有主动参与、积极进取、探究科学的学习态度和思想意识； (3)具有分析问题、解决问题的能力。		
学习资源	教材、教学课件、图片、图纸、动画。		

学习任务单

<table>
<tr><td>学习领域</td><td>船舶图样识读与绘制</td><td>模块名称</td><td colspan="4">项目二:船体结构节点图的识读与绘制</td></tr>
<tr><td>任务名称</td><td>识读船体结构节点图</td><td>学时</td><td></td><td>班级</td><td></td><td>学习笔记</td></tr>
<tr><td rowspan="2">识读内容</td><td>1. 知悉船体结构节点图识读方法和注意点
(1)构件分析;
(2)了解构件之间的相对位置和连接方式;
(3)整合节点整体概念。</td><td colspan="4">识读船体结构节点图可参考三视图的视图要领:抓主视,联左俯;先局部,后整体;对投影,找对应。看图时,首先进行构件分析,即将节点图中的各个构件,按板材、型材、肘板等进行分解;然后在几个视图中找出每个构件的对应投影,结合船图的表达特点和所标注的尺寸,识别构件的形状、尺寸、相对位置和连接方式,从而看懂节点视图所表达的结构。</td><td></td></tr>
<tr><td>2. 分析给定的船底纵骨节点的视图
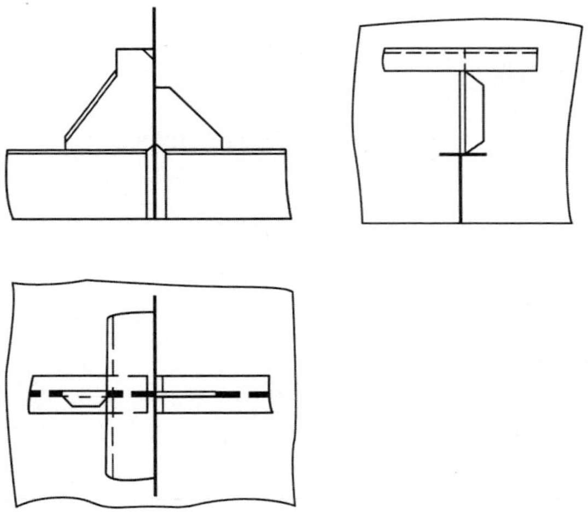
图 2-39　某船底纵骨节点的三视图</td><td colspan="4">识读船体结构节点图时,先进行构件分析,弄清组成节点构件的形状、尺寸及相对位置,然后整合来想象节点的整体情况。也就是用“先分割再组合”的看图方法。
参考图 2-39 的信息,了解到船底纵骨节点的视图由主、俯、左三个视图组成。以它为例,说明分析视图的方法和步骤。</td><td></td></tr>
</table>

续表

	3. 节点的构件分析 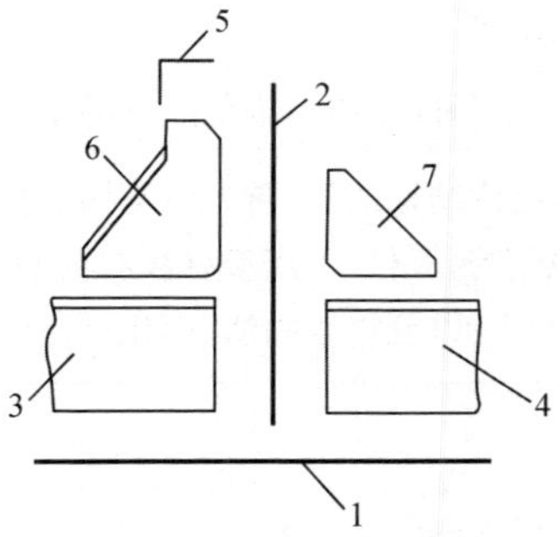 **图 2-40　某船底纵骨节点的构件分析图示**	分析节点的构件组成,了解构件的形状和尺寸。从图 2-40 中可以看出,该节点由水平钢材 1、垂直钢材 2、左 T 型材 3、右 T 型材 4、角钢 5、大肘板 6、小肘板 7 组成,如图 2-40 所示。	
识读内容	4. 了解构件之间的相对位置和连接方式 根据各构件在视图上、下、左、右、前、后的相对位置以及连接情况,想象出整个节点的结构。	从图 2-39 和图 2-40 看出,位于节点最下方水平放置的水平钢材 1,其中间与垂直钢材 2 角接;T 型材 3、4 位于垂直钢材 2 的左、右两面,放在水平钢材 1 的中间;肘板 6、7 同样位于垂直钢材 2 的左、右两面,而放在 T 型材面板的中央,肘板一边与 T 型材面板连接,另一边与垂直钢材 2 连接;角钢 5 与垂直钢材 2 角接,且位于大肘板 6 的上部并与它连接。	
	5. 整合节点整体概念 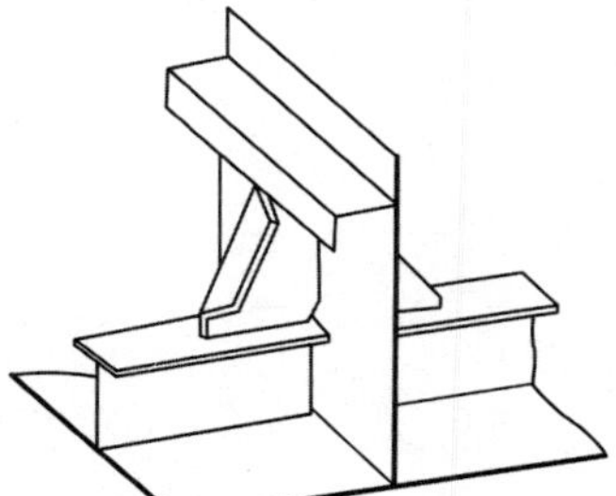 **图 2-41　某船底纵骨节点的整合示意图**	经过上面的分析和综合,即可看懂节点视图,得到节点结构的完整概念,完成节点图的识读,如图 2-41 所示。	

任务总结单

学习领域	船舶图样识读与绘制	模块名称	项目二:船体结构节点图的识读与绘制
任务名称	识读船体结构节点图		
职业素养总结	请按照知识总结思维导图格式,从职业精神、思想政治、创新发展等方面总结识读船体结构节点图的学习收获。		
识读总结	在船体结构中,纵横构件相互交叉连接的节点处结构最为繁杂,正确识读船体结构图样,首先应掌握船体结构节点处视图的识读。 在节点视图中,板材、常用型材和肘板的画法遵循正投影的基本原理,需要掌握板材、常用型材和肘板的画法以及尺寸标注方法。 掌握船体结构图样的表达方法,包括基本视图、向视图、剖视图等的识读方式,以及重叠画法、简化画法的图线含义。		
笔记总结			

拓展任务单

<table>
<tr><td>学习领域</td><td>船舶图样识读与绘制</td><td>模块名称</td><td colspan="3">项目二:船体结构节点图的识读与绘制</td></tr>
<tr><td>任务名称</td><td>识读船体结构节点图</td><td>学时</td><td></td><td>班级</td><td></td></tr>
<tr><td>学生姓名</td><td></td><td>学号</td><td></td><td>组别</td><td></td></tr>
<tr><td>任务描述</td><td colspan="5">在完成识读船体结构节点图任务的学习之后,考虑其中蕴含的深刻道理,并总结心得体会。
在学习过程中养成认真、严谨、精益求精的工作态度及钻研精神。</td></tr>
<tr><td colspan="2">1. 抓主视、联左俯读图,蕴含着联系的观点,即用抓主要矛盾的方法分析视图。想全面了解一件事物,必须多角度去分析。</td><td colspan="4">总结分析:</td></tr>
<tr><td colspan="2">2. 结合船体结构节点图识读的内容,体会《题西林壁》这首诗前两句(横看成岭侧成峰,远近高低各不同。)蕴含的道理。</td><td colspan="4">总结分析:</td></tr>
</table>

案例 2.2　绘制船体结构节点图

布置任务单

学习领域	船舶图样识读与绘制		
学习任务 2	绘制船体结构节点图	学时	
任务描述	任务导入： 图 2-42 是支柱节点结构图，绘制支柱节点视图。通过节点视图的绘制，进一步熟悉和掌握板材、型材、肘板及其相互间连接的画法和尺寸注法，同时能够根据焊接要求进行焊接符号的标注。		
任务要求	技能要求： (1)能够将节点处的构件进行结构分析与构件分解； (2)能够根据节点的位置特点选择最合理的主视向； (3)能够掌握板材、型材和肘板等在节点图中的绘制方法； (4)能够掌握正确的尺寸标注和焊接符号标注方法； (5)掌握正确绘制船体结构节点图的方法和步骤。 职业素质要求： (1)具有团队意识和团结协作精神； (2)具有良好的学习态度和责任心； (3)具有自我学习、不断更新知识结构的意识； (4)具有分析问题、解决问题的能力。		
学习资源	教材、教学课件、图片、图纸、动画。		

学习任务单

<table>
<tr><td>学习领域</td><td>船舶图样识读与绘制</td><td>模块名称</td><td colspan="4">项目二:船体结构节点图的识读与绘制</td></tr>
<tr><td>任务名称</td><td>绘制船体结构节点图</td><td>学时</td><td></td><td>班级</td><td></td><td>学习笔记</td></tr>
<tr><td>绘制节点图</td><td>1. 船体结构节点图绘制方法和注意点

以图 2-42 支柱节点为例说明,在图中,各构件尺寸为:支柱 $\phi200\times12$,T 型材 $\perp\frac{8\times350}{10\times150}$,肘板 12 mm×150 mm×300 mm,垫板厚 8 mm,底板厚 12 mm。

焊接要求:

(1)T 型材与底板的连接采用双面连续焊,$k=5$;

(2)T 型材面板与腹板以及 T 型材的连接采用双面连续角焊,$k=5$;

(3)支柱与垫板的连接采用周围焊,$k=5$;

(4)垫板与 T 型材面板的连接采用周围焊,$k=5$;

(5)肘板与支柱的连接采用双面连续角焊,$k=5$。</td><td colspan="4">绘制节点视图时运用正投影的基本方法,将节点按板材、型材和肘板等分解成单个构件,然后根据“长对正、高平齐、宽相等”的投影关系,弄清每个构件的形状、尺寸以及各构件的相对位置和连接方式。

(1)分析构件;

(2)选择视向,确定视图;

(3)绘制节点视图;

(4)标注节点视图的尺寸;

(5)标注节点视图的焊缝符号。

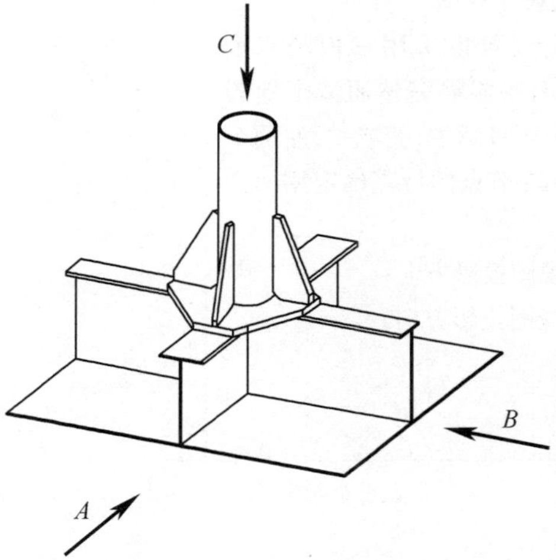

图 2-42　支柱节点结构图</td><td></td></tr>
</table>

续表 1

<table>
<tr>
<td>绘制节点图</td>
<td>2. 结构分析与构件分解
由图 2-43 可知,这是船底外板上的支柱,共 10 个构件:
1——水平底板;
2——左右设置的 T 型材(连续);
3——前后设置的 T 型材(间断);
4——八边形垫板;
5——支柱;
6——肘板,共 4 块。
3. 选择视向,确定视图
船体结构节点,可以采用三视图来表达。当用两个视图就能够完整而清晰地表达节点结构时,则可只画主、俯或主、左两个视图。根据图 2-42 节点的特点确定用两个视图表达。
A 向——主视图投影方向;
C 向——俯视图投影方向。</td>
<td>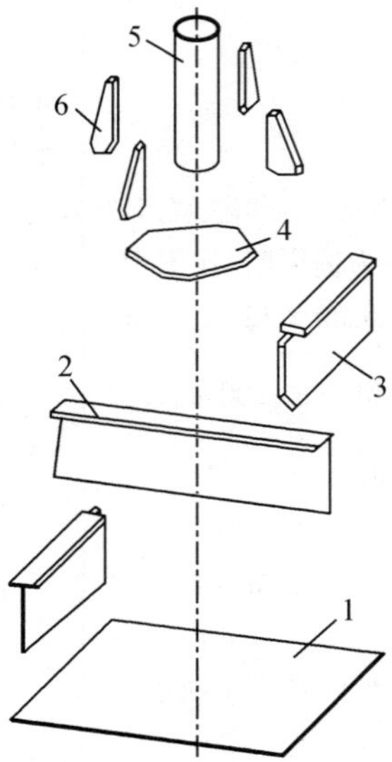

图 2-43　支柱节点的构件分析</td>
<td></td>
</tr>
</table>

续表 2

绘制节点图	4. 绘制节点视图 步骤如下： (1)合理布置视图，画出主、俯视图的基准线，见图 2-44(a)； (2)画出水平底板 1 的投影，见图 2-44(b)； (3)画出 T 型材 2 和 3 的投影，见图 2-44(c)； (4)画出垫板 4 的投影，见图 2-44(d)； (5)画出管子 5 的投影，见图 2-44(e)； (6)画出肘板 6 的投影，见图 2-44(f)； (7)检验底稿，并清理图面，按规定加深线条，见图 2-44(g)。	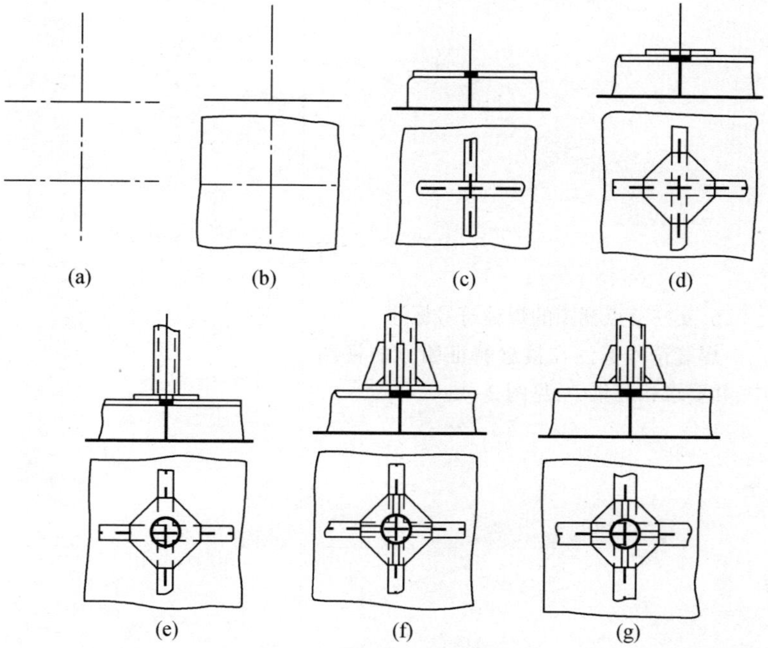 **图 2-44　支柱节点视图画法**	
	5. 支柱节点视图的尺寸标注 尺寸应尽量标注在构件外形特征明显的视图中，并要求相对集中，便于阅读。	在本例中，钢管、肘板和 T 型钢的尺寸标注在外形特征明显的主视图中，底板和垫板的尺寸标注在外形特征明显的俯视图中，见图 2-45。	

续表 3

<table>
<tr>
<td>绘制节点图</td>
<td>6. 支柱节点视图的焊缝符号标注
焊缝符号标注在接缝特征明显的视图中，并要求相对集中，见图 2-45。</td>
<td>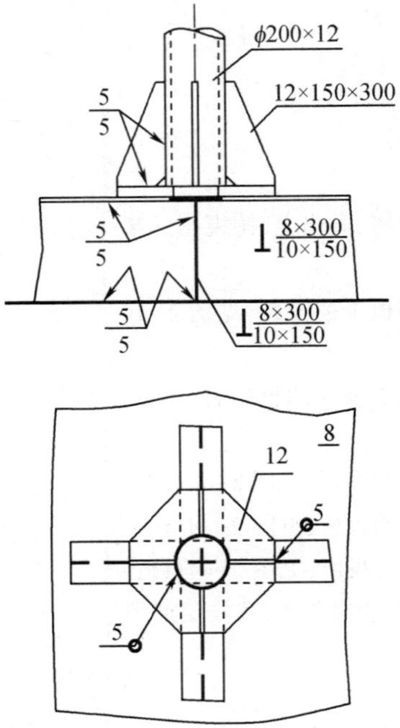

图 2-45　支柱节点图绘制效果</td>
<td></td>
</tr>
<tr>
<td>总结</td>
<td colspan="3">绘制节点视图时，根据节点结构复杂程度，几个视图可以相互对照同时画出底稿；也可以先画出主视图，再按投影关系画出其他视图。简单的节点视图可以不打底稿一次完成。</td>
</tr>
</table>

任务总结单

学习领域	船舶图样识读与绘制	模块名称	项目二:船体结构节点图的识读与绘制
任务名称	绘制船体结构节点图		
职业素养总结	请按照知识总结思维导图格式,从职业精神、思想政治、创新发展等方面总结绘制船体结构节点图的学习收获。		
绘制总结	节点图的绘制,需要先复习船体基本图线含义,再结合板材、型材、肘板的绘制方式,确定比例尺并标注尺寸。 掌握构件的连接方式:板材与板材的连接、型材与型材的连接、板材与型材的连接及型材贯穿连接等。 根据《金属船体制图》中规定的图样画法,根据不同视图的特点,完成节点图的绘制工作。这也是后续绘制基本结构图、中横剖面图、分段结构图等图纸需要掌握的技能,需要多加练习才能熟练掌握。		
笔记总结			

【项目测试】

船体结构节点图的识读与绘制任务工作页

在船体结构中,纵横构件相互交叉连接的节点处结构最为繁杂,正确识读和绘制船体结构图样,首先应掌握船体结构节点处视图的识读与绘制。

1. 在图 2-46 中,用简化画法表示出板材与板材、板材与型材连接的俯视图。

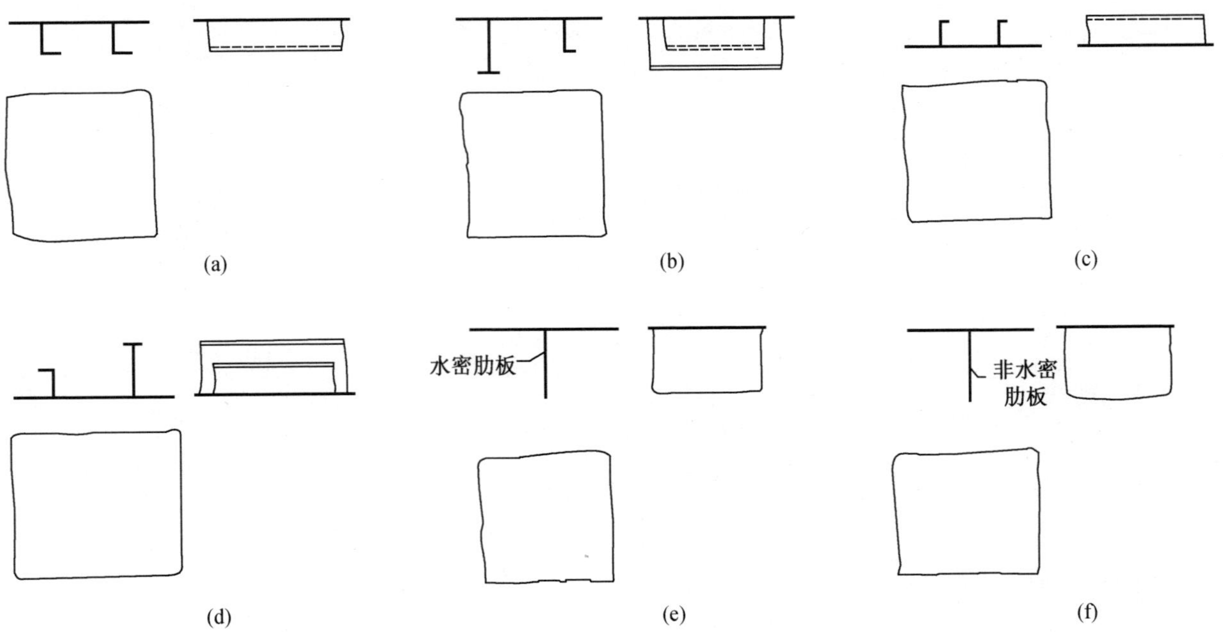

图 2-46

2. 根据图 2-47，画出主视图和右视图，并标注尺寸和焊缝代号。

焊接要求：

(1)实肋板、内底纵骨与内底板的连接均采用交错断续焊，$k=7$，$l=75$，$e=225$；

(2)实肋板、外底纵骨与外底板的连接均采用交错断续焊，$k=8$，$l=75$，$e=225$；

(3)加强筋与实肋板的连接采用交错断续焊，$k=7$，$l=75$，$e=225$。

3. 根据图 2-48，画出主视图、俯视图和左视图，并标注尺寸。

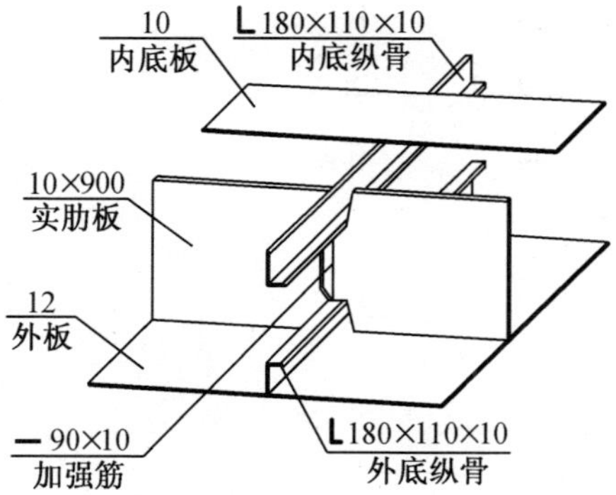

图 2-47

内外底纵骨与肋板的连接

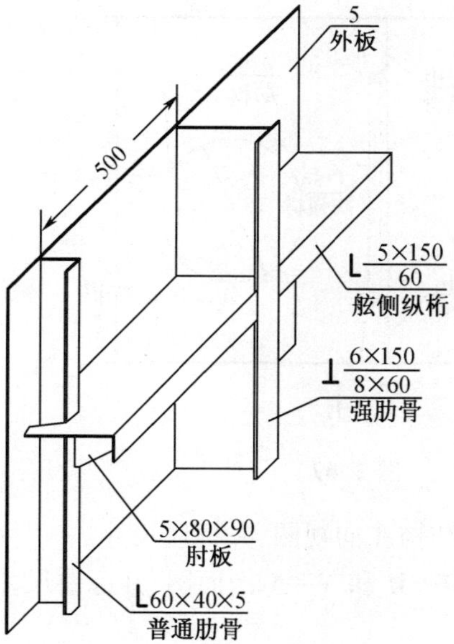

图 2-48

舷侧纵桁与肋骨的连接

4. 根据图 2-49，画出 *A—A* 及 *B—B* 剖面图，并标注尺寸。

5. 根据图 2-50，画出 *J—J* 和 *K—K* 剖面图，并标注尺寸和焊缝代号。

焊接要求：

(1)中内龙骨腹板与面板及与外板的连接采用双面连续角焊缝，$k=5$；

(2)肋板的腹板与面板的连接采用交错断续角焊,$k=5,l=75,e=75$;
(3)肋板与外板的连接采用双面连续角焊,$k=4$;
(4)纵骨与外板的连接采用半自动单面连续角焊,$k=5$;
(5)加强筋与中内龙骨腹板的连接采用单面连续角焊,$k=4$;
(6)加强筋与肋板的连接采用双面连续角焊,$k=4$。

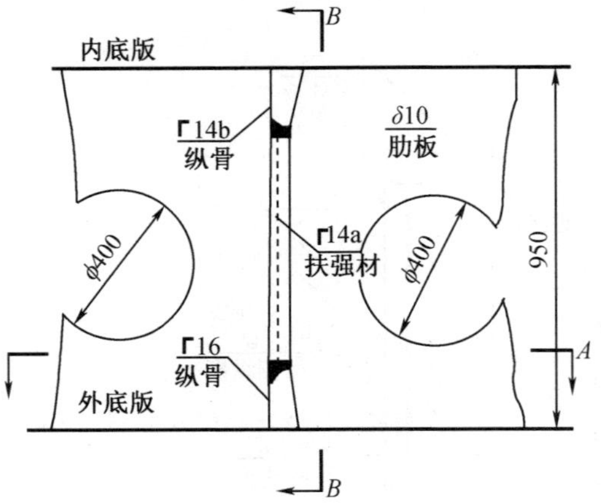

图 2-49

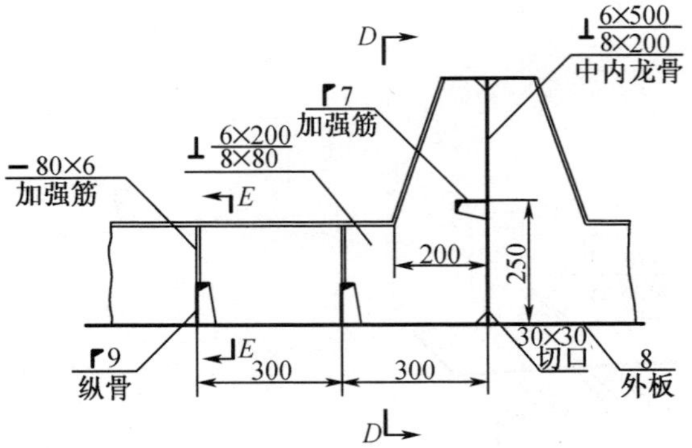

图 2-50

6. 根据图 2-51,绘制强框架结构 A 向视图,并标注尺寸。
7. 根据图 2-52,画出 L—L、M—M 和 N—N 剖面图,并标注尺寸和焊缝代号。
焊接要求:
(1)强横梁、甲板纵桁与甲板板的连接及强横梁、甲板纵桁腹板与面板的连接采用交错断续角焊,$k=5,l=75,e=75$;
(2)甲板纵骨、普通横梁与甲板板的连接采用单面连续角焊,$k=4$;
(3)梁肘板的连接采用双面连续角焊,$k=5$;
(4)小肘板的连接采用双面连接角焊,$k=4$。

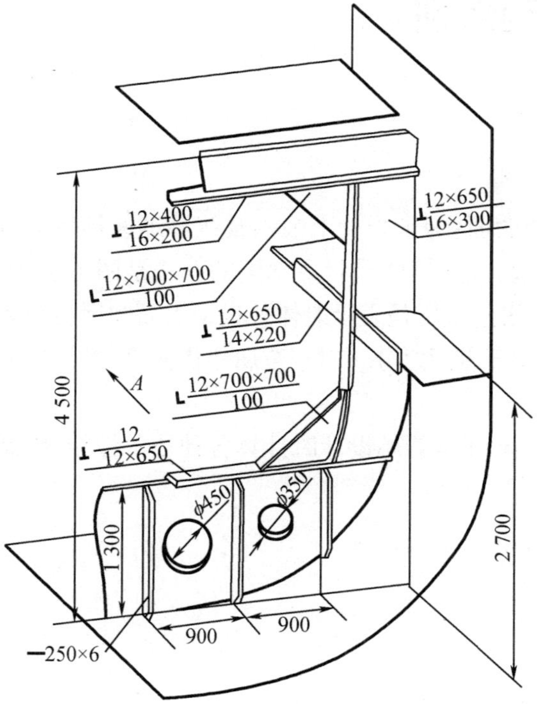

（圆舭半径R2 500）

图 2-51

强框架结构连接

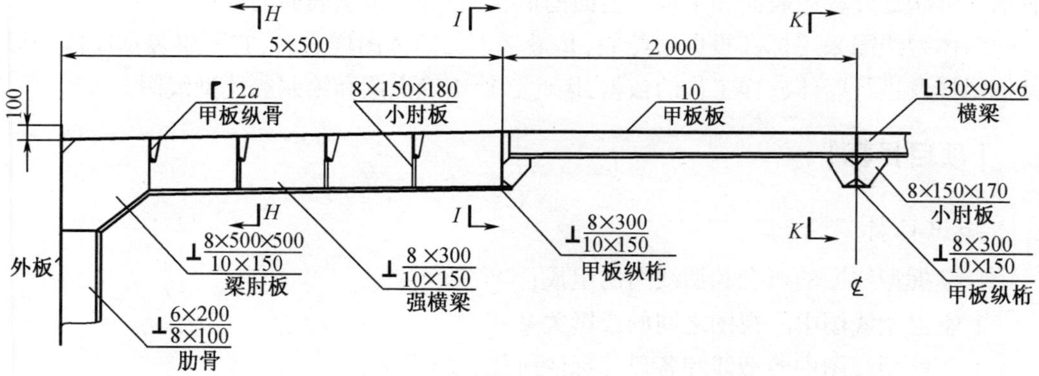

图 2-52

项目三　船体型线图的识读与绘制

【项目描述】

为了使船舶具有良好的航海性能，船体外板的表面通常是具有纵向和横向双重曲度的光滑曲面；为了减少上浪以及能够迅速排除甲板积水，露天甲板一般也是光滑曲面；因此船体的真实形状用正投影三视图不能完整地表达。目前，表达船体形状最常用的方法是图示法，即用船体型线图来描述船体的形状特征。船体型线图是表示船体形状和大小的图样，船体形状的表达主要是表示船体外板型表面和甲板型表面的形状。船体外板和甲板均有厚度，因此船体外板有外表面和内表面之分，甲板则有上表面和下表面之分。对于金属船体而言，型线图所表示的形状是外板内表面和甲板下表面的形状，亦即船体型表面的形状。

船体型线图采用标高投影法绘制，是最基本的船体图样之一，它不仅表示船体的形状和大小，还是船舶设计时计算各种技术性能、绘制其他图样及进行船体放样工作的依据，因此必须正确识读和绘制船体型线图。

【项目目标】

知识目标

1. 掌握型线图的概念和型线图的组成；
2. 掌握型线图中三视图之间的投影关系；
3. 了解型线图中各型线和各尺寸标注所代表的意义；
4. 了解型值表中数字的含义；
5. 熟悉型线图的检验过程。

能力目标

1. 正确利用型线图进行型值查取；
2. 正确进行型线图的识读；

3. 正确进行型线图的绘制及精度的检验。

素质目标

1. 具备严谨细致、认真务实的职业素质；
2. 具有正确的思维方式；
3. 具有分析问题、解决问题的能力；
4. 具有获取新知识、新技能的学习能力。

【学习任务】

学习任务 1：识读 150 t 冷藏船型线图的主尺度和型值表；
学习任务 2：识读 150 t 冷藏船型线的三视图；
学习任务 3：绘制 150 t 冷藏船型线图格子线；
学习任务 4：绘制 150 t 冷藏船型线外板型表面投影；
学习任务 5：绘制 150 t 冷藏船型线图甲板边线；
学习任务 6：绘制 150 t 冷藏船型线图截交线的投影；
学习任务 7：绘制 150 t 冷藏船型线图甲板中线；
学习任务 8：150 t 冷藏船型线图型线检验和标注。

【学习载体】

150 t 冷藏船型线图(图 3-1，见书后附图)。

表 3-1　型值表

站号	半宽值/mm														高度值/mm							
	船底	250 WL	500 WL	1000 WL	1500 WL	2000 WL	2500 WL	设计水线	3000 WL	3500 WL	上甲板边线	艉楼甲板边线	艏楼甲板边线	外板顶线	舷墙顶线	1000 纵剖线	2000 纵剖线	3000 纵剖线	上甲板边线	艉楼甲板边线	艏楼甲板边线	外板顶线	舷墙顶线
艉封板	—	—	—	—	—	—	—	—	420	1390	2280	3080	—	3080	—	—	—	—	4170	6270	—	6345	—
0	—	—	—	—	—	—	180	845	1235	2075	2850	3615	—	3615	—	2890	3450	4300	4100	6200	—	6275	—
$^1/_2$	80	100	125	160	235	360	1000	1600	2010	2750	3360	4010	—	4010	—	2500	2990	3720	4070	6170	—	6245	—
1	100	340	500	675	905	1295	1900	2395	2695	3300	3810	4200	—	4200	—	1240	2580	3250	4050	6150	—	6225	—
1 $^1/_2$	380	875	1149	1500	1890	2260	2710	3050	3250	3690	4050	4250	—	4250	—	360	1700	2750	4020	6120	—	6195	—
2	950	1530	1900	2140	2792	3100	3390	3550	3670	3920	4150	4250	—	4250	—	60	580	1850	4000	6100	—	6195	
3	2400	2890	3290	3740	3970	4075	4140	4165	4190	4220	4250	—	—	—	4250	50	99	300	4000		—	—	5450
4	3250	3625	3900	4200	4245	4250	4250	4250	4250	4250	4250	—	—	—	4250	50	99	180	4000		—	—	4900
5	2210	3160	3610	3975	4160	4240	4250	4250	4250	4250	4250	—	—	—	4250	50	100	198	4000		—	—	4900
6	1580	2220	2690	3220	3560	3800	3950	4010	4050	4120	4190	—	—	—	4250	50	160	790	4020		—	—	4950
7	615	1300	1740	2260	2650	2980	3205	3340	3420	3580	3800	—	—	—	4090	180	740	2050	4170		—	—	5100
8	200	540	840	1260	1600	1910	2175	2340	2440	2660	3150	—	—	—	3690	680	2170	4190	4440		—	—	5350
8 $^1/_2$	120	300	451	760	1050	1315	1575	1745	1840	2090	2675	—	3780	—	3880	1420	3320	5230	4610	—	—	—	6200
9	100	151	251	440	605	790	980	1100	1200	1330	2110	—	3200	—	3330	2530	4600	6360	4790	—	6690	—	6900
9 $^1/_2$	80	100	110	190	260	350	470	560	640	810	1510	—	2500	—	2705	3990	6030	—	5030	—	6880	—	7210
10	—	—	—	—	—	—	—	70	135	275	840	—	1740	—	1960	5690	—	—	5240	—	7140	—	7555

【学习评价】

完成本项目的学习后,按照表 3-1 对本项目的学习情况进行总评,评价总分为 100 分。

成绩评价单

评价内容	分值	自我评价(30%)	小组互评(40%)	教师评价(30%)	总分
(1)光顺性	20				
(2)协调性	20				
(3)投影一致性	20				
(4)型线图识读	20				
职业素养考核(职业精神、思想政治、创新发展)	20				
合计					
自我评价与总结					
教师点评					

【素养小课堂】

从船舶设计手段变迁,看船舶工业的发展

20 世纪 80 年代的图纸设绘完全靠手工,用细绳固定在 0 号图板上的直尺、形状各异的曲线板、样条、压铁、三棱比例尺以及粗粗细细的鸭嘴笔是图纸设绘的主要工具,计算的主要工具是计算器和算盘。手工制图那个时代一直是最令人难忘的。常言道:“图纸是工程师的语言”“图若其人”。每位技术人员所设绘的图纸均有不同的风格。那个时代采用严谨的三级校审制度,校对审核是非常关键的一个环节,担

任校对审核的都是经验丰富的技术人员。正是他们的严格把关保证了图纸质量。尽管当时船舶设绘、计算基本靠手工来完成，没有现在 CAD 系统所具有的拓扑关系和干涉检查，但老一辈设计工艺人员在图纸质量、建造工艺、技术功底和工作作风方面给我们年轻一代技术人员留下了深刻的印象。

随着计算机应用的逐步开展和骨干人员的不断成长，船厂先后在中型机和 PC 机平台上开发出一批各专业的应用软件。这一批软件都是利用当时计算机初步的图形交互技术、数据处理和数据库数据共享技术开发而成的，或是移植后加以扩充完善而成的。这些软件经过较长时间的使用和维护，都具有较高的可靠性和较强的适用性。

20 世纪 80 年代末，中国船舶工业总公司组织了计算机辅助船舶设计集成系统(CASIS)工程的开发，CASIS 工程的实施开创了自主开发船舶设计 CAD/CAM 的先河。当时参与开发的骨干是船舶设计专业人员，因此，在系统设计的理念上还是相当贴近船舶设计实际的。

20 世纪 90 年代末，船厂全面推进 Tribon 软件的应用，经过后续几年的努力，船厂在设计过程中的三维建模范围从船体结构、管系逐步扩展到现在的设备、电缆和钢制舾装件，这是对传统的船舶设计流程的革命性创新。

同一时期，船厂引进了 Nastran 有限元分析软件、计算机辅助流体计算软件(Shipflow CFD)以及轴系对中软件，这更使得船舶设计人员“如虎添翼”。

随着复杂船舶的承接，设计、建造和管理效率提升的迫切性，船厂原有的 Tribon 软件无法满足现代化造船模式对三维电子模型的需求。船厂引进了 CATIA 3DEXP 软件，并将 CATIA 3DEXP 软件应用于船舶研发设计，而且还拓展应用于建造流程模拟、建造工法、内装体验式设计等，使船舶设计手段再次腾飞。

【启示】工匠们喜欢雕琢自己的产品，不断改善自己的工艺，享受产品在双手中升华的过程。敬业需要学生基于对工作的敬畏和热爱而产生一种全身心投入的认认真真、尽职尽责的职业精神状态以及耐心、执着、坚持的精神，这是一切“大国工匠”所必须具备的精神特质。而型线图的绘制需要具备对每一根型线做到仔细、专注等方面的“工匠”精神，以及认真负责、踏实敬业的工作态度和严谨求实、一丝不苟的工作作风。

【思考】江南造船(集团)有限责任公司总工程师胡可一在《从船舶设计手段变迁，看船舶工业的发展》中讲到：“从我的亲身经历不仅可以看出船舶设计手段的变迁和发展，同时这些船舶设计手段的变迁和发展也见证了中国船舶工业的发展历程。我们从中了解到手工设绘、计算的年代，老一辈设计工艺人员在图纸质量、建造工艺上严谨的工作作风和技术功底，以及新一代造船人不断探索、不断求新、不断进取的精神。”谈谈你从中获得哪些启示。

来源于：https://mp.weixin.qq.com/s/c1NqjYizRWkeHVsqodX7Wg(有改动)

标语：严谨敬业，求新进取

【知识结构】

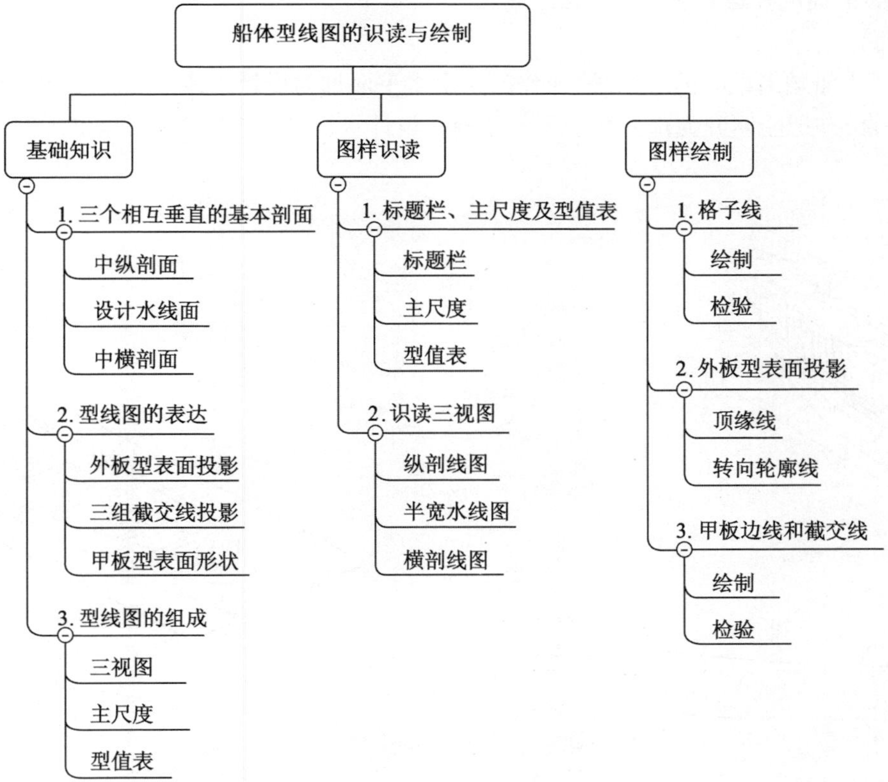

【相关知识】

三个相互垂直的基本剖面

1. 型线图中三个相互垂直的基本剖面

(1) 中纵剖面(平行于 V 面)

将船体分为左、右对称两部分的纵向(船长方向)垂直平面称为中线面。中线面剖切船体后所得剖面称为中纵剖面。自艉向艏看,其左边部分称为左舷,右边部分称为右舷。中线面与船体型表面的交线称为中纵剖线,它是由龙骨线及艏、艉轮廓线所组成的。中线面与外板型表面底部的交线称为龙骨线,与外板型表面艏部的交线称为艏轮廓线,与外板型表面艉部的交线称为艉轮廓线,见图 3-2。中纵剖线在 *H* 面和 *W* 面的投影称为船体中线。

(2)设计水线面(平行于 *H* 面)

通过船体的设计吃水线(通常为船舶满载时的吃水线)所作的一个水平面称为设计水线平面。设计水线平面剖切船体后所得剖面称为设计水线面。它与中纵剖面相垂直,并把船体分为水上和水下两部分。设计水线平面与船体型表面的交线称为设计水线,见图 3-3。

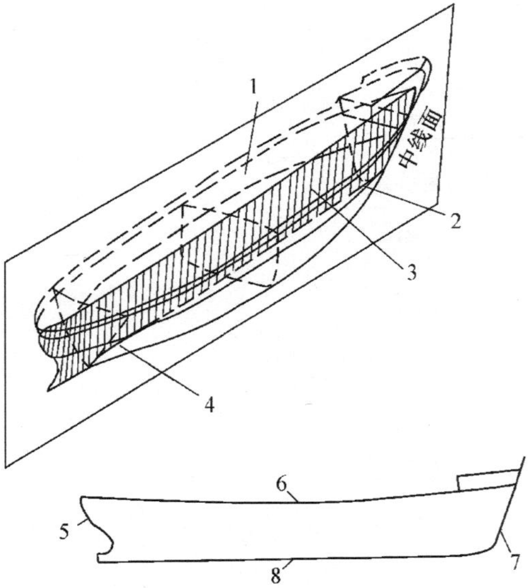

1—左舷;2—右舷;3—中纵剖面;4—中纵剖线;5—艉轮廓线;6—甲板边线;7—艏轮廓线;8—龙骨线。

图 3-2　中纵剖面与中纵剖线

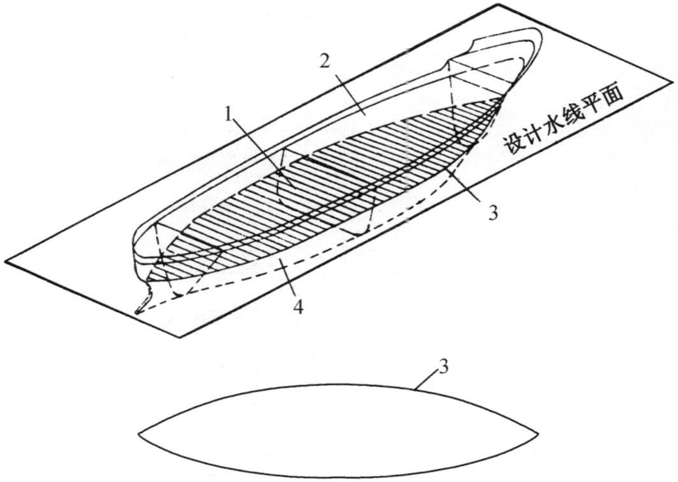

1—设计水线面;2—水上部分;3—设计水线;4—水下部分。

图 3-3　设计水线面与设计水线

(3)中横剖面(平行于 *W* 面)

通过垂线间长的中点所作的横向(船宽方向)垂直平面称为中站面。中站面剖切船体后所得剖面称为中横剖面。它与中纵剖面、设计水线面相垂直，并把船体分为艏、艉两部分。中站面与船体型表面的交线称为中横剖线，见图 3-4。

中线面、设计水线平面、中站面是相互垂直的，它们之间的关系见图 3-5。根据平面投影特性，设计水线和中横剖线在 V 面上的投影、中纵剖线和中横剖线在 H 面上的投影以及中纵剖线和设计水线在 W 面上的投影均为相互垂直的直线。

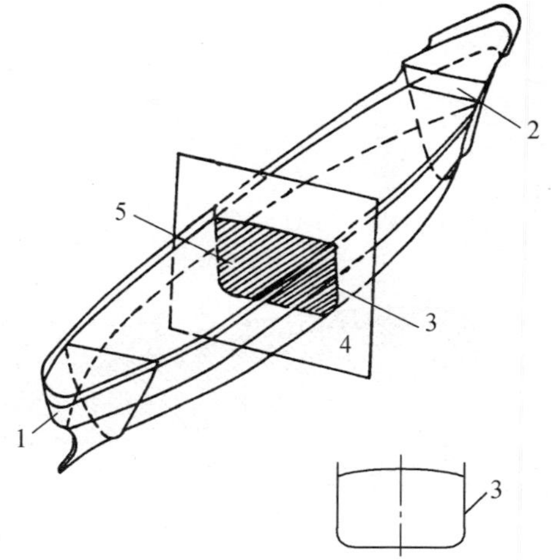

1—艉部；2—艏部；3—中横剖线；4—中站面；5—中横剖面。

图 3-4　中横剖面与中横剖线

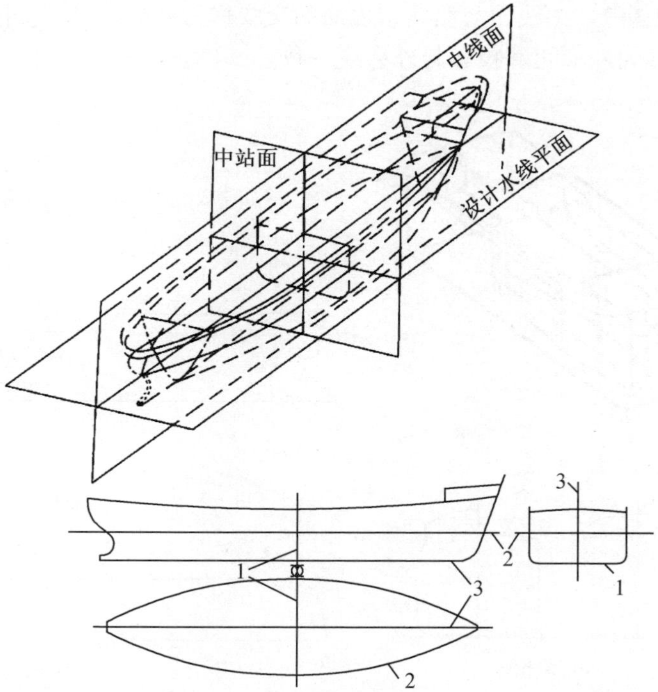

1—中横剖线；2—设计水线；3—中纵剖线。

图 3-5　相互垂直的三个基本平面及其与船体的交线

2. 船体外板型表面形状的表达

船体外板型表面属于变线曲面，应采用变线曲面的表达方法画出外板型表面的外形轮廓，以及平行于三个投影面的三组平面截切曲面而得到的三组截交线在三个投影面上的投影。

(1)外板型表面的投影

①外板型表面的 *V* 面投影

外板型表面的 *V* 面投影见图 3-6(a)。外板型表面顶缘线称为外板顶线。如果外板上部设置舷墙结构,外板型表面顶缘线则是舷墙板的顶缘线,称为舷墙顶线。因为外板型表面是变线曲面,所以通常外板顶线及舷墙顶线是空间曲线,它在 *V* 面的投影常为曲线,不反映真形,见图 3-7。中线面与船体型表面的交线称为外廓线,也称外板型表面的转向轮廓线,包含艏轮廓线、龙骨线和艉轮廓线。外板型表面对 *V* 面的最大外形轮廓投影与外廓线一致。

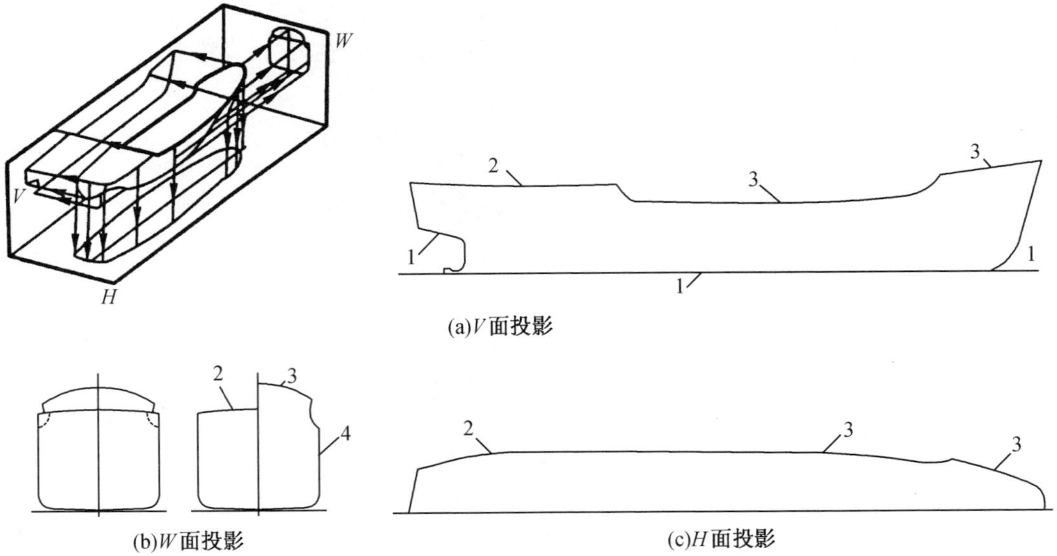

1—外廓线;2—外板顶线;3—舷墙顶线;4—转向轮廓线。

图 3-6　外板型表面的投影

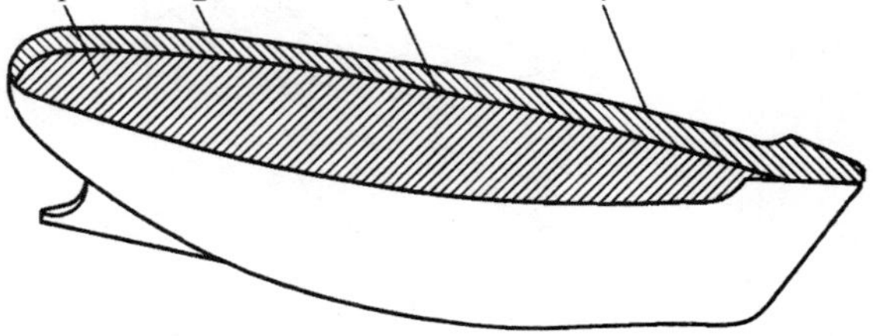

1—甲板;2—舷墙;3—甲板边线;4—舷墙顶线。

图 3-7　甲板边线和舷墙顶线

②外板型表面的 *W* 面投影

外板型表面的 *W* 面投影见图 3-6(b)。外板顶线或舷墙顶线的投影通常为曲线,不反映真形。对 *W* 面最大外形轮廓的投影一般与船舶最大宽度处的横剖线投影一致。由于船体形状对称于中线面,所以外板型表面的 *W* 面投影也对称于中线面。为了避免艏、艉部分外板型表

面的 W 面投影互相重叠，影响视图的清晰度，一般将最大轮廓线至船首部分的外板型表面的投影画在中线面投影的右方，将最大轮廓线至船尾部分的外板型表面的投影画在中线面投影的左方，即画成图 3-6(b) 右图的形式，而不画成图 3-6(b) 左图的形式。

③外板型表面的 H 面投影

外板型表面的 H 面投影见图 3-6(c)。外板顶线或舷墙顶线的投影通常亦为曲线，不反映真形。由于外板顶线或舷墙顶线对于一般船舶而言，其宽度通常最大，所以对 H 面的最大外形轮廓的投影常与外板顶线或舷墙顶线的 H 面投影一致。有些船舶的尾部舷墙是内倾的，这部分最大轮廓线的投影常与甲板边线或折角线的 H 面投影一致，需视具体船型而定。由于船体形状对称于中线面，因而型线图中只画出外板型表面的左舷部分的 H 面投影。

(2) 三组截交线的投影

按变线曲面的表达方法，外板型表面的表达除画出船体外板型表面的投影外，还需画出表示外板型表面形状沿船长、船宽和船深三个方向变化规律的三组截交线的投影。

①纵剖面与纵剖线

平行于中线面的各纵向平面剖切船体后所形成的剖面称为纵剖面，纵向平面与船体型表面的交线称为纵剖线，见图 3-8。纵剖面与中纵剖面平行，与设计水线面和中横剖面相垂直。所以，纵剖线在 V 面的投影常为曲线，并显示真形；在 H 面和 W 面的投影为直线。

纵剖线的数量根据船宽的大小、线型的变化情况以及对型线图的精度要求而定，通常为 2~4 个。一组纵剖线的投影反映了外板型表面形状沿船宽方向的变化情况。

②横剖面与横剖线

平行于中站面的各横向平面剖切船体后所形成的剖面称为横剖面，横向平面与船体型表面的交线称为横剖线，见图 3-9。横剖面与中横剖面相平行，与中纵剖面、设计水线面相垂直。所以，横剖线在 W 面上的投影常为曲线，并显示真形；在 V 面和 H 面的投影为直线。

由于船体对称于中线面，同时为了避免横剖线在 W 面上的投影互相重叠而影响视图的清晰度，因此规定在 W 面的视图上，将最大投影轮廓线至船首的各横剖线画在船体中线的右边；最大投影轮廓线至船尾的各横剖线画在船体中线的左边。

横剖线的数量通常根据对形状表达要求而定。一般将船体的垂线间长 10 等分或 20 等分，各分点称为站，过各站作横向平面截切外板型表面得 11 根或 21 根横剖线。相邻两截面之间的距离称为站距。艏、艉部分线型变化较大，为了提高艏、艉部分形状的精确性，常在艏、艉部分再增添 $^1/_2$ 站或 $^1/_4$ 站的横剖线。一组横剖线的投影反映了外板型表面形状沿船长方向的变化情况。

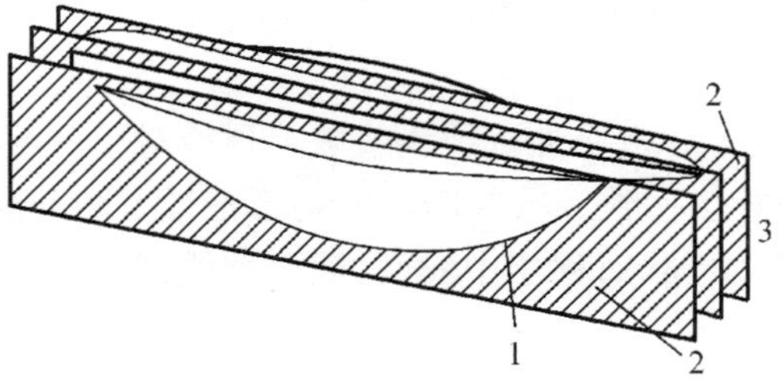

1—纵剖线;2—纵向平面;3—中线面。

图 3-8　纵剖面与纵剖线

纵剖面与纵剖线

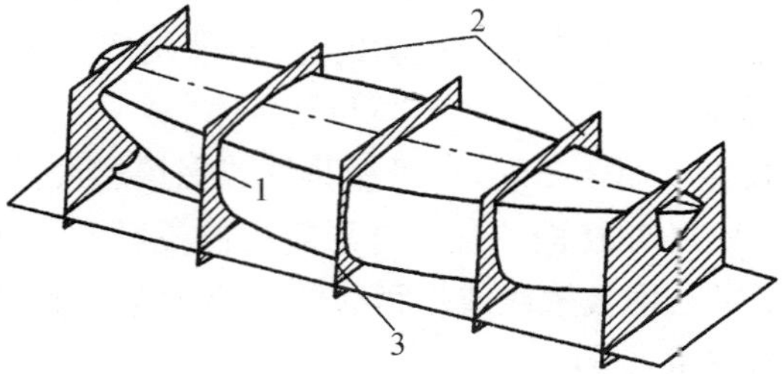

1—横剖线;2—横向平面;3—中站面。

图 3-9　横剖面与横剖线

横剖面与横剖线

③水线面与水线

平行于设计水线平面的各水平面剖切船体后所形成的剖面称为水线面,水平面与船体型表面的交线称为水线,见图 3-10。通过中站面与龙骨线的交点所作的水平面称为基平面。基平面与中线面、中站面的交线称为基线,用符号“BL”表示。同样,水线面与设计水线面相平行,与中纵剖面、中横剖面相垂直。所以,水线在 *H* 面的投影常为曲线,并显示真形;水线在 *V* 面和 *W* 面的投影为直线。由于船体对称于中线面,因此通常只画左舷部分水线的水平投影。

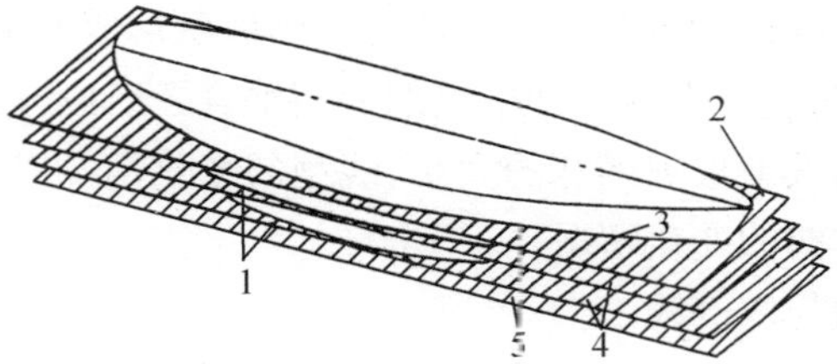

1—水线;2—设计水线平面;3—设计水线;4—水平面;5—基平面。

图 3-10　水线面与水线

水线的数量根据船深和吃水大小、线型的变化情况以及对型线图的精度要求而定。对于水面船舶,设计水线以下的船体部分线型变化较大,并直接影响船舶的航海性能,因此对形状表达的要求较高,所取的水线数量较多,一般不少于 6 根;设计水线以上的船体线型变化趋于平缓,所取水线数量较少,一般为 1~2 根。水线间距一般取设计吃水的等分值,如果数字有小数,则可取圆整后的数值,另外再加设计水线。一组水线的投影反映了外板型表面形状沿船深方向的变化情况。

3. 甲板型表面形状的表达

按定线曲面的表达方法,甲板型表面形状的表达应画出甲板型表面的外形轮廓线(甲板边线)、导线(甲板中线)和母线(梁拱线)在三个投影面的投影。

(1)甲板边线

甲板的型表面与船体外板的型表面的交线称为甲板边线,它是甲板板的边缘线,基本上表达出了甲板的形状,见图 3-7。甲板通常是纵向具有舷弧、横向具有梁拱的双重曲度的复杂曲面,而船体外板也是一个复杂曲面,它们的交线通常是一根空间曲线。根据空间曲线的投影特点,甲板边线在三个投影面上的投影都是曲线,而且不显示真形。

如图 3-11 所示,甲板边线在 H 面上只画出左舷部分的投影;为了保持视图清晰,在 W 面上,船体中线的右边画最大投影轮廓至船首部分甲板边线的投影,船体中线的左边画最大投影轮廓至船尾部分甲板边线的投影。甲板边线在 V 面的投影常为艏艉部分高、中间部分低的曲线,称为甲板舷弧,常见的甲板舷弧见图 3-12(a)。

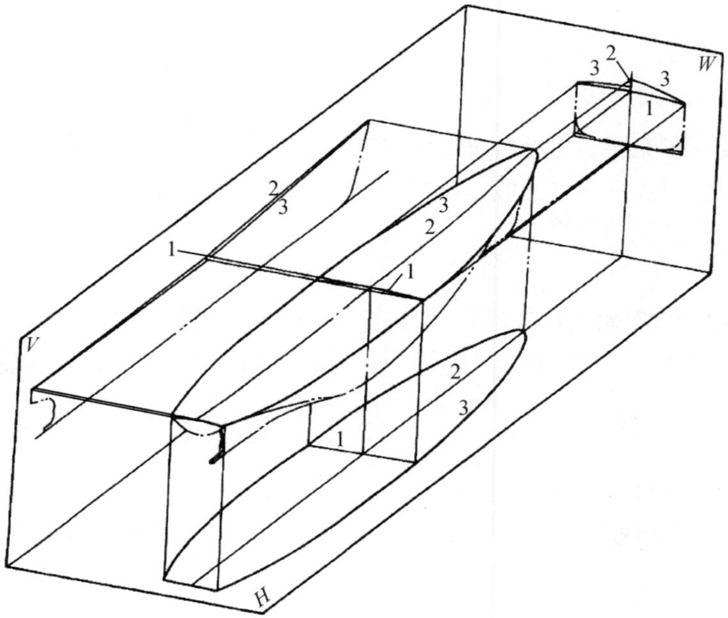

1—梁拱线;2—甲板中线;3—甲板边线。

图 3-11　甲板型表面形状的表达

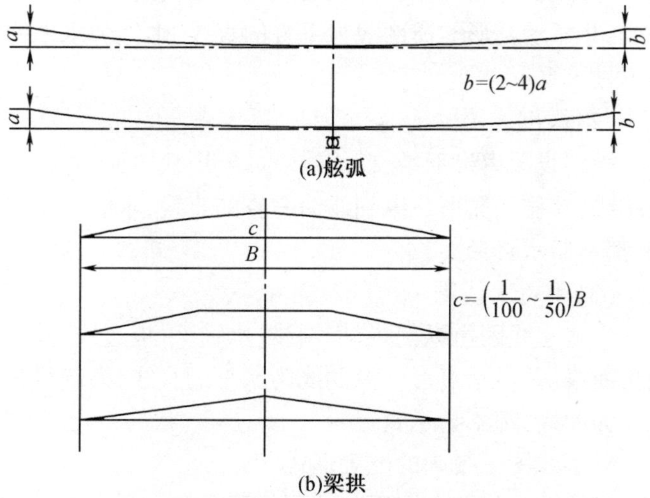

图 3-12　甲板的舷弧和梁拱

(2)梁拱线

梁拱线是横向平面与甲板型表面的交线,可以认为是形成甲板型表面的母线。梁拱线通常是平面曲线或折线,中间高,两舷低,见图 3-12(b)。在甲板最宽处,中间高于两舷的尺寸为梁拱高度值。梁拱线在 *W* 面的投影显示真形;在 *V* 面和 *H* 面上的投影为直线,见图 3-11。由于梁拱线的形状在全船是相同的,因此,只需在 *W* 面上画出船舶宽度最大处的梁拱线的投影。

(3)甲板中线

甲板中线是中线面与甲板型表面的交线,可以认为是形成甲板型表面的导线。甲板中线通常是平面曲线或直线,一般艏、艉部分高,中间部分低。甲板中线在船长方向的曲度称为甲板脊弧。甲板中线在 *V* 面的投影常为曲线或直线,并显示真形;在 *H* 面和 *W* 面上的投影为直线,见图 3-11。

4. 型线图三视图的组成

型线图三视图由纵剖线图、横剖线图和半宽水线图组成。

(1)纵剖线图

纵剖线图由纵剖线、横剖线、水线、甲板边线、外板顶线、舷墙顶线等在 *V* 面上的投影所组成,它相当于主视图。在纵剖线图中,纵剖线为曲线,并显示真形。横剖线为垂直的直线,水线为水平的直线,组成了纵剖线图的格子线。甲板边线、外板顶线、舷墙顶线在图上均为曲线,都不显示真形。

(2)横剖线图

横剖线图由纵剖线、横剖线、水线、甲板边线、外板顶线、舷墙顶线等在 *W* 面上的投影所组成,它相当于左视图。在横剖线图中,横剖线为曲线,并显示真形。纵剖线为垂直的直线,水线为水平的直线,组成了横剖线图的格子线。甲板边线、外板顶线、舷墙顶线在图上均为曲线,都不显示真形。

(3)半宽水线图

半宽水线图由纵剖线、横剖线、水线、甲板边线、外板顶线、舷墙顶线等在 *H* 面上的投影所组成,它相当于俯视图。在半宽水线图中,水线为曲线,并显示真形。纵剖线为水平的直线,横剖线为垂直的直线,它们组成了半宽水线图的格子线。甲板边线、外板顶线、舷墙顶线在图上均为曲线,都不显示真形。

5. 型线图三视图的配置形式

型线图三视图在图纸上的配置通常有三种形式,见图 3-13。

图 3-13(a)的形式是按照第一角投影画法的布图原则配置的,占用图纸较长。

图 3-13(b)的形式是将横剖线图挪放到纵剖线图的上方,这样就使横剖线图、纵剖线图和半宽水线图分别置于图纸的上、中、下部位,

但是必须使横剖线图中的船体中线与纵剖线图和半宽水线图中的中站线处于同一根垂直线上。这种布置形式减小了图纸长度，增加了图纸宽度。

图 3-13(c)的形式是将横剖线图重叠在纵剖线图中的正中位置，使横剖线图的基线与纵剖线图的基线以及横剖线图的船体中线与纵剖线图的中站线重合。这种布置形式既可减小图纸长度，又不增加图纸宽度，通常用于有较长平行中体的船舶的型线图上。

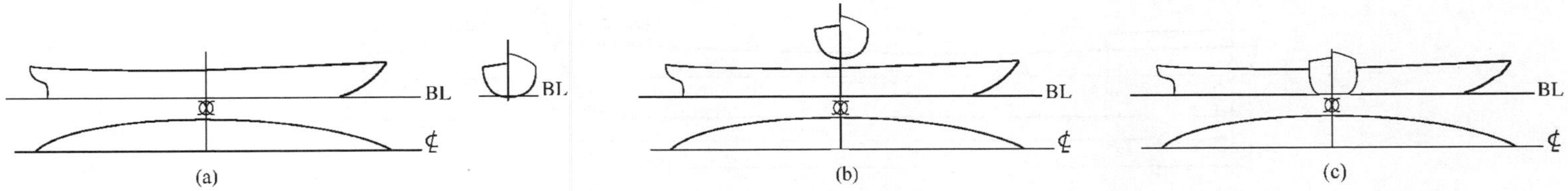

图 3-13　型线图视图布置形式

6. 型线图的尺寸标注

外板型表面和甲板型表面都是曲面，如果用一般方法标注定形尺寸和定位尺寸，则尺寸标注十分繁复。为了完整、清晰而又简便地表示船体大小和型表面的各部分尺寸，型线图中的尺寸标注采用下列几种形式：

(1)列出船体主尺度，表示船体外形大小；

(2)列出型值表，提供型线交点的坐标值作为确定型线的定形尺寸；

(3)在视图中标注站号、水线号和纵剖线号作为确定型线的定位尺寸；

(4)在视图中直接标注型值表中不易提供的有关尺寸。

7. 船体主尺度

船体主尺度是表示船体外形大小的基本数据，通常有以下几个，见图 3-14。

(1)总长(L_{OA})：包括上层建筑在内，船体型表面最前端和最后端之间的水平距离。

(2)设计水线长(L_{WL})：设计水线与艏、艉轮廓线交点之间的水平距离。

(3)垂线间长(L_{pp})：艏垂线与艉垂线之间的水平距离。艏垂线是通过设计水线与艏轮廓线的交点所作的垂线。艉垂线是通过设计水线与舵杆中心线(或舵柱后缘)的交点所作的垂线。

(4)型宽(B)：船体型表面之间垂直于中线面的最大水平距离。

(5)型深(H)：在船的中横剖面处，甲板边线(无特殊说明，通常指上甲板边线)至基线间的垂直距离。

(6)吃水(T):在船的中横剖面处,设计水线至基线间的垂直距离。

(7)干舷(F):$F=H-T+t$,t 指甲板厚度。

此外,型线图中还列有梁拱高和艏、艉舷弧高等值。

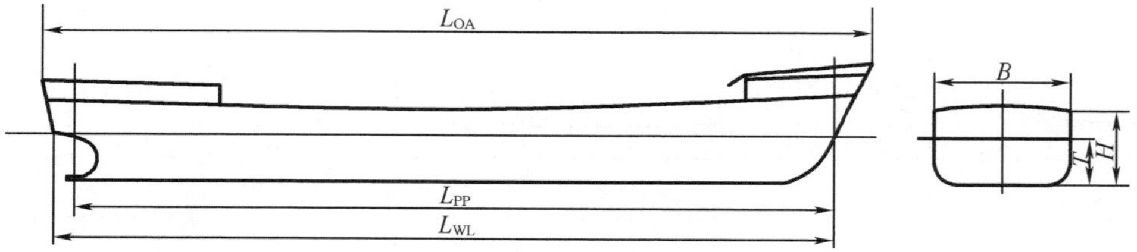

图 3-14　船体主尺度

8. 型值与型值表

决定船体型线空间位置的各点的坐标值称为型值。型值表是记录型线图上各型线交点型值的一种表格。根据型值表中提供的型值,就能定出船体各型线上点的位置,从而画出船体型线的投影。型值表分为两部分:

(1)表的左边部分(半宽值)

表中的横栏表示每根横剖线与各水线、甲板边线、外板顶线、舷墙顶线交点的半宽值(毫米)。纵栏则表示每根水线、甲板边线、外板顶线、舷墙顶线与各横剖线交点的半宽值。

(2)表的右边部分(高度值)

表中的横栏表示每根横剖线与各纵剖线、甲板边线、外板顶线、舷墙顶线的交点的高度值(毫米)。纵栏则表示每根纵剖线及甲板边线、外板顶线、舷墙顶线与各横剖线交点的高度值。

型线图是根据标高投影的原理绘制的,即用一系列与基本投影面不同距离的平面去剖截物体后获得交线,这些平面与基本投影面的距离(标高),是预先已经确定的。根据这个特点,型值表中没有记录的其他型值是由型线图中的格子线来确定的。也就是说,横剖线与纵剖线交点的半宽值以及横剖线与水线交点的高度值已由纵剖线距中线面的距离以及水线距基平面的距离确定,型值表中不再提供。型值表提供的只是横剖线与其他型线交点的半宽值和高度值,而其长度值则由横剖线编号即站号确定,因为某一站离中站面的距离是确定的。

综上所述,型值表左、右两部分的横栏可在横剖线图中画出各横剖线的投影;表左的纵栏可在半宽水线图中画出各水线及甲板边线、外板顶线、舷墙顶线的投影;表右的纵栏可在纵剖线图上画出各纵剖线及甲板边线、外板顶线、舷墙顶线的投影;表左和表右的甲板边线、外板顶线和舷墙顶线的纵栏可在横剖线图中画出甲板边线、外板顶线和舷墙顶线的投影。

9. 纵剖线、横剖线、水线编号及型线标注

为了便于绘制、识读和使用型线图，型线图上的型线需要进行编号和标注。这些编号和标注也表明了型线的空间位置。

(1)纵剖线的编号和标注

纵剖线编号的方法是：以纵剖线距中线面的距离(毫米数)作为编号，如纵剖线距中线面 1 000 mm，则该纵剖线编号为 1000 纵剖线，其余类推。

纵剖线编号的标注：纵剖线在半宽水线图中标注在格子线的首、尾两端；在横剖线图中标注在基线下方；在纵剖线图中标注在纵剖线的首、尾部分，编号沿着型线写在型线的上方，字体与型线尽可能垂直。

中纵剖线在视图中不加标注。中纵剖线在 *H* 面和 *W* 面的投影用符号“℄”表示，称为船体中线。

(2)横剖线的编号和标注

横剖线编号的方法是：从艉垂线至艏垂线依次用 0，1，2，…，10(或 20)等数字编号。在艏、艉端增添$\frac{1}{2}$站或$\frac{1}{4}$站横剖线时，则用$^{1}/_{4}$、$^{1}/_{2}$、$1\,^{1}/_{4}$、$1\,^{1}/_{2}$等表示。如果在艏、艉垂线以外再增添横剖线，则艉垂线以后用$-^{1}/_{4}$、$-^{1}/_{2}$、-1 等表示。

横剖线编号的标注：横剖线在纵剖线图中标注在基线的下方；在半宽水线图中标注在船体中线的下方；在横剖线图中标注在横剖线上方，字体尽可能与型线垂直并排列在一条直线上。

中横剖线在 *V* 面上的投影用船中符号“⊗”表示。

(3)水线的编号和标注

水线编号的方法是：以水线距基平面的距离(毫米数)作为编号，如水线距基平面 500 mm，则该水线编号为 500WL，其余类推。

水线编号的标注：水线在纵剖线图和横剖线图中标注在格子线外侧相应的水线上方。如果横剖线图重叠布置在纵剖线图中，则横剖线图中就不标注水线编号。在半宽水线图中，水线编号标注在水线首、尾部分，编号沿着型线写在型线上方，字体尽可能与型线垂直。

基线用“BL”标注。

(4)其他曲线的标注

甲板中线、甲板边线、外板顶线和舷墙顶线在图中以相应的文字标注在曲线上方，字体尽可能与曲线垂直。如果在型线图中画出梁拱线，则梁拱线在横剖线图中以相应文字标注在该曲线上方，其他视图中省略不注。

型线编号和甲板中线等文字在标注时，要注意整齐、美观，不要写在型线与格子线相交处。如果型线稠密，型线间没有地方书写时，可用引出线标注在视图的外面，编号写在引出线水平线的上方。

10. 视图中直接标注的尺寸

型线图中,有些尺寸如果由型值表提供是很不方便的。例如艏艉轮廓线的尺寸、斜升船底的舭部升高值、倾斜龙骨的倾斜值、型线上突变点的尺寸以及水线、甲板边线、舷墙顶线在半宽水线图中的艏艉圆弧半径等。为此,在型线图中将这些尺寸直接标注在视图中。

【任务实施】

案例 3.1 识读 150 t 冷藏船型线图

布置任务单 1

<table>
<tr><td>学习领域</td><td colspan="3">船舶图样识读与绘制</td></tr>
<tr><td>学习任务 1</td><td>识读 150 t 冷藏船型线图的主尺度和型值表</td><td>学时</td><td></td></tr>
<tr><td>任务描述</td><td colspan="3">任务导入:
图 3-1 所示为 150 t 冷藏船型线图,其由主尺度、型值表和三视图组成。通过型线图标题栏、主尺度和型值表的识读,了解 150 t 冷藏船的类型和大小,了解横剖线、水线和纵剖线这三组截交线的位置、数量、间距及各型线交点型值。</td></tr>
<tr><td>任务要求</td><td colspan="3">技能要求:
(1)能够通过识读标题栏和主尺度,了解船舶的类型和大小;
(2)能够通过识读型值表,了解三组截交线的位置、数量、间距及各型线交点型值。
职业素质要求:
(1)具有认真、细致的工作态度;
(2)具有分析问题、解决问题的能力;
(3)具有正确的思维方式。</td></tr>
<tr><td>学习资源</td><td colspan="3">教材、教学课件、图片、图纸。</td></tr>
</table>

学习任务单 1

学习领域	船舶图样识读与绘制	模块名称	项目三:船体型线图的识读与绘制		
任务名称	识读 150 t 冷藏船型线图的主尺度和型值表	学时		班级		学习笔记

识读内容

1. 通过识读标题栏和主尺度可以了解船舶的类型和大小。

主　尺　度

总　　长　49.90 m

垂线间长　45.00 m

型　　宽　8.50 m

型　　深　4.00 m

设计吃水　2.80 m

最大吃水　3.10 m

梁　　拱　0.17 m

肋骨间距　0.55 m

根据标题栏和主尺度可以了解船舶类型和大小。例如该船是 150 t 冷藏船,总长 49.90 m、垂线间长 45.00 m、型宽 8.50 m、型深 4.00 m、设计吃水 2.80 m、最大吃水 3.10 m、梁拱高 0.17 m、肋骨间距 0.55 m。

2. 通过识读型值表并对照三视图可以知道三组截交线的位置、数量、间距及各型线交点的型值。

站号	半宽值/mm															高度值/mm							
	船底	250 WL	500 WL	1000 WL	1500 WL	2000 WL	2500 WL	设计水线	3000 WL	3500 WL	上甲板边线	艉楼甲板边线	艏楼甲板边线	外板顶线	舷墙顶线	1000 纵剖线	2000 纵剖线	3000 纵剖线	上甲板边线	艉楼甲板边线	艏楼甲板边线	外板顶线	舷墙顶线
艉封板	—	—	—	—	—	—	—	—	420	1390	2280	3080	—	3080	—	—	—	—	4170	6270	—	6345	—
0	—	—	—	—	—	—	180	845	1235	2075	2850	3615	—	3615	—	2890	3450	4300	4100	6200	—	6275	—
$^1/_2$	80	100	125	160	235	360	1000	1600	2010	2750	3360	4010	—	4010	—	2500	2990	3720	4070	6170	—	6245	—
1	100	340	500	675	905	1295	1900	2395	2695	3300	3810	4200	—	4200	—	1240	2580	3250	4050	6150	—	6225	—
1 $^1/_2$	380	875	1149	1500	1890	2260	2710	3050	3250	3690	4050	4250	—	4250	—	360	1700	2750	4020	6120	—	6195	—

(1)沿船长方向将垂线间长分为 10 等分,共有 11 个站,站距为 4.50 m,船中在 5 号站。在艏艉 8~9 站、9~10 站、0~1 站、1~2 站各增加了$^1/_2$站。

(2)沿船深方向有 9 条水线(不包括基线),除 250WL、设计水线外,其他水线间距为 500 mm,设计水线高度为 2 800 mm。

(3)沿船宽方向每舷有 3 条纵剖线(除了船体中心线),分别为 1000 纵剖线、2000 纵剖线和 3000 纵剖线。

续表

识读内容

站号	半宽值/mm															高度值/mm							
	船底	250 WL	500 WL	1000 WL	1500 WL	2000 WL	2500 WL	设计水线	3000 WL	3500 WL	上甲板边线	艉楼甲板边线	艏楼甲板边线	外板顶线	舷墙顶线	1000纵剖线	2000纵剖线	3000纵剖线	上甲板边线	艉楼甲板边线	艏楼甲板边线	外板顶线	舷墙顶线
2	950	1530	1900	2140	2792	3100	3390	3550	3670	3920	4150	4250	—	4250	—	60	580	1850	4000	6100	—	6195	
3	2400	2890	3290	3740	3970	4075	4140	4165	4190	4220	4250	—	—	—	4250	50	99	300	4000		—	—	5450
4	3250	3625	3900	4200	4245	4250	4250	4250	4250	4250	4250	—	—	—	4250	50	99	180	4000		—	—	4900
5	2210	3160	3610	3975	4160	4240	4250	4250	4250	4250	4250	—	—	—	4250	50	100	198	4000		—	—	4900
6	1580	2220	2690	3220	3560	3800	3950	4010	4050	4120	4190	—	—	—	4250	50	160	790	4020		—	—	4950
7	615	1300	1740	2260	2650	2980	3205	3340	3420	3580	3800	—	—	—	4090	180	740	2050	4170		—	—	5100
8	200	540	840	1260	1600	1910	2175	2340	2440	2660	3150	—	—	—	3690	680	2170	4190	4440		—	—	5350
8 1/4	120	300	451	760	1050	1315	1575	1745	1840	2090	2675	—	3780	—	3880	1420	3320	5230	4610	—	—	—	6200
9	100	151	251	440	605	790	980	1100	1200	1330	2110	—	3200	—	3330	2530	4600	6360	4790	—	6690	—	6900
9 1/4	80	100	110	190	260	350	470	560	640	810	1510	—	2500	—	2705	3990	6030	—	5030	—	6880	—	7210
10	—	—	—	—	—	—	—	70	135	275	840	—	1740	—	1960	5690	—	—	5240	—	7140	—	7555

布置任务单 2

学习领域	船舶图样识读与绘制		
学习任务 2	识读 150 t 冷藏船型线图的三视图	学时	
任务描述	任务导入： 图 3-1 所示为 150 t 冷藏船型线图，其由主尺度、型值表和三视图组成。三视图分别为纵剖线图、半宽水线图和横剖线图。通过三视图的识读，了解 150 t 冷藏船的船体外形，并根据三组截交线了解船体线型沿船长、船宽和船深方向的变化。		
任务要求	技能要求： (1)能够通过识读纵剖线图，了解船体形状在船宽方向的变化； (2)能够通过识读半宽水线图，了解船体形状在船深方向的变化； (3)能够通过识读横剖线图，了解船体形状在船长方向的变化； (4)掌握正确识读型线图的方法和步骤。 职业素质要求： (1)具有认真、细致的工作态度； (2)具有分析问题、解决问题的能力； (3)具有正确的思维方式。		
学习资源	教材、教学课件、图片、图纸。		

学习任务单 2

<table>
<tr><td>学习领域</td><td>船舶图样识读与绘制</td><td>模块名称</td><td colspan="4">项目三:船体型线图的识读与绘制</td></tr>
<tr><td>任务名称</td><td>识读 150 t 冷藏船型线图的三视图</td><td>学时</td><td></td><td>班级</td><td></td><td>学习笔记</td></tr>
<tr><td>识读内容</td><td>1. 通过识读纵剖线图,了解船体形状在船宽方向的变化。
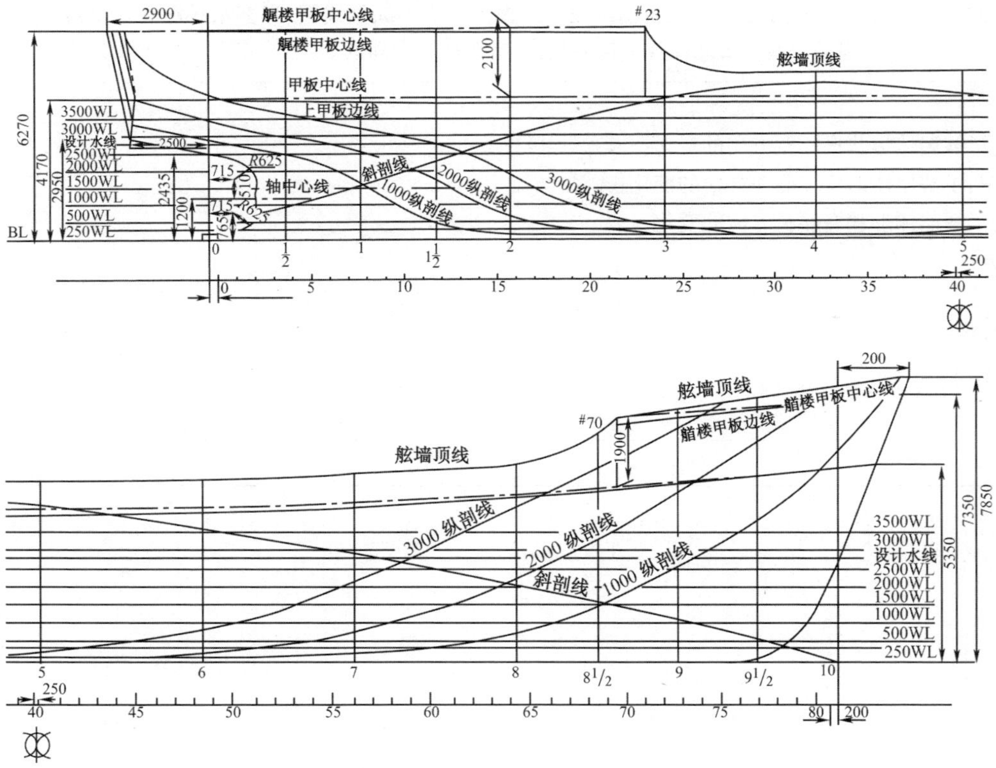
</td><td colspan="4">纵剖线图中的中纵剖线(外廓线)、1000 纵剖线、2000 纵剖线、3000 纵剖线,反映的是中线面及距其 1 000 mm、2 000 mm、3 000 mm 并与之平行的纵向剖面和船体型表面截交所得截交线的实际形状。根据纵剖线图的中纵剖线可以看出,该船底部为水平式龙骨线;艏部为前倾型艏;艉部为方型艉,具有艉封板,艉柱带有底骨。艏、艉轮廓的尺寸在图中直接给出。其他各纵剖线在艏、艉处线型变化均较大,在船中处逐渐与龙骨线接近或重合。该船的上甲板为艏、艉升高的舷弧式,舷墙顶线也向艏升高,其高低过渡处用圆弧过渡。
纵剖线图的格子线是水平的水线和垂直的站线,与横剖线图和半宽水线图中相应的水线和站线对应。</td><td></td></tr>
</table>

续表 1

<table>
<tr>
<td>识读内容</td>
<td>
2. 通过识读半宽水线图,了解船体形状在船深方向的变化。

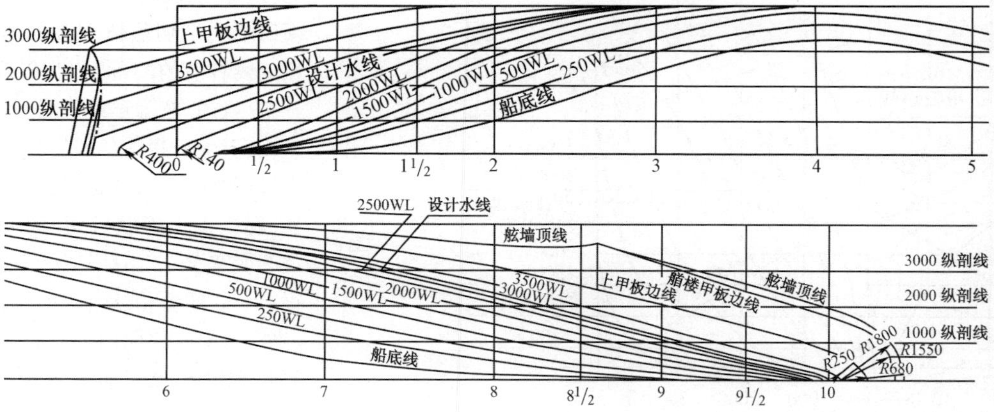

</td>
<td>
半宽水线图中的 250WL、500WL、1000WL、1500WL、2000WL、2500WL、设计水线、3000WL、3500WL 水线,反映的是在距基平面 250 mm、500 mm 等高度处各水平面剖切船体型表面所得截交线左舷的实际形状。图中设计水线附近的几根水线间距较密,向上至上甲板及靠底部处间距较大,说明在设计水线上下一定高度内船体线型变化不大,而在靠近上甲板及底部附近则变化较大。水线在船中处逐渐与型宽线相重合。此外,该船首、尾均有艏、艉圆弧,图中直接给出了各水线、各甲板边线以及舷墙顶线艏、艉圆弧的半径值。靠艏端舷墙有宽窄过渡处,与纵剖线图的舷墙高低过渡处相对应。

半宽水线图的格子线是水平的纵剖线(包括船体中心线)和垂直的站线,纵剖线和站线均与纵剖线图和横剖线图一致。
</td>
<td></td>
</tr>
</table>

续表 2

<table>
<tr>
<td>识读内容</td>
<td>3. 通过识读横剖线图，了解船体形状在船长方向的变化。
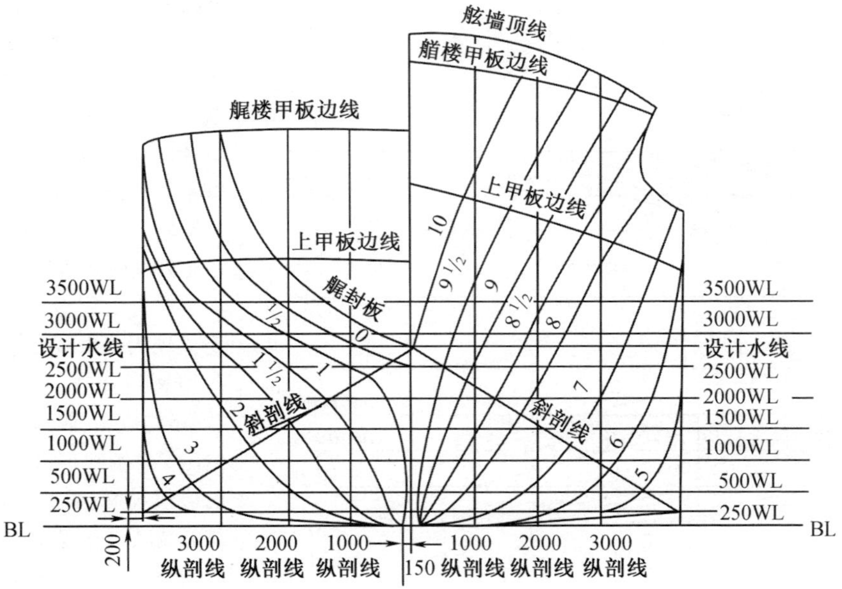
</td>
<td>横剖线图的中线左面的各横剖线反映的是 0~4 站各横向剖面剖切船体型表面所得截交线左舷的实际形状，以及船尾至 4 站的艉楼甲板边线、上甲板边线、外板顶线的投影；中线右面的各横剖线反映的是 4~10 站各横向剖面剖切船体型表面所得截交线右舷的实际形状，以及 4 站至船首的舷墙顶线、艏楼甲板边线、上甲板边线的投影。从图中横剖线的形状变化可以看出，艏、艉横剖面形状较瘦，向船中逐渐变宽，4~5 站船体线型变化很小（参见型值表中的型值）。另外，该船底部向两舷有较小的斜升，图中给出了船底升高线的升高值为 200 mm。横剖线图上的舷墙高低过渡处与纵剖线图、半宽水线图相对应。</td>
<td></td>
</tr>
</table>

任务总结单

学习领域	船舶图样识读与绘制	模块名称	项目三:船体型线图的识读与绘制
任务名称	识读 150 t 冷藏船型线图		
职业素养总结	要求:按照知识总结思维导图格式,从职业精神、思想政治、创新发展等方面总结识读 150 t 冷藏船型线图的学习收获。		
识读总结	通过型线图的识读,能够了解船舶大小、船体外形,并根据三组截交线了解船体线型沿船长、船宽和船深方向的变化。识读三视图时应对照型值表和主尺度,同时各视图之间也应互相对照,识读时可以逐个视图进行。		
笔记总结			

【拓展练习】

拓展任务单 1

学习领域	船舶图样识读与绘制	模块名称	项目三:船体型线图的识读与绘制		
任务名称	识读 3 000 t 货船型线图的主尺度和型值表	学时		班级	
学生姓名		学号		组别	
任务描述	图 3-15(见书后附图)所示为 3 000 t 货船型线图,其由主尺度、型值表和三视图组成。通过型线图标题栏、主尺度和型值表的识读,了解 3000 t 货船的类型和大小,了解横剖线、水线和纵剖线这三组截交线的位置、数量、间距及各型线交点型值。在学习过程中培养学生认真、严谨、精益求精的工作态度及钻研精神。				

1. 识读标题栏和主尺度,了解船舶类型和大小。

主尺度

总长 L_{OA}	102 m
设计水线长 L_{WL}	94.913 m
垂线间长 L_{pp}	92.05 m
型宽 B	13.80 m
型深 H	7.70 m
设计吃水 T	5.50 m
艏弦弧高 h_S	1.641 m
艉弦弧高 h_W	0.833 m
梁拱高 h_O	0.28 m

该船是(　　)货船,总长(　　)、垂线间长(　　)、设计水线长(　　)、型宽(　　)、型深(　　)、设计吃水(　　)、艏舷弧高(　　)、艉舷弧高(　　)、梁拱高(　　)。

续表

2. 识读型值表,了解三组截交线的位置、数量、间距及各型线交点的型值。

型值表

站号	距中纵剖面的半宽值(Y)										距基面的高度值(Z)						
	1100 WL	2200 WL	3300 WL	4400 WL	设计水线	6600 WL	上甲板边线	艏楼甲板边线	艉楼甲板边线	舷墙顶线	1100 纵剖线	2200 纵剖线	4400 纵剖线	上甲板边线	艏楼甲板边线	艉楼甲板边线	舷墙顶线
0	—		—		1097	2233	3806	—	—	3896	5504	6566	—	8532	—	—	8632
1	491	662	975	1619	2602	3498	4689	—	5621	562	3590	5070	7867	8354	—	10799	10899
2	1372	1882	2501	3271	4003	4635	5444	—	6273	6273	652	2806	6177	8198	—	10641	10641
3	2595	3455	4152	4732	5181	5583	6066	—	6549	6549	137	719	3735	8067	—	10528	10628
4	4062	5001	5510	5817	6066	6288	6517	—	6698	6698	33	203	1424	7946	—	10434	10534
5	5308	6017	6304	6470	6588	6690	6787	—	6841	6841	8	45	481	7842	—	10337	10437
6	6075	6537	6717	6794	6831	6858	6881	—	—	6900	8	25	106	7756	—	—	8856
7	6521	6799	6884	6899	6900	6900	6900	—	—	6900	8	25	60	7700	—	—	8800
8	6732	6891	6900	6900	6900	6900	6900	—	—	6900	8	25	60	7700	—	—	8800
9	6780	6900	6900	6900	6900	6900	6900	—	—	6900	8	25	60	7700	—	—	8800
10	6780	6900	6900	6900	6900	6900	6900	—	—	6900	8	25	60	7700	—	—	8800
11	6780	6900	6900	6900	6900	6900	6900	—	—	6900	8	25	60	7700	—	—	8800
12	6720	6896	6900	6900	6900	6900	6900	—	—	6900	8	25	60	7700	—	—	8800
13	6508	6780	6855	6882	6896	6900	6900	—	—	6900	8	中日	60	7802	—	—	8902
14	6108	6464	6599	6694	6763	6822	6870	—	—	6899	8	25	111	7930	—	—	9030
15	5390	5861	6073	6220	6335	6444	6598	—	—	6735	8	25	394	8074	—	—	9174
16	4222	4857	5127	5304	5449	5621	5994	—	—	6300	9	112	1320	8235	—	—	9335
17	2805	3504	3853	4049	4234	4491	5096	—	—	5578	128	592	6225	8425	—	—	9525
18	1472	2105	2452	2668	2862	3510	4011	5234	—	5301	695	2464	9417	8699	10726	—	10826
19	378	800	1076	1271	1445	689	2755	4080	—	—	3441	7921	11484	9002	11049	—	
20	—	—	—	—	—	322	1380	2710	—	3636	8801	10688	—	9341	11408	—	12408

(1)沿船长方向将垂线间长分为(　　)等份,共有(　　)个站,站距为(　　)m,船中在(　　)号站。

(2)沿船深方向有(　　)条水线(不包括基线),水线间距为(　　)mm,设计水线高度为(　　)mm。

(3)沿船宽方向每舷有(　　)条纵剖线(除了船体中心线),分别为(　　)纵剖线、(　　)纵剖线和(　　)纵剖线。

拓展任务单 2

学习领域	船舶图样识读与绘制	模块名称	项目三:船体型线图的识读与绘制	
任务名称	识读 3 000 t 货船型线图的三视图	学时		班级	
学生姓名		学号		组别	
任务描述	图 3-15 所示为 3 000 t 货船型线图,其由主尺度、型值表和三视图组成。三视图分别为纵剖线图、半宽水线图和横剖线图。通过三视图的识读,了解 3 000 t 货船的船体外形,并根据三组截交线了解船体线型沿船长、船宽和船深方向的变化。在学习过程中培养学生认真、严谨、精益求精的工作态度及钻研精神。				

1. 通过识读纵剖线图,了解船体形状在船宽方向的变化。

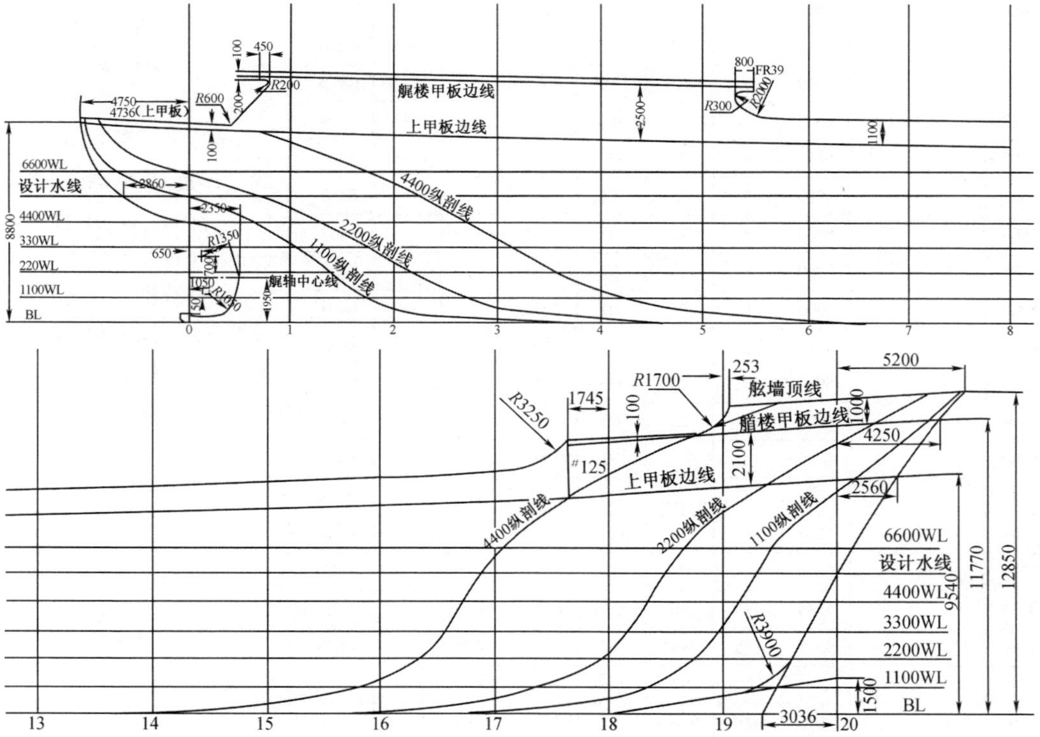

纵剖线图中的中纵剖线(外廓线)、1100 纵剖线、2200 纵剖线、4400 纵剖线,反映的是(   )及距其 1 100 mm、2 200 mm、4 400 mm 并与之平行的纵向剖面和船体型表面截交所得截交线的(   )形状。根据纵剖线图的中纵剖线可以看出,该船底部为(   )式龙骨线;艏部为(   )型艏,艏端底部略有升高;艉部为(   )型艉,艉柱带有底骨。艏、艉轮廓的尺寸在图中直接给出。其他各纵剖线在艏、艉处线型变化均(   ),在(   )处逐渐与龙骨线接近或重合。该船的上甲板为艏、艉升高的舷弧式,舷墙顶线也向艏、艉升高,其高低过渡处用(   )过渡。

纵剖线图的格子线是水平的(   )和垂直的(   ),与横剖线图和半宽水线图中相应的水线和站线对应。

续表 1

2. 通过识读半宽水线图，了解船体形状在船深方向的变化。

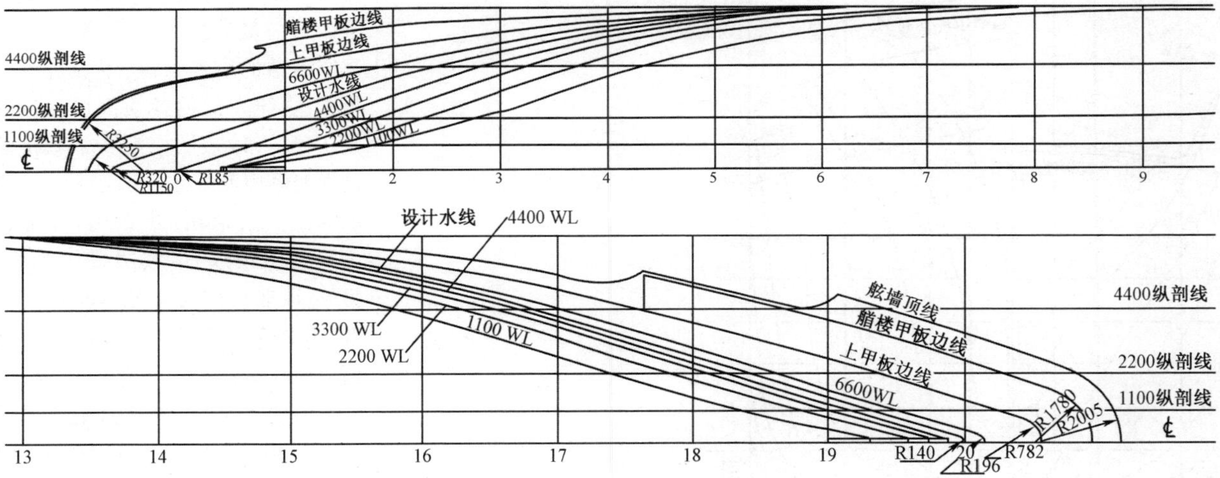

半宽水线图中的 1100WL、2200WL、3300WL、4400WL、设计水线、6600WL 反映的是在距（　　）1 100 mm、2 200 mm 等高度处各水平面剖切船体型表面所得截交线（　　）舷的（　　）形状。图中设计水线附近的几根水线间距较密，向上至上甲板及靠底部处间距较大，说明在设计水线上下一定高度内船体线型变化（　　），而在靠近上甲板及底部附近则变化（　　）。水线在船中处逐渐与型宽线相重合。

半宽水线图的格子线是水平的（　　）（包括船体中心线）和垂直的（　　），纵剖线和站线均与纵剖线图和横剖线图一致。

续表 2

3. 通过识读横剖线图，了解船体形状在船长方向的变化。

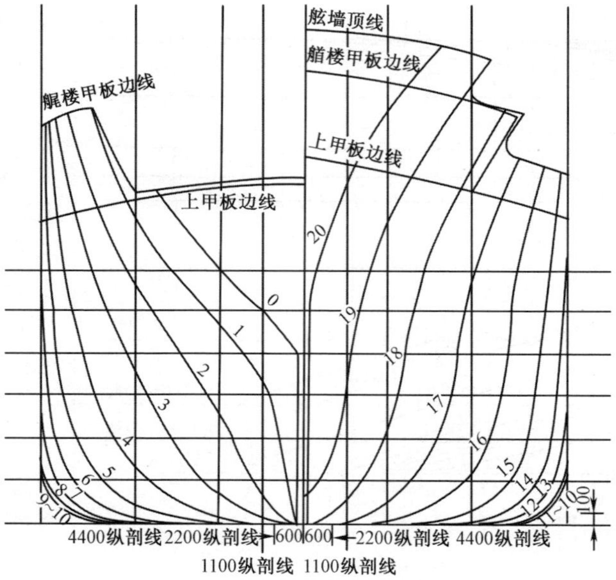

横剖线图的中线左面的各横剖线反映的是从(　　)站到(　　)站各横剖面剖切船体型表面所得截交线(　　)舷的(　　)形状，以及船尾至中站的舷墙顶线、甲板边线的投影；中线右面的各横剖线反映的是从(　　)站到(　　)站各横剖面剖切船体型表面所得截交线(　　)舷的(　　)形状，以及中站至船首之间舷墙顶线、甲板边线的投影。另外，该船底部向两舷有较小的斜升，图中给出了船底升高线的升高值为 100 mm。

横剖线图中的格子线有水平的(　　)和垂直的(　　)。水线和纵剖线与纵剖线图和半宽水线图对应。

案例 3.2　绘制 150 t 冷藏船型线图

型值表

站号	半宽值/mm										高度值/mm						
	700WL	1400WL	2100WL	设计水线	3500WL	上甲板边线	艉楼甲板边线	艏楼甲板边线	外板顶线	舷墙顶线	1500纵剖线	3000纵剖线	上甲板边线	艉楼甲板边线	艏楼甲板边线	外板顶线	舷墙顶线
艉封板	—	—	—	—	1390	2280	3080	—	3080	—	3600	6100	4170	6270	—	6345	—
0	—	—	—	850	2080	3620	—	3620	—	3620	3180	4390	4100	6200	—	6275	—
1	560	860	1410	2400	3300	3810	4200	—	4200	—	2150	3250	4050	6150	—	6225	—
2	2150	2720	3150	3550	3920	4150	4250	—	4250	—	250	1850	4000	6100	—	6175	—
3	3520	3940	4100	4170	4220	4250	—	—	—	4250	80	300	4000	—	—	—	5450
4	4100	4200	4250	4250	4250	4250	—	—	—	4250	80	180	4000	—	—	—	4900
5	3770	4110	4250	4250	4250	4250	—	—	—	4250	80	200	4000	—	—	—	4900
6	2930	3500	3810	4000	4120	4190	—	—	—	4250	80	790	4020	—	—	—	4920
7	1960	2580	3020	3340	3580	3800	—	—	—	4080	370	2050	4170	—	—	—	5070
8	1020	1530	1950	2340	2660	3150	—	—	—	3600	1370	4190	4440	—	—	—	5350
9	320	560	810	1090	1460	2110	—	3200	—	3330	3580	6360	4790	—	6690	—	6940
10	—	—	—	70	280	840	—	1740	—	1960	6620	—	5240	—	7140	—	7560

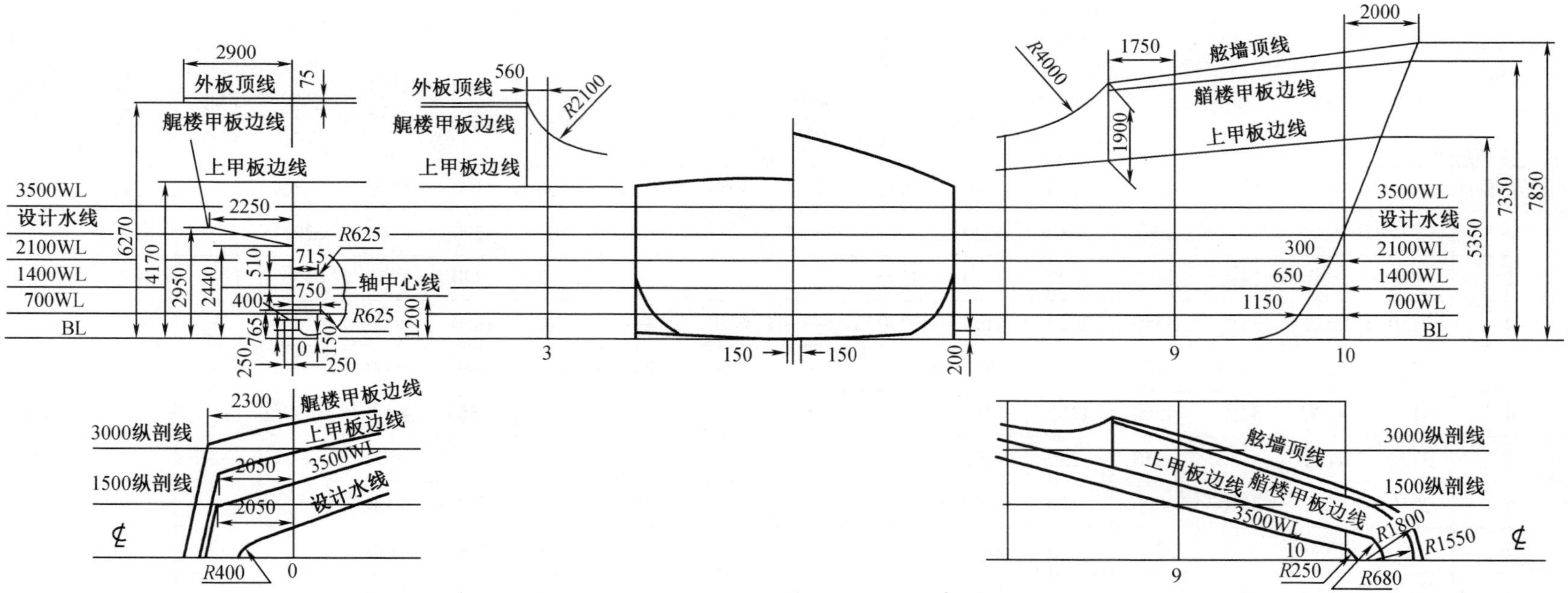

图 3-16　150 t 冷藏船主尺度、型值表及其他尺寸

布置任务单1

<table>
<tr><td>学习领域</td><td>船舶图样识读与绘制</td><td>模块名称</td><td colspan="2">项目三:船体型线图的识读与绘制</td></tr>
<tr><td>学习任务3</td><td>绘制150 t冷藏船型线图格子线</td><td>学时</td><td></td><td>班级</td></tr>
<tr><td>任务导入</td><td colspan="4">以图3-16所示150 t冷藏船的主尺度、型值表和其他尺寸为依据,绘制150 t冷藏船型线图的格子线。由于格子线是绘制型线图的基准线,型线图的绘制精度在很大程度上取决于格子线是否准确。因此作格子线时必须十分仔细谨慎。</td></tr>
<tr><td>任务描述</td><td>绘制步骤:
(1)选取比例和决定布图形式;
(2)绘制格子线;
(3)格子线检验。</td><td colspan="3">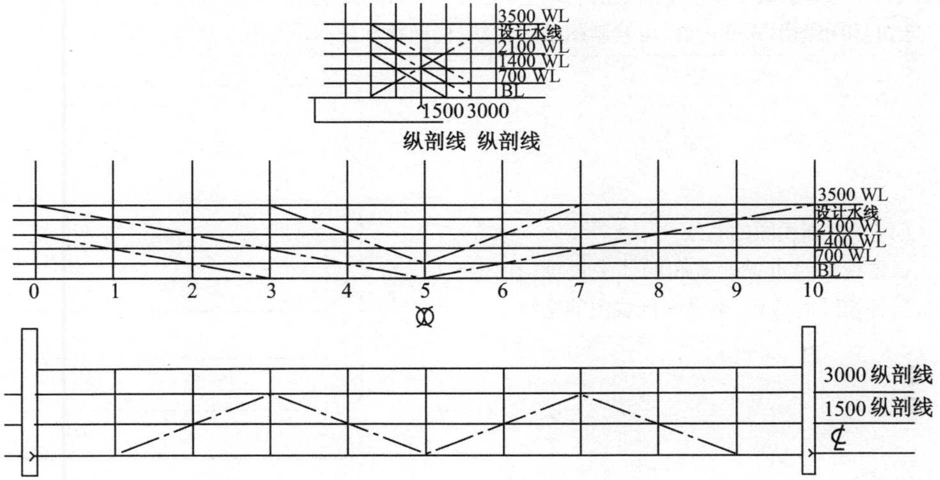
</td></tr>
<tr><td>任务要求</td><td colspan="4">技能要求:
(1)能够根据精度要求及船舶尺度确定绘制比例;
(2)能够根据船舶尺度大小和线型变化情况正确配置型线图的三视图;
(3)能够根据主尺度和型值表绘制格子线并检验。
职业素质要求:
(1)具有认真、细致的工作态度;
(2)具有主动参与、积极进取的精神;
(3)具有分析问题、解决问题的能力。</td></tr>
</table>

续表 1

<table>
<tr><td>1. 选取比例和决定布图形式</td><td colspan="2">（1）选取比例
型线图常用的比例有 1∶100、1∶50、1∶25、1∶20 及 1∶10 等。一般来说，精度要求高或船舶尺度较小，则比例应取大些；精度要求低或船舶尺度较大，则比例应取小些。150 t 冷藏船型线图采用零号图纸，选用比例为 1∶50。
（2）决定布图形式
视图布置形式，主要根据船舶尺度的大小和线型的变化情况而定。通常尺度小或线型变化大的可采用分离布置，尺度大的可采用重叠布置。例如 150 t 冷藏船属小型船舶，该船的线型变化比较大，故采用分离布置的形式。
比例和布图形式确定后，可绘制图纸边框线、标题栏和反向图号栏。</td></tr>
<tr><td rowspan="2">2. 作格子线</td><td>（1）作纵剖线图的基线
根据视图的布置形式和船体主尺度，在图纸上合理地布置各视图的位置，画出纵剖线图的基线。</td><td>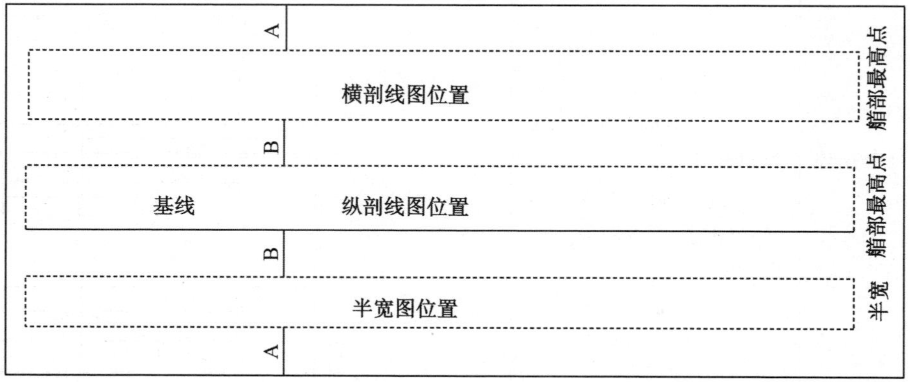
</td></tr>
<tr><td>（2）作艏垂线和艉垂线
根据艉端点至艉垂线的距离、标注尺寸的位置以及总长的大小，在基线上确定艉垂线点（即 0 站位置），然后用比例尺量取垂线间长以确定艏垂线点（即第 10 站位置）。过此两点作基线的垂线，并延长至半宽水线图的位置。
量取时，不能用站距叠加的方法，必须用整个比例尺来量取，以减小积累误差，保证垂线间长的准确性。</td><td>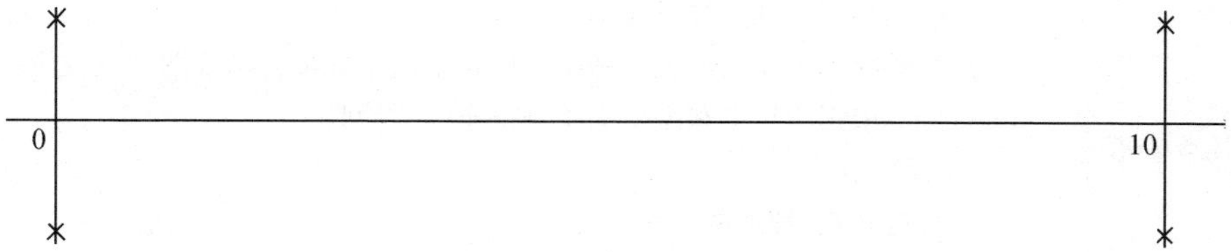
</td></tr>
</table>

续表 2

<table>
<tr><td rowspan="3">2. 作格子线</td><td>(3)作半宽水线图的船体中线
根据半宽水线图的布图位置，在艏、艉垂线上自基线起量取相同距离，得船体中线与艏、艉垂线的交点，连接交点即得船体中线。</td><td>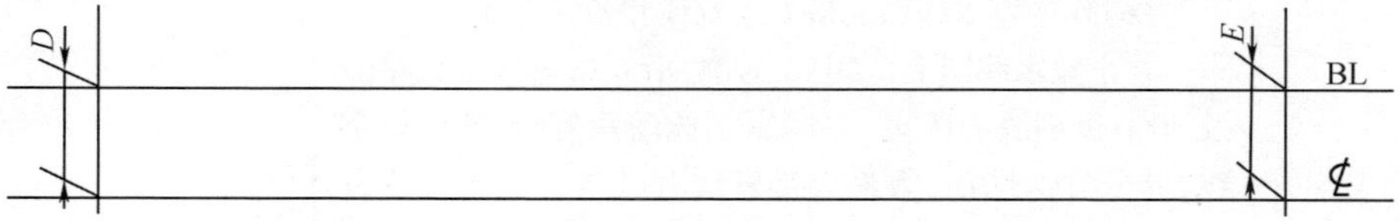
</td></tr>
<tr><td>(4)作纵剖线图和半宽水线图的站线
在纵剖线图的基线和半宽水线图的船体中线上，根据型值表的站数等分垂线间长 L_{pp}，以确定各站线的位置。等分时，可用分规量取站距，从艉垂线起沿基线进行。如果到艏端没有与艏垂线重合，则调整分规的站距，重新等分，直到两者一致为止。然后用修正后的分规站距沿半宽水线图的船体中线等分，连接基线和船体中线上的对应各点，得纵剖线图和半宽水线图中的各站线。艏、艉端的补加站线可用相同方法作出，也可用垂直平分线法作出。</td><td>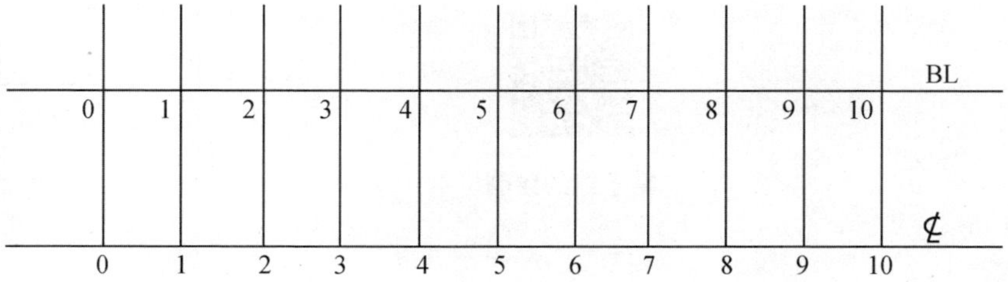
</td></tr>
<tr><td>(5)作横剖线图的船体中线和基线
将纵剖线图的中站线（5 站）向上延长作为横剖线图的船体中线。根据横剖线图的布图位置，在船体中线上取一点 F，过 F 点作船体中线的垂直线，作为横剖线的基线。</td><td>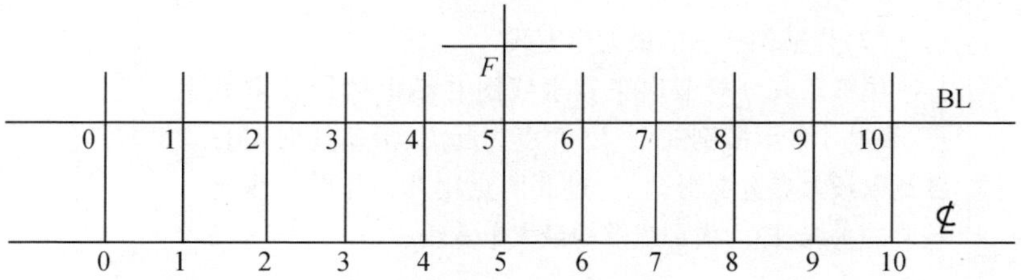
</td></tr>
</table>

续表 3

2. 作格子线	(6)作半宽水线图的最大半宽线和各纵剖线 在半宽水线图上，以中线为准，沿 0 站量取最大半宽及 3000 纵剖线的距离，并用纵剖线间距等分 3000 纵剖线，等分方法同前，得最大半宽线及其他各纵剖线的分点。用纸条或分规移取尺寸到 5 站及 10 站，得到最大半宽线及各纵剖线上的三点，连接各点即得。 格子线的绘制	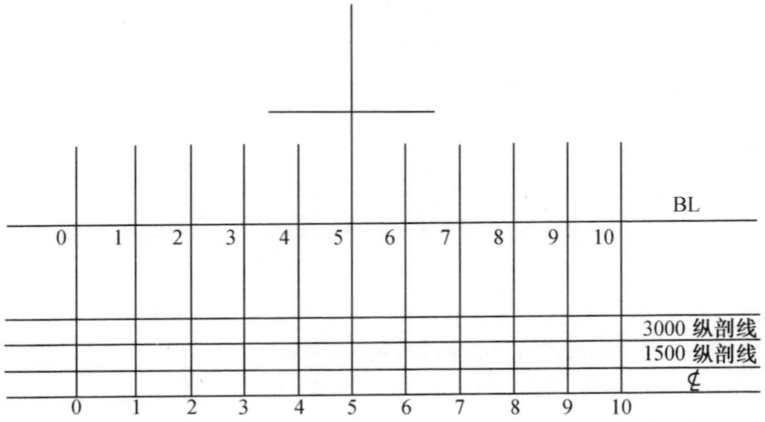
	(7)作横剖线图的最大半宽线 用纸条或分规驳取半宽水线图 0 站上的最大半宽点，将尺寸移至横剖线图，以 F 点为起点，沿基线向左右各量取最大半宽取得两点，过此两点用几何作图法作出基线的垂线，即为横剖线图的最大半宽线。	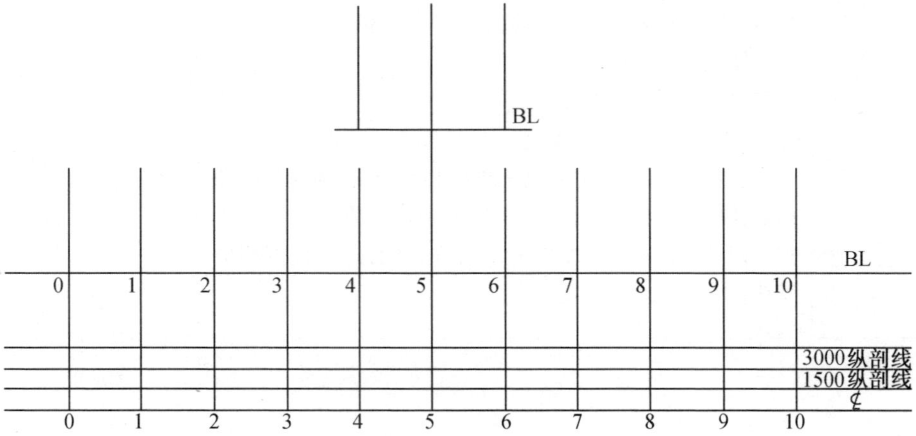

续表 4

2. 作格子线	（8）作纵剖线图和横剖线图的水线 在纵剖线图中，以基线为准，沿艉垂线量取 3500WL 的距离，并用水线间距等分（与作站线的等分方法相同），得设计水线及其他各水线的分点。用纸条或分规移取尺寸到艏垂线、5 站和横剖线图中的最大半宽线上，录下各水线点，连接对应各点即得各水线。	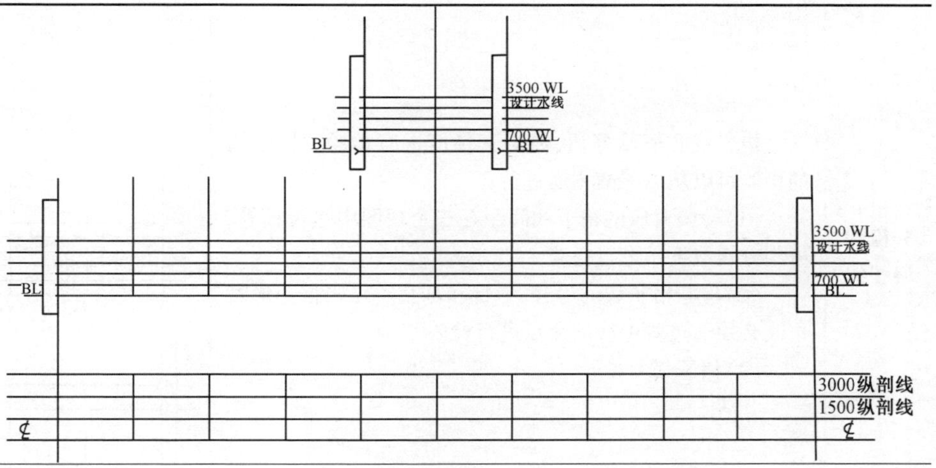
	（9）作横剖线图的纵剖线 用纸条或分规驳取半宽水线图 0 站上的各纵剖线分点，再以 *F* 点为起点，将各点移至横剖线图中的基线及最高水线上，用直尺连接对应各点即得横剖线图各纵剖线。	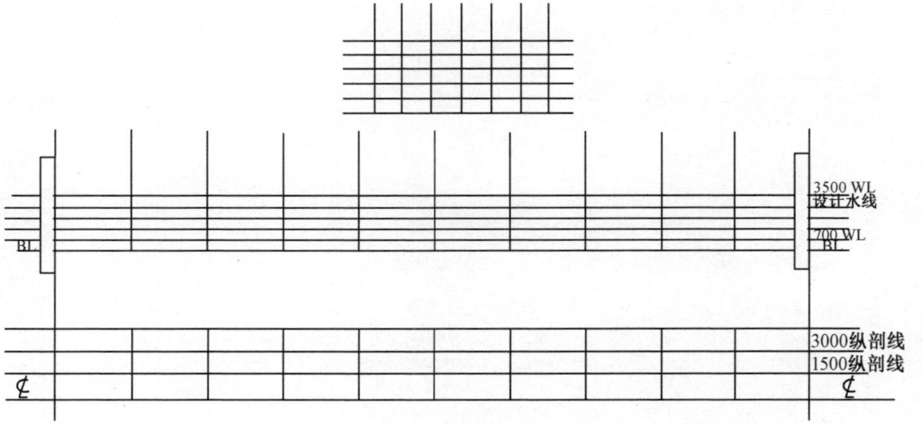

续表 5

3. 检验格子线	格子线底稿画好后，需对其精度进行检验。格子线的检验可以从以下两方面进行： （1）检验对应的格子线间距在三个视图中是否相等。可用分规或纸条进行检验。 （2）检验格子线的等分、平行和垂直。可根据矩形对角线必须通过两中线的交点进行检验。 （3）格子线上墨。	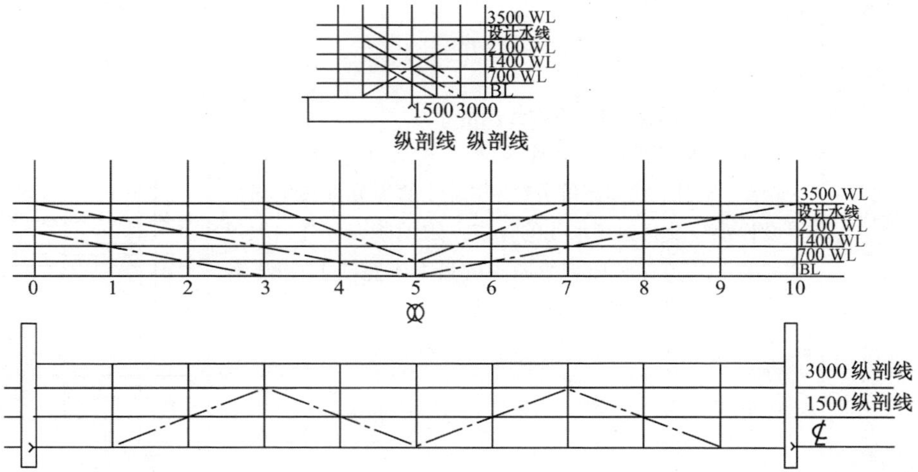

布置任务单 2

<table>
<tr><td>学习领域</td><td colspan="2">船舶图样识读与绘制</td><td>模块名称</td><td colspan="3">项目三:船体型线图的识读与绘制</td></tr>
<tr><td>学习任务 4</td><td colspan="2">绘制 150 t 冷藏船型线图外板型表面投影</td><td>学时</td><td></td><td>班级</td><td></td></tr>
<tr><td>任务导入</td><td colspan="6">以图 3-16 150 t 冷藏船的主尺度、型值表和其他尺寸为依据,绘制 150 t 冷藏船型线图的外板型表面投影。外板型表面投影一般包括外板型表面顶缘线的投影和型表面对投影面转向轮廓线的投影。</td></tr>
<tr><td>任务描述</td><td>绘制步骤:
(1)作纵剖线图的龙骨线及艏、艉轮廓线;
(2)作纵剖线图的外板顶线及舷墙顶线;
(3)作半宽水线图的外板顶线及舷墙顶线;
(4)作横剖线图的最大横剖线;
(5)作横剖线图的外板顶线及舷墙顶线。</td><td colspan="5">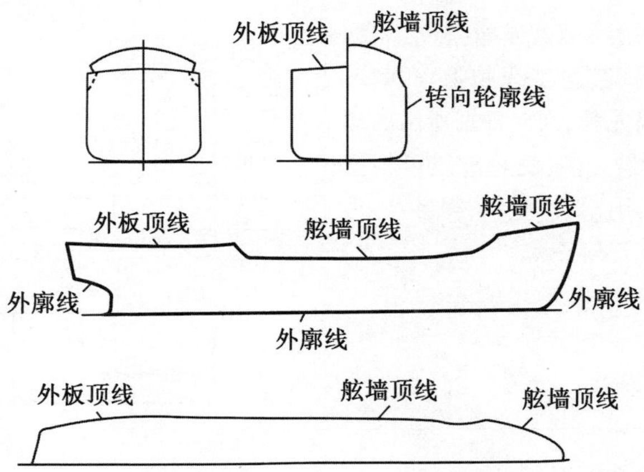
</td></tr>
<tr><td>任务要求</td><td colspan="6">技能要求:
(1)能够根据型值表、主尺度、艏艉尺寸和其他有关尺寸进行龙骨线、艏艉轮廓线、外板顶线、舷墙顶线的绘制;
(2)能够掌握舷墙顶线高低过渡曲线的画法;
(3)能够掌握曲线三向光顺的方法。
职业素质要求:
(1)具有认真、细致的工作态度;
(2)具有主动参与、积极进取的精神;
(3)具有分析问题、解决问题的能力。</td></tr>
</table>

学习任务单 1

<table>
<tr><td>学习领域</td><td colspan="2">船舶图样识读与绘制</td><td>模块名称</td><td colspan="3">项目三:船体型线图的识读与绘制</td></tr>
<tr><td>任务名称</td><td colspan="2">绘制 150 t 冷藏船型线图外板型表面投影</td><td>学时</td><td></td><td>班级</td><td></td></tr>
<tr><td rowspan="2">绘制内容</td><td>1. 作纵剖线图的龙骨线及艏、艉轮廓线
若是水平龙骨,其与基线相吻合,则不必画出。若是倾斜龙骨,则应根据所给的倾斜尺寸,画出龙骨线。艏、艉轮廓线可根据提供的有关尺寸,用比例尺量取,得各点,再用船用曲线板光顺连接各点。</td><td colspan="5">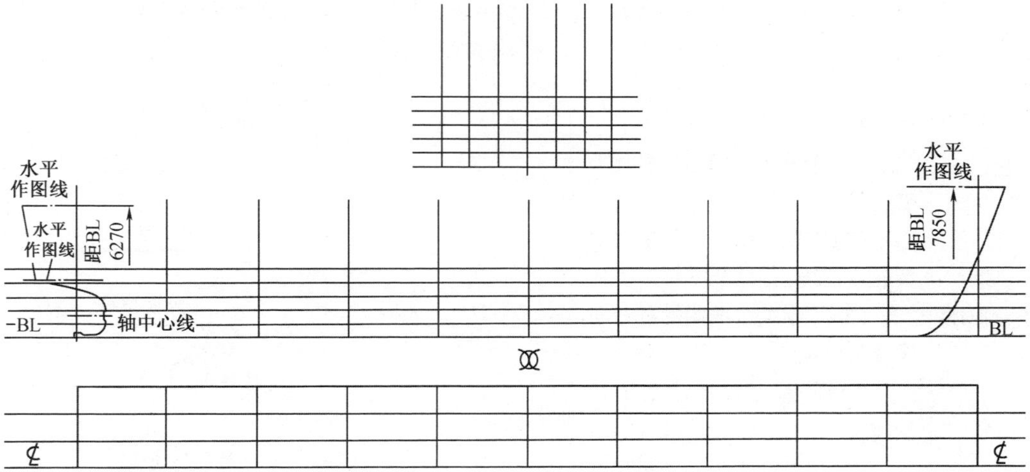
</td></tr>
<tr><td>2. 作纵剖线图的外板顶线及舷墙顶线
根据型值表右边部分中所给出的外板顶线和舷墙顶线在各站处的高度值,用比例尺沿纵剖线图的各站线从基线向上量取其值,得各相应点,光顺连接即得外板顶线和舷墙顶线。</td><td colspan="5">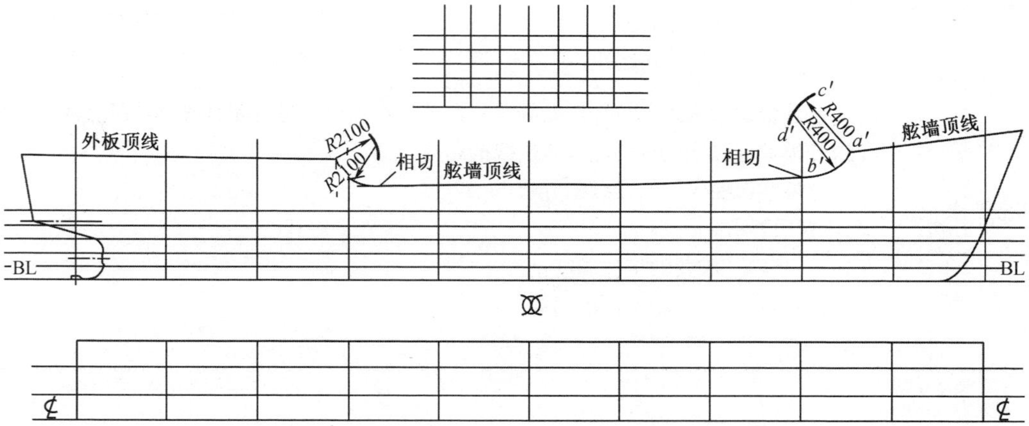
</td></tr>
</table>

续表 1

绘制内容	3. 作半宽水线图的外板边线及舷墙顶线 根据型值表左边部分外板边线和舷墙顶线的半宽值，用比例尺沿各站线量取型值，得外板边线和舷墙顶线与各横剖线的交点在半宽水线图上的投影。与船体中线的交点可根据投影规律，从纵剖线图中求得（用纸条或分规量取）。根据型线首端的圆弧半径和尾端形状的有关尺寸（或尾端圆弧半径）画出首端圆弧和尾端形状（或尾端圆弧）。这里注意，外板顶线与艉封板交点的投影位置、交点的半宽值从型值表左栏查出，交点的长度值在图中直接标出。然后画出曲线并与首端圆弧相切（若尾端也为圆弧时，也应与尾端圆弧相切）。待检查光顺后，画出曲线。 舷墙顶线宽狭过渡曲线的作法是：将突变点 a' 和切点 b' 投影到半宽水线图中相应的舷墙顶线上得 a、b 两点。然后根据 a、b 两点用曲线板先试画一曲线，使舷墙顶线宽狭处得到光顺过渡。曲线的最后确定，要在绘制横剖线图中舷墙顶线时，根据点的投影规律而定。	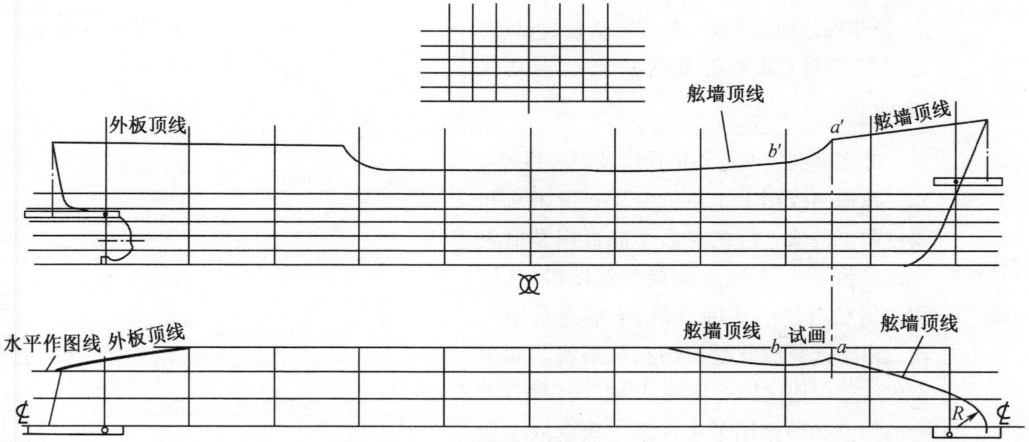

续表 2

	4. 作横剖线图中的最大横剖线 此船的最宽处在 4 站，根据型值表左边部分 4 站横剖线横栏中的半宽值，在横剖线图上用比例尺沿各水线量取得各点。然后再根据船底升高值作船底线（如无升高值则船底与基线重合）。用曲线板光顺连接各点，当曲线连到底部时，必须与船底线相切；连到舭部时（舭侧直壁式），则与半宽线相切。	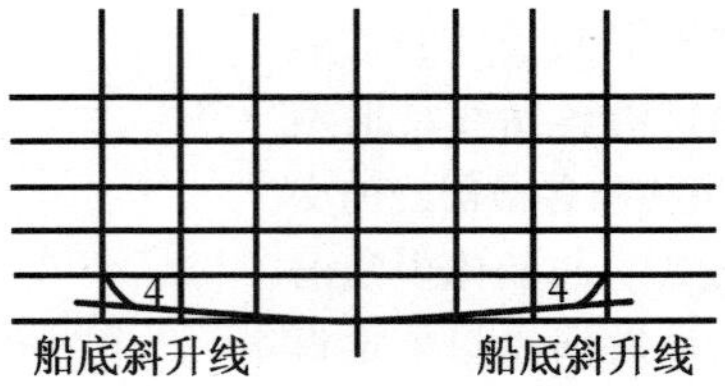
绘制内容	5. 作横剖线图的外板顶线及舷墙顶线 在横剖线图上定点的位置只需半宽和高度两个型值。但现在已不能再用型值表中的型值了。因为，在绘制型线图时，凡已用比例尺量过一次的型值，不能再量第二次。由于这两部分型值已在纵剖线图和半宽水线图中用比例尺量取过，对于这部分需要的型值必须使用纸条在第一次量取型值的地方移取。绘制横剖线图的外板顶线和舷墙顶线时，其高度值可用纸条在纵剖线图上量取，其半宽值可用纸条在半宽水线图上量取，分别记下编号，然后把纸条搬移至横剖线图上，定出各点。与船体中线交点可根据投影规律从纵剖线图上找到。用曲线板光顺连接各点，得横剖线图外板顶线及舷墙顶线。	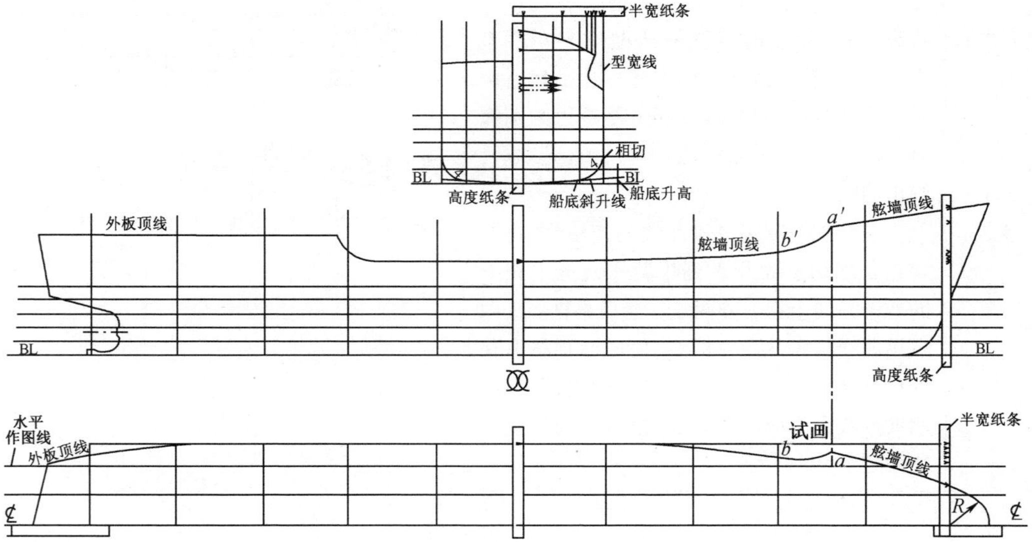

续表 3

绘制内容	6. 舷墙顶线高低过渡曲线的画法 根据纵剖线图上 a'、b' 两点的高度值投影到横剖线图上，并根据半宽水线图上 a、b 两点的半宽值在横剖线图上，得到 a''、b'' 两点。实际上这是舷墙顶线上空间的 A、B 两点在三个视图中的投影。但是仅根据 a''、b'' 两点不能连成正确的曲线，因此可在纵剖线图的过渡圆弧线上任定几点。点越多，曲线精确性越高。由于曲线较短，通常定出 1～2 点即可，图中定出 c' 点。然后将 c' 点投影到半宽水线图中试画的曲线上，得 c 点。之后，再在横剖线图上定出 c'' 点。将 a''、b'' 和 c'' 点连成光顺曲线，如果通过 c'' 点不能连成光顺曲线，可以放弃 c'' 点而将曲线连接光顺。然后再根据光顺曲线上的 c'' 点的半宽值，反过来修正半宽水线图上 c 点的位置，再根据 c 点的新位置，绘出 abc 曲线。假如这条曲线也不光顺，那么再放弃新的 c 点而将曲线连接光顺，然后再根据新的 c 点的半宽值修改横剖线图中的 c'' 点，直到两图中的曲线都光顺为止。	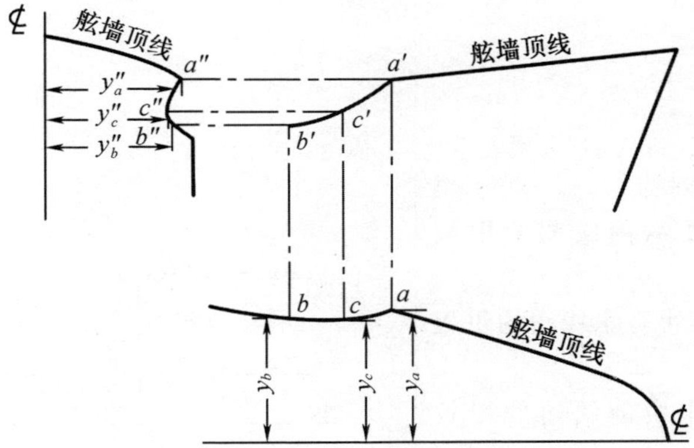

布置任务单 3

<table>
<tr><td>学习领域</td><td colspan="2">船舶图样识读与绘制</td><td>模块名称</td><td colspan="3">项目三：船体型线图的识读与绘制</td></tr>
<tr><td>学习任务 5</td><td colspan="2">绘制 150 t 冷藏船型线图甲板边线</td><td>学时</td><td></td><td>班级</td><td></td></tr>
<tr><td>任务导入</td><td colspan="6">以图 3-16 150 t 冷藏船的主尺度、型值表和其他尺寸为依据，绘制 150 t 冷藏船型线图甲板边线。150 t 冷藏船甲板边线包括上甲板边线、艏楼甲板边线和艉楼甲板边线。</td></tr>
<tr><td>任务描述</td><td>绘制步骤：
(1) 作纵剖线图的甲板边线；
(2) 作半宽水线图的甲板边线；
(3) 作横剖线图的甲板边线。</td><td colspan="5">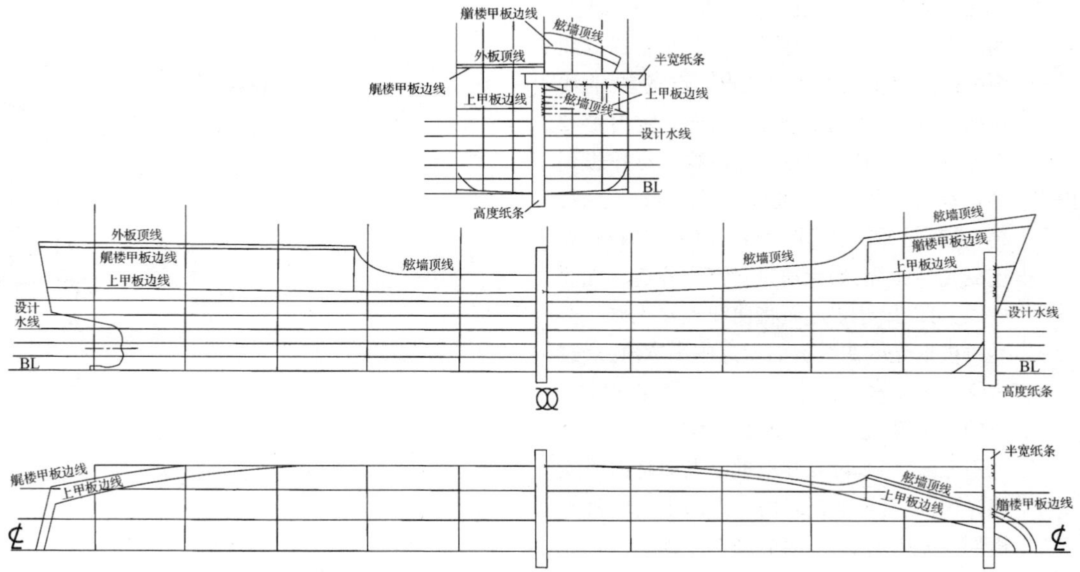
</td></tr>
<tr><td>任务要求</td><td colspan="6">技能要求：
(1) 能够根据型值表、主尺度、艏艉尺寸和其他有关尺寸进行甲板边线的绘制；
(2) 能够掌握曲线三向光顺的方法。
职业素质要求：
(1) 具有认真、细致的工作态度；(2) 具有主动参与、积极进取的精神；(3) 具有分析问题、解决问题的能力；(4) 具有创新意识和正确的思维方式。</td></tr>
</table>

学习任务单 2

<table>
<tr><td>学习领域</td><td colspan="2">船舶图样识读与绘制</td><td>模块名称</td><td colspan="3">项目三:船体型线图的识读与绘制</td></tr>
<tr><td>任务名称</td><td colspan="2">绘制 150 t 冷藏船型线图甲板边线</td><td>学时</td><td></td><td>班级</td><td></td></tr>
<tr><td rowspan="2">绘制内容</td><td>1. 作纵剖线图的甲板边线
根据型值表右边部分所给出的甲板边线在各站处的高度值,用比例尺沿纵剖线图的各站线从基线向上量取其值,得各相应点,光顺连接即得甲板边线。</td><td colspan="5">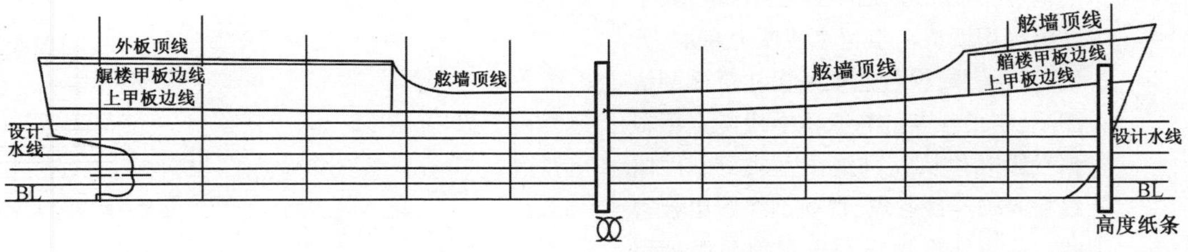
</td></tr>
<tr><td>2. 作半宽水线图的甲板边线
根据型值表左边部分甲板边线的半宽值,用比例尺沿各站线量取型值,得甲板边线与各横剖线的交点在半宽水线图上的投影。与船体中线的交点,可根据投影规律,从纵剖线图中求得(用纸条或分规量取)。根据型线首端的圆弧半径和尾端形状的有关尺寸(或尾端圆弧半径)画出首端圆弧和尾端形状(或尾端圆弧)。这里注意,上甲板边线、艉楼甲板边线与艉封板交点的投影位置,交点的半宽值从型值表左栏查出,交点的长度值图中直接标出。然后画出曲线并与首端圆弧相切(若尾端也为圆弧时,也应与尾端圆弧相切)。待检查光顺后,画出曲线。</td><td colspan="5">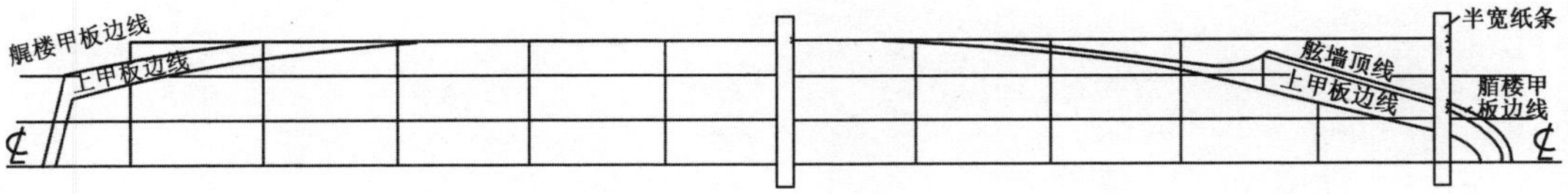
</td></tr>
</table>

续表

绘制内容	3. 作横剖线图的甲板边线 绘制横剖线图的甲板边线时，其高度值可用纸条在纵剖线图上量取，其半宽值可用纸条在半宽水线图上量取，分别记下编号，然后把纸条搬移至横剖线图上，定出各点。与船体中线交点可根据投影规律从纵剖线图上找到。用曲线板光顺连接各点，得横剖线图甲板边线。注意外板顶线的半宽值与艉楼甲板边线相同。	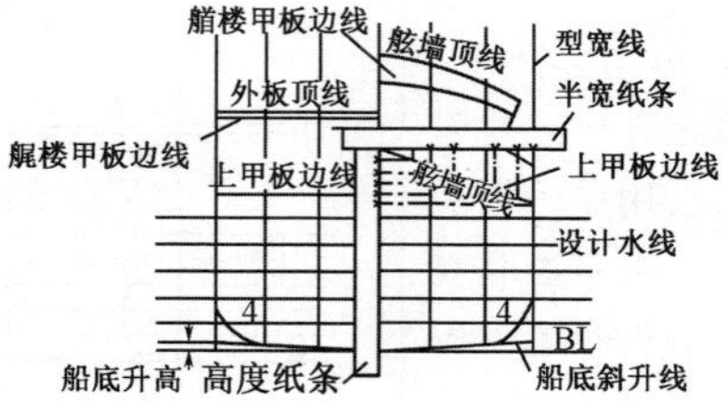

布置任务单 4

<table>
<tr><td>学习领域</td><td>船舶图样识读与绘制</td><td>模块名称</td><td colspan="2">项目三：船体型线图的识读与绘制</td></tr>
<tr><td>学习任务 6</td><td>绘制 150 t 冷藏船型线图截交线的投影</td><td>学时</td><td></td><td>班级</td></tr>
<tr><td>任务导入</td><td colspan="4">以图 3-16 所示 150 t 冷藏船的主尺度、型值表和其他尺寸为依据，绘制 150 t 冷藏船型线图截交线的投影。外板型表面的表达除画出船体外板型表面投影外，还需画出表示外板型表面形状沿船长、船宽和船深三个方向变化规律的三组截交线的投影。</td></tr>
<tr><td>任务描述</td><td>绘制步骤：
(1)作半宽水线图的设计水线；
(2)作横剖线图的各横剖线；
(3)作半宽水线图的各水线；
(4)作艉封板曲线；
(5)作纵剖线图的各纵剖线。</td><td colspan="3">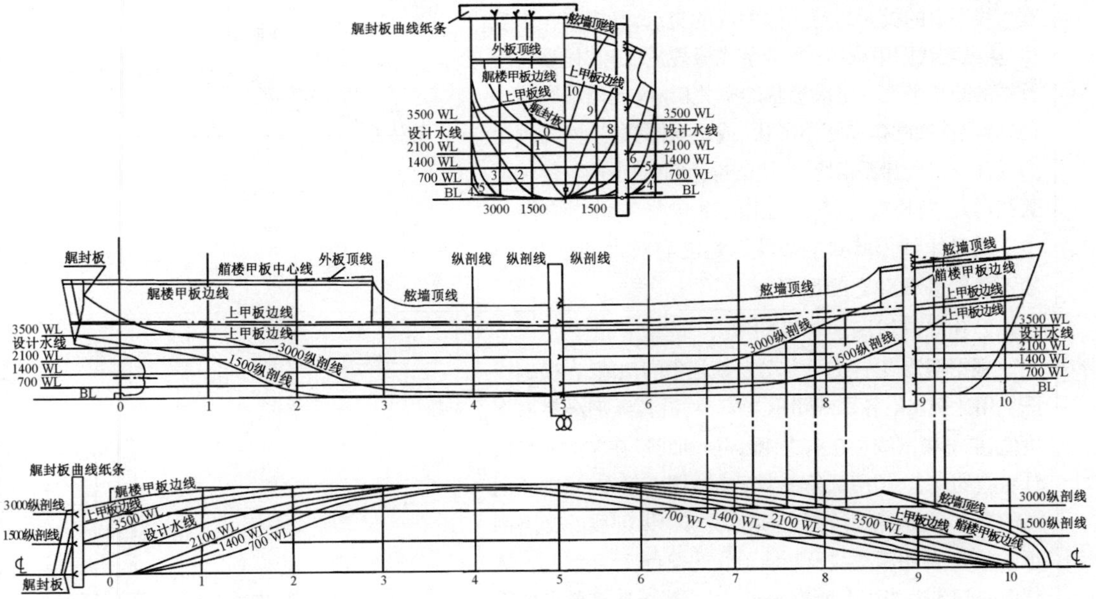
</td></tr>
<tr><td>任务要求</td><td colspan="4">技能要求：
(1)能够根据型值表、主尺度、艏艉尺寸和其他有关尺寸进行水线、横剖线、纵剖线和艉封板曲线的绘制；
(2)能够掌握曲线三向光顺的方法。
职业素质要求：
(1)具有认真、细致的工作态度；(2)具有主动参与、积极进取的精神；(3)具有分析问题、解决问题的能力；(4)具有创新意识和正确的思维方式。</td></tr>
</table>

学习任务单 3

<table>
<tr><td>学习领域</td><td>船舶图样识读与绘制</td><td>模块名称</td><td colspan="3">项目三:船体型线图的识读与绘制</td></tr>
<tr><td>任务名称</td><td>绘制 150 t 冷藏船型线图截交线的投影</td><td>学时</td><td></td><td>班级</td><td></td></tr>
<tr><td rowspan="2">绘制内容</td><td>1. 作半宽水线图的设计水线
根据型值表左边部分设计水线的半宽值,用比例尺沿各站线量取型值,得设计水线与各横剖线的交点在半宽水线图上的投影。与船体中线的交点,可根据投影规律,从纵剖线图中求得(用纸条或分规量取)。根据型线首端的圆弧半径和尾端形状的有关尺寸(或尾端圆弧半径)画出首端圆弧和尾端形状(或尾端圆弧)。然后画出曲线并与首端圆弧相切(若尾端也为圆弧,也应与尾端圆弧相切)。待检查光顺后,画出曲线。
设计水线形状对船舶航海性能有较大的影响,一般不可轻易改动它的型值。</td><td colspan="4">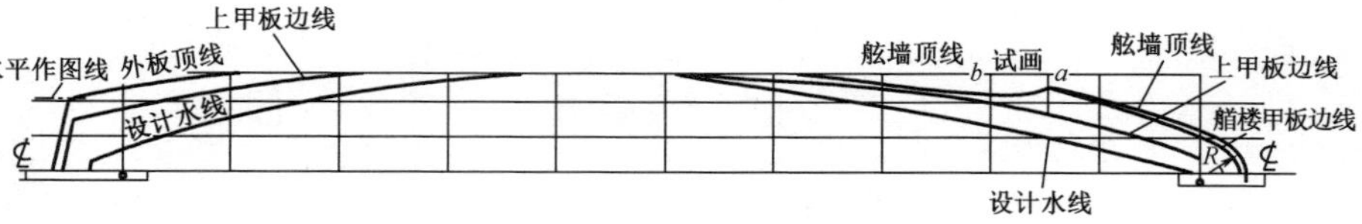
</td></tr>
<tr><td>2. 作横剖线图的各横剖线
根据型值表左、右两部分各横栏中的型值,在横剖线图上用比例尺沿各水线量取半宽值,沿各纵剖线量取高度值,艏部横剖线量在右边,艉部横剖线量在左边。与设计水线的交点,须用纸条在半宽水线图上量取;与中纵剖线的交点,可从纵剖线图中横剖线与中纵剖线的交点用纸条搬取;与甲板边线及舷墙顶线的交点,已经得到。这样就得到各横剖线上所有的点,用曲线板连接各点即得各横剖线。同样,曲线连到底部应与船底线相切,连到舷部应与最大半宽线相切。当横剖线各点不能连成光顺曲线时,必须修改某些交点的型值,直到型线光顺为止。在修改时,设计水线各点的型值不允许修改。因为设计水线的型值修改后,会引起水线面面积系数及艏进水角的改变,影响船舶的航海性能。</td><td colspan="4">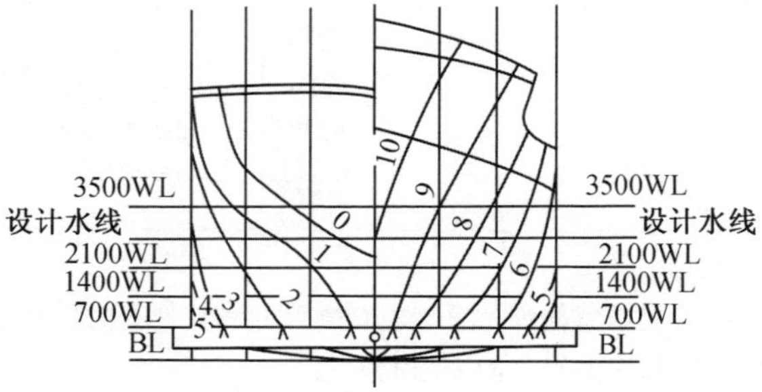
</td></tr>
</table>

续表 1

绘制内容

3. 在半宽水线图上绘制各水线

同样，画水线时，不能再用型值表左边部分各水线纵栏中的型值，而是用纸条在横剖线图中量取水线与各横剖线交点的半宽值，然后搬至半宽水线图中相应的横剖线上。水线与中纵剖线的交点，可从纵剖线图上用纸条搬取，然后根据水线首、尾端圆弧半径，定圆心，画圆弧。用样条从中部开始逐点压向首、尾并与首、尾圆弧相切。用目测检查，待光顺后用铅笔轻轻地画出曲线。

艉封板与 3500WL 交点的半宽值可从型值表左栏查出，交点的长度值在图中直接标出，与船体中线的交点可根据投影规律，由纵剖线图量取，再根据已得出的艉封板与上甲板边线、艉楼甲板边线的交点，用曲线板光滑连接各点，得艉封板曲线在半宽水线图中的投影。

在制作纸条时，可以每根水线作一条。

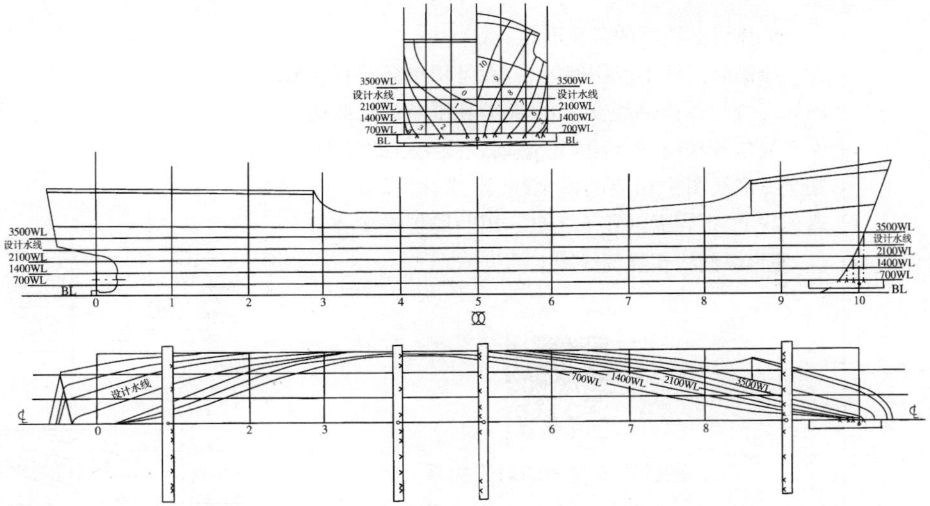

4. 作艉封板曲线

用纸条在半宽水线图中分别驳取艉封板曲线与外板顶线、艉楼甲板边线、上甲板边线、水线交点的半宽值和长度值；然后将半宽值纸条移至横剖线图，在外板顶线、相应的甲板边线和水线上得艉封板曲线各点；与船体中线的交点可根据投影规律，由纵剖线图量取；用曲线板光顺连接各点，得艉封板在横剖线图上的投影。

再将长度值纸条移至纵剖线图，在外板顶线、相应的甲板边线和水线上得艉封板曲线各点，用曲线板光顺连接各点，得艉封板曲线在纵剖线图上的投影。

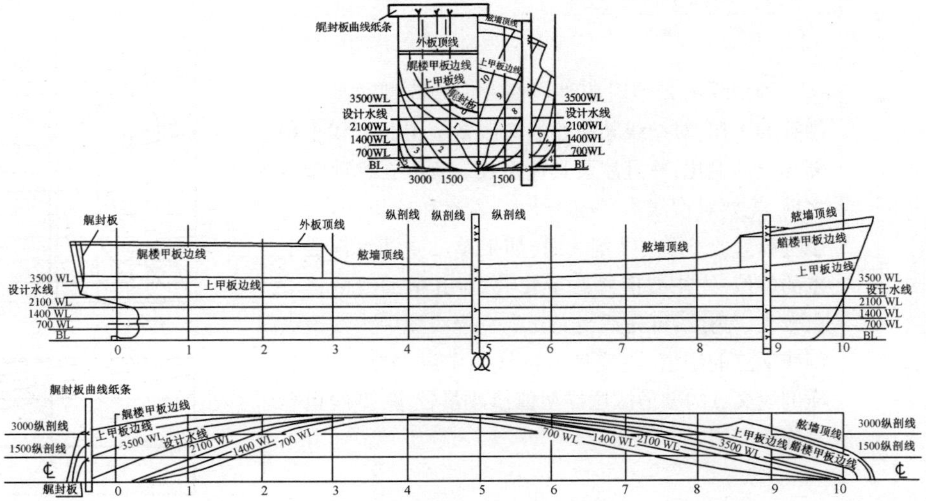

续表 2

<table>
<tr>
<td>绘制内容</td>
<td>

5. 作纵剖线图的各纵剖线

绘制时同样不能用型值表，而是用纸条将横剖线图纵剖线与各横剖线交点的高度值和半宽水线图中纵剖线与各水线、甲板边线、舷墙顶线交点的长度值，搬至纵剖线图中相应的横剖线、水线、甲板边线及舷墙顶线上，得到纵剖线上各点。用曲线板光顺连接各点，即得纵剖线在纵剖线图上的投影。

型线图三视图的对应关系

</td>
<td>

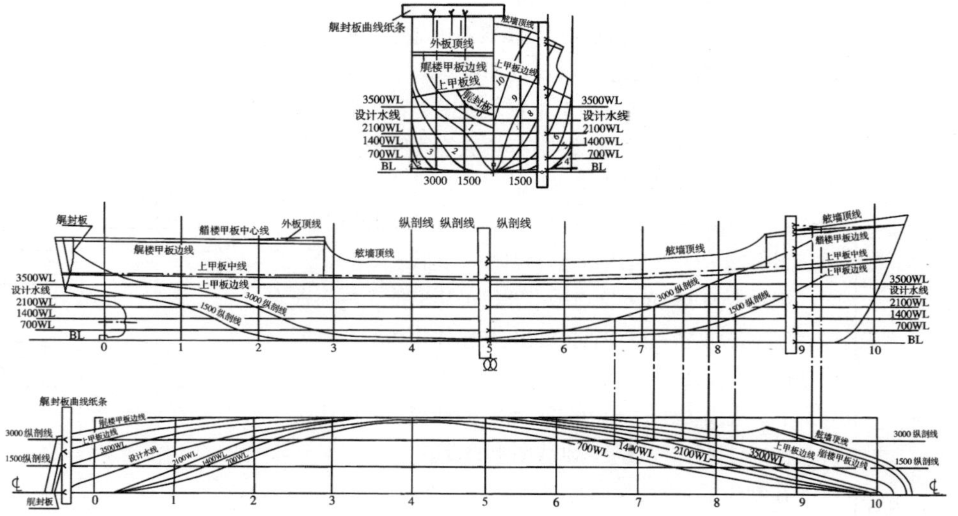

</td>
</tr>
<tr>
<td>型线光顺</td>
<td>

当型线不光顺时应进行修改。修改型线是一项细致的工作，对型线某一处的修改常会引起型线上相邻部分的变化，并且涉及其他型线。所以在修改型线之前，先要对型线有关部分加以观察和分析，然后着手进行修改。修改纵剖线时，如果单一变动纵剖线上点的型值，往往型值修改量较大，对其他型线的影响也较大。为此，可先适当变动半宽水线图中水线与纵剖线交点的型值，再变动纵剖线图中纵剖线与水线、横剖线交点的型值。这样型值修改量较小，型线也容易修改光顺。

</td>
<td>

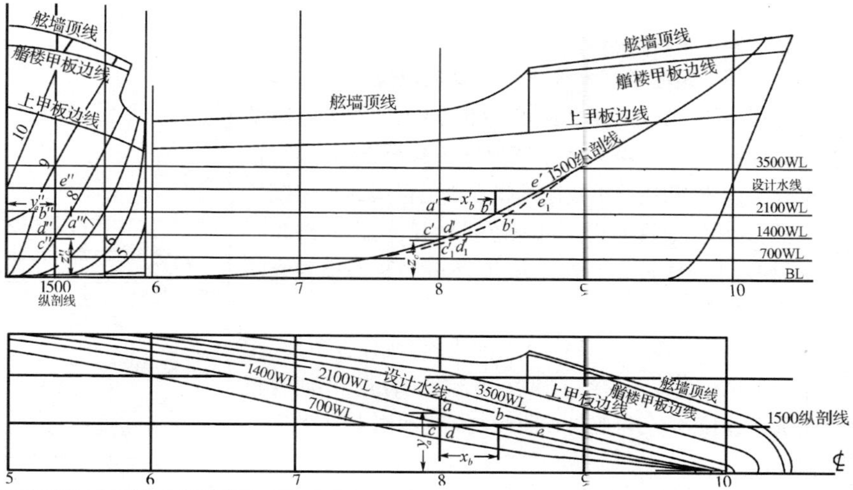

</td>
</tr>
</table>

布置任务单 5

<table>
<tr><td>学习领域</td><td colspan="2">船舶图样识读与绘制</td><td>模块名称</td><td colspan="3">项目三：船体型线图的识读与绘制</td></tr>
<tr><td>学习任务 7</td><td colspan="2">绘制 150 t 冷藏船型线图甲板中线</td><td>学时</td><td></td><td>班级</td><td></td></tr>
<tr><td>任务导入</td><td colspan="6">以图 3-16 所示 150 t 冷藏船的主尺度、型值表和其他尺寸为依据，绘制 150 t 冷藏船型线图甲板中线。150 t 冷藏船甲板中线包括上甲板中线、艏楼甲板中线和艉楼甲板中线。</td></tr>
<tr><td>任务描述</td><td>绘制步骤：
(1)绘制梁拱曲线；
(2)求取各站线的梁拱值；
(3)绘制纵剖线图甲板中线。</td><td colspan="5">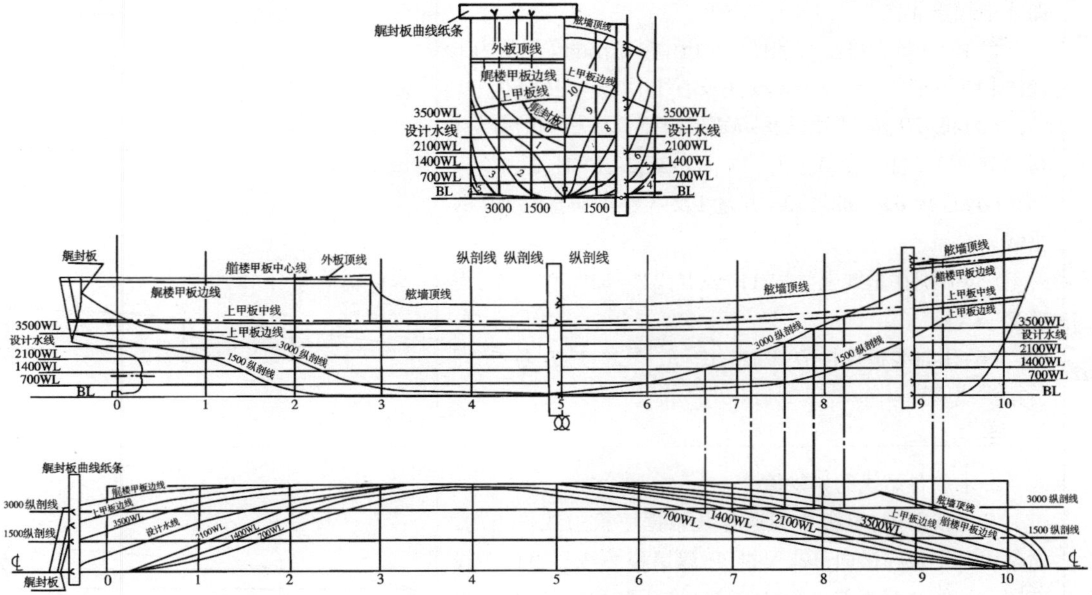
</td></tr>
<tr><td>任务要求</td><td colspan="6">技能要求：
(1)能够掌握抛物线梁拱线的作法；
(2)能够求取各站线的梁拱值，并绘制纵剖线图的甲板中线。
职业素质要求：
(1)具有认真、细致的工作态度；(2)具有主动参与、积极进取的精神；(3)具有分析问题、解决问题的能力；(4)具有创新意识和正确的思维方式。</td></tr>
</table>

学习任务单 4

<table>
<tr><td>学习领域</td><td>船舶图样识读与绘制</td><td>模块名称</td><td colspan="3">项目三：船体型线图的识读与绘制</td></tr>
<tr><td>任务名称</td><td>绘制 150 t 冷藏船型线图甲板中线</td><td>学时</td><td></td><td>班级</td><td></td></tr>
<tr><td rowspan="3">绘制内容</td><td>1. 作梁拱曲线
（1）连接甲板宽度最大处甲板边线上的两点 D、D，交船体中线于 A 点。
（2）以 A 点为圆心，以船体主尺度中所给出的梁拱值为半径作半圆，交船体中线点于 K 点、并交直线 DD 于 d、d 两点。
（3）将 DD、dd 两线段及 dKd 半圆弧分成相同的等份，得到分点 3、2、1、1、2、3；c、b、a、a、b、c；$3'$、$2'$、$1'$、$1'$、$2'$、$3'$。
（4）连接 $a1'$、$b2'$、$c3'$，并过 1、2、3 各点作直线 DD 的垂线。
（5）分别在垂线上量取 $11''=a1'$、$22''=b2'$、$33''=c3'$，得 $1''$、$2''$、$3''$各点。
（6）用曲线板连接 D、$3''$、$2''$、$1''$、K、$1''$、$2''$、$3''$、D 各点，即得梁拱线。</td><td colspan="4">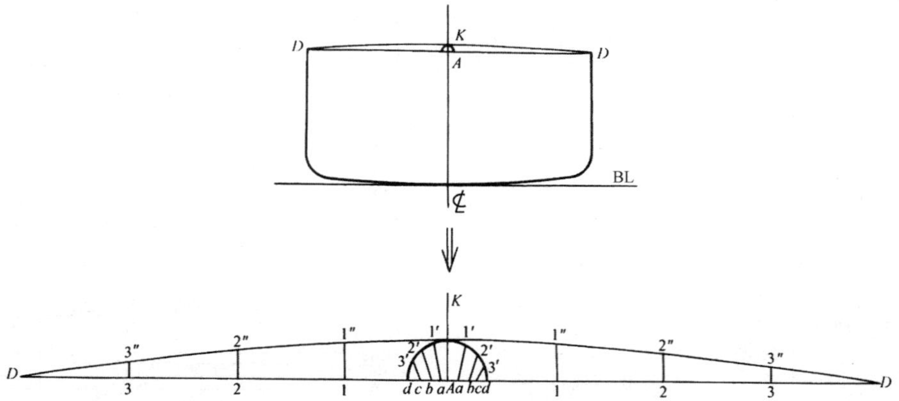</td></tr>
<tr><td>2. 求取各站线的梁拱值
在型线图中，甲板中线通常是根据甲板边线作出的。这是由于甲板在横向具有梁拱，所以甲板边线与甲板中线在同一站线处就相差一个梁拱高。在不同站线处，根据甲板的宽度，求取各站线的梁拱值。</td><td colspan="4">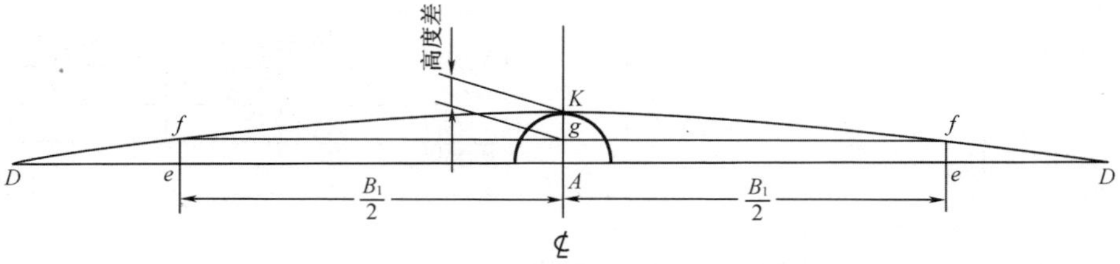</td></tr>
<tr><td>3. 绘制纵剖线图的甲板中线
根据各站线的梁拱高，求取甲板中线在纵剖线图中与各横剖线交点的投影，将这些投影点连接起来，就是甲板中线在纵剖线图中的投影。</td><td colspan="4">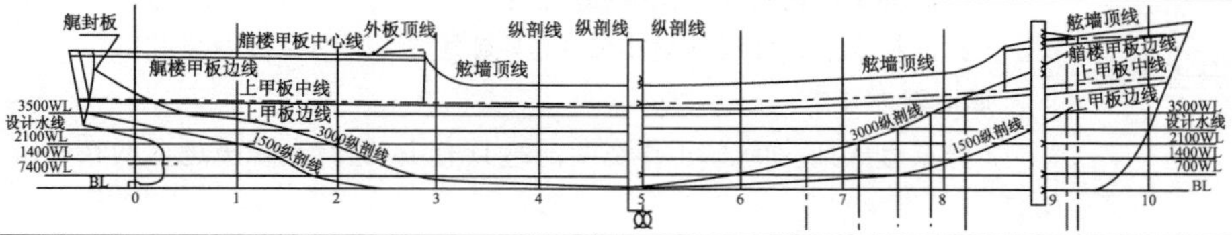</td></tr>
</table>

布置任务单 6

<table>
<tr><td>学习领域</td><td>船舶图样识读与绘制</td><td>模块名称</td><td colspan="2">项目三：船体型线图的识读与绘制</td></tr>
<tr><td>学习任务 8</td><td>150 t 冷藏船型线图型线检验和标注</td><td>学时</td><td></td><td>班级</td></tr>
<tr><td>任务导入</td><td colspan="4">型线绘制结束后，需要对型线的精确性进行检验。型线的精确性体现在型线的光顺、协调和投影一致三方面，通常就从这三方面入手进行检验。导致型线不光顺、不协调和投影不一致的原因主要有：图中量取型值时可能有错误；连接曲线时没有通过规定的点；格子线作得不够准确；型值可能有错误；用曲线板分段连接曲线时，两段间的连接不好等。当发现型线不光顺、不协调及投影不一致时，必须找出原因并进行修正。</td></tr>
<tr><td>任务描述</td><td>检验方法和步骤：
1. 用目测方法进行检验：
(1) 光顺性；
(2) 协调性；
(3) 投影一致性。
2. 绘制斜剖线检验型线。
3. 型线图的注字和标注尺寸。</td><td colspan="3">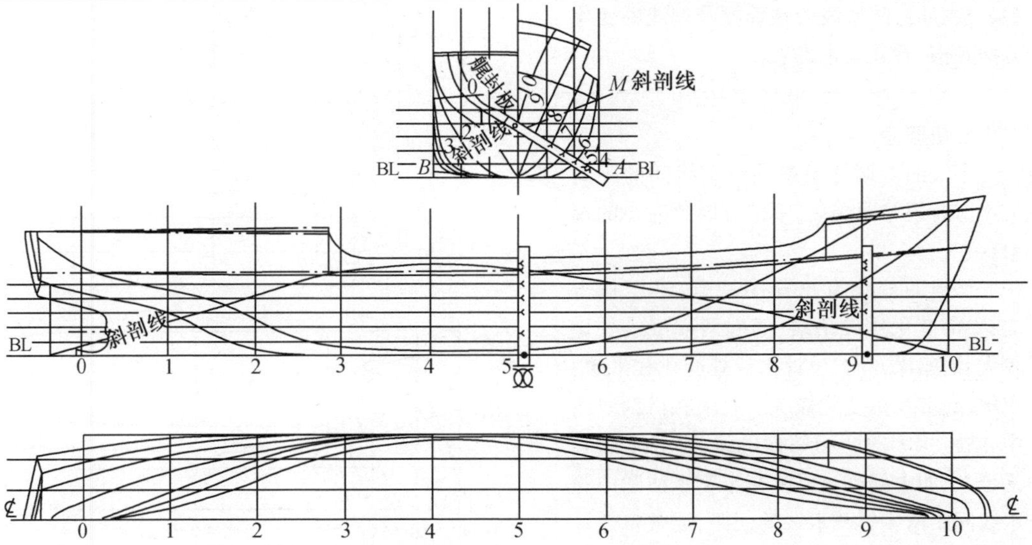
</td></tr>
<tr><td>任务要求</td><td colspan="4">技能要求：
(1) 能够掌握型线的检验方法；
(2) 能够掌握型线图的标注方法。
职业素质要求：
(1) 具有认真、细致的工作态度；(2) 具有主动参与、积极进取的精神；(3) 具有分析问题、解决问题的能力；(4) 具有创新意识和正确的思维方式。</td></tr>
</table>

学习任务单 5

<table>
<tr><td>学习领域</td><td>船舶图样识读与绘制</td><td>模块名称</td><td colspan="3">项目三：船体型线图的识读与绘制</td></tr>
<tr><td>任务名称</td><td>150 t 冷藏船型线图型线检验和标注</td><td>学时</td><td></td><td>班级</td><td></td></tr>
<tr><td rowspan="3">目测检验</td><td>1. 光顺性
型线的光顺性是指各型线的曲率应和缓地变化，不应有局部凹凸起伏和突变现象存在。单根型线的光顺性通过目测加以检验。检验时，从型线的端部顺着型线的变化方向观察，看其是否光顺。</td><td colspan="4" rowspan="3">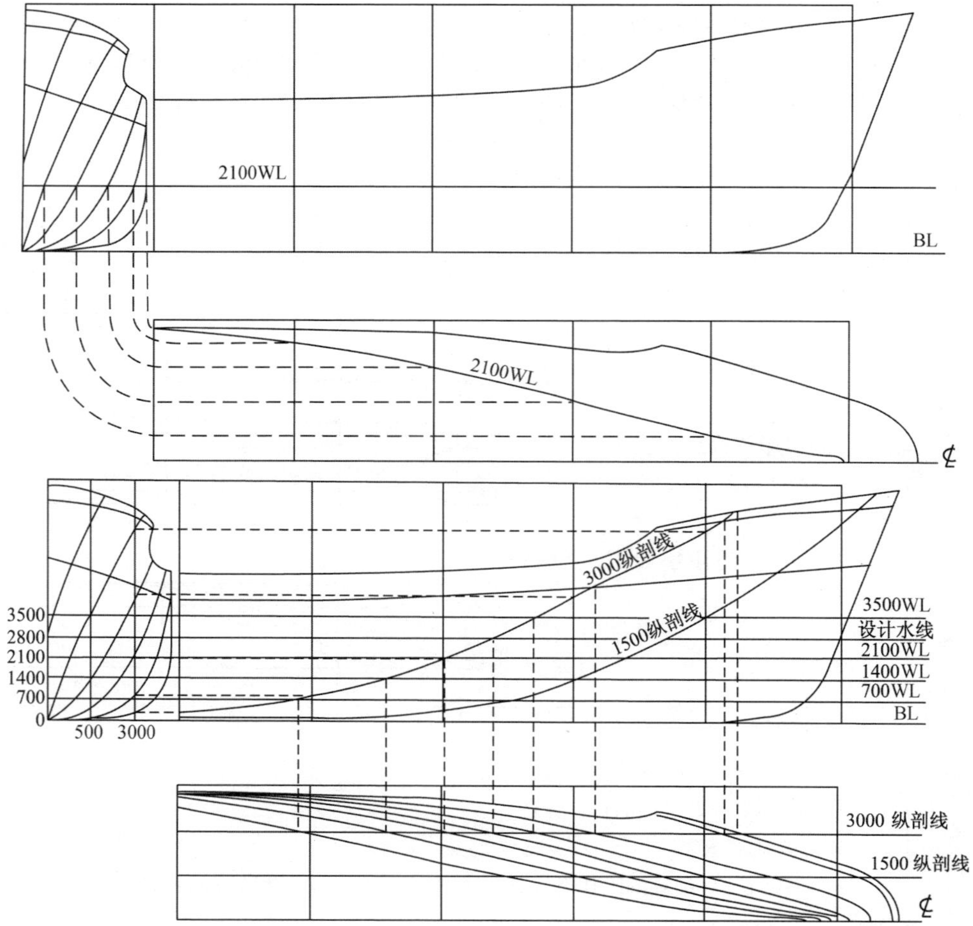</td></tr>
<tr><td>2. 协调性
型线的协调性是指同组型线间的距离大小应有规律地变化，不应有时大时小的现象存在。
型线的变化有这样的特点：沿船长方向，中部变化比较平缓，艏艉两端型线变化较大；沿船深方向，设计水线处变化较平缓，甲板、底部线型变化较大。反映在横剖线图中，站距相等的两相邻横剖线的间距，艏艉部分大，而中部小。反映在半宽水线图中等水线间距的相邻两水线的间距，通常自设计水线起，越向甲板、船底越大。</td></tr>
<tr><td>3. 投影一致性
型线的投影一致性是指型线上任一点在三视图中的投影应符合投影规律：长对正、高平齐、宽相等。</td></tr>
</table>

续表

<table>
<tr>
<td>斜剖线
检验</td>
<td>1. 斜剖线检验型线方法
对型线精度综合检验的方法通常是绘制斜剖线。斜剖线一般是侧垂面与外板型表面的交线。如果得到的斜剖线是一条光顺的曲线,则表明该处的型线绘制正确,即这部分型线的光顺性、协调性和投影一致性是满足要求的。如果得到的斜剖线不光顺,则需要修改斜剖线上的某些点,使斜剖线光顺,并以此修改相应的型线。
2. 斜剖线的绘制
(1)在横剖线图中,连接 MA、MB,这是斜剖线在横剖线图上的投影。
(2)用纸条量取 M 点至斜剖线与各横剖线交点的距离,并注明横剖线的编号。
(3)在纵剖线图中,使纸条上的 M 点与基线重合,在各站线上记下相应的交点。斜剖线与艏艉轮廓线的交点,可以从纵剖线图中设计水线与艏艉轮廓线的交点投影得到。
(4)光顺连接各点,得到在纵剖线图中的斜剖线的真实形状。</td>
<td>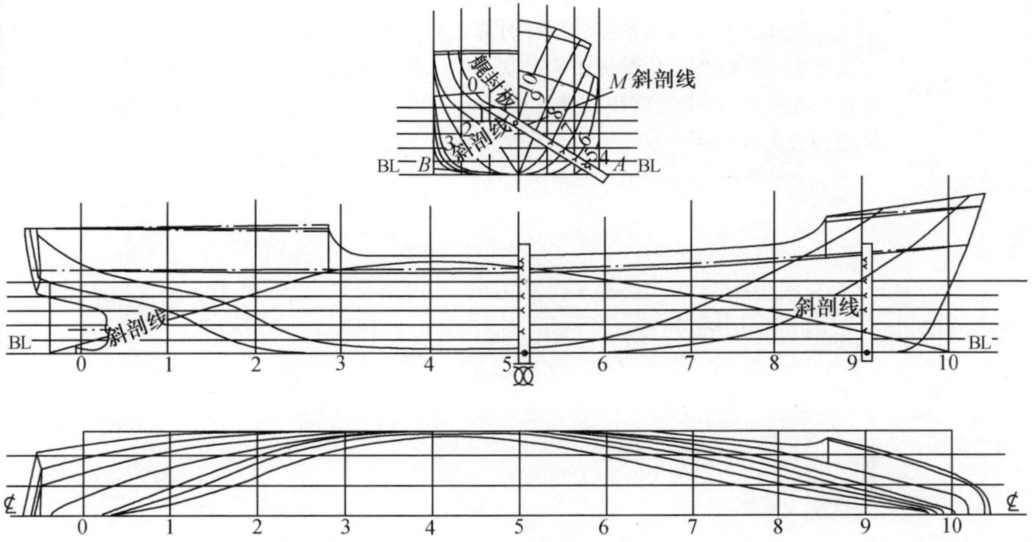
</td>
</tr>
<tr>
<td colspan="2">型线图的注字和标注尺寸</td>
<td>型线加深完毕,在型线图中标注文字和尺寸,注意以下内容:
(1)标注型线和格子线的名称和编号。
(2)在图纸右上方空白处,列出船体主尺度;在图纸左上方列出型值表。
(3)标注艏艉尺寸和其他有关尺寸。
(4)填写标题栏和反向图号栏。(参见图 3-1)</td>
</tr>
</table>

任务总结单

学习领域	船舶图样识读与绘制	模块名称	项目三:船体型线图的识读与绘制
任务名称	绘制 150 t 冷藏船型线图		
职业素养总结	要求:按照知识总结思维导图格式,从职业精神、思想政治、创新发展等方面总结绘制 150 t 冷藏船型线图的学习收获。		
绘制总结	型线图是绘制其他船体图样时确定船体形状的依据,所以要求具有较高的绘制精度。根据精度要求及船舶尺度确定绘制比例;根据船舶尺度大小和线型变化情况正确配置型线图的三视图;根据主尺度和型值表绘制格子线并检验;根据型值表、主尺度、艏艉尺寸和其他有关尺寸进行龙骨线、艏艉轮廓线、甲板边线、外板顶线、舷墙顶线、甲板中线、横剖线、纵剖线及水线的绘制;利用斜剖线进行型线光顺的检验;正确进行型线图的标注。		
笔记总结			

【拓展练习】

拓展任务单 1

学习领域	船舶图样识读与绘制	模块名称	项目三:船体型线图的识读与绘制		
任务名称	型线图绘制练习 1	学时		班级	
学生姓名		学号		组别	
任务描述	根据已知型线绘制其他型线,要求根据已绘横剖线图补型线图,补作水线、纵剖线和斜剖线,并标写各型线的编号和名称。				

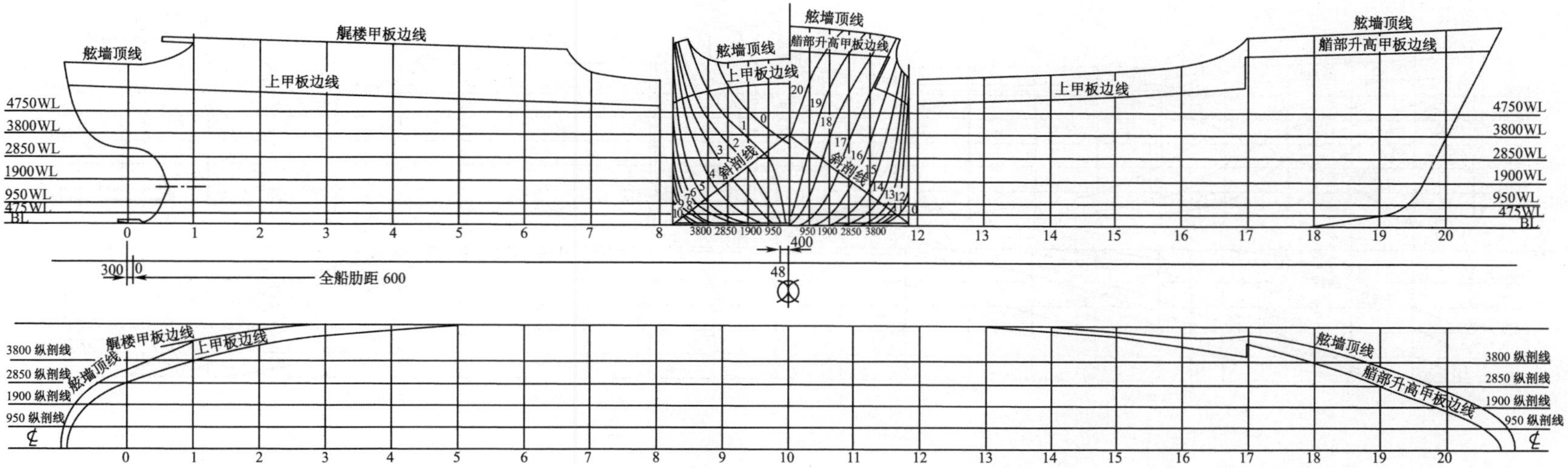

拓展任务单 2

学习领域	船舶图样识读与绘制	模块名称	项目三:船体型线图的识读与绘制		
任务名称	型线图绘制练习 2	学时		班级	
学生姓名		学号		组别	
任务描述	(1)根据已知型线图,求作任意横剖线 gf。 (2)已知型线图某一视图中的任一点(a、b'、c''、d、e'),求取另外视图相对应点。				

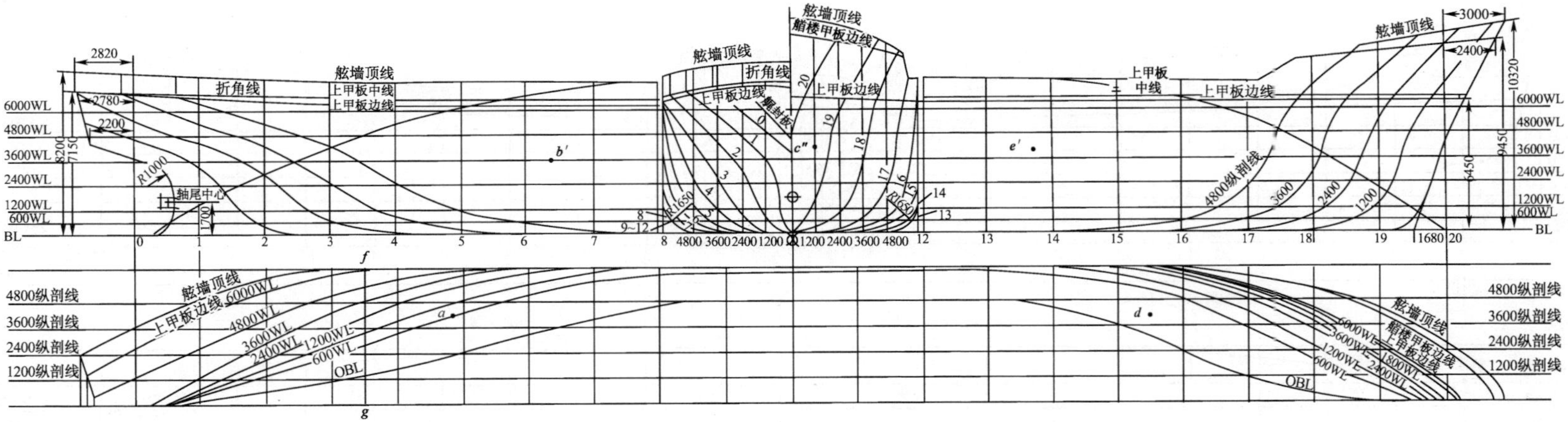

项目四　船体总布置图的识读与绘制

【项目描述】

船体总布置图是表示全船总体布置的图样，它比较集中地反映了船舶的技术、经济性能，是重要的全船性基本图样之一。从总布置图中可以了解船舶上层建筑的形式以及舱室、设备、门窗、通道等的布置情况。在进行全船质量和重心位置计算，以及船舶设备设计和结构设计时，总布置图是进行设计和计算的依据。总布置图也是绘制其他图样的依据，如各类设备、系统布置图，门、窗、扶梯布置图，木作、绝缘布置图等。

总布置图在施工时，可作为具体施工的一张指导性图样。当各机械、设备之间发生矛盾时，以总布置图中的布置为准。另外总布置图对船舶建造时的舾装工作有着重要意义。因此必须正确识读和绘制船体总布置图。

【项目目标】

知识目标

1. 掌握船体总布置图的组成和各视图表达的内容；
2. 掌握船体总布置图中图线和常用图形符号的含义；
3. 了解船体总布置图的表达特点。

能力目标

1. 正确识读船体总布置图；
2. 熟悉船体总布置图的绘制方法。

素质目标

1. 具有良好的读图和绘图的基础技术素养；
2. 具有及时发现问题、解决问题的能力；

3. 具有勇于探索的精神；
4. 具有爱岗敬业、实事求是、团结协作的优秀品质。

【学习任务】

学习任务 1：识读 150 t 冷藏船总布置图的基本信息；
学习任务 2：识读 150 t 冷藏船总布置图的全船布置情况；
学习任务 3：绘制 150 t 冷藏船总布置图。

【学习载体】

150 t 冷藏船总布置图。

【学习评价】

完成本项目的学习后，按照表 4-1 对本项目的学习情况进行总评，评价总分为 100 分。

表 4-1 成绩评价单

评价内容		分值	自我评价(30%)	小组互评(40%)	教师评价(30%)	总分
(1)了解船舶的类型		20				
(2)识读船体的结构特点		20				
(3)识读全船的布置情况		20				
(4)绘制总布置图(局部)		20				
职业素养考核(职业精神、思想政治、创新发展)		20				
合计						
自我评价与总结						
教师点评						

【素养小课堂】

以自己的生命广度书写中国“船”奇

杨槱　中国科学院院士
中国船舶行业开拓者、教育学家

1917 年 10 月 17 日,杨槱生于北京,籍贯江苏句容。杨槱是中国造船界第一位院士。他主持制定了我国第一部《海船稳性规范》,填补了中国在这一领域的空白,而且随之提出的几十个研究课题,进一步推动了我国船舶稳性的研究。他从事的船舶技术与经济论证方面的研究,促进了该学科在我国的深入发展。

早在 20 世纪 40 年代,杨槱就开始研究川江船并主持设计了当时最大的“民裕”号川江客货船。70 年代,杨槱主持并领导了 15 000 t 自卸运煤船、5 000 t 近洋干货船等的设计与研究工作,对我国万吨轮的发展起到重要作用。“瀛州”号巡逻艇、自卸运煤船、5 000 t 近洋干货船、15 000 t 经济型远洋干货船等多种类型的船舶,在中国船舶的科技攻关领域,杨槱乘风破浪始终站在最前端。

杨槱是应用计算机辅助设计的积极倡导者,主持编制了《干货船主尺度分析》《按常用的三种系列船型资料设计船体线》《主尺度分析》《型线设计》等程序,对我国造船科学技术应用计算机辅助设计做出了重要贡献。

杨槱对中国船舶发展史、科技史进行了大量研究。1962 年起,为了对中国造船史做出资料性的总结,他陆续撰写了《中国造船发展简史》《近代和现代中国造船发展史》等多篇论著。在他的积极推动下,中国的造船史研究也于 20 世纪 80 年代逐步兴起。

用概率统计的方法计算数据的准确度,用计算机抽象考虑设计的可行性,杨槱走在时代前列。他提出了工程经济理论,编写了《工程经济在船舶设计中的应用》一书,大力倡导船舶技术经济论证方法的研究。20 世纪 80 年代中期以来,他指导研究生从事沿海和长江煤炭、石油、集装箱运输系统的分析研究。当中国进入了以经济建设为中心的改革开放年代后,他又首次用现代工程经济理论和方法,对船舶工程项目进行分析与评估。

前瞻的眼光令杨槱停不下创新的脚步。预料到靠计算尺、积分仪、曲线板等“土办法”设计船舶很快便会跟不上时代的步伐,杨槱带领科研小组率先编制一系列计算机程序,在船的主尺度分析、船舶稳定、船体强度、型线设计等方面大大提高了工作效率,并带领和组织国内有关研究机构,编制辅助船舶设计的电脑程序系统,此后,又陆续编制出系列软件运用到设计之中,推动了当代船舶设计业的发展步伐。

如今,已过百岁的杨槱院士依然关注着中国的造船与海洋事业的发展!

【启示】中国自古以来就是海洋大国,维护国家海洋权益是建设海洋强国的一项重要任务。作为我国船舶行业的第一位院士,杨槱一生都在为中国人更稳健地扬帆远航而励精图治！翻阅杨槱百年来的生活与工作画卷可以看到,他充满了爱国情怀,以家国事业为己任,为我国现代船舶工业发展和人才培养做出了重要贡献。杨槱几十年如一日,不但孜孜不倦地读书学习,认认真真地教书育人,兢兢业业地著书立说,踏踏实实地处事待人,而且总是站在科学技术发展的前沿引导着造船科技的发展。他是我国计算机辅助船舶设计的积极倡导者,是我国第一位应用现代工程经济理论和方法对船舶工程项目进行分析与评估的学者,也是我国造船科技发展史研究的奠基人。耄耋之年,杨槱潜心研究,笔耕不辍。身体还好时,坚持一周工作 5 天,每天工作 8 小时,每天读书、看报、收集材料、独立思考,再动手写点与船史相关的稿件。他总觉得时间不够用,不应该浪费每一分钟,勤劳一点,才可以衰老得慢一点。他撰写船舶与海洋科普书,一心想弘扬海洋文化,增强国人特别是青少年的海洋意识,期待更多国人热爱海洋和船舶,增强我国海上力量。

【思考】杨槱曾说过,“我认为,只要全力以赴,坚持不懈地努力学习、工作,一定能为国家做出一些贡献。而且从事不同类型的工作,接触不一样的人和物,遇到并解决不一样的难题,可以有效地拓展一个人的知识面,也让自己的能力变得更加全面。”谈谈你从中获得哪些启示。

来源于:https://mp.weixin.qq.com/s/74B1VfRfxgL3BGObLFMvDA(有改动)

标语:虚心好学,务实创新

【知识结构】

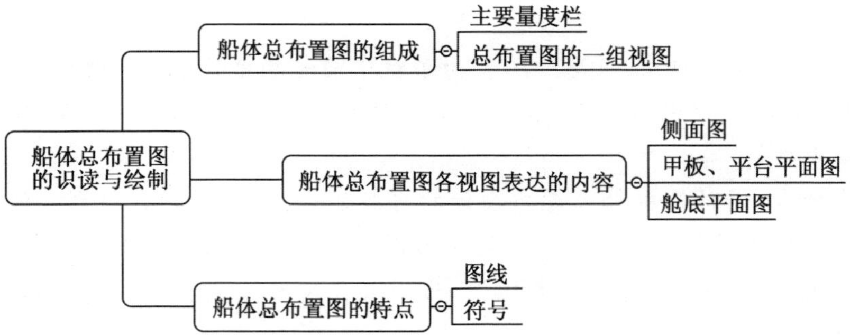

【相关知识】

1. 船体总布置图的组成

船体总布置图由主要量度栏和一组视图组成,见图 4-1。

(1) 主要量度栏

主要量度栏中列有说明船舶技术、经济性能的一组数据,通常布置在图纸的右上方。其内容一般有船体主尺度、排水量、载货量或载客量、主机功率、主机转数、航速、船员定额、续航力以及甲板间高度等。

(2)总布置图的一组视图

一组视图有侧面图、甲板平台平面图、舱底平面图,主要用来表示船体外形轮廓和上层建筑形式、舱室的划分和机械设备的布置等。

2. 船体总布置图各视图表达的内容

(1)侧面图

侧面图是从船舶右舷正视的视图,通常绘制在图纸的最上方,见图 4-1。侧面图是总布置图的主视图,它表达的基本内容如下:

①表达了船舶侧面外貌。具体来说,表达了艏艉轮廓、龙骨线和舷墙的形状,上层建筑的形式,船型,舵和推进器的类型,以及舷窗、烟囱、桅的设置等。

②表达了主要舱室划分的概况。船体内部空间由内底板、甲板、平台分成若干层,每层空间又由舱壁或围壁划分成不同用途的舱室。根据内底板、甲板、平台、舱壁或围壁的数量及设置位置就可确定舱室划分的情况以及这些舱室在船长和船深方向的具体位置。侧面图主要表达了主船体内舱室划分的情况。

③表达了船舶设备布置的情况。通常在侧面图中可以看到锚、系泊、救生、起货、舵等设备布置的情况。

④表达了门、窗、扶梯等布置情况。

(2)甲板、平台平面图

甲板、平台平面图是从各层甲板、平台上部俯视或剖切后俯视而得到的视图。它们通常绘制在侧面图的下方,且按甲板、平台位置,自上而下排列。甲板、平台平面图是总布置图的俯视图。对于最上层甲板、平台,仅从其上方俯视;而对于其他甲板、平台的俯视图,则通过从上层甲板的下表面剖切后再俯视得到,它表示的是该甲板、平台到上一层甲板、平台之间整个空间的布置情况,见图 4-1(书后附图)。甲板和平台平面图表达的基本内容如下:

①甲板或平台上,舱室划分,舱内设备、用具等布置的情况,以及这些舱室和设备、用具等在船长和船宽方向的位置。

②甲板或平台上,舱室外船舶设备、机械的布置情况以及这些设备、机械在船长和船宽方向的位置。

③甲板或平台上,通道、门、窗、扶梯等的布置。

(3)舱底平面图

舱底平面图是剖去最下层甲板后得到的俯视图,它绘制在图样的最下方,见图 4-1。舱底平面图表达的基本内容如下:

①对双层底部分:表达了双层底上面的舱室、设备布置的情况以及双层底空间内液舱布置的情况。

②对单底部分:表达了船底构件上方舱室、设备布置的情况。

对于舱室和设备较多的船舶,如舰艇、大型客船等,为了比较清晰地表示船体内部的布置,常以中纵剖视图代替侧面图,甚至两图同时画出，并且还绘制一些横剖面图，以便清晰明了地表达船舶总体布置的情况。中纵剖视图是以中线面剖切船体后向 V 投影面投影所得的剖视图。横剖面图是在主要舱室部位用横向平面剖切船体，然后把剖切平面附近的设备和船体构件向 W 面投影所得的视图。为了使图面清晰且表达方便，规定各种设备不论是否被剖切，在图中一律画出其轮廓投影。

总布置图的侧面图、甲板平面图、平台平面图、舱底平面图从不同方向反映了船舶总体布置的情况，它们之间保持着对应的投影关系。

3. 船体总布置图的特点

(1) 船舶由于本身使用上的特点，配备有各种机械装置、设备等，而总布置图是全船总体布置的基本图样，内容繁多且涉及面广，图纸幅面又不能过大，因此总布置图一般采用小比例绘制。

(2) 为了图面清晰、内容详尽，总布置图中通常不标注具体尺寸。需要时，可按比例从图中量取。机械、设备、用具的精确尺寸由设备明细表或其他专用图样提供，设备、用具等在船长方向的定位尺寸由肋位号确定，船宽方向的定位尺寸以中线面为基准，用比例尺在图中直接量取，船深方向的定位尺寸由其所在的甲板、平台确定。

(3) 总布置图中还对机械、设备、用具、门、窗、扶梯等采用了形象化的图形符号，以保证图面清晰。图形符号的尺寸没有具体规定，画图时，需要根据欲表达的设备、家具等的外形尺寸按比例绘制。图形符号由《造船 船舶布置图中元件表示法》(GB/T 3894—2008) 具体规定。常用的图形符号见表 4-1。标准中规定的基本图形符号还可以与其他图形符号组合使用。凡是国家标准中未提到的各种特殊设备，可用与其实际形状相似的图形符号来表示。

4. 常用图线及其应用范围

总布置图中常用的图线及其应用范围如下：

(1) 细实线：可见轮廓线，如船体外板、甲板、平台以及开口等的可见轮廓线等。

(2) 粗实线：板材、型材剖面的简化线，如表示船体外板、金属舱壁与围壁、船体构件等的剖面。

(3) 细虚线：不可见轮廓线。

(4) 粗虚线：不可见板材的简化线，如不可见甲板、平台、横舱壁、内底板、肋板、金属围壁等的简化线。

(5) 细点划线：中心线、开口对角线、液舱范围线等。

(6) 细双点划线：假想位置线，如上一层甲板的开口轮廓线、单底船的肋板边线等。

图形符号所用图线有细实线、粗实线、细虚线、粗虚线、细点划线等(具体可见表 4-1)。

表 4-1　船舶总布置图图形符号

名称		图形符号
A 级防火分隔		A60a、A30、A15、A0
C 级防火分隔，用不燃材料制造，但不需要满足有关防止烟火通过以及限制温度上升的要求		C
绝缘		
金属舱壁或围壁		
预制隔板（例如多孔板、金属格栅、金属网）		
组合实例	装有非金属衬板的金属舱壁	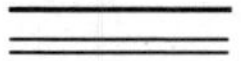
	装有金属衬板的金属舱壁	
	温度极限时间为零的防火金属舱壁（无绝缘）	A0 
	有绝缘的金属舱壁	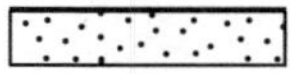
自闭铰链门	金属	
	非金属	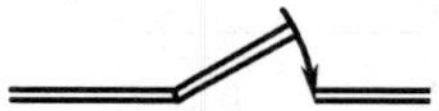

名称		图形符号
B 级防火分隔	用不燃材料制造	B15、B0
	用可燃材料制造	B30
油密		
木质或其他非金属舱壁或围壁		
帘		
铰链门	金属	
	非金属	
双节铰链门	金属	
	非金属	
水平移门	金属	
	非金属	

表 4-1(续 1)

名称		图形符号	名称		图形符号
垂直移门	金属		固定窗		
	非金属	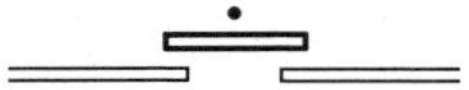	上开或下开铰链窗		
组合实例	温升时限为 15 min 的防火金属水平移门		侧开铰链窗	外开	
	有木质衬板金属舱壁上的无衬板铰链木门	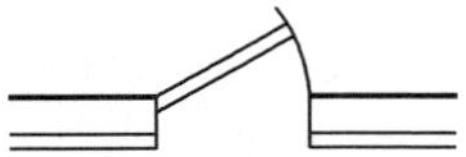		内开	
	木壁上的网眼铰链门		水平移窗		
	有绝缘舱壁上的隔热金属铰链门		垂直移窗		
组合实例	有金属衬板的金属舱壁上的上开铰链窗	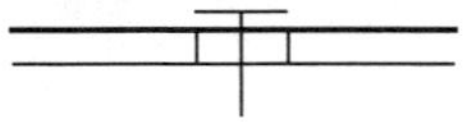	组合实例	有金属衬板的舱壁上的双开铰链窗	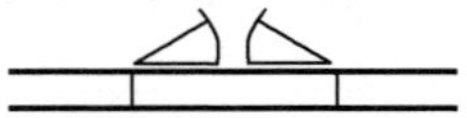
铰链舷窗	上开或下开		固定舷窗		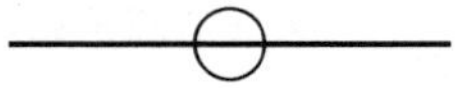
	侧开	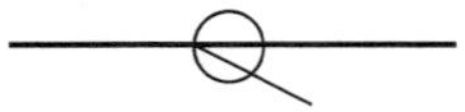	有衬板舱壁上的侧开舷窗		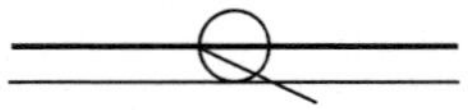
(金属)舱壁上的净开孔			架子		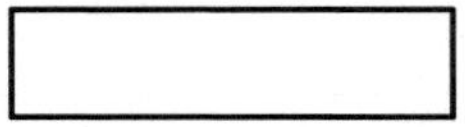
多层架子		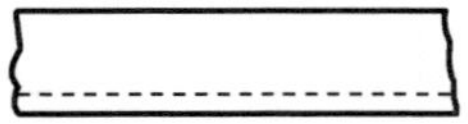	拉出架子		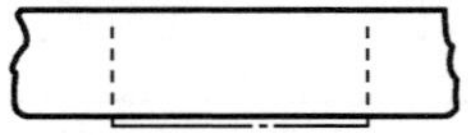

表 4-1(续 2)

<table>
<tr><th colspan="2">名称</th><th>图形符号</th><th colspan="2">名称</th><th>图形符号</th></tr>
<tr><td colspan="2">铰链架、铰链座或铰链桌</td><td>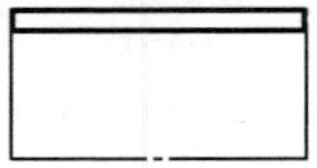</td><td colspan="2">上翻盖板</td><td>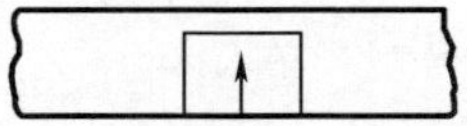</td></tr>
<tr><td colspan="2">中等高度的碗柜或衣柜中的垂直隔板</td><td>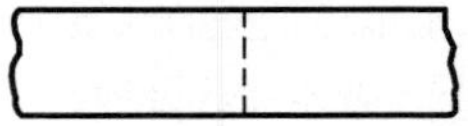</td><td colspan="2">由地板通到天花板的
高衣柜中的垂直隔板</td><td>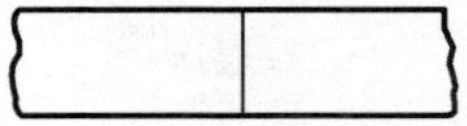</td></tr>
<tr><td colspan="2">抽屉</td><td>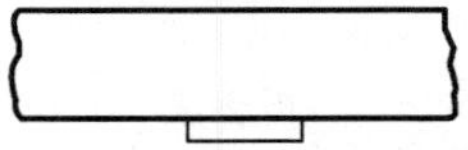</td><td colspan="2">双层抽屉</td><td>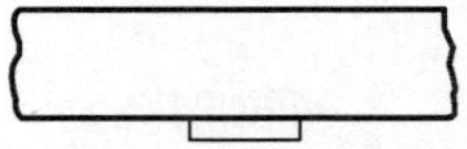</td></tr>
<tr><td colspan="2">铰链门</td><td>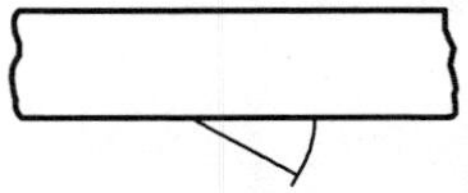</td><td colspan="2">移门</td><td>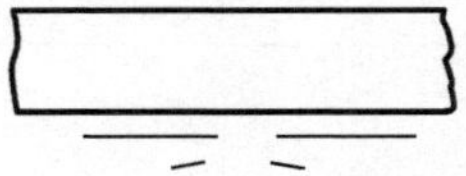</td></tr>
<tr><td colspan="2">文件架</td><td>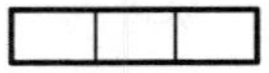</td><td colspan="2">固定在舱壁、碗柜等上面的镜子</td><td></td></tr>
<tr><td rowspan="3">组合
实例</td><td>有文件架的写字台</td><td>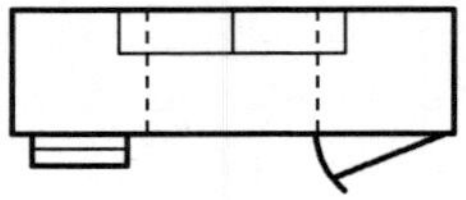</td><td rowspan="3">组合实例</td><td>高衣柜</td><td>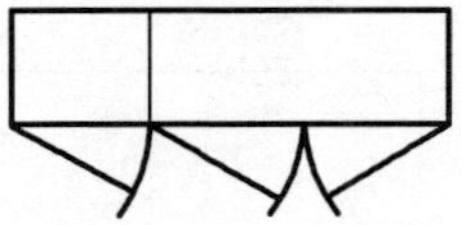</td></tr>
<tr><td>有储藏柜、
抽屉和敞开架的碗柜</td><td>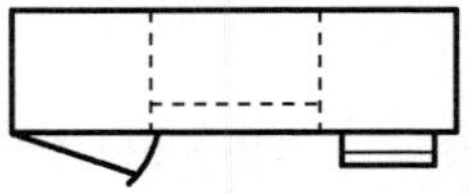</td><td>抽屉和铰链门</td><td>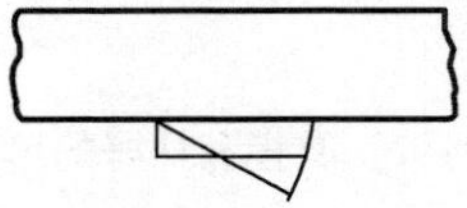</td></tr>
<tr><td>有镜子的梳妆台</td><td>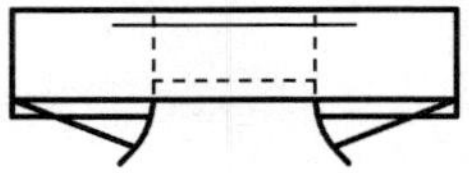</td><td>有翻板的天文钟盒的
海图桌和抽屉</td><td>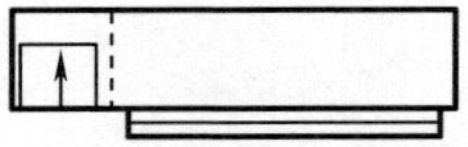</td></tr>
</table>

表 4-1(续 3)

名称	图形符号	名称	图形符号
单人床	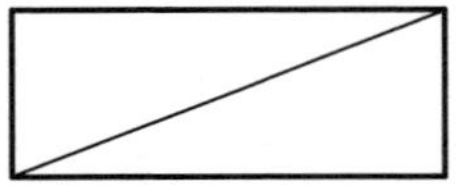	小孩床 (仅用较小尺寸来区别)	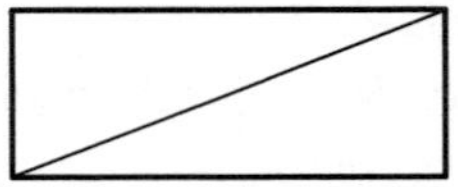
双层床	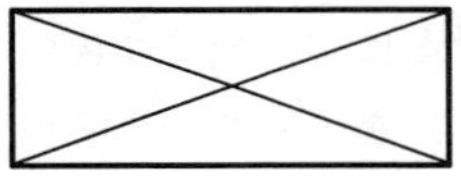	上铺可折叠的双层床 (普尔门式卧铺)	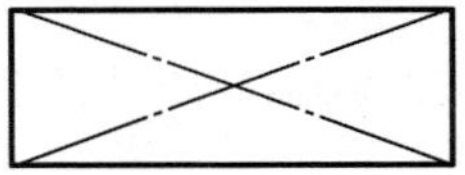
可拉出床	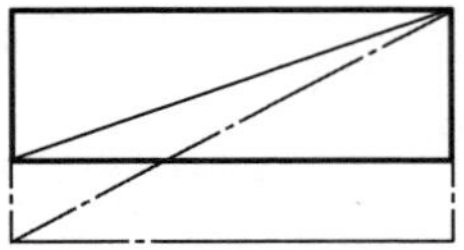	折叠床	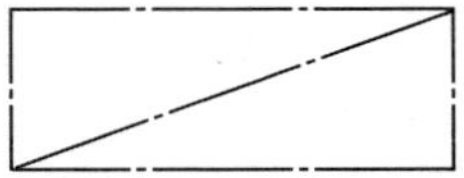
双人床	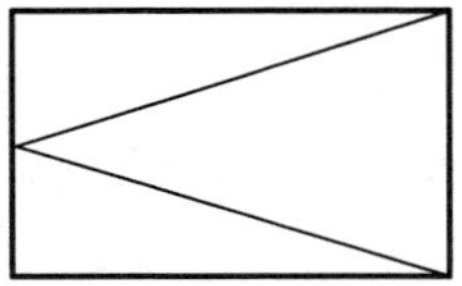	双排床	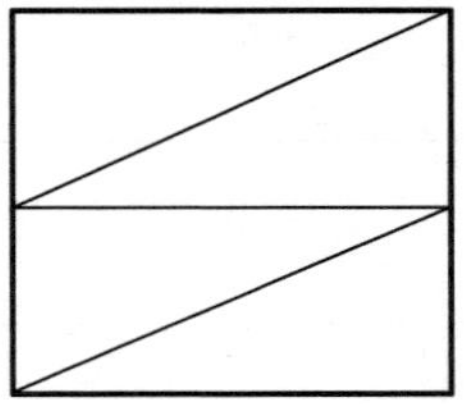
组合实例 有柜和抽屉的单人床	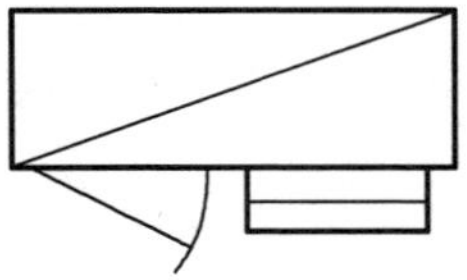	组合实例 有床头柜的双排床	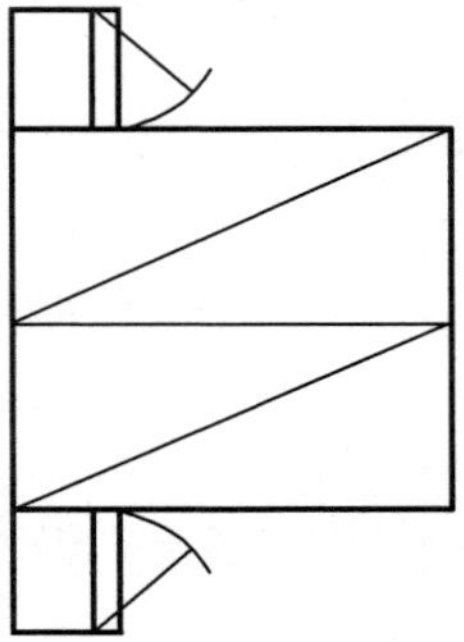

表 4-1(续 4)

名称	图形符号	名称	图形符号
长凳或普通座位	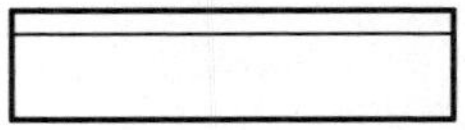	有垫座位或沙发	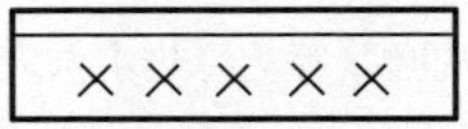
圆凳		普通座椅	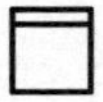 或 
有垫扶手椅	 或 	转椅	
组合实例 床-长靠椅	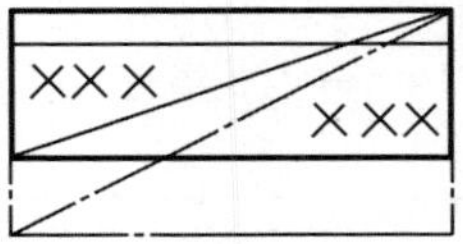	桌子	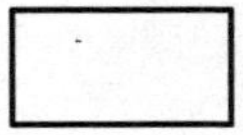 或 
钢琴		大钢琴	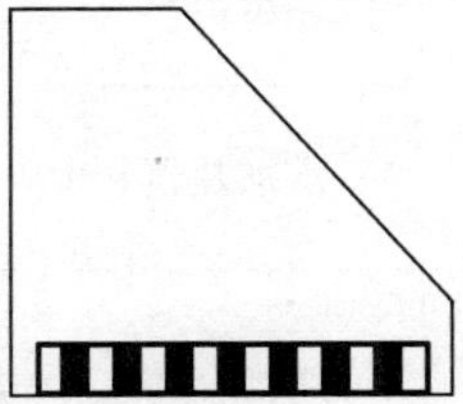
电视机	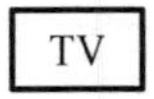	电影放映机	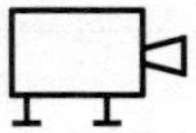
散热器	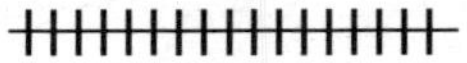	冷饮水装置	
组合实例 可加长的桌子	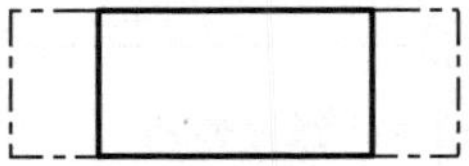	组合实例 翻板圆桌	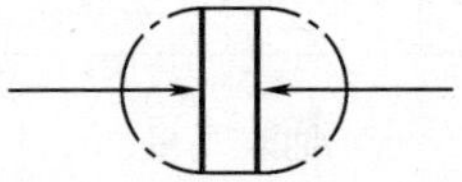

表 4-1(续 5)

名称	图形符号	名称	图形符号
洗脸盆等的冷热水供应	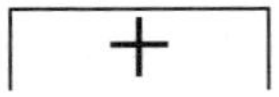	淋浴喷头	
冷水供应		组合实例 洗脸盆等的冷热水供应	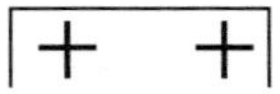
盥洗盆	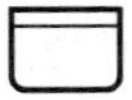	洗涤池、水槽或缸	
独立式浴缸	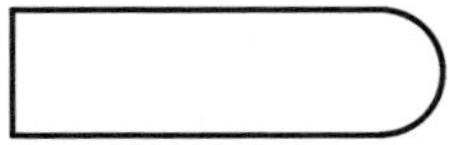	嵌入式浴缸	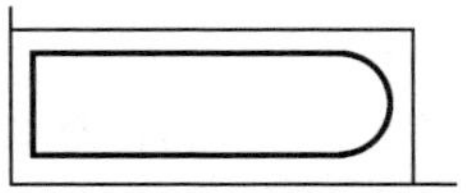
坐浴浴盆	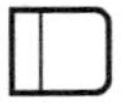	下身浴盆	
水加热器		泄水板,可从左侧或右侧泄水	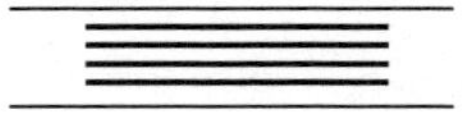
组合实例 有冷热水供应的盥洗盆		组合实例 有淋浴喷头的嵌入式浴缸	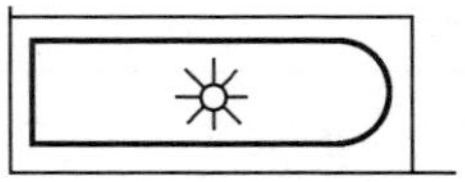
组合实例 有碗柜和架子的洗涤装置	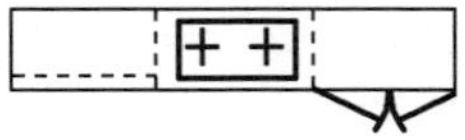		
组合实例 带有泄水板的洗涤装置	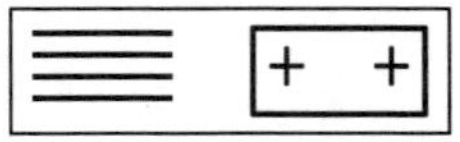	组合实例 有淋浴喷头的坐浴浴盆(嵌入式)	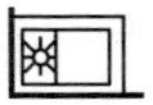
抽水马桶		蹲式便器	

表 4-1(续 6)

名称		图形符号	名称	图形符号
小便池	平背式	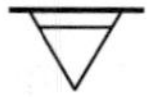	燃煤炉灶	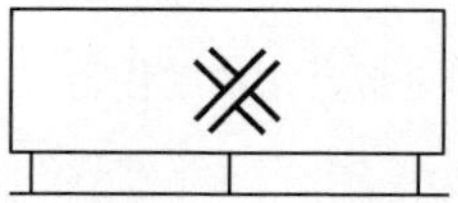
	角式		燃油炉灶	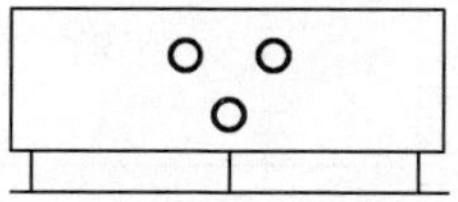
电炉灶		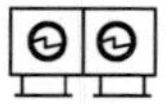	煤箱	
砧板			揉面槽	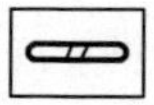
和面机		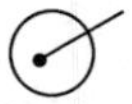	土豆削皮器	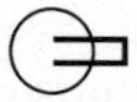
汤锅			面包炉	
冰箱(必要时应标出门的位置)			旋转式干燥器	
洗衣机		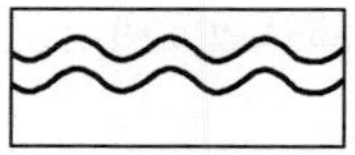	小型洗衣机	
熨衣机		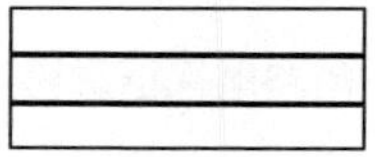	熨斗	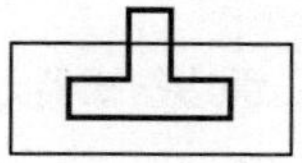
车床		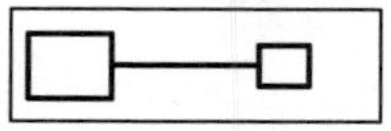	立式钻床	

表 4-1(续 7)

名称	图形符号	名称	图形符号
带台钳的工作台	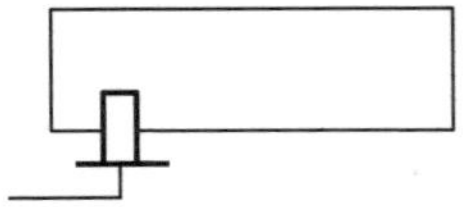	组合实例 带隔板和箱柜的工作台	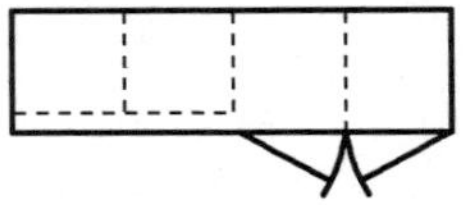
砂轮机 手动	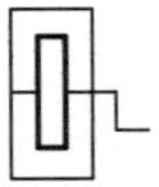	组合实例 带翻盖的杂物箱	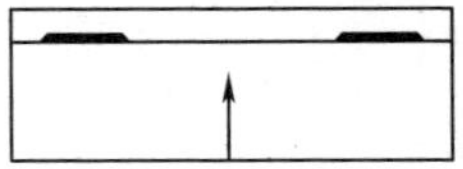
砂轮机 机动	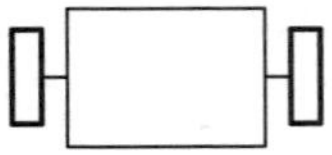		
操舵仪		磁罗经	
主电罗经		分电罗经(从动装置)	
电动传令钟		传话管	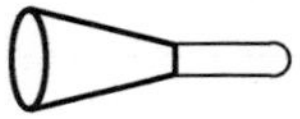
雷达显示器	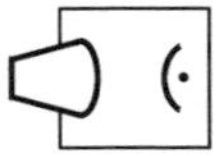	雷达收发两用器	
雷达扫描器	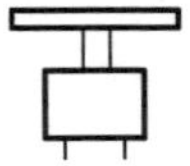	闭路电视摄影机	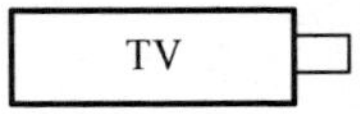

表 4-1(续 8)

名称	图形符号		名称	图形符号	
	俯视图	侧视图		俯视图	侧视图
桅灯		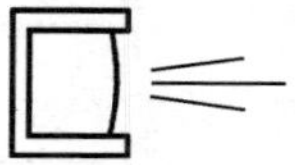	尾灯		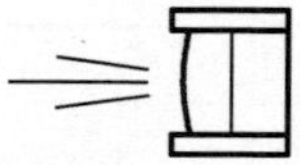
左舷灯		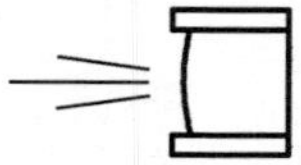	右舷灯	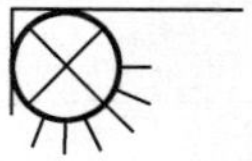	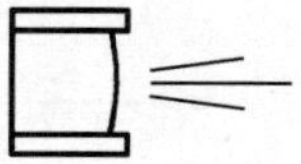
通信灯、应急灯、锚灯和其他环照灯		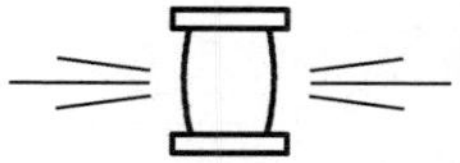	探照灯		
双柱带缆桩	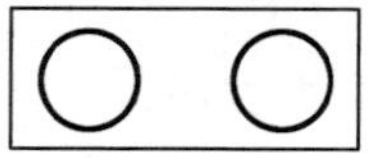	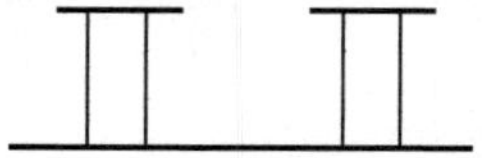	单十字带缆桩	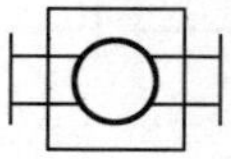	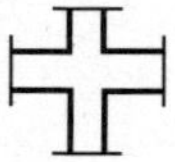
导缆钳	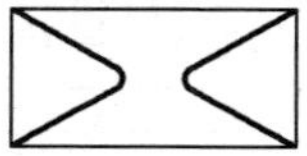	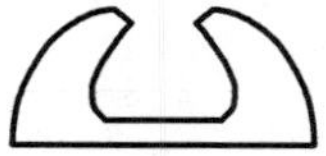	闭式导缆器,包括巴拿马导缆器	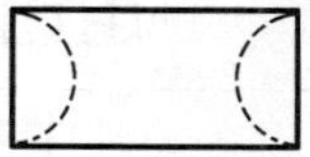	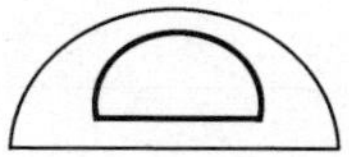
独立竖式滚轮		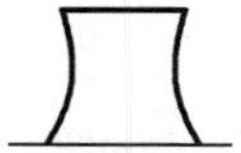	单滚轮导缆钳	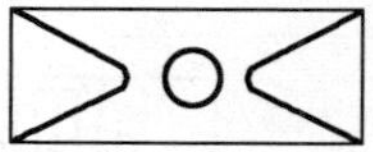	
多滚轮导缆钳			导缆孔	—	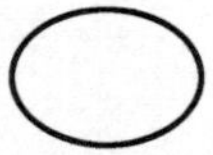

表 4–1(续 9)

名称		图形符号		名称		图形符号	
缆绳卷筒	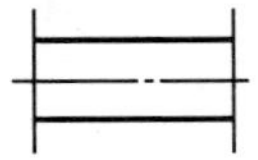	—		手动缆绳绞车	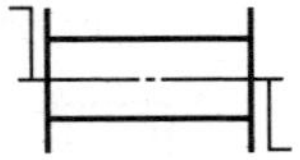	—	
顶牵索绞车	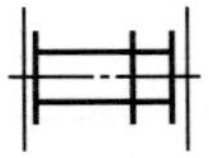	—		绞车控制器	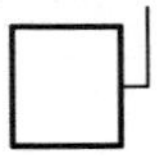	—	
起艇绞车	手动	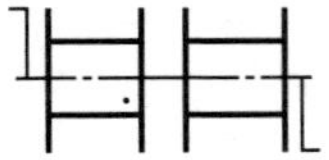	—	组合实例	卧式蒸汽锚机	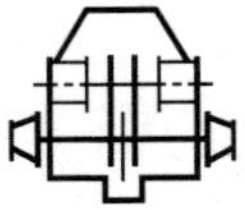	
	机动	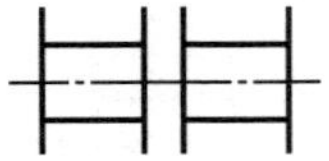	—		电动起货绞车	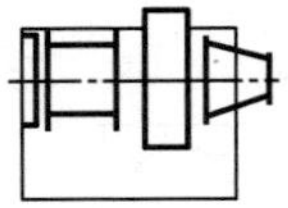	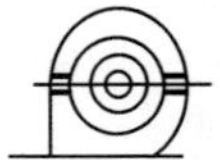
向上梯				独立的向上梯			
下面有房间的向上梯		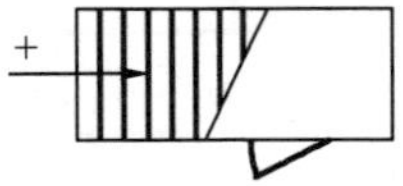		从下层上来的梯			
甲板开口的从下层上来的梯		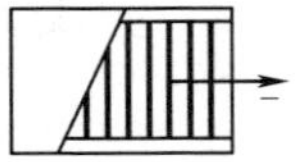		叠加梯			
自动梯				电梯(表示适当的门的形式)			

表 4-1(续 10)

名称	图形符号	名称	图形符号
格栅	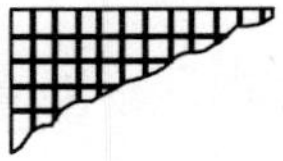	固定栏杆, 符号可表示栏杆数目	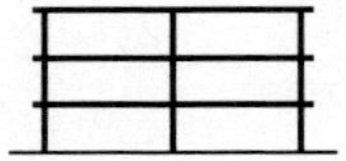
链条栏杆,符号 可表示链条数目	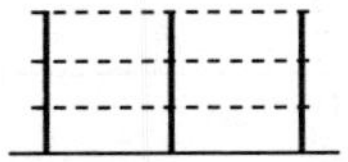	木质舷墙	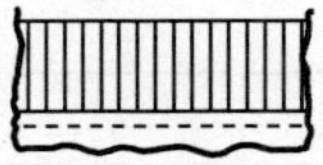
有出水口的舷墙		带盖甲板孔	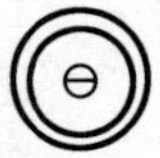
带盖人孔	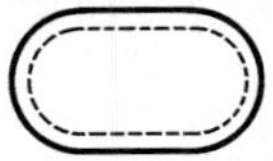	带盖手孔	
带盖检修舱口	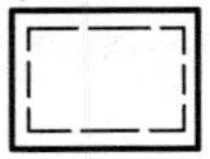	无盖舱口	
金属舱口盖	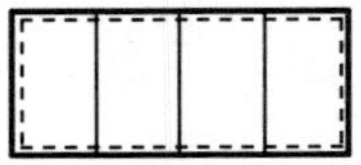	木质舱口盖	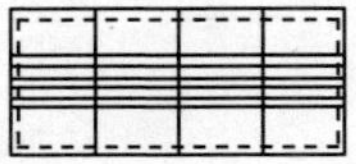
带(金属或木质)滑动盖的舱口	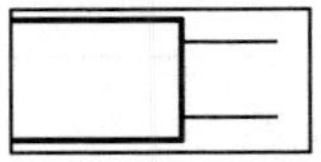	天窗(按形状表示)	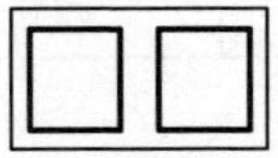

【任务实施】

案例 4.1　识读 150 t 冷藏船总布置图

布置任务单 1

学习领域	船舶图样识读与绘制		
学习任务 1	识读 150 t 冷藏船总布置图的基本信息	学时	
任务描述	任务导入： 图 4-1 所示为 150 t 冷藏船总布置图，其由标题栏、主要量度栏、侧面图、甲板平台平面图、舱底平面图组成。通过船体总布置图的识读，了解 150 t 冷藏船的用途，船舶的主要尺度和技术性能，船体内舱室的划分和布置，各种机械、设备的组成、数量、布置和它们的相互间关系。		
任务要求	技能要求： (1)能够通过识读标题栏和主要量度栏，了解船舶的主尺度、主要性能及技术情况； (2)能够通过识读侧面图，了解船舶的侧面外貌、主船体舱室划分、上层建筑的形式及甲板设备的布置情况。 职业素质要求： (1)具有分析问题、解决问题的能力； (2)具有求真务实、精益求精、追求卓越的精神； (3)具有迎接挑战的意识。		
学习资源	教材、教学课件、图片、图纸。		

学习任务单 1

学习领域	船舶图样识读与绘制	模块名称	项目四:船体总布置图的识读与绘制		
任务名称	识读 150 t 冷藏船总布置图的基本信息	学时		班级	

学习笔记

识读内容

1. 通过阅读标题栏和主要量度栏,了解船舶的主尺度、主要性能及技术情况。

主尺度

总长	49.90 m	型宽	8.50 m
垂线间长	45.00 m	型深	4.00 m
设计吃水	2.80 m	满载排水量	598.0 t
最大吃水	3.10 m	超载排水量	684.0 t
设计载货量	167.6 t	超载载货量	243.6 t
燃油装载量	34.4 t	淡水装载量	18.0 t
主机功率	441 kW	主机转速	400 r/min
满载航速	11.80 kn	船员定额	18 人
上甲板至艉楼甲板高	2.10 m		
艉楼甲板至驾驶甲板高	2.00 m		
驾驶甲板至罗经平台高	2.00 m		
上甲板至艏楼甲板高	1.90 m		

图 4-2　主要量度栏

通过阅读标题栏和主要量度栏,可以概括地了解 150 t 冷藏船的主尺度、主要性能及技术情况。例如该船 150 t 冷藏船,总长 49.90 m,垂线间长 45.00 m,型宽 8.50 m,型深 4.00 m,设计吃水 2.80 m,满载排水量 598.0 t,载货量 167.6 t。船员 52 人,航速 14.1 kn。本船允许超载,超载时最大吃水 3.10 m,相应的超载排水量为 684.0 t,超载时载货量为 243.6 t。主机功率 441 kW,转速 400 r/min,航速 11.80 kn,船员 18 人。并且可以知道载燃油 34.4 t、淡水 18.0 t,由此可以估计本船的续航力和自给力。

2. 通过识读侧面图,了解船舶的侧面外貌、主船体舱室划分、上层建筑的形式及甲板设备的布置情况。

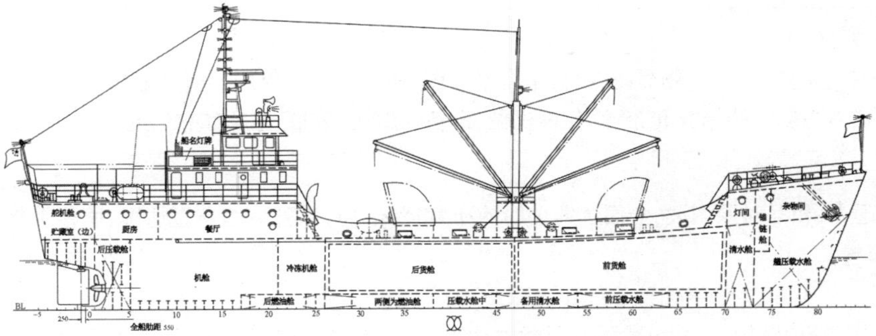

图 4-3　侧面图

(1)了解船舶的侧面外貌

本船为倾斜式艏、方艉,水平龙骨,单机、单桨、单舵的艉机型船。设有艏楼和艉楼,艉楼上布置有烟囱和装设天线、信号灯的三角桅。两货舱口之间均设有起货桅杆,桅杆上设有两副起重量为 0.5 t 的起货吊杆。

(2)主船体舱室划分

图中的主船体,在船长方向由#5、#21、#26、#47、#70、#73 六道横舱壁将船体划分成艉尖舱(后压载水舱)、机舱、冷冻机舱、后货舱、前货舱、清水舱、艏尖舱(艏压载水舱)等七个大舱;在船深方向由内底板、上甲板将船体分成双层底舱、船舱。双层底在#17 至#64 肋位之间设置。双层底舱内由水密肋板划分成各种液舱,如燃油舱、备用清水舱、压载水舱等。

续表

识读内容		(3)上层建筑的形式 上甲板以上的上层建筑设有艉楼和艏楼。艉楼设于船尾至#23肋位之间，由艉楼甲板、驾驶甲板和罗经甲板等划分成三层空间，其中布置有舱室和设备。艏楼设于#70肋位至船首之间，设有艏楼甲板。 (4)甲板设备的布置 上甲板上设有起货设备、机动工作艇、通风筒及系泊设备等。艏楼甲板上布置有锚设备和系泊设备。艉楼甲板上布置有系泊设备、救生设备、烟囱等。驾驶甲板上布置有机舱顶棚、船名灯牌。罗经甲板上布置有标准罗经、探照灯、扩音喇叭，并设有三角桅，桅上装有无线电天线、雷达天线、信号灯。	

布置任务单 2

学习领域	船舶图样识读与绘制		
学习任务 2	识读 150 t 冷藏船总布置图的全船布置情况	学时	
任务描述	任务导入： 图 4-1 所示为 150 t 冷藏船总布置图，其由标题栏、主要量度栏、侧面图、甲板平台平面图、舱底平面图组成。通过船体总布置图的识读，了解 150 t 冷藏船的用途，船舶的主尺度和技术性能，船体内舱室的划分和布置，各种机械、设备的组成、数量、布置和它们的相互间关系。		
任务要求	技能要求： 能够将平面图与侧面图、平面图与平面图配合起来，相互对照识读，全面了解全船的布置情况，如：驾驶室的布置情况，艉楼甲板上扶梯、通道的布置，艏部锚及系泊设备的布置，船员房间的布置。 职业素质要求： (1)具有严谨认真的工作态度；(2)具有创新意识，获取新知识、新技能的学习能力；(3)具有较强的语言表达能力、分析和解决问题的能力。		
学习资源	教材、教学课件、图片、图纸。		

学习任务单 2

学习领域	船舶图样识读与绘制	模块名称	项目四:船体总布置图的识读与绘制			
任务名称	识读 150 t 冷藏船总布置图的全船布置情况	学时		班级		学习笔记
识读内容	1. 识读驾驶室的布置。 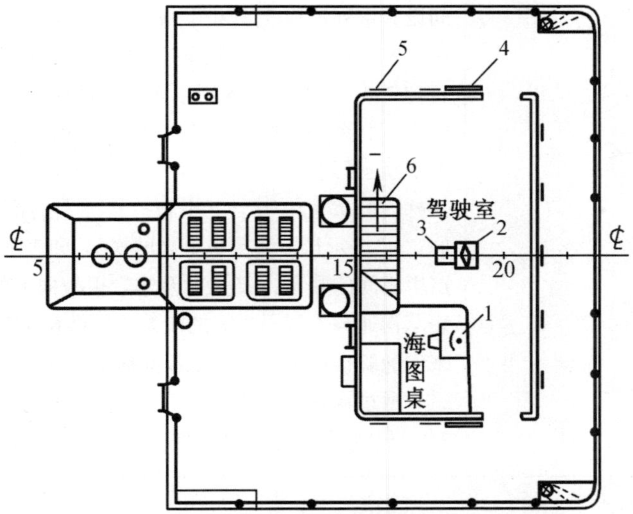 **图 4-4　驾驶室内的布置**	如图 4-4 所示,驾驶室设在驾驶甲板上#15 至#21 肋位之间。室内设有雷达显示器 1,磁罗经 2,控制台 3,上开或下开方窗 5,扶梯 6。通过扶梯 6,可以从驾驶室下至艉楼甲板。				

续表 1

识读内容

2. 识读艉楼甲板上扶梯、通道的布置。

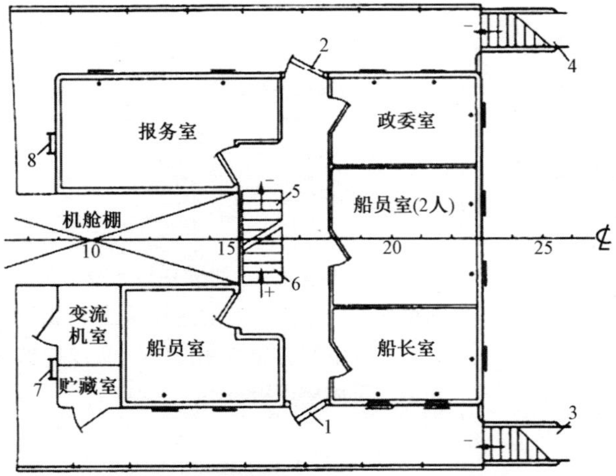

图 4-5　艉楼甲板上扶梯、通道的布置

由图 4-5 可见，#16 至 #8 肋位之间布置有两扇木门 1、2 以沟通室内外：通过木门 1 可从右舷出入室内外，通过木门 2 可从左舷出入室内外。在 #15 至 #18 肋位之间设有内通道。在甲板的两舷 #23 至 #25 肋位之间设有室外扶梯 3、4；在甲板中部 #15 至 #16 肋位之间设有室内扶梯 5、6；在报务室和贮藏室后端壁上设有直梯 7、8。扶梯 3、4、5 用来沟通艉楼甲板与上甲板间的上下联系；通过扶梯 3 可从艉楼甲板右舷室外下至上甲板；通过扶梯 4 可从左舷室外下至上甲板；通过扶梯 5 可从室内下至上甲板。扶梯上的箭头表示走向："-"表示从下层甲板上来的扶梯，即表示沟通与下层甲板间的联系；"+"表示从本层甲板向上的扶梯，即表示沟通与上层甲板间的联系。扶梯 6 及直梯 7、8 用来沟通艉楼甲板与驾驶甲板间的上、下联系。

通过扶梯 6 可从内通道上至驾驶甲板；通过直梯 7、8 可从室外上至驾驶甲板。

续表 2

识读内容	3. 详细识读艏部锚及系泊设备的布置。 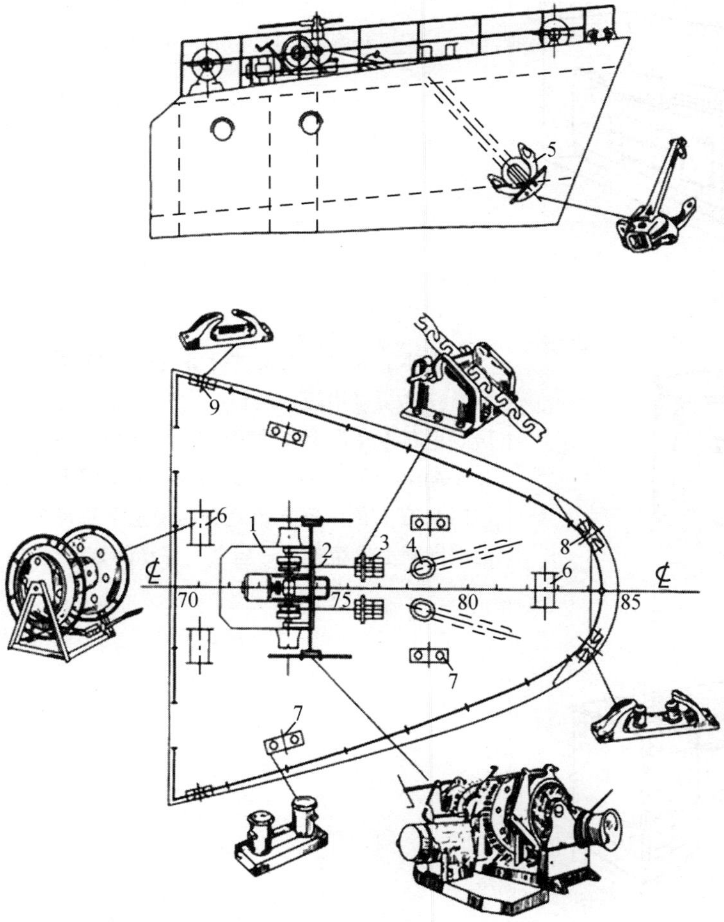 **图 4-6　锚及系泊设备的布置**	艏部锚设备和系泊设备布置在艏楼甲板上，由图 4-6 的平面图中可见，锚设备由起锚机 1、锚链 2、掣链器 3、锚链筒 4 及锚 5 组成。它们对称于船体中线布置，起锚机的链轮轴线位于#74 肋位，掣链器位于#76 至#77 肋位之间，锚链筒在艏楼甲板上开口位于#78 $^{1}/_{2}$ 肋位处，在外板上开口从侧面图中可见位于#81 肋位附近。系泊设备由绳车 6、带缆桩 7、双滚轮导缆钳 8 和普通导缆钳 9 组成，它们对称于船体中线布置。绳车共 3 部，其中两部的中心线位于#71 肋位处，另一部的中心线位于#82 肋位上。带缆桩共有两对：一对靠近船舷，中心位于#74 肋位附近；另一对在锚链筒开口的两侧，中心位于#79 肋位附近。双滚轮导缆钳的中心位于#84 肋位处，普通导缆钳的中心位于#71 肋位处。这样各设备在船长方向的布置就能清晰了解，在船宽方向的尺寸可在图中按比例量取。	

续表 3

<table>
<tr>
<td>识读内容</td>
<td>4. 识读船员房间的布置。
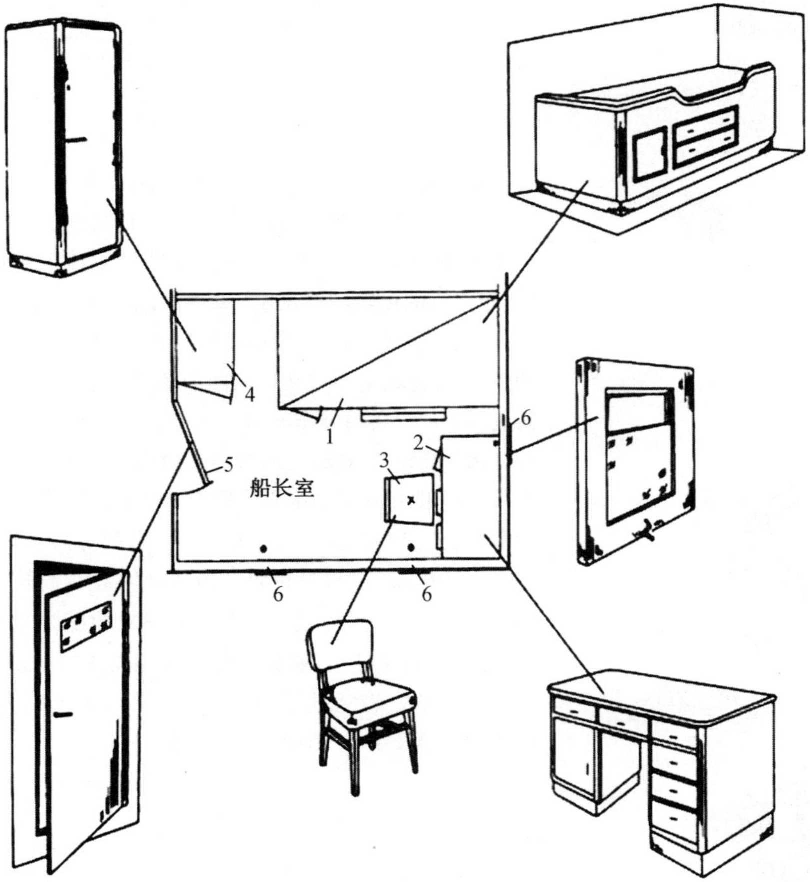
图 4-7　船长房间的布置</td>
<td>主要了解房间内家具设备及门窗位置等的布置。图 4-7 为艉楼甲板上船长房间的布置。从图中可见，房间里布置有带柜及抽屉的单人床 1、写字台 2、椅子 3 和单门衣柜 4。此外在靠近艉部的横围壁上布置有木门 5，在右侧围壁上布置有两扇上下移动的方窗 6，前端围壁上也布置有一扇上下移动的方窗。</td>
<td></td>
</tr>
</table>

任务总结单

学习领域	船舶图样识读与绘制	模块名称	项目四:船体总布置图的识读与绘制
任务名称	识读 150 t 冷藏船总布置图		
职业素养总结	请按照知识总结思维导图格式,从职业精神、思想政治、创新发展等方面总结识读 150 t 冷藏船总布置图的学习收获。		
识读总结	通过识读总布置图,可以对船舶的用途、大小和技术性能、船体内舱室的划分以及各种机械、设备等的组成、数量、布置和它们相互间的关系有个概括的了解,甲板平面图、平台平面图和舱底平面图可采用类似方法识读。但是总布置图由于采用小比例绘制,且通常不标注具体尺寸,因此,要全面了解机械、设备、用具的精确尺寸,还需查看设备明细表或其他专业图样。		
笔记总结			

【拓展练习】

拓展任务单 1

学习领域	船舶图样识读与绘制	模块名称	项目四:船体总布置图的识读与绘制		
任务名称	识读 3 000 t 货船总布置图基本信息	学时		班级	
学生姓名		学号		组别	
任务描述	图 4-8 所示为 3 000 t 货船总布置图,其由标题栏、主要量度栏、侧面图、甲板平台平面图、舱底平面图组成。通过船体总布置图的识读,了解 3 000 t 货船的用途,船舶的主要尺度和技术性能,船体内舱室的划分和布置,各种机械、设备的组成、数量、布置和它们的相互间关系。				

1. 通过识读标题栏,了解船舶的主尺度和主要性能。	通过阅读标题栏和主要量度栏,可以概括地了解 3 000 t 货船的主尺度和主要性能。该船为 3 000 t 货船,总长(　　),垂线间长(　　),型宽(　　),型深(　　),设计吃水(　　),满载排水量(　　),船员(　　)人,航速(　　)。
2. 通过识读侧面图,了解船舶的侧面外貌、主船体舱室划分、上层建筑的形式及甲板设备的布置情况。	1. 主船体舱室划分 图 4-8 中的主船体,在船长方向由(　　)、(　　)、#67、(　　)、(　　)、(　　)六道横舱壁将船体划分成艉尖舱、机舱、第三货舱、第二货舱、第一货舱、艏尖舱等七个大舱;在船深方向由双层底、第二甲板和舵机舱平台以及上甲板将船体分为双层底舱、船舱及甲板间舱。双层底在(　　)至(　　)肋位之间设置。双层底舱内由水密肋板划分成各种液舱,如滑油污油舱、轻油舱、压载舱等。第二甲板在#7 至#131 肋位之间设置。#7 至船尾为舵机舱平台,其上为舵机舱。 2. 上层建筑的形式 上甲板以上的上层建筑有艉楼和艏楼。艉楼位于(　　)至(　　)肋位之间,由艉楼甲板、救生艇甲板、驾驶甲板和罗经甲板等划分成四个空间,其中布置有舱室和设备。艏楼位于(　　)至船首之间,设有艏楼甲板。在艉楼和艏楼之间(　　)至(　　)及(　　)至(　　)肋位范围内,有起货平台和控制室。(　　)和(　　)肋位上设有后桅和前桅,后桅上有一副起货吊杆,前桅上有两副起货吊杆。 3. 甲板设备的布置 在上甲板的艉部布置系泊设备。艏楼甲板上有(　　)和(　　)设备。救生艇甲板上有(　　)、烟囱及通风设备。罗经甲板上布置有(　　)、(　　)、通风设备及桅,桅上装有天线、信号灯等。 这样就基本了解了船体的划分情况及它们的相对位置关系。

拓展任务单 2

学习领域	船舶图样识读与绘制	模块名称	项目四:船体总布置图的识读与绘制		
任务名称	识读 3 000 t 货船总布置图机舱内的布置	学时		班级	
学生姓名		学号		组别	
任务描述	图 4-9 所示为 3 000 t 货船总布置图中机舱部分,了解 3 000 t 货船机舱舱室的划分及布置情况。				

识读机舱内的布置

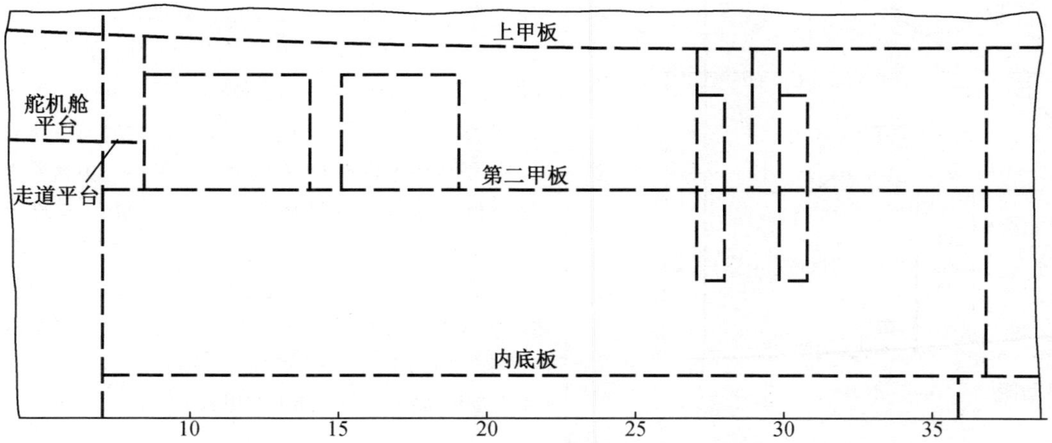

图 4-9　机舱侧面图

从图 4-8 侧面图中可以看出,机舱在船长方向位于(　　)至(　　)肋位之间,全长有 30 档肋骨间距。在第二甲板上,机舱内有水平和垂直的粗虚线(图 4-9),表明用(　　)和平台划分成若干小舱室,它们位于$^{\#}8\frac{1}{2}$~$^{\#}14$、$^{\#}15$至$^{\#}19$、$^{\#}27$至$^{\#}29$及$^{\#}29$至$^{\#}37$肋位之间。$^{\#}8\frac{1}{2}$至$^{\#}14$及$^{\#}15$至$^{\#}19$两舱的上部不到上甲板,而另设有平台。

续表

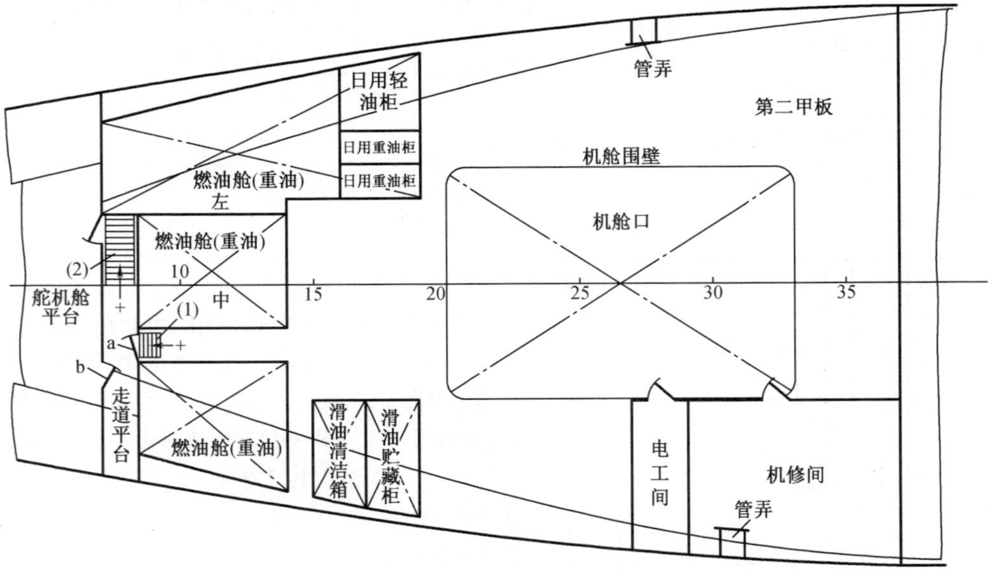 图 4-10　机舱平面图	从图 4-10 平面图中可见，在第二甲板上，#8 1/2 至#14 肋位之间的船宽方向有左、中、右三个(　　)；#15 至#19 肋位之间右舷有一个滑油清洁箱和一个滑油贮藏柜，在左舷有一个日用轻油柜、两个日用重油柜；#27 至#29 肋位之间的右舷是一(　　)，在靠机舱口的围壁上有一扇(　　)；#29 至#37 肋位之间的右舷是一(　　)，一扇铁门同样开在靠机舱口的围壁上；左舷#27 至#28 肋位之间和右舷#30 至#31 肋位之间各有一个水密管弄。此外，在#7 至#8 肋位之间有一走道平台与舵机舱平台相平，有两部扶梯与第二甲板及上甲板相通，扶梯(1)是从第二甲板通过门 a 进入(　　)，并可通过门 b 进入(　　)；扶梯(2)是从走道平台进入(　　)，因此通过扶梯(1)(2)就可以从第二甲板走到上甲板。扶梯上的箭头表示从本甲板向箭头方向的走向，"+"和"-"分别表示走向是向上(到上层甲板)和向下(到下层甲板)。

拓展任务单 3

学习领域	船舶图样识读与绘制	模块名称	项目四:船体总布置图的识读与绘制		
任务名称	识读 3 000 t 货船总布置图艏部锚设备和系泊设备的布置	学时		班级	
学生姓名		学号		组别	
任务描述	图 4-11 所示为 3 000 t 货船总布置图中的艏楼部分,了解 3 000 t 货船艏部锚设备和系泊设备的布置情况。				

识读艏部的布置情况。

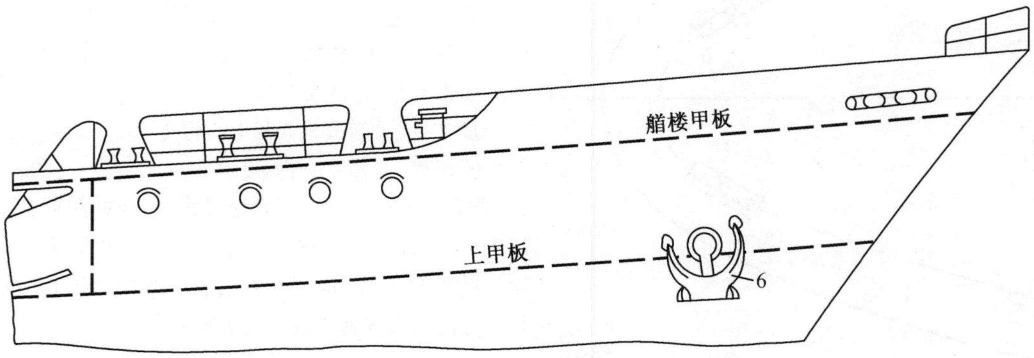

图 4-11　船首侧面图

艏部锚设备和系泊设备均布置在艏楼甲板上。从图 4-12 的平面图中可见,锚设备由电动起锚机 1、掣链器 2、导链滚轮 3、锚链筒 4、锚链管 5 及锚 6 所组成。它们对称于船体中心线布置,起锚机 1 的鼓轮中心线位于(　　)肋位上,掣链器 2 中心线位于(　　)肋位上,导链滚轮 3 的中心线位于(　　)肋位上,锚链筒 4 在艏楼甲板上的开口位于(　　)肋位附近,在外板上的开口从侧面图中可见位于(　　)肋位附近,锚链管 5 位于(　　)肋位附近。

续表

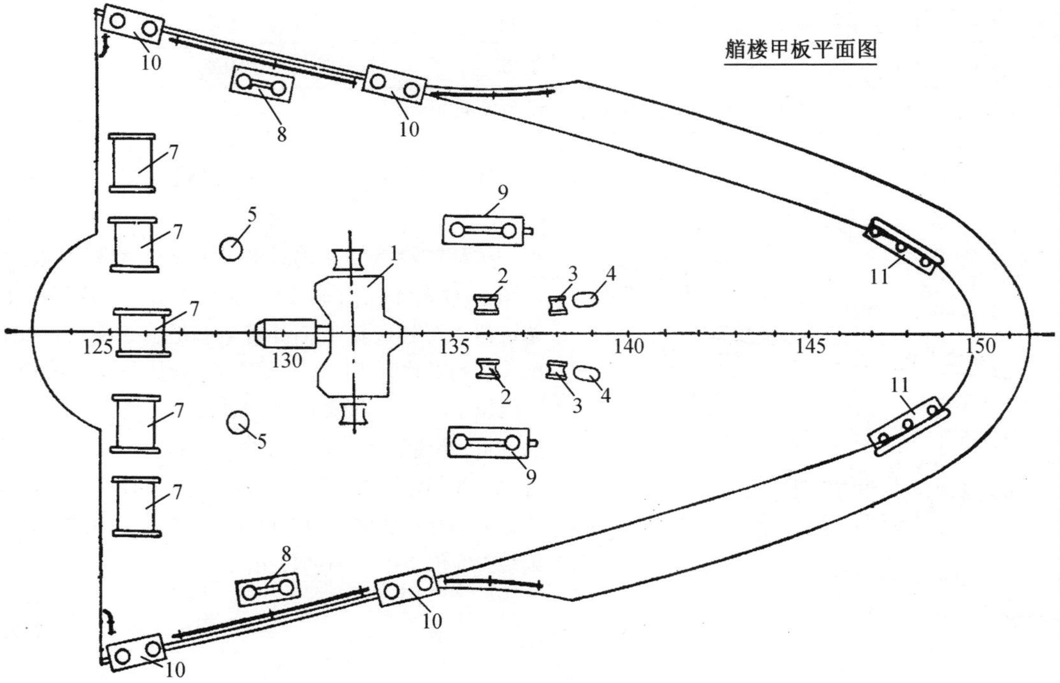

1—起锚机;2—掣链器;3—导链滚轮; 4—锚链筒 ;5—锚链管 ;6—锚; 7—绳车;
8—小带缆桩;9—大带缆桩; 10—二滚轮导缆钳; 11—三滚轮导缆钳。

图 4-12 锚及系泊设备的布置

系泊设备包括绳车 7(共五部)、小带缆桩 8、大带缆桩 9、二滚轮导缆钳 10、三滚轮导缆钳 11 等。它们同样对称于船体中心线布置,绳车 7 的中心线位于(　　)肋位处,小带缆桩 8 的中心位于(　　)肋位处并靠船舷布置,大带缆桩 9 的中心位于(　　)肋位上,在掣链器 2 的两侧。二滚轮导缆钳 10 共两对,一对位于(　　)肋位处,另一对位于(　　)肋位处。三滚轮导缆钳 11 位于#148 肋位处。这样对于系泊设备在长度方向的布置就能清晰地了解。

拓展任务单 4

学习领域	船舶图样识读与绘制	模块名称	项目四:船体总布置图的识读与绘制		
任务名称	识读 3 000 t 货船总布置图船员房间	学时		班级	
学生姓名		学号		组别	
任务描述	图 4-13 所示为 3 000 t 货船总布置图中的大副房间。通过总布置图的识读了解 3 000 t 货船大副房间的布置情况。在学习过程中培养严谨细致的工匠精神和爱岗敬业的职业精神。				

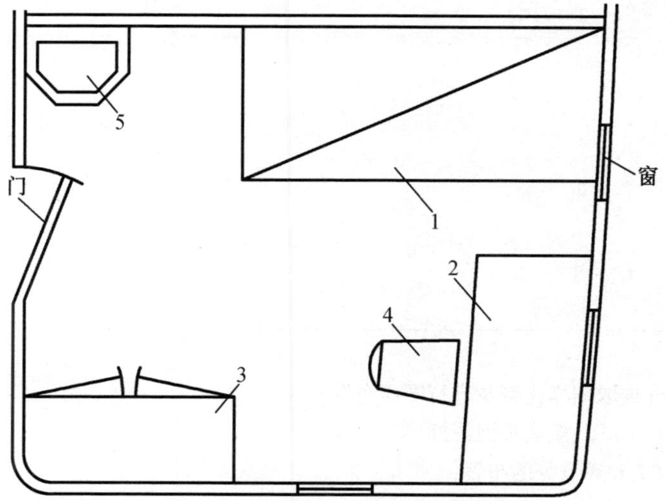

1—单人床；2—写字台；3—双门衣柜；4—椅子；5—盥洗盆。

图 4-13　大副房间的布置

识读船员房间的布置情况，了解各房间内家具设备及其布置。图 4-13 所示为在艉楼甲板上大副房间的布置。房中布置有单人床 1、写字台 2、双门衣柜 3、椅子 4、盥洗盆 5 等。此外在靠艉部的围壁上有(　　),在右侧围壁上有一扇(　　),前段围壁上有(　　)扇窗。

案例 4.2　绘制 150 t 冷藏船总布置图

布置任务单

学习领域	船舶图样识读与绘制	模块名称	项目四:船体总布置图的识读与绘制		
任务名称 3	绘制 150 t 冷藏船总布置图	学时		班级	
任务导入	绘制 150 t 冷藏船总布置图,要求主船体部分绘制出各种不同用途的船舱位置,上层建筑部分根据舱室面积、驾驶视野、梯道和设备等的布置要求,绘制外形轮廓,并绘制全船舱室、设备、门、窗、扶梯等的布置情况。				
任务描述	绘制步骤: (1)选取比例、图纸幅面及布置图面; (2)绘制各视图的外形轮廓; (3)绘制与分舱有关的船体构件; (4)绘制门、窗、开口、扶梯及液舱; (5)绘制舱室设备及其他各种装置; (6)检查、加深和在图中注字。				
任务要求	技能要求: (1)能够根据不同设计阶段、船舶类型和大小,正确选取图样比例及进行图面布置; (2)能够根据型线图正确绘制出侧面图、甲板平台平面图、舱底平面图外形; (3)能够正确绘制与分舱有关的船体构件,表明舱室和通道等的布置; (4)能够合理进行全船舱室、设备、门、窗、扶梯等的布置; (5)掌握正确绘制总布置图的方法和步骤。 职业素质要求: (1)具有严谨认真的工作态度; (2)具有分析问题、解决问题的能力; (3)具有责任意识和敬业精神; (4)具有迎接挑战的意识。				

学习任务单

<table>
<tr><td>学习领域</td><td>船舶图样识读与绘制</td><td>模块名称</td><td colspan="3">项目四:船体总布置图的识读与绘制</td></tr>
<tr><td>任务名称</td><td>绘制 150 t 冷藏船总布置图</td><td>学时</td><td></td><td>班级</td><td></td></tr>
<tr><td>1. 选取图样比例和图纸幅面</td><td colspan="5">总布置图图样比例的大小应根据图样表达内容的深/广度、船舶大小、设备繁简而定。通常初步设计阶段的总布置图的比例可选用小些;详细设计阶段的总布置图的比例可选用大些。船舶尺度大而设备比较简单的船舶,其总布置图比例可取小些。为了便于绘图,一般采用同一设计阶段中型线图的比例,常用的有 1:100、1:50、1:25 等。
图纸幅面主要是根据所选用的比例、船体主尺度、甲板层数等因素选择的。考虑到图样使用上的方便,图纸幅面不宜过大。当船舶甲板层数较多时,视图可布置在 2 张或 2 张以上的图纸上。</td></tr>
<tr><td>2. 图面布置</td><td colspan="5">选好图纸幅面后,可画出边框线及标题栏,并合理布置图面。通常侧面图布置在图纸上方,甲板、平台、舱底平面图按自上而下的次序逐层对应布置在侧面图下方。为了减少图纸幅面或当上层建筑各层甲板的长度较小时,它们的平面图可以不按照投影关系布置,而布置在侧面图下方的适当位置。主要量度栏布置在图纸右上方。</td></tr>
<tr><td>3. 绘制各视图的外形轮廓</td><td colspan="5">(1)作基线和船体中线
根据各视图的位置,作出侧面图的基线,甲板、平台及舱底平面图的船体中线;并在基线和船体中线上根据肋距定出肋位,轻轻地标注上肋位号。
(2)画侧面图外形
根据型线图给出的数据,画出艏艉轮廓线、龙骨线、舷墙顶线。根据上层建筑形式、甲板层数、甲板间高度,画出上层建筑的外形。
(3)画甲板、平台、舱底平面图的外形
根据型线图给出的数据,画出主船体内各层甲板、平台、舱底及艏艉楼甲板的平面图外形。其中与主船体外板相连的各层甲板、平台及舱底平面图的外形根据型线图中半宽水线图确定,其型值可查型线图的型值表;上层建筑中的其他各甲板、平台平面图的外形,可根据设计时确定的外形尺寸绘制。</td></tr>
<tr><td>4. 绘制与分舱有关的船体构件</td><td colspan="5">为了表明舱室和通道等的布置情况,总布置图中需要画出与分舱有关的船体构件,其基本内容如下:
(1)在甲板、平台平面图中,根据舱室划分情况画出甲板上的舱壁及舱室围壁(甲板下的舱壁及舱室围壁一般省略不画);
(2)在舱底平面图中,根据舱室划分情况画出纵、横舱壁或舱室围壁、水密肋板、水密底纵桁;
(3)在侧面图中,画出内底板、甲板、平台,并根据甲板、平台、舱底平面图中横舱壁、舱室围壁、水密肋板的位置画出横舱壁、舱室围壁(被右舷舱室遮挡的舱室围壁省略不画)、水密肋板。</td></tr>
</table>

续表

5. 绘制门、窗、开口、扶梯及液舱	先在甲板、平台、舱底平面图中画出门、窗、开口和扶梯,然后投影到侧面图中相应的位置。 在侧面图、舱底平面图中画出表示液舱的对角线。
6. 绘制舱室设备及其他各种装置	先在甲板、平台平面图中画出舱室设备,船舶设备、通风装置、烟囱、机舱顶棚、栏杆、导航仪器、信号灯等,然后将它们投影到侧面图中相应的位置,画出舱室设备、船舶设备、通风装置、烟囱、机舱顶棚、栏杆、导航仪器、信号灯以及旗杆、舵、推进器等(各种设备、装置的不可见投影一般省略不画)。
7. 检查、加深和在图中注字	全图绘制结束后,仔细检查是否有遗漏和错误。检查时可逐层甲板、平台及舱底平面图对照侧面图和有关视图进行。检查无误后,按图线要求加深,并在图中注字,注字的基本内容如下: (1)在视图上方标注视图名称(侧面图一般省略不注),在视图中标注各舱室的名称及肋位号; (2)在图纸右上方标注主要量度; (3)填写标题栏及反向图号栏。

项目五　船体中横剖面图的识读与绘制

【项目描述】

中横剖面图是在船体中部范围内取数个典型横向剖面来表示船体结构基本情况的图样。它表示船体主要纵、横构件的尺寸和结构形式,是全船性的结构图样之一。它是校核船体强度及绘制其他结构图样的主要依据,也是施工时的指导性图样。因此必须正确识读和绘制船体中横剖面图。

【项目目标】

知识目标

1. 掌握船体中横剖面图的组成和表达内容;
2. 掌握船体中横剖面图中局部结构的表示形式;
3. 掌握船体中横剖面图中常用图线的含义。

能力目标

1. 能正确识读船体中横剖面图;
2. 能正确绘制船体中横剖面图。

素质目标

1. 具有较强的表达能力、分析和解决问题的能力;
2. 具有严、细、实的工作习惯和良好的职业素质、职业道德;
3. 具有创新意识,以及获取新知识、新技能的学习能力。

【学习任务】

学习任务 1:识读 150 t 冷藏船中横剖面图的基本信息;
学习任务 2:识读 150 t 冷藏船中横剖面图的底部结构;
学习任务 3:识读 150 t 冷藏船中横剖面图的舷侧结构;
学习任务 4:识读 150 t 冷藏船中横剖面图的甲板结构;
学习任务 5:绘制 150 t 冷藏船中横剖面图。

【学习载体】

150 t 冷藏船中横剖面图。

【学习评价】

完成本项目的学习后,按照下表对本项目的学习情况进行总评,评价总分为 100 分。

成绩评价单

评价内容	分值	自我评价(30%)	小组互评(40%)	教师评价(30%)	总分
(1)了解船舶的类型	20				
(2)识读船体的结构特点	20				
(3)识读各部分结构的相对位置	20				
(4)绘制中横剖面图(局部)	20				
职业素养考核(职业精神、思想政治、创新发展)	20				
合计					
自我评价与总结					
教师点评					

【素养小课堂】

百年信物：小比例尺见证远航之路

一把小小的尺子对普通人来说也许微不足道，但它却是工程师手中最重要的工具之一。20 世纪 80 年代，中国船舶人在设备落后、缺少精密测量工具的条件下，自主设计制造出中国第一艘出口船“长城号”货轮，全程靠的就是这把 30 厘米长的比例尺，从船的外部到内部部件的设计，都离不开它。

“长城号”货轮下水纪念绘图比例尺

20 世纪 80 年代，为了扭转我国船舶工业面临的订单锐减困境，必须打开国际市场，“推船下海”走向世界，杀出一条生存“血路”。经多方联络和争取，终于接到一个国际订单——一艘 2.7 万吨散装货轮。伴随机遇而来的是巨大的挑战，订单需要符合 23 个国际规范、规则和公约要求。而当时国内船舶工业沿用的是苏联 20 世纪五六十年代的标准和规范，国际通用性、互换性较差，一些造船厂不愿意承接，大连造船厂迎难而上，接下这个订单。

接单不易，落实更难，在没有现成资料、没有图纸的情况下，大连造船厂的工程人员只能独立自主设计，一遍遍试，一遍遍改，然后提供给技术人员，再利用比例尺进行手工绘制。据统计，为了这艘货轮，大连造船厂建造技术部门用这把小小的比例尺共绘制图纸 3 400 多张，硬是把这艘 2.7 万吨“长城号”货轮的设计图纸搞出来了。在船舶制造的过程中，由于咨询费用高昂，便形成了由车间领导、技术人员和工人组成的攻关小组，不分昼夜地进行技术试验，经过上百次的试验，终于掌握了切割工艺技能。为了漆刷达标，工人们趴在闷热的舱底一干就是一天，每天爬出船舱，除了还在活动的身躯和转动的眼睛，整个人简直就像一块长满锈、涂满漆的钢铁。

艰难困苦，玉汝于成。在 540 天的努力奋战后，“长城号”货轮如期交付使用。179 米总长的货轮，仅有 2 毫米的误差，它的质量获得了国际公认的船舶界权威认证机构劳氏船级社的高度评价。从此，中国船舶工业实现了从国内走向国际市场的重大转变。

【启示】发展永无止境，奋斗未有穷期。比例尺虽小，却生动展现了中国船舶人在困境中敢闯敢干、瓶颈期自力更生的笃定和执着，实现从“0”到“1”的突破后，创造了更多举世瞩目的辉煌成绩。正是在这种精神的鼓舞和鞭策下，一代代船舶人勇攀高峰，目前已完全掌握了被誉为造船工业“皇冠上的明珠”的液化天然气(LNG)船核心技术，与韩国、日本等世界造船业先进国家同处一个阵列。我国造船业“十三五”期间在新接订单量、造船完工量和手持订单量三大指标方面继续保持世界第一，中国造船业已经从一个单纯接单的造船厂开始向世界海洋装备基地迈进。

一把小小的比例尺，丈量出中国船舶远航世界之路。今天，中国在若干船舶科技领域实现了由跟跑者向并行者甚至引领者的转变，靠的就是自力更生、自主创新的不懈奋斗。“十四五”规划纲要明确把科技自立自强作为国家发展的战略支撑。踏上新征程，我们要继续发扬敢为人先、勇攀高峰的精神，做自主创新浪潮中的“搏浪者”，解决“卡脖子”技术问题，打开科技自立自强发展新局面。

【思考】信物讲述人中国船舶集团党组书记、董事长雷凡培在《信物百年》中讲述这把“推船下海”的尺子时介绍到：一把小小的尺子对于普通人来说也许微不足道，但尺子自古以来就是工匠手中最重要的工具，在工匠团队中，只有水平最高的工匠才能被尊称为“掌尺人”。谈谈你从中获得哪些启示。

来源于：https://mp.weixin.qq.com/s/4UjnYrQS6uCx1hnZlxrFGA(有改动)

标语：精工利器，匠心铸魂

【知识结构】

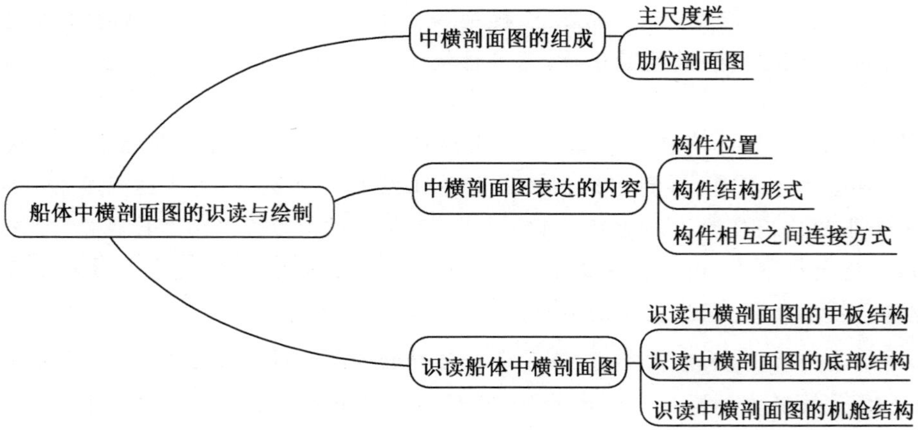

【相关知识】

1. 中横剖面图的组成

中横剖面图主要由主尺度栏和肋位剖面图两部分组成。

(1) 主尺度栏

主尺度栏是全船性图样应包含的一项内容，用以标注船体主尺度和相应数据，应注写在图样的上方。中横剖面图的主尺度有总长、设计水线长、垂线间长、型宽、型深、设计吃水、最大吃水、梁拱和肋骨间距等。

(2)肋位剖面图

肋位剖面图是中横剖面图的主要组成部分,表达了船体横向构件的结构形式、大小,船体纵向构件的布置、剖面形状,同时也表达了各构件之间的连接形式。剖面位置通常选在船体中部范围内结构典型的肋位,如客船取行李舱和机舱处,货船取货舱和机舱处,拖船取船员舱和机舱处。小型船通常选 2~3 个,大型船则根据具体情况多选几个肋位剖面图。图 5-1 为 150 t 冷藏船剖切位置示意图。

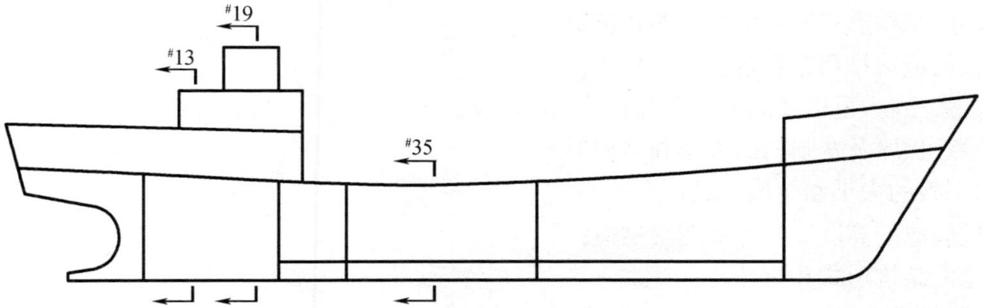

图 5-1　150 t 冷藏船剖切位置示意图

同一舱室中有时可能有两种以上横剖面结构,如果两横剖面只有局部结构不同,而其他大部分结构都相同或相似,则只选其一画出整个剖面图,另一个横剖面结构采用局部结构表示法来表达不同的部分。中横剖面图中局部结构表示形式有两种:

①重叠画法

在全肋位剖面图中,将相邻的另一肋位剖面中不同的局部结构重叠地画在相应的位置上。其中,构件的可见轮廓用细双点划线表示,不可见轮廓用细虚线表达。这种表达形式通常用于舷侧和甲板处不同结构的表达。

②局部结构图

单独绘制局部结构图来表示局部变化的结构,布置在全肋位剖面图相应的结构附近。这种表达形式主要用于底部不同结构的表达。

由于船体结构通常对称于中线面,所以肋位剖面图的图形一般只画出略多于一半的图形。

船体制图中规定船体的布置方向为船尾在左,船首在右,因此各肋位剖面图在图面上的布置形式应按照肋位编号顺序从左至右依次布置,即靠近船尾的剖面图布置在图纸的左面,靠近船首的剖面图布置在图纸的右面。

肋位剖面图中有两类尺寸标注:

①定位尺寸

以《金属船体构件理论线》为依据来度量构件的相对位置,部分构件也可用文字说明设置情况;定位的基准线通常是船体中线和基线。

②定形尺寸

根据板与型材的尺寸标注方法来具体标注各构件的外形尺寸。

有些中横剖面图还写有附注,说明船体结构设计的依据及设计时所考虑的一些特殊因素等,以文字的形式写于图纸的右方空白处。

2. 中横剖面图表达的内容

(1)各横向构件以及支柱的大小、结构形式和相互连接的方式;

(2)各纵向构件的剖面尺寸、结构形式及其沿横向布置情况;

(3)外板、内底板和甲板板的横向排列布置情况及其板厚;

(4)主机基座的结构形式、大小、数量以及艉轴中心线距基线的高度;

(5)上层建筑纵围壁的位置、板厚及扶强材的大小和结构形式;

(6)舱口的宽度以及舱口围板的大小和结构形式;

(7)双层底、船舱和各甲板间舱的高度以及甲板的梁拱值;

(8)舷墙、护舷材和舭龙骨的结构形式和尺寸。

3. 中横剖面图中常用的图线及其含义

(1)细实线

肋骨、横梁、肘板、开孔的可见轮廓线、基线等。

(2)粗实线

船体外板、内底板、甲板板、上层建筑围壁等板材、纵桁、纵骨等纵向构件的剖面。

(3)细虚线

构件的不可见轮廓线。

(4)粗虚线

不可见板材和骨架的投影线。

(5)细点划线

船体中线、轴线等。

(6)细双点划线

不在所剖肋骨平面内构件的可见轮廓线。

【任务实施】

案例 5.1　识读 150 t 冷藏船中横剖面图

布置任务单 1

学习领域	船舶图样识读与绘制		
学习任务 1	识读 150 t 冷藏船中横剖面图的基本信息	学时	
任务描述	任务导入： 图 5-2 所示为 150 t 冷藏船中横剖面图(见书后附图)，其由#13、#19、#35 肋位剖面图组成。通过对这三个肋位剖面图的识读，了解 150 t 冷藏船船体各部分结构的相对位置及船体构件的布置、大小、结构形式和相互连接的方式，对全船主要结构有一个概括的了解。		
任务要求	技能要求： (1)能够通过识读标题栏，了解船舶的用途； (2)能够根据各肋位剖面图中船底、舷侧、甲板的板架布置特点，结合船体骨架形式(横骨架式、纵骨架式和混合骨架式结构)的定义，分析出船体的结构形式； (3)能够通过识读肋位剖面图，从高度和宽度两个方向了解各部分结构间的相对位置。 职业素质要求： (1)具有严谨认真的工作态度； (2)具有创新意识，以及获取新知识、新技能的学习能力； (3)具有较强的语言表达能力、分析和解决问题的能力。		
学习资源	教材、教学课件、图片、图纸。		

学习任务单 1

<table>
<tr><td>学习领域</td><td>船舶图样识读与绘制</td><td>模块名称</td><td colspan="3">项目五:船体中横剖面图的识读与绘制</td></tr>
<tr><td>任务名称</td><td>识读 150 t 冷藏船中横剖面图的基本信息</td><td>学时</td><td></td><td>班级</td><td></td><td>学习笔记</td></tr>
<tr><td rowspan="2">识读内容</td><td>1. 通过识读标题栏,了解船舶的用途。
主尺度
总　　长　49.90 m
垂线间长　45.00 m
型　　宽　8.50 m
型　　深　4.00 m
设计吃水　2.80 m
最大吃水　3.10 m
梁　　拱　0.17 m
肋骨间距　0.55 m</td><td colspan="4">根据标题栏和主尺度可以了解船舶类型和大小。例如该船是 150 t 冷藏船,总长 49.90 m、垂线间长 45.00 m、型宽 8.50 m、型深 4.00 m、设计吃水 2.80 m、最大吃水 3.10 m、梁拱高 0.17 m、肋骨间距 0.55 m。</td><td></td></tr>
<tr><td>2. 根据各肋位剖面图中船底、舷侧、甲板的板架布置特点,结合船体骨架形式(横骨架式、纵骨架式和混合骨架式结构)的定义,分析出船体的结构形式。</td><td colspan="4">由图 5-2 可以看出,该船底部、舷侧、甲板板架均为横骨架式结构,因此可知该船为单一横骨架式船体结构。</td><td></td></tr>
</table>

续表

识读内容	3. 通过识读肋位剖面图，从高度和宽度两个方向了解各部分结构间的相对位置。 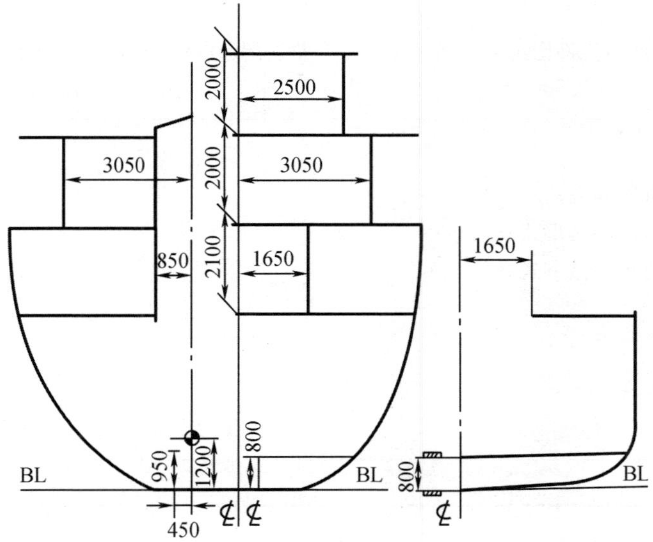	高度方向主要以基线为基准来了解双层底、船舱和甲板间的高度值；宽度方向主要以船体中线为基准来了解舱口、纵向围壁和支柱等结构的横向相对位置。从图中可知，该船双层底的高度为 800 mm，艉楼甲板距主甲板的高度为 2 100 mm，主轴距基线的距离为 1 200 mm（轴系剖面符号“⊕”表示主轴的位置）；货舱口纵向围板距船体中线的距离为 1 650 mm，机舱棚纵向围壁距船体中线的距离为 850 mm，其他尺寸参见图 5-2。	

布置任务单 2

学习领域	船舶图样识读与绘制		
学习任务 2	识读 150 t 冷藏船中横剖面图的底部结构	学时	
任务描述	任务导入： 图 5-2 所示为 150 t 冷藏船中横剖面图，其由#13、#19、#35 肋位剖面图组成。通过对这三个肋位剖面图的识读，了解 150 t 冷藏船船底部结构的相对位置及船体构件的布置、大小、结构形式和相互连接方式。		
任务要求	技能要求： (1)能够通过识读肋位剖面图的船底部分了解船舶底部构件的布置； (2)能够通过识读肋位剖面图的船底部分了解船舶底部构件的结构形式及尺寸； (3)能够通过识读肋位剖面图的船底部分了解船舶底部构件的连接方式。 职业素质要求： (1)具有严谨认真的工作态度； (2)具有创新意识，以及获取新知识、新技能的学习能力； (3)具有较强的语言表达能力、分析和解决问题的能力。		
学习资源	教材、教学课件、图片、图纸。		

学习任务单 2

<table>
<tr><td>学习领域</td><td>船舶图样识读与绘制</td><td>模块名称</td><td colspan="4">项目五:船体中横剖面图的识读与绘制</td></tr>
<tr><td>任务名称</td><td>识读 150 t 冷藏船中横剖面图的底部结构</td><td>学时</td><td></td><td>班级</td><td></td><td>学习笔记</td></tr>
<tr><td>识读
货舱底
结构</td><td>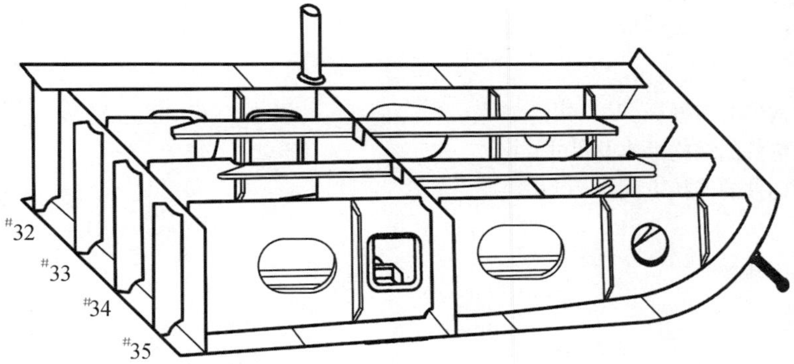

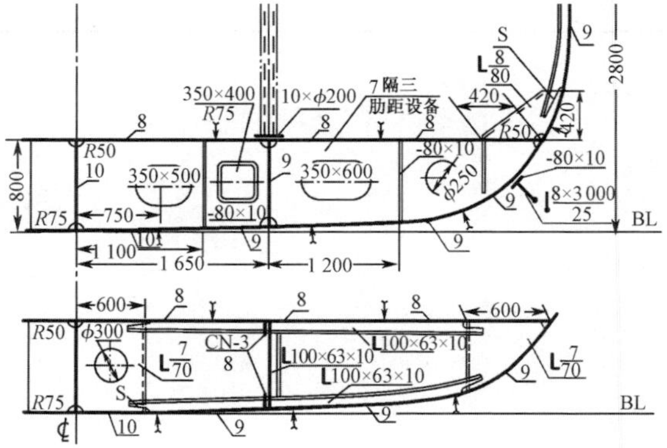

识读货舱底部结构</td><td colspan="4">货舱底部是双层底结构,构件有外底板、内底板及纵/横向构架等。
(1)内底板及外底板:图中以粗实线表示其剖面,均由多列钢板组成,列与列的分界用板缝符号“—”表示。该结构的内底板平直,由 5 列板组成,板厚均为 8 mm;外底板有一定曲度,由 7 列板组成,其中平板龙骨的厚度值较相邻的各列板要大,为 10 mm,其余各列板的板厚均为 9 mm。
(2)纵向构件:有中桁材、旁桁材和舭龙骨,图中均以粗实线表示其剖面。其中,中桁材位于中线面处,厚度为 10 mm;旁桁材距中线面 1 650 mm,左右舷各设置一道,厚度为 9 mm;舭部外侧装有舭龙骨,采用组合球扁钢,它是用 8×300 的钢板条和 ϕ25 的圆钢组合焊接而成的,焊接在尺寸为━ 80×10 的加强复板上。
(3)横向构件:主要指肋板,该区域结构有实肋板、组合肋板,图中实肋板上的开口、加强筋以及组合肋板等构件的轮廓均用细实线表示。实肋板上开有椭圆形人孔、圆形减轻孔和四周装有加强扁钢的方形孔,在各种孔之间装有━ 80×10 的垂向加强筋,肋板的上边缘开有通气孔,下边缘开有流水孔,各种开孔的尺寸可以从图中明显看出。
实肋板通常隔 3 档肋距设置,在不设置实肋板的肋位上,设置组合肋板或水密肋板,具体参见基本结构图。组合肋板的结构由局部结构图来表达,由 L100×63×10 的内底横骨和船底肋骨及靠近舭部和中底桁的两块折边肘板围成的框架组成,在旁底桁的一侧装有与内底横骨尺寸相同的扶强材。</td><td></td></tr>
</table>

布置任务单 3

学习领域	船舶图样识读与绘制		
学习任务 3	识读 150 t 冷藏船中横剖面图的舷侧结构	学时	
任务描述	任务导入： 图 5-2 所示为 150 t 冷藏船中横剖面图，其由#13、#19、#35 肋位剖面图组成。通过对这三个肋位剖面图的识读，了解 150 t 冷藏船舷侧结构的相对位置及船体构件的布置、大小、结构形式和相互连接方式。		
任务要求	技能要求： (1)能够通过识读肋位剖面图的舷侧部分了解船舶舷侧构件的布置； (2)能够通过识读肋位剖面图的舷侧部分了解船舶舷侧构件的结构形式及尺寸； (3)能够通过识读肋位剖面图的舷侧部分了解船舶舷侧构件的连接方式。 职业素质要求： (1)具有严谨认真的工作态度； (2)具有创新意识，以及获取新知识、新技能的学习能力； (3)具有较强的语言表达能力、分析和解决问题的能力。		
学习资源	教材、教学课件、图片、图纸。		

学习任务单 3

<table>
<tr><td>学习领域</td><td>船舶图样识读与绘制</td><td>模块名称</td><td colspan="4">项目五:船体中横剖面图的识读与绘制</td></tr>
<tr><td>任务名称</td><td>识读 150 t 冷藏船中横剖面图的舷侧结构</td><td>学时</td><td></td><td>班级</td><td></td><td>学习笔记</td></tr>
<tr><td>识读舷侧结构</td><td>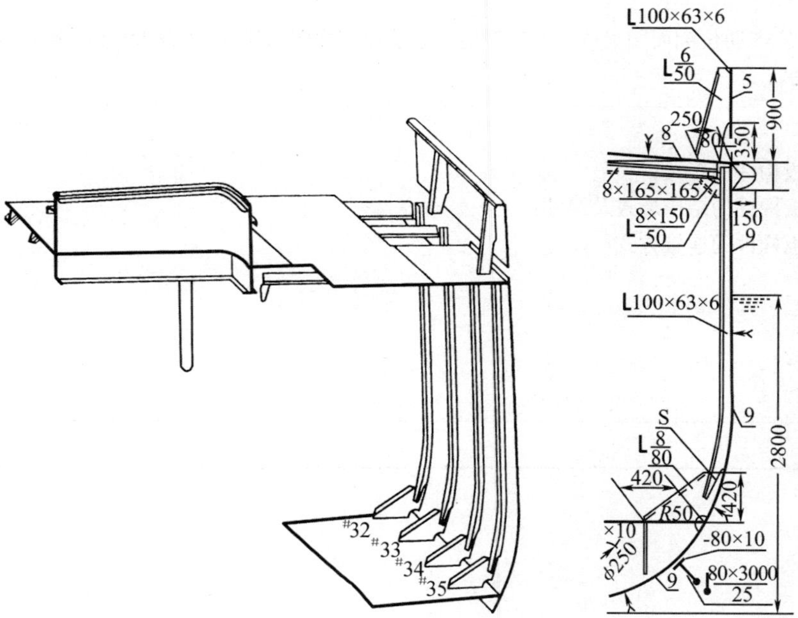
</td><td colspan="4">舷侧结构的表示方法和识读方法与底部结构相似,该舷侧结构由舷侧外板、主肋骨和舭肘板组成。
外板的剖面用粗实线表示,由厚度为 9 mm 的两列板组成;肋骨角钢的折边投影为双细实线,尺寸为 L100×63×6,肋骨上端与甲板之间留有装配间隙,下端削斜与舭肘板搭接,削斜的代号为 S,可以从《船体结构 型材端部形状》中得到其相关尺寸;舭肘板采用了折边肘板,折边方向与肋骨相反,其腹板上开有 *R*50 的流水孔。</td><td></td></tr>
<tr><td>总结</td><td colspan="6">了解了各部分结构之后,进行综合、归纳就可掌握货舱结构的概貌。其他剖面图可用相似的方法阅读。
通过识读中横剖面图可以对全船主要结构有个概括的了解,但是中横剖面图只是典型部位的横向剖面图,所以对于有些结构,例如纵向构件的连接情况、横向构件在船长方向的布置以及外板、内底板和甲板板在船长方向的排列和尺寸的大小都未表示,因此,要全面了解船体结构,还需识读其他船体结构图样,如基本结构图、外板展开图等。</td></tr>
</table>

布置任务单 4

学习领域	船舶图样识读与绘制		
学习任务 4	识读 150 t 冷藏船中横剖面图的甲板结构	学时	
任务描述	任务导入： 图 5-2 所示为 150 t 冷藏船中横剖面图,其由#13 、#19 、#35 肋位剖面图组成。通过对这三个肋位剖面图的识读,了解 150 t 冷藏船甲板结构的相对位置及船体构件的布置、大小、结构形式和相互连接方式。		
任务要求	技能要求： (1)能够通过识读肋位剖面图的甲板部分了解船舶甲板构件的布置； (2)能够通过识读肋位剖面图的甲板部分了解船舶甲板构件的结构形式及尺寸； (3)能够通过识读肋位剖面图的甲板部分了解船舶甲板构件的连接方式。 职业素质要求： (1)具有严谨认真的工作态度； (2)具有创新意识,以及获取新知识、新技能的学习能力； (3)具有较强的语言表达能力、分析和解决问题的能力。		
学习资源	教材、教学课件、图片、图纸。		

学习任务单 4

<table>
<tr><td>学习领域</td><td>船舶图样识读与绘制</td><td>模块名称</td><td colspan="4">项目五：船体中横剖面图的识读与绘制</td></tr>
<tr><td>任务名称</td><td>识读 150 t 冷藏船中横剖面图的甲板结构</td><td>学时</td><td></td><td>班级</td><td></td><td>学习笔记</td></tr>
<tr><td>识读甲板结构</td><td>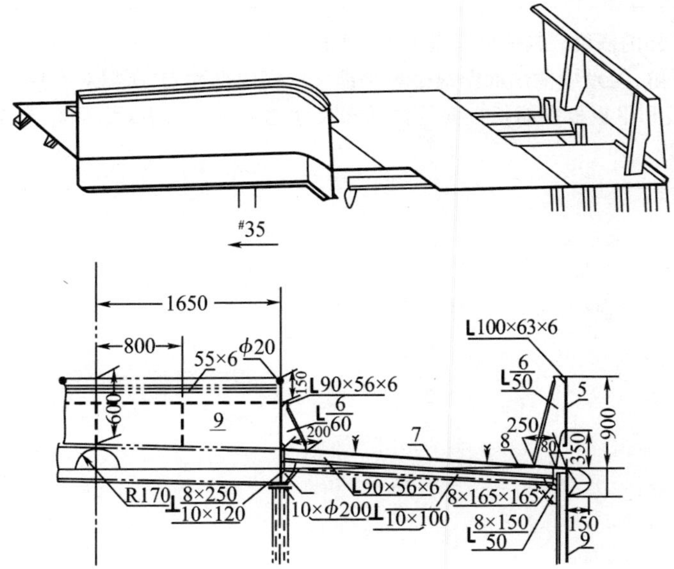

识读甲板结构</td><td colspan="4">甲板结构在表示方法上与底部和舷侧的不同之处在于甲板结构还采用了重叠画法，表示了不在#35 肋位剖面处的强横梁、支柱和货舱口横向围板结构，图中以细双点划线表示其可见轮廓投影。

甲板板剖面用粗实线表示并带有梁拱，甲板边板厚度为 8 mm，其他为 7 mm；横向构件有普通横梁和强横梁，其中强横梁不在#35 肋位；支柱为圆柱形钢管，也不在#35 肋位，设置在#32、#38、#56、#63 肋位。舱口围板结构中，围板上端焊有直径为 20 mm 的圆钢，在围板上还设有角钢做成的水平加强筋。#35 肋位剖面图还表示了舷墙和护舷材结构。舷侧和甲板的具体结构可参见图 5-5。</td><td></td></tr>
</table>

任务总结单

学习领域	船舶图样识读与绘制	模块名称	项目五:船体中横剖面图的识读与绘制
任务名称	识读 150 t 冷藏船中横剖面图		
职业素养总结	按照知识总结思维导图格式,从职业精神、思想政治、创新发展等方面总结识读 150 t 冷藏船中横剖面图的学习收获。		
识读总结	了解了各部分结构之后,进行综合、归纳就可掌握货舱结构的概貌。其他剖面图可用相似的方法阅读。 通过识读中横剖面图可以对全船主要结构有个概括的了解,但是中横剖面图只是典型部位的横向剖面图,所以对有些结构,例如纵向构件的连接情况,横向构件在船长方向的布置以及外板、内底板和甲板板在船长方向的排列和尺寸的大小都未表示,因此,要全面了解船体结构,还需识读其他船体结构图样,如基本结构图、外板展开图等。		
笔记总结			

【拓展练习】

拓展任务单1

学习领域	船舶图样识读与绘制	模块名称	项目五：船体中横剖面图的识读与绘制		
任务名称	识读3 000 t货船中横剖面图基本信息	学时		班级	
学生姓名		学号		组别	
任务描述	图5-3（见书后附图）所示为3 000 t货船中横剖面图，由#26和#85肋位剖面图组成。通过对这两个肋位剖面图的识读，了解3 000 t货船船体各部分结构的相对位置及船体构件的布置、大小、结构形式和相互连接的方式，对全船主要结构有一个概括的了解。				

1. 通过识读标题栏，了解船舶的用途。	根据标题栏和主尺度可以了解船舶类型和大小。该船为（　　）货船，总长（　　），垂线间长（　　），型宽（　　），型深（　　），设计吃水（　　），满载排水量（　　），船员（　　），航速（　　）。
2. 能够根据各肋位剖面图中船底、舷侧、甲板的板架布置特点，结合船体骨架形式（横骨架式、纵骨架式和混合骨架式结构）的定义，分析出船体的结构形式。	了解船体的结构特点： 由图可见，在机舱中底部为（　　）结构，其纵向骨架仅有（　　）和（　　），而横向骨架为（　　）（图中没有做说明，即为每档肋位设置），所以底部是（　　）结构。舷侧的纵向骨架在第二甲板以下为舷侧纵桁，横向骨架为肋骨，也是（　　）肋位设置，所以舷侧也是（　　）骨架式。在甲板中，第二甲板也是（　　）骨架式，上甲板是（　　）骨架式。 在货舱中，双层底中的纵向骨架除中底桁、旁底桁外尚有许多内、外底（　　），而横向骨架（　　）（见图中说明）为每隔三档肋距设置，所以是（　　）骨架式结构。舷侧和第二甲板同机舱一样是横骨架式。上甲板的结构形式也是（　　）骨架式。 综上可知，3 000 t货船的底部和上甲板为（　　）架式结构（机舱底部虽为横骨架式结构，但它在整个船长中仅占一小部分，所以底部基本上仍属纵骨架式结构），舷侧为（　　）架式结构。而一条船的骨架形式，主要是由底部、舷侧和上甲板的结构形式来决定的，因此该船属于（　　）骨架式结构。
3. 能够通过识读肋位剖面图，从高度和宽度两个方向了解各部分结构间相对位置。	高度方向主要以基线为基准来了解双层底、船舱和甲板间的（　　）值；宽度方向主要以船体中线为基准来了解舱口、纵向围壁和支柱等结构的横向相对位置。从图5-1可以看出，双层底高度为（　　），而在机舱中基座纵桁之间的双层底高度降低为（　　）。 第二甲板距基线的高度为（　　），则船舱高度（第二甲板至双层底高）为（　　）。上甲板距基线高度（上甲板在纵向有舷弧），随剖面位置的不同而变化，因此在图中无法标出，具体某点高度可以从型线图中得到。 上层建筑艉楼至上甲板高度为（　　）；艇甲板至艉楼甲板的高度为（　　）；驾驶甲板至艇甲板高度为（　　）；罗经甲板至驾驶甲板高度为（　　）；机舱棚高（　　）。 机舱口围壁在上甲板处距船体中线宽为（　　），在艉楼甲板以上宽为（　　）；货舱口围板距船体中线宽为（　　）。 此外，上层建筑各纵向围壁间的距离、主轴中心线的高度等均可从图中得到。这样对船体各部分之间的相对位置就有了清晰的了解。

拓展任务单 2

学习领域	船舶图样识读与绘制	模块名称	项目五:船体中横剖面图的识读与绘制		
任务名称	识读 3 000 t 货船中横剖面图底部结构图	学时		班级	
学生姓名		学号		组别	
任务描述	图 5-4 所示为 3 000 t 货船中横剖面图中机舱底部剖面图。通过识读,了解 3 000 t 货船船体底部各部分结构的相对位置及构件的布置、大小、结构形式和相互连接方式。				

识读机舱底的结构情况。

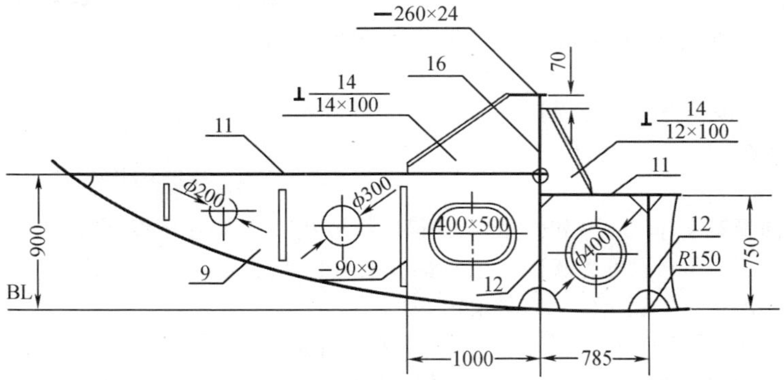

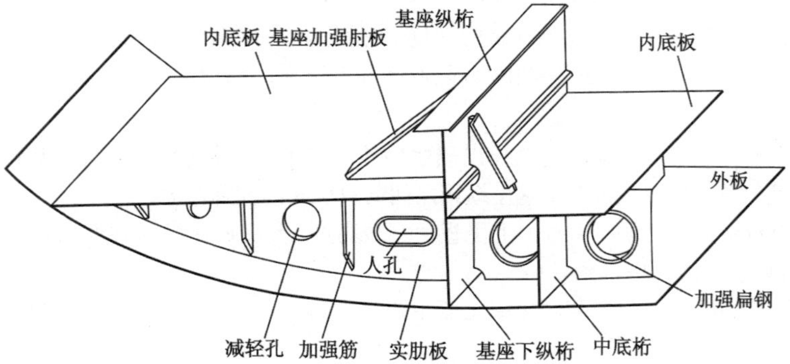

图 5-4　机舱底部结构

识读机舱底部结构

机舱的底部是横骨架式双层底结构,见图 5-4。内底为水平式,内底板的厚度为(　　)。双层底内的纵向骨架有中底桁和基座下纵桁。中底桁是位于船体中纵剖面内的一列纵向连续的竖直钢板,板厚(　　);基座下纵桁有 2 根,对称于中底桁布置,距船体中线(　　),其结构也是一列纵向连续的竖直钢板,板厚也是(　　)。

双层底内的横向骨架是实肋板(包括水密肋板)。实肋板由厚(　　)的钢板制成,它被中底桁和基座下纵桁分为左、右对称的 4 块(图中仅画出 2 块)。中底桁至基座下纵桁间的一块为矩形,其上开有直径(　　)的人孔、半径(　　)的半圆流水孔和三角形的通气孔。在人孔周围用扁钢加强(孔是用两细实线绘的圆,两细实线表示扁钢厚度的投影)。基座下纵桁至舷侧的一块为曲线三角形,其上有 3 根加强筋,第一根距基座下纵桁(　　),其他 2 根间未标注尺寸,通常表示与第一根的间距相同。加强材用 90×9 的扁钢制成。此外,在肋板上还有(　　)的椭圆人孔、直径 300 mm 和 200 mm 的减轻孔、半径(　　)的半圆流水孔和三角形的通气孔。在人孔周围同样用扁钢加强。

在双层底上基座纵桁的 T 型结构,由面板为(　　)的扁钢、腹板为(　　)厚的钢板组合而成。基座纵桁的两边用横向肘板加强,肘板也是 T 型结构并与实肋板位于同一平面内。其结构情况可参见图 5-3。

拓展任务单 3

学习领域	船舶图样识读与绘制	模块名称	项目五:船体中横剖面图的识读与绘制	
任务名称	识读 3 000 t 货船中横剖面图舷侧结构图	学时		班级
学生姓名		学号		组别
任务描述	图 5-5 所示为 3 000 t 货船中横剖面图舷侧剖面图。通过识读,了解 3 000 t 货船船体舷侧各部分结构的相对位置及和构件的布置、大小、结构形式和相互连接方式。			

识读舷侧的结构情况

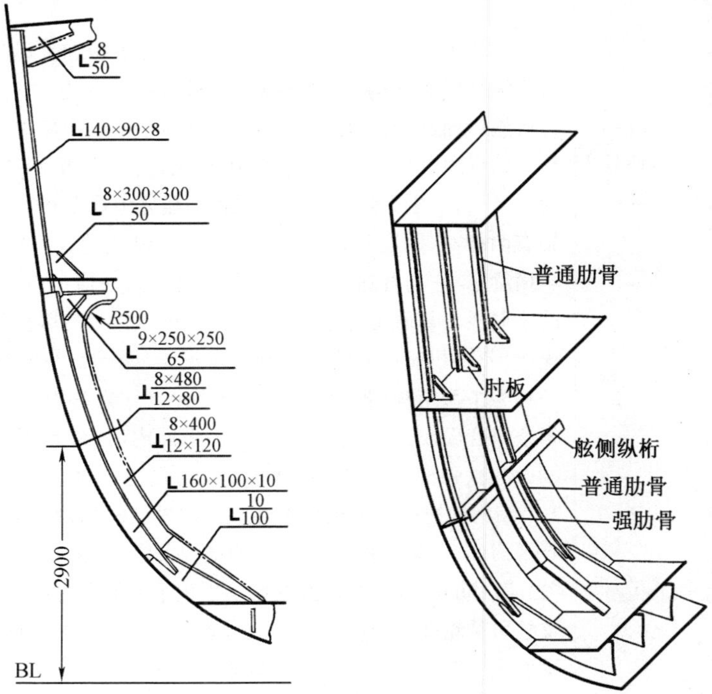

图 5-5　机舱舷侧结构

机舱的舷侧可分为第二甲板以下与第二甲板以上两部分。它们均为横骨架式结构,见图 5-5。

第二甲板以下的舷侧有纵向骨架和横向骨架。纵向骨架为 T 型结构的舷侧纵桁,由面板为(　　)、腹板为(　　)的钢板条组合而成,距基线的高度为(　　)。横向骨架有两种:一种为由不等边角钢(　　　　　)制成的普通肋骨,通过由钢板折边制成的舭肘板与内底板牢固地连接,肋骨与舭肘板搭接,它们的折边方向相同;另一种为 T 型结构的强肋骨(不在所剖的平面内),由面板为 12×120、腹板为 8×400 的钢板条组合而成。它与内底板通过 T 型结构的舭肘板牢固地连接,强肋骨与舭肘板采用对接。强肋骨隔几档肋距设置,图中没有说明,须从基本结构图中获得。

第二甲板以上的舷侧横向骨架,为(　　　　　)的不等边角钢制成的普通肋骨。它的下端由(　　　　　)折边 50 的肘板与第二甲板连接;上端,如遇强横梁则用梁肘板与强横梁连接,无强横梁处则用厚(　　)折边 50 的加强肘板与靠近舷侧的纵骨连接。

拓展任务单 4

学习领域	船舶图样识读与绘制	模块名称	项目五：船体中横剖面图的识读与绘制		
任务名称	识读 3 000 t 货船中横剖面图甲板结构图	学时		班级	
学生姓名		学号		组别	
任务描述	图 5-6 所示为 3 000 t 货船中横剖面图甲板剖面图。通过识读，了解 3 000 t 货船船体甲板各部分结构的相对位置及构件的布置、大小、结构形式和相互连接方式。				

识读甲板的结构情况。

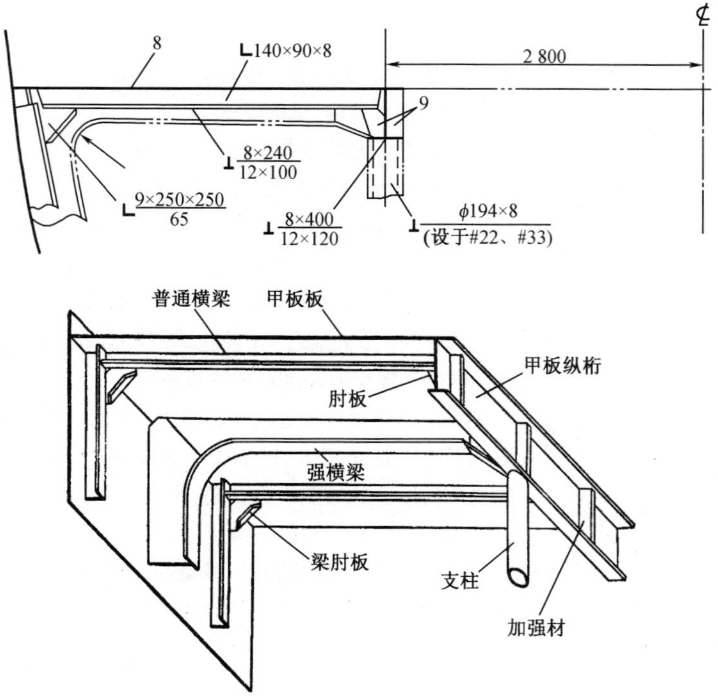

图 5-6　机舱第二甲板结构

机舱主船体内的甲板有两层，即第二甲板和上甲板。第二甲板为横骨架式结构，见图 5-6。甲板板的厚度为(　　)，其上开有机舱口，舱口的大小在图中没有说明，须查看基本结构图。甲板下的纵向骨架为 T 型结构的甲板纵桁，由面板为(　　)、腹板为(　　)的钢板条组合而成，纵桁距船体中线 2 800 mm。横向骨架有两种：一种是由不等边角钢(　　)制成的普通横梁(图中为半横梁)。它与普通肋骨位于同一平面内，并通过(　　)折边 65 的梁肘板与普通肋骨连接，另一端由厚(　　)的肘板与甲板纵桁连接(不在机舱口处的横梁则为全横梁，两端都与肋骨连接)；另一种为 T 型结构的强横梁，由面板为(　　)、腹板为(　　)的钢板条组合而成，与强肋骨位于同一平面内(所以也不在所剖的横剖面内)，强横梁一端通过圆弧过渡与强肋骨相连，另一端同样由 T 型结构的肘板与甲板纵桁连接。此外，在甲板纵桁的下方设有外径为(　　)、壁厚为(　　)的钢管支柱，从说明中可知，它位于 #22、#33 肋骨平面内，因此在第二甲板下左右共有(　　)根支柱。支柱可见轮廓线用(　　　)线表示，说明它也不在所剖的肋骨平面内。第二甲板的结构可参见图 5-3。

案例 5.2　绘制 150 t 冷藏船中横剖面图

布置任务单

<table>
<tr><td>学习领域</td><td colspan="2">船舶图样识读与绘制</td><td>模块名称</td><td colspan="4">项目五：船体中横剖面图的识读与绘制</td></tr>
<tr><td>任务名称 5</td><td colspan="2">绘制 150 t 冷藏船中横剖面图</td><td>学时</td><td></td><td>班级</td><td></td><td>学习笔记</td></tr>
<tr><td>任务导入</td><td colspan="6">参考已知 150 t 冷藏船型线图、肋位剖切位置、各部分结构的相对位置、构件的尺寸和连接方式，绘制 150 t 冷藏船中横剖面图。要求肋位剖面图形正确反映出船体横向构件的结构形式、大小，船体纵向构件的布置、剖面形状，各构件之间的相互连接形式。</td><td></td></tr>
<tr><td>任务描述</td><td>绘制步骤：
(1)选取图样比例和图纸幅面；
(2)图面布置(图 5-7)；
(3)绘制剖面图的外形和定出各部分结构的位置；
(4)绘制各部分结构；
(5)加深图线和标注尺寸；
(6)标注名称、编写主尺度栏和填写标题栏。</td><td colspan="5">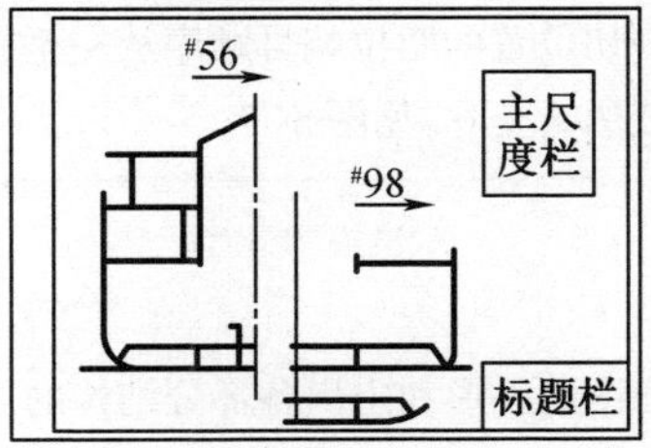

图 5-7　图面布置</td><td></td></tr>
<tr><td>任务要求</td><td colspan="6">技能要求：
(1)能够根据船体主尺度和剖面图的数量选取图样比例；
(2)能够根据图样比例、船体主尺度和剖面图数量选取图纸幅面并进行图面布置；
(3)能够根据型线图绘制肋位剖面图外形；
(4)能够根据双层底和各层甲板间高度、各纵向围壁距船体中线的尺寸定出各部分结构的位置；
(5)能够根据已知构件的尺寸和连接方式绘制各部分结构；
(6)掌握正确绘制船体中横剖面图的方法和步骤。
职业素质要求：
(1)具有爱岗敬业、实事求是、团结协作的优秀品质；
(2)具有自我学习，不断更新知识结构的意识；
(3)具有分析问题、解决问题的能力，以及迎接挑战的意识。</td><td></td></tr>
</table>

学习任务单

<table>
<tr><td>学习领域</td><td>船舶图样识读与绘制</td><td>模块名称</td><td colspan="3">项目五:船体中横剖面图的识读与绘制</td></tr>
<tr><td>任务名称</td><td>绘制 150 t 冷藏船中横剖面图</td><td>学时</td><td></td><td>班级</td><td></td></tr>
<tr><td rowspan="3">绘制横剖面图</td><td colspan="5">1. 选取图样比例和图纸幅面
图样比例要根据船体主尺度和剖面图的数量来决定。中横剖面图的比例一般选用 1:10、1:20、1:25、1:50 等几种。尺度较小的船可选用较大的比例,超大型船舶要选用较小的比例,如 1:100 或更小。图纸幅面通常根据已选定的图样比例、船体主尺度和剖面图的数量按标准选取。但为了使用方便,图纸幅面不宜太大,所以有时还需根据选用的图纸幅面大小重新选取适当的图样比例。</td></tr>
<tr><td colspan="5">2. 图面布置
剖面图按剖切位置的肋位编号顺序从左至右依次布置;局部结构图可安排在剖面图相应结构部位的附近或其他空白的地方;主尺度栏和附注通常安排在图纸的右上方,见图 5-7。</td></tr>
<tr><td>3. 绘制剖面图的外形和定出各部分结构的位置
绘制的步骤如下:
(1)在图纸下方适当位置作基线,然后根据剖面图的半宽值,在适当位置作出基线的垂直线,即船体中线。每个剖面图都应单独绘制船体中线,而不允许两个剖面合用一根中线,见图 5-8(a)。
(2)根据剖面图的剖切位置,在型线图中得出肋位剖面图外形尺寸,然后绘制外形,见图 5-8(b)。
(3)绘制甲板梁拱线,见图 5-8(c)。
(4)根据双层底和各层甲板间高度、各纵向围壁距船体中线的尺寸等定出各部分结构的位置,见图 5-8(d)。</td><td colspan="4">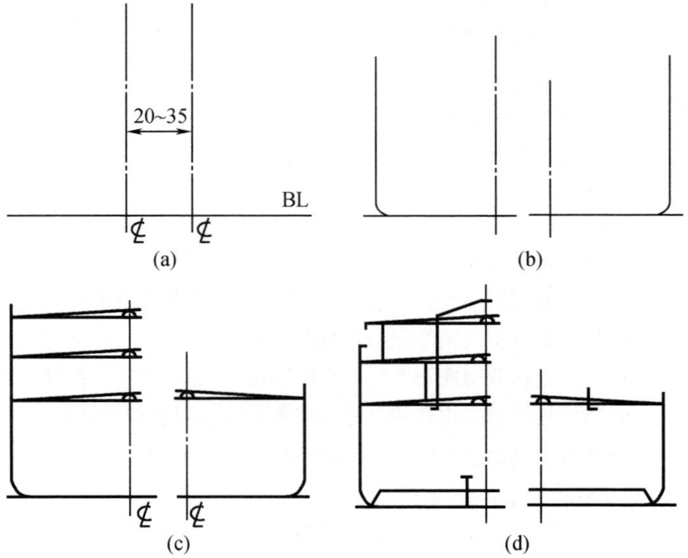

图 5-8</td></tr>
</table>

续表

绘制横剖面图	4. 绘制各部分结构 绘制的顺序通常是先画底部结构,再画舷侧结构,然后画甲板和上层建筑结构。绘制方法与节点视图的画法基础相同。每个肋位剖面图通常只画略多于一半的图形,见图 5-9。对于局部不同的结构可采用重叠画法或绘制局部剖面图,局部剖面图应绘制在该舱室肋位剖面图相应结构附近。	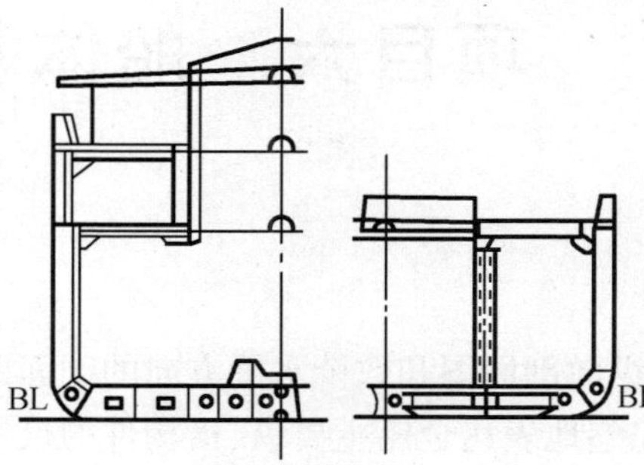 图 5-9

项目六　船体基本结构图的识读与绘制

【项目描述】

基本结构图由一个纵向剖面图和数个水平方向的剖面图或剖视图组成,是表示船体结构的基本图样。它与基本结构图组成了表示全船结构的三向视图,从而完整地表达全船主要纵、横构件的尺寸和结构形式。基本结构图是一张全船性的结构图样,它是绘制其他结构图样的依据,也是施工时的指导性图样。因此必须正确识读和绘制船体基本结构图。

【项目目标】

知识目标

1. 掌握船体基本结构图的组成和表达内容;
2. 熟悉船体基本结构图中的剖面图或剖视图所反映的内容;
3. 掌握船体基本结构图中的常用图线及其含义。

能力目标

1. 正确识读船体基本结构图;
2. 正确绘制船体基本结构图。

素质目标

1. 具有认真负责的工作态度;
2. 具有自我学习,更新知识结构的意识和能力;
3. 具有较强的语言表达能力、分析和解决问题的能力。

【学习任务】

学习任务 1:识读 150 t 冷藏船基本结构图纵剖面图;
学习任务 2:识读 150 t 冷藏船基本结构图甲板、平台平面图;
学习任务 3:识读 150 t 冷藏船基本结构图舱底图;
学习任务 4:绘制 150 t 冷藏船基本结构图。

【学习载体】

150 t 冷藏船基本结构图图纸。

【学习评价】

完成本项目的学习后,按照下表对本项目的学习情况进行总评,评价总分为 100 分。

成绩评价单

<table>
<tr><td colspan="2">评价内容</td><td>分值</td><td>自我评价(30%)</td><td>小组互评(40%)</td><td>教师评价(30%)</td><td>总分</td></tr>
<tr><td colspan="2">(1)了解船舶的类型</td><td>20</td><td></td><td></td><td></td><td></td></tr>
<tr><td colspan="2">(2)识读船体的结构特点</td><td>20</td><td></td><td></td><td></td><td></td></tr>
<tr><td colspan="2">(3)识读各部分结构的相对位置</td><td>20</td><td></td><td></td><td></td><td></td></tr>
<tr><td colspan="2">(4)绘制基本结构图(局部)</td><td>20</td><td></td><td></td><td></td><td></td></tr>
<tr><td colspan="2">职业素养考核(职业精神、思想政治、创新发展)</td><td>20</td><td></td><td></td><td></td><td></td></tr>
<tr><td colspan="6">合计</td><td></td></tr>
<tr><td>自我评价与总结</td><td colspan="6"></td></tr>
<tr><td>教师点评</td><td colspan="6"></td></tr>
</table>

【素养小课堂】

过尽千帆，初心不改，崇明这位传承人做了一辈子的崇明沙船

沙船制作传承人沈企忠

2022 年 11 月，我国迄今水下考古发现的体量最大的木质沉船——长江口二号古船，在长江口水域成功实施整体打捞出水。根据古船年代和长宽比例推测，该艘古船可能为沙船。在崇明中兴镇溉西村，有一位崇明沙船制作传承人沈企忠，会制作“同款”古船。

走进沈企忠家，记者马上就被几艘制作精良的船模吸引。它们不仅外观栩栩如生，桨、橹、帆等船舶配件也一应俱全，就连船舱的门、窗都可移动，完美复刻各项功能。

不同于普通的船模发烧友，制作沙船曾是沈企忠的职业。16 岁时，沈企忠拜师同村远近闻名的造船高手陆锦康，开始自己的造船生涯。“开始是为了学一门手艺糊口，后来渐渐入了门，也爱上自己的职业。”沈企忠随师父来到长兴岛海星渔业大队专门从事造船工作，一做就是十年。其间，沈企忠逐渐掌握了修船、造船的技能和要领，成为独当一面的“老师傅”。

崇明三面环江，一面临海，是长江入海口的最大沙洲。沙船是过去崇明广泛用于交通、渔业等方面的水上运载工具。清乾隆《崇明县志》载：“沙船以出崇明沙而得名，太仓松江通州皆有”。崇明沙船船身扁浅，船底宽平，方头方尾，多桅多帆，肋骨多，舱面建筑少，不仅行驶快捷平稳，而且转向灵活，在沙洲之间行驶如履平地，倘遇搁浅，也是安然平卧，不伤船体。据沈企忠介绍，“沙船可以‘行沙’‘坐滩’，在沿海和江河都能航行，特别适合泥沙比较多的长江航道。”

据沈企忠回忆，在 20 世纪 70 年代前，崇明的船只主要以沙船为主。随着工业化兴起，装有发动机的铁船逐渐成为主流，沈企忠的职能也随之转变。1975 年至 1976 年，沈企忠被派往崇明船厂参加技术培训。“从前老师傅制作沙船都是没有工程图的，完全靠脑子记忆。”经过船厂培训后，沈企忠发现画工程图确实很必要。“工程图可以使制作过程规范化，之后对船进行修理、改造也比较方便。”

1985 年起，沈企忠任上海市新渔船厂船体车间主任，兼顾船舶制图和放样工作。既会纯手工制作沙船，也能画工程图造现代铁船，沈企忠融合了中西两种造船技法，经过他手的大小船只遍布崇明各地。

退休后，沈企忠也闲不下来，他将家宅旁的小屋改造成自己的工作室，专门用以制作船模。与工作时一样严谨，沈企忠先绘制图纸，采用沙柳木手工制作崇明沙船，各项配件都是等比例还原，成品十分精美。2010 年，受瀛东村党支部书记陆文忠邀请，沈企忠为其渔具博物馆制作船模，他前后共计为瀛东村制作大小船模十几艘，其中有一艘沙船还可以下水，载人航行，颇受游客欢迎。

【启示】从前是船厂里驶出的百吨大船，如今是工作室里产出的精致模型。过尽千帆，年逾古稀的沈企忠初心不改。“尽管沙船已经退

出历史舞台，但是它象征着崇明人民艰苦奋斗的精神，体现了崇明人民适应自然环境的生活智慧。希望我们的后代知道沙船的故事，把它传承下去。”沈企忠表示。

【思考】中华文化上下五千年，历史悠久，底蕴深厚。在浩瀚的历史长河中，中国传统文化展现出独特的魅力，让世界为之赞叹，让国人为之骄傲！谈谈你从中获得哪些启示。

来源于：https://new.qq.com/rain/a/20221211A01ZGC00.html（有改动）

标语：全面建设社会主义现代化国家，必须坚持中国特色社会主义文化发展道路，增强文化自信

【知识结构】

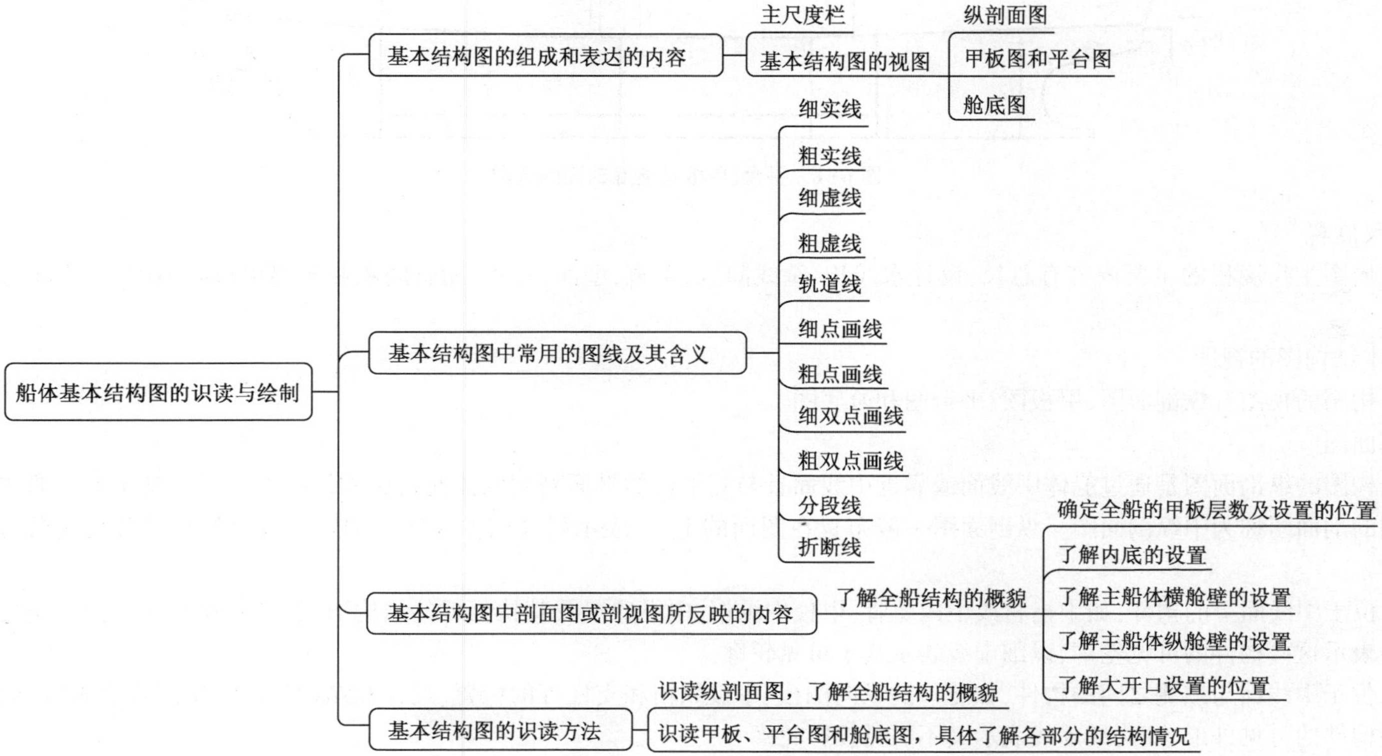

【相关知识】

1. 基本结构图的组成和表达内容

基本结构图由主尺度栏和一组视图所组成，见图 6-1。

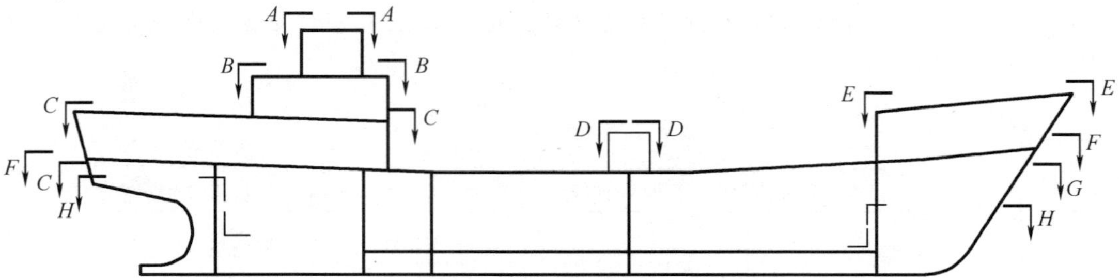

图 6-1　平台、甲板及舱底剖面的选取

(1) 主尺度栏

基本结构图主尺度栏的主要内容有总长、设计水线长、垂线间长、型宽、型深、吃水、肋骨间距和各层甲板间高度等，应注写在图样的右上方。

(2) 基本结构图的视图

基本结构图的视图有纵剖面图、甲板图、平台图和舱底图。

①纵剖面图

基本结构图的纵剖面图是通过船体中线面或靠近中线面且与其平行的平面剖切船体而得到的纵向剖面图。其中通过船体中线面剖切船体而得到的剖面图称为中纵剖面图。纵剖面图一般布置在图面的上方，表示船体构件在船长和船深方向的布置及某些纵向构件的连接情况。

a. 表示位于中线面上的构件，如中桁材或中内龙骨、甲板中纵桁、中纵舱壁及其扶强材的结构形式、尺寸和与其他构件连接的方式。图中以细实线表示这些构件的可见轮廓，以细虚线表示其不可见轮廓。

b. 表示位于中线面与舷侧之间的构件，如舱口的纵向围板、甲板纵桁和支柱等的位置、尺寸和结构形式。采用重叠画法，以细双点划线来表示这些构件的可见外形轮廓，细虚线表示其不可见投影轮廓。

c. 表示位于舷侧的构件，如舷侧纵桁和肋骨的位置及大小。采用简化画法，粗点划线表示舷侧纵桁和强肋骨的投影，细点划线表示甲板间肋骨的投影，但普通肋骨一般省略不画。

d. 表示穿过中线面的构件，如横梁、肋板、横舱壁、上层建筑横向围板、甲板板和平台板等的位置和结构形式。在图中以粗实线表示这些构件的剖面形状。

此外，纵剖面图还表示了烟囱、机舱棚顶和桅杆的位置。在图中以粗实线表示它们的剖面，以细双点划线表示可见轮廓投影（此规定也适合于甲板图、舱底图）。

②甲板图和平台图

它是用剖切面沿着甲板或平台上表面剖切船体俯视而得到的剖面图，见图 6-1 中 *A—A* ~ *F—F* 剖面。甲板图和平台图是一组视图，布置在图面的中部，它们表示了甲板和平台以及与其直接连接的构件的结构情况。

a. 表示甲板板或平台板的布置和厚度，以及甲板板或平台板上的加强复板和开口的位置及大小。图中用细实线表示板缝的投影和开口的形状，加强复板的轮廓线内要加细斜线，以区别开口轮廓线。

b. 表示普通横梁、强横梁、甲板纵桁和甲板纵骨等构件的位置及大小。图中采用简化画法，以粗双点划线表示强横梁、甲板纵桁的不可见投影，以细虚线表示普通横梁和甲板纵骨的不可见投影。

c. 表示纵横舱壁、围壁及甲板下加强肘板的位置。图中以粗实线表示纵横舱壁、围壁的剖面形状，以轨道线表示水密舱壁、水密围壁的不可见投影，以粗虚线表示非水密舱壁、围壁及加强肘板的不可见投影。

③舱底图

舱底图的表达形式通常有两种：一是在最下层甲板与底部构架之间选取一剖切面剖切船体俯视而得到的剖视图，这样可以把必须表达的舷侧结构表达清楚，见图 6-1 中 *G—G* 剖面；二是在靠近底部构架上缘用阶梯剖的方法（双层底部分用靠近内底板上表面的剖切面，单底部分用靠近肋板上缘的剖切面）剖切船体俯视而得到的剖视图，这样视图比较简洁，见图 6-1 中 *H—H* 剖面。

在舱底图的双层底部位，通常左舷部分表示内底板结构，右舷部分采用局部剖视（二次剖）的方法剖去内底板，表示双层底舱内的结构。舱底图布置在图面的下方，其表达的主要内容有：

a. 内底板的布置和厚度，以及内底板上的加强复板和开孔的位置及大小。其表示方法与甲板相同。

b. 内底板以上的构件，如舱壁、舱壁上扶强材及支柱等的位置和大小。图中以粗实线表示这些构件的剖面。

c. 中桁材或中内龙骨、旁桁材或旁内龙骨、外底纵骨、内底纵骨、水密肋板、实肋板、组合肋板、基座纵桁等构件的位置、大小和连接方式。图中，双层底部分的构件采用简化画法表示，其余部分一般采用船图中板、型材的画法表示。

2. 基本结构图中主要图线及其含义

基本结构图中图线比较复杂，其图线表达的含义可归纳如下：

(1)细实线

①纵剖面图中：中内龙骨和旁内龙骨、甲板中桁材、中纵剖面内肘板、扶强材等可见轮廓线，开孔轮廓线、基线等。

②甲板平台图中：甲板或平台板上的板缝线及开孔线，与甲板或平台同剖面内构件（加强覆板）的可见轮廓线等。

③船底图中：内底板的板缝线及边线、内底板上的开孔线、外底上纵横构件的可见轮廓线等。

(2)粗实线

①纵剖面图中：外板、内底板、横舱壁板、各层甲板或平台板、上层建筑横向围壁板、肋板、船底肋骨、内底横骨、横梁等剖面。

②甲板平台图中：外板、甲板或平台上的舱室围壁、舱口围板、支柱等的可见剖面。

③船底图中：外板、内底板上的纵横舱壁及其扶强材、支柱、肋骨等的剖面；内底板剖切后，内底板下的肋板、桁材、肘板、扶强材等的剖面。

(3)细虚线

①纵剖面图中：支柱内壁、扶强材折边等不可见轮廓线，纵围壁上不可见扶强材的简化线。

②甲板平台图中：不可见横梁与纵骨的简化线。

③船底图中：不可见内底横骨、内底纵骨等的简化线。

(4)粗虚线

①纵剖面图中：不可见非水密板材的简化线。

②甲板平台图中：不可见非水密舱室围壁、舱壁、肘板和支柱钢管壁。

③船底图中：不可见实肋板、非水密底纵桁、肘板及单底中T型构件的不可见腹板。

(5)轨道线

①纵剖面图中：不可见水密板材的简化线。

②甲板平台图中：甲板或平台下方不可见水密舱壁和围壁板的简化线。

③船底图中：不可见水密肋板和水密底纵桁的简化线。

(6)细点划线

①纵剖面图中：围壁上可见扶强材和舷侧中间肋骨的简化线、轴中心线、舵杆中心线。

②甲板平台图中：船体中线与开口对角线。

③船底图中:可见肋骨、船底纵骨、船底肋骨的简化线,开孔对角线、液舱范围线。

(7)粗点划线

①纵剖面图中:舷侧纵桁、强肋骨的简化线。

②甲板平台图中:可见强构件的简化线。

③船底图中:可见强肋骨的简化线。

(8)细双点划线

①纵剖面图中:不在所剖平面的舱口围板、支柱等的可见轮廓线。

②船底图中:构件的假想连线,如肋板边线、艏部平台边线等。

(9)粗双点划线

①甲板平台图中:不可见强横梁及甲板纵桁等的简化线。

②船底图中:内底板下不可见强构件的简化线。

(10)分段线

①甲板平台图中:甲板或平台的分段接缝线。

②船底图中:底部分段接缝线。

(11)折断线

船底图中:内底板被剖切的分界线。

3.基本结构图的表达特点

(1)图形上,采用了重叠画法、简化画法及二次剖切法(双层底右舷)。

(2)尺寸标注上,基本结构图标注构件的定位尺寸和定形尺寸。

①定位尺寸:以《金属船体构件理论线》为度量依据。通常,高度方向以距基线的尺寸来表示,宽度方向以距船体中线的尺寸来表示,长度方向以构件所在的肋位号或以距某肋位的尺寸来表示。

②定形尺寸:构件的定形尺寸仍采用集中标注的形式,除了有些构件的尺寸直接标注在图形内(如板厚),其他构件的尺寸大部分标注在构件所在的图形外面。

【任务实施】

案例 6.1　识读 150 t 冷藏船基本结构图

布置任务单 1

学习领域	船舶图样识读与绘制		
学习任务 1	识读 150 t 冷藏船基本结构图纵剖面图	学时	
任务描述	任务导入： 图 6-2(见书后附图)所示为 150 t 冷藏船基本结构图,其由主尺度栏和一组视图组成。通过船体基本结构图纵剖面图的识读,了解 150 t 冷藏船的全船结构概貌。 识读基本结构图的要求与基本结构图相似,首先是概括了解,然后是详细识读。识读时除了要对照各视图,有时还要参阅总布置图和基本结构图。 (1)识读标题栏和主尺度; (2)识读纵剖面图。		
任务要求	技能要求： (1)能够根据主尺度和标题栏了解船舶类型和大小; (2)能够根据纵剖面图,并结合甲板图、平台图和舱底图,了解甲板层数和位置、双层底设置的区间、主船体内纵横舱壁以及大开口的位置。 职业素质要求： (1)具有严谨认真的工作态度; (2)具有创新意识,以及获取新知识、新技能的学习能力; (3)具有较强的语言表达能力、分析和解决问题的能力。		
学习资源	教材、教学课件、图片、图纸。		

学习任务单 1

<table>
<tr><td>学习领域</td><td>船舶图样识读与绘制</td><td>模块名称</td><td colspan="4">项目六：船舶基本结构图的识读与绘制</td></tr>
<tr><td>任务名称</td><td>识读 150 t 冷藏船基本结构图纵剖面图</td><td>学时</td><td></td><td>班级</td><td></td><td>学习笔记</td></tr>
<tr><td>识读内容</td><td>(1)通过识读标题栏,了解船舶的用途;
主尺度
总　　长　49.90 m
垂线间长　45.00 m
型　　宽　8.50 m
型　　深　4.00 m
设计吃水　2.80 m
最大吃水　3.10 m
肋骨间距(全船)　0.55 m
梁　　拱　0.17 m</td><td colspan="4">根据主尺度和标题栏可以了解船舶类型和大小。例如,该船是 150 t 冷藏船,总长 49.90 m、垂线间长 45.00 m、型宽 8.50 m、型深 4.00 m、设计吃水 2.80 m、梁拱高 0.17 m、型排水体积 580.20 m³。</td><td></td></tr>
</table>

续表 1

识读 内容	(2)识读基本结构图的纵剖面图,确定全船的甲板层数及设置位置; (3)识读基本结构图的纵剖面图,确定底部设置; (4)识读基本结构图的纵剖面图,确定主船体舱壁设置。 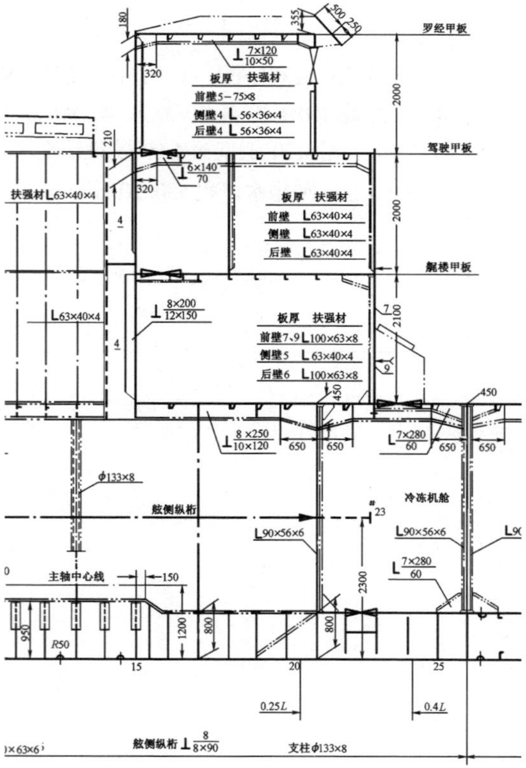 **图 6-3**	了解全船结构的概貌,主要根据纵剖面图,并结合甲板图、平台图和舱底图进行识读。 (1)确定全船的甲板层数及设置位置。即主船体甲板和上层建筑甲板的层数,再结合相应的甲板图,确定它们的设置位置及其高度。有的基本结构图将上层建筑各层甲板间高度列在主尺度栏中,识读时还要参见主尺度栏。例如,该船的主船体有一层连续甲板,即主甲板,它从船首一直通至船尾。上层建筑设有艉楼和艏楼,艉楼在机舱上部,按自下向上的顺序有艉楼甲板、驾驶甲板和罗经甲板。艉楼甲板设置在船尾至#23 肋位之间,距主甲板 2 100 mm;驾驶甲板设置在#9~#23 肋位之间,距艉楼甲板 2 000 mm;罗经甲板设置在#15~#21 肋位之间,距驾驶甲板 2 000 mm;艏楼甲板位于#70 肋位至船首范围内,距主甲板 1 900 mm。此外,在船中#45~#49 肋位之间的上甲板上还设置有桅屋平台,距主甲板 2 000 mm。 (2)了解内底设置。由纵剖面图中内底板的剖面为粗实线,并结合舱底图内底板的排列,了解内底板的设置区间。例如,从该船的纵剖面图的粗实线看出,内底板设置在#21~#64 肋位之间,结合船底图,可以了解到内底两边还向船尾延伸到#17 肋位,#17~#21 肋位之间靠中线面处为单底结构。艏艉的其余部分为单层底。 (3)了解主船体横舱壁的设置。结合上甲板图可以了解主船体横舱壁的位置、数目、是否水密,从而了解纵向舱室划分的情况。例如,根据纵剖面图中横舱壁为粗实线可知,主船体在#1、#5、#21、#26、#47、#70、#73 肋位处,设置了 7 道横舱壁。结合主甲板图中相应肋位处不可见板材的简化线可知,除了#21 肋位处的横舱壁是非水密的(粗虚线表示),其余 6 道横舱壁都是水密横舱壁(轨道线表示)。这 7 道横舱壁将船体沿船长方向划分为舵机舱、艉压载水舱、机舱、冷冻机舱、后货舱、前货舱、清水舱和艏压载水舱,纵剖面图中均注有这些舱室的名称。

续表 2

识读内容		(4)了解主船体纵舱壁的设置。结合各层甲板图可以了解到纵舱壁的位置，沿横向舱室的划分情况，从中还可以了解到纵舱壁的上开口布置。例如，对照主甲板图中纵向的轨道线及粗虚线可知，该船在$^{\#}1$~$^{\#}5$及$^{\#}70$~$^{\#}73$肋位之间的中线面内设有水密纵舱壁；在$^{\#}73$~$^{\#}73^{+900}$之间的中线面内设有非水密纵舱壁（锚链舱隔壁），其上开有半圆形的踏步孔；在$^{\#}73^{+900}$~$^{\#}79$肋位之间设有纵向制荡舱壁。 (5)了解大开口设置的位置。对照主甲板图可以了解到各种舱口的设置情况。例如，在$^{\#}7$~$^{\#}15$肋位之间开有机舱舱口，$^{\#}34$~$^{\#}38$肋位之间以及$^{\#}56$~$^{\#}60$肋位之间开有货舱舱口。

布置任务单 2

学习领域	船舶图样识读与绘制		
学习任务 2	识读 150 t 冷藏船基本结构图甲板、平台平面图	学时	
任务描述	任务导入： 通过船体基本结构图甲板、平台图的识读，了解甲板、平台及与其相连接的构件情况。		
任务要求	技能要求： (1)能够根据纵剖面图，并结合甲板图、平台图和舱底图，了解甲板层数和位置、双层底设置的区间、主船体内纵横舱壁以及大开口的位置； (2)掌握正确识读船体基本结构图的方法和步骤。 职业素质要求： (1)具有严谨认真的工作态度； (2)具有创新意识，以及获取新知识、新技能的学习能力； (3)具有较强的语言表达能力、分析和解决问题的能力。		
学习资源	教材、教学课件、图片、图纸。		

学习任务单 2

<table>
<tr><td>学习领域</td><td>船舶图样识读与绘制</td><td>模块名称</td><td colspan="4">项目六：船体基本结构图的识读与绘制</td></tr>
<tr><td>任务名称</td><td>识读 150 t 冷藏船基本结构图甲板、平台平面图</td><td>学时</td><td></td><td>班级</td><td></td><td>学习笔记</td></tr>
<tr><td>识读甲板、平台平面图</td><td>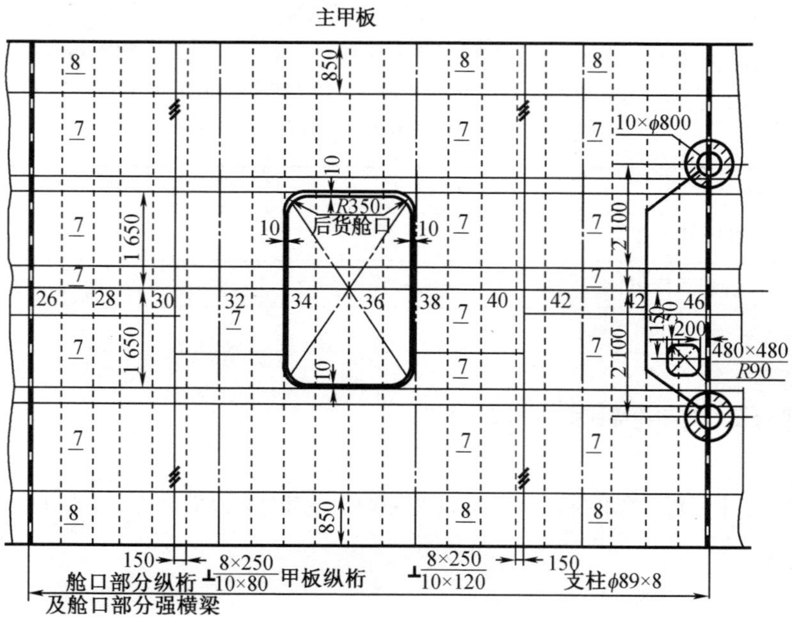
</td><td colspan="4">（1）确定甲板、平台板的排列
甲板、平台板的排列由板缝线确定（图中以细实线表示），相邻两条纵向和横向接缝围成一块板，板厚可以从图中直接查得。由图 6-4 中的板缝线可知，该区域甲板的钢板为纵向排列，每块板形状也可确定；靠舷边的甲板边板厚为 8 mm，其余板厚均为 7 mm。
（2）了解甲板开口的位置和大小
通过甲板、平台图上所标注的肋位号和尺寸标注，可以具体确定甲板、平台开口在船长和船宽方向的位置及开口的大小。在图 6-4 中，主甲板#34～#38 肋位之间开有货舱口，开口宽度约为 2×1 650 mm＝3 300 mm，长度根据肋距大小求得约为 4×550 mm＝2 200 mm。在#46 肋位处甲板的右舷部分开有大小为 480×480 的方形孔，孔中心距船体中心线 1 150 mm，孔后边距#47 肋位 200 mm。
（3）了解甲板板上面构件的位置和大小
通过甲板、平台图中的线条及其轮廓，结合纵剖面图，并参照尺寸标注可具体查阅。图 6-4 中，该船的货舱口四周设有舱口围板（甲板图中为粗实线），围板四角为半径 350 mm 的圆弧。#45 肋位处设有油泵室围壁，其上设有垂直扶强材。#47 肋位上桅杆穿过甲板处有左右对称的两块圆形加强复板，尺寸为 10×φ800 mm。</td><td></td></tr>
</table>

续表

识读甲板、平台平面图	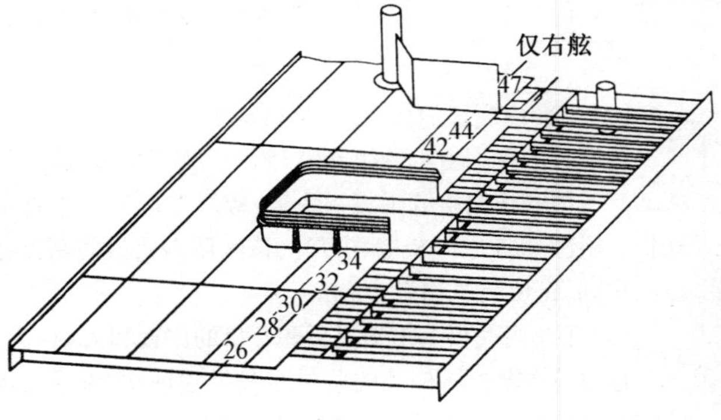 图 6-4 识读甲板图	(4)了解甲板板下面构件的布置和大小 图中甲板、平台板下面的构件采用简化画法,读图时要根据各种图线所表达的含义来确定各类构件的布置。如轨道线表示水密横舱壁,粗双点划线表示强横梁和甲板纵桁,细虚线表示相应肋位的普通横梁。横向构件的剖面形状由纵剖面图确定。构件的大小一部分可查阅纵剖面图,另一部分可查阅图外面标注的相关尺寸。图 6-4 中,#26、#47 肋位处是水密横舱壁,#32、#38、#43 肋位处是强横梁,其余各肋位处是普通横梁。舱口两边各有一道沿船长方向设置的甲板纵桁,距船体中心线 1 650 mm。 后货舱区域主甲板的具体结构参见图 6-4。	

布置任务单 3

学习领域	船舶图样识读与绘制		
学习任务 3	识读 150 t 冷藏船基本结构图舱底图	学时	
任务描述	任务导入: 通过船体基本结构图舱底图的识读,了解底部结构及与其相连接的构件情况。		
任务要求	技能要求: 能够通过识读舱底图,了解内底板及船底纵横构件情况。 职业素质要求: (1)具有严谨认真的工作态度; (2)具有创新意识,以及获取新知识、新技能的学习能力; (3)具有较强的语言表达能力、分析和解决问题的能力。		
学习资源	教材、教学课件、图片、图纸。		

学习任务单 3

<table>
<tr><td>学习领域</td><td>船舶图样识读与绘制</td><td>模块名称</td><td colspan="4">项目六：船体基本结构图的识读与绘制</td></tr>
<tr><td>任务名称</td><td>识读 150 t 冷藏船基本结构图舱底图</td><td>学时</td><td></td><td>班级</td><td></td><td>学习笔记</td></tr>
<tr><td>识读
舱底图</td><td>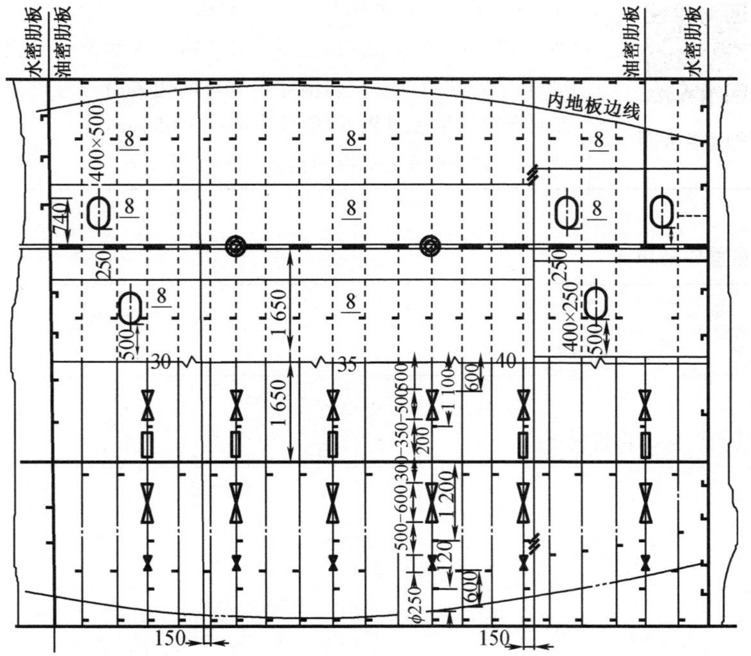
</td><td colspan="4">（1）了解内底板的排列、形状和厚度
内底板的排列由板缝线确定（图中以细实线表示），相邻两条纵向和横向接缝围成一块板，板厚可以从图中直接查得。由图 6-5 中的板缝线可知，该区域内底板的钢板为纵向排列，每块板厚均为 8 mm。
（2）了解内底板上加强复板和开口的位置和大小
通过舱底图上所标注的肋位号和尺寸标注，可以具体确定内底板上加强复板和开口在船长和船宽方向的位置及开口的大小。在图 6-5 中，内底板#27～#28、#28～#29、#42～#43、#43～#44、#45～#46 肋位中间开有人口，大小为 400×500 mm，其中#27～#28、#42～#43、#45～#46 肋位中间的人孔（靠船体中心线端）距旁底桁 250 mm，#28～#29、#43～#44 肋位中间的人孔（靠船体中心线端）距船体中心线 500 mm。在#32、#38 肋位距船体中心线 1 650 mm 处有圆形加强复板。
（3）了解船底构件的布置和大小
图中内底板下面的构件采用简化画法，读图时要根据各种图线所表达的含义来确定各类构件的布置，双层底部分的构件用简化画法表示，其余部分一般根据船图中板、型材的画法表示。横向构件的剖面形状由纵剖面图确定。构件的大小查阅图外面标注的相关尺寸。图 6-5 中，#26、#45（左舷至旁底桁段）、#47 肋位是水密肋板，#29、#32、#35、#38、#41、#45（右舷部分）肋位是实肋板，其余肋位是框架肋板。船体中心线处设有水密的中底桁，在距船体中心线 1 650 mm 处，左右舷对称设置水密的旁底桁。构件具体尺寸参见图外的集中标注。</td><td></td></tr>
</table>

续表

识读 舱底图	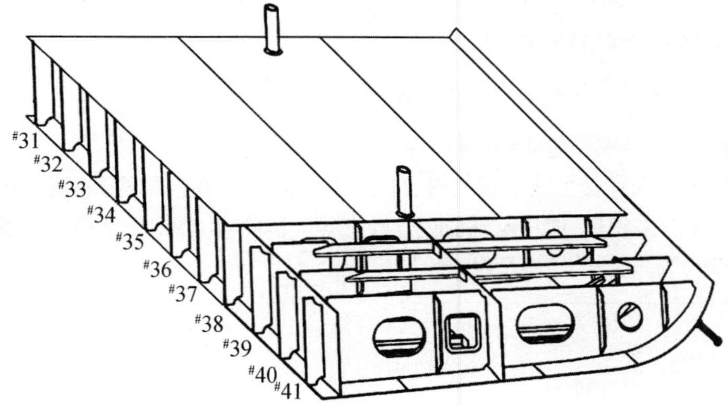 **图 6-5** **识读舱底图**	(4)了解实肋板上开口的位置 实肋板上的开口(靠舷侧端)距船体中心线的距离分别为 1 000 mm、1 350 mm、2 250 mm、3 000 mm,长度分别为 500 mm、350 mm、600 mm、250 mm,具体形状和尺寸参照基本结构图。 后货舱区域舱底的具体结构可参见图 6-6。另外,有的舱底图还表示了舷侧主要纵横构件的布置情况。	

任务总结单

<table>
<tr><td>学习领域</td><td>船舶图样识读与绘制</td><td>模块名称</td><td>项目六:船体基本结构图的识读与绘制</td></tr>
<tr><td>任务名称</td><td colspan="3">识读 150 t 冷藏船基本结构图</td></tr>
<tr><td>职业素养总结</td><td colspan="3">请按照知识总结思维导图格式,从职业精神、思想政治、创新发展等方面总结识读 150 t 冷藏船总布置图的学习收获。</td></tr>
<tr><td>识读总结</td><td colspan="3">了解全船结构的概貌,主要是根据纵剖面图,并结合甲板图、平台图和舱底图进行识读。
识读时主要是了解各部分结构中构件的布置、结构形式、大小和连接方式。识读时,可以根据需要,按底部结构、舷侧结构、甲板结构、上层建筑结构、艏艉端结构的划分来识读;也可以按舱室结构的划分来识读,如货舱、机舱、驾驶室等。读图时,要把纵剖面图和各种水平剖面图结合起来,对照进行。必要时,还要参阅基本结构图,以完整地了解全船的结构情况。</td></tr>
<tr><td>笔记总结</td><td colspan="3"></td></tr>
</table>

【拓展练习】

拓展任务单 1

学习领域	船舶图样识读与绘制	模块名称	项目六:船体基本结构图的识读与绘制	
任务名称	识读 3 000 t 货船基本结构图基本信息	学时		班级	
学生姓名		学号		组别	
任务描述	图 6-6(见书后附图)所示为 3 000 t 货船基本结构图。通过识读纵剖面图了解全船概况,对全船主要结构有一个概括的了解。在学习过程中培养学生认真、严谨、精益求精的工作态度及钻研精神。				

1. 通过识读标题栏,了解船舶的用途。	根据主尺度和标题栏可以了解船舶的类型和大小。例如,该船为 3 000 t 货船,总长(　　),垂线间长(　　),型宽(　　),型深(　　),设计吃水 5.5 m,满载排水量(　　),船员 52 人,航速 14.1 kn。
2. 识读纵剖面图,了解全船概况。	即主船体甲板和上层建筑甲板的层数,再结合相应的甲板图,确定它们设置的位置及其高度。有的基本结构图将上层建筑各层甲板间的高度列在主尺度栏中,识读时还要参见主尺度栏。 该船的主船体有一层连续甲板,即主甲板,它从船首一直通至船尾;有一层第二甲板,第二甲板是从#7 舱壁起,连续至#131 艏尖舱壁止,#7 舱壁以后变为升高的(　　)平台,#131 舱壁以前则变为保证结构延续的舷侧纵桁。 上层建筑设有(　　)和艏楼,艉楼在机舱上部由艉楼甲板、(　　)、(　　)和罗经甲板划分为四个空间。艉楼甲板在#4~#41 肋位范围内;艇甲板在#5~#38 肋位范围内;驾驶甲板在(　　)~#38 肋位范围内;罗经甲板在#24~#38 1/2肋位范围内。艉楼的前端围壁位于#38 肋位上,后端围壁在艇甲板以下位于#7 肋位上;艇甲板的后端围壁在驾驶甲板以下位于#17 肋位上;驾驶甲板的后端围壁在罗经甲板以下位于#24 肋位上。艏楼在艏尖舱上部,是由艏楼甲板与上甲板形成的一个空间,艏楼甲板位于#123 肋位至船首范围内,在#125 肋位上设有后端围壁,在#131 肋位上设有横围壁。 各层甲板间的高度在基本结构图的“识读肋位剖面图”中已说明。

拓展任务单 2

学习领域	船舶图样识读与绘制	模块名称	项目六：船体基本结构图的识读与绘制		
任务名称	识读 3 000 t 货船基本结构图甲板图	学时		班级	
学生姓名		学号		组别	
任务描述	图 6-7 所示为 3 000 t 货船基本结构图中机舱上甲板剖面图。通过识读，了解甲板相关结构的排列、形状、构件的布置及相关信息。在学习过程中培养学生认真、严谨、精益求精的工作态度及钻研精神。				

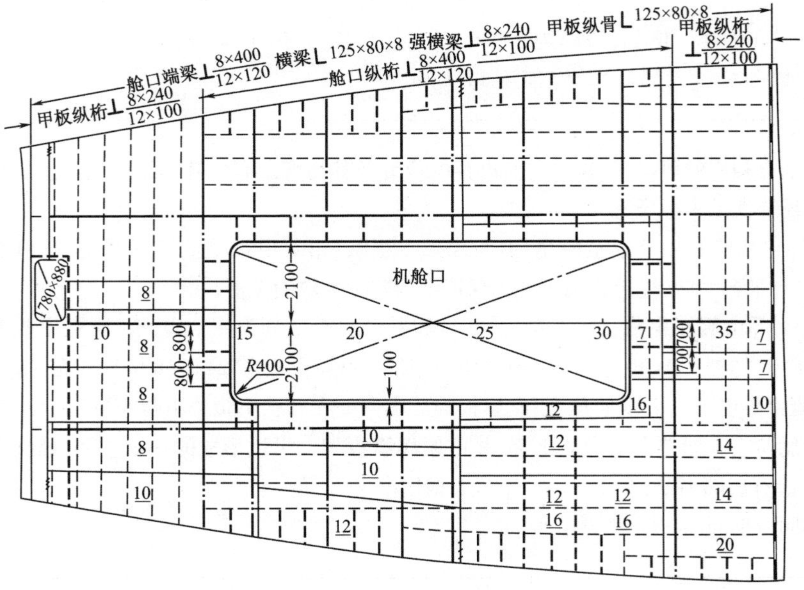

图 6-7 机舱上甲板剖面图

机舱区域上甲板结构（图 6-7）的#7～#15 肋位及#31～#37 肋位甲板为粗实线，在每档肋位上都能看到粗实线的型材断面，表明甲板板和横梁都被剖到。#8 1/2～#14 肋位、#33～#37 肋位甲板纵桁为双细实线，表明在中纵剖面内设有（　　）。#15～#31 肋位甲板板和#14～#33 肋位甲板纵桁为细双点划线，表明甲板和甲板纵桁不在所剖的中纵剖面内，在这段范围内未画出甲板下横梁，说明横梁未被剖到或甲板下不设横梁，具体应对照上甲板图识读，见图 6-7。

1. 了解甲板板的排列、形状和厚度

甲板、平台板的排列由板缝线确定（图中以细实线表示），相邻两条纵向和横向接缝围成一块板，板厚可以从图中直接查得。

由图 6-7 可知，甲板板的厚度从艉向艏逐步（　　），甲板边板较其他甲板厚。板缝的排列和厚度的分布左右对称，图中仅标出右舷部分。

2. 了解甲板开口的位置和大小

通过甲板、平台图上所标注的肋位号和尺寸标注，可以具体确定甲板、平台开口在船长和船宽方向的位置及开口的大小。

在图 6-7 中，上甲板#15～#31 肋位有机舱开口，宽为（　　）mm。#7～#8 1/2 肋位有梯口，长为（　　）mm，宽为（　　）mm。

续表

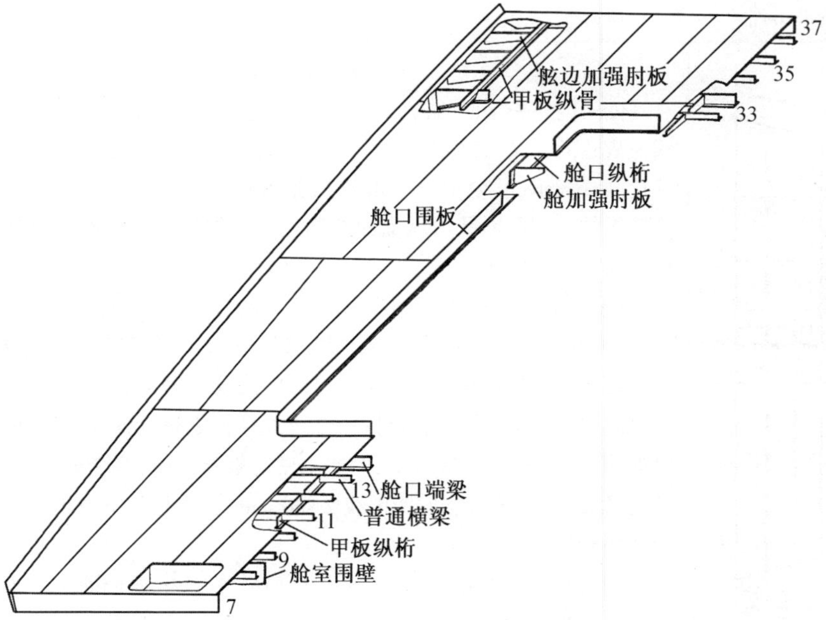

图 6-8　机舱上甲板结构

3. 了解甲板板下面构件的布置和大小

图中甲板、平台板下面的构件采用简化画法，读图时要根据各种图线所表达的含义来确定各类构件的布置。如轨道线表示水密横舱壁，粗双点划线表示强横梁和甲板纵桁，细虚线表示相应肋位的普通横梁。横向构件的剖面形状由纵剖面图确定。构件的大小一部分可查阅纵剖面图，另一部分可查阅图形外面标注的相关尺寸。

图 6-7 中，上甲板下的纵向构件有（　　）和甲板纵骨。甲板纵桁有 3 道，中纵桁是由 8×240 的腹板和 12×100 的面板组成的 T 型结构，分成两段，一段从 #8 1/2肋位非水密横向围壁起至#14 肋位强横梁止，另一段从#33 肋位强横梁起至#37 肋位横舱壁止。左舷的一根边纵桁从#7 肋位起至#37 肋位止，而右舷的一根则从#7 肋位起至#27 肋位止，#27～#37 肋位一段图中变为粗虚线，表明这段内甲板下设有（　　）纵围壁。#14～#33 肋位的舱口纵桁是由 8×400 的腹板和 12×120 的面板组成的 T 型结构；#7～#14 肋位与#33～#37 肋位两段边纵桁是由 8×240 的腹板和 12×100 的面板组成的 T 型结构，它们距中心线的距离图中未注明，但根据结构的一般规律性，可以判断它们距中心线的距离与第二甲板边纵桁的相同（2 800 mm）。甲板纵骨仅设置在边纵桁的外侧，从#14 肋位起至#37 肋位止，用 125×80×8 的不等边角钢制成。

甲板下的横向构件有（　　）和普通横梁。强横梁设在#16、#19、#22、#24、#27、#31 肋位上；#27 肋位和#31 肋位仅设在左舷，#27 肋位的右舷为非水密横围壁（图中粗虚线）；#31 肋位右舷则不设强半横梁，这是因为在#29 肋位的右舷设有非水密横围壁。强横梁是由 8×240 的腹板和 12×100 的面板组成的 T 型结构。#14 肋位和#33 肋位的（　　），是由 8×400 的腹板和 12×120 的面板组成的 T 型结构。普通横梁设在#8～#13 肋位及#32～#36 肋位上（#33 肋位除外），#8～#13 肋位中除#8 肋位横梁因梯口而间断外，其他均为全横梁，#32～#36 肋位在两边纵桁之间设置短横梁。普通横梁由 125×80×8 的不等边角钢制成。

机舱口的四周以及#15～#36 肋位范围内不设强横梁的每档肋位的舷边设有加强肘板（图中粗虚线），肘板的形状可从基本结构图中得到。机舱口周围的粗实线表示甲板上的舱口围板。上甲板的具体结构可参见图 6-8。

拓展任务单 3

学习领域	船舶图样识读与绘制	模块名称	项目六:船体基本结构图的识读与绘制		
任务名称	识读 3 000 t 货船基本结构图舱底图	学时		班级	
学生姓名		学号		组别	
任务描述	图 6-9 所示为 3 000 t 货船基本结构图中舱底剖面图。通过识读,了解 3 000 t 货船底部结构的相对位置和构件的布置、大小、结构形式等相关信息。在学习过程中培养学生认真、严谨、精益求精的工作态度及钻研精神。				

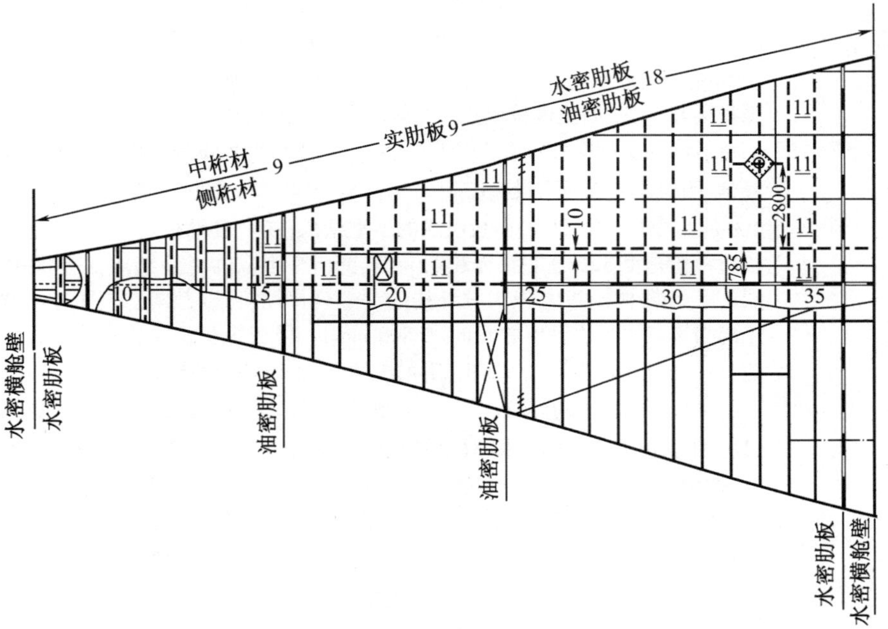

图 6-9　舱底剖面图

图中内底板下面的构件采用简化画法,读图时要根据各种图线所表达的含义来确定各类构件的布置。双层底部分的构件用简化画法表示,其余部分一般根据船图中板、型材的画法表示。横向构件的剖面形状由纵剖面图确定。构件的大小查阅图形外面标注的相关尺寸。

图 6-9 中,双层底内的纵向构件主要有(　　)和基座下的(　　),中桁材厚 9 mm,在$^{\#}7$~$^{\#}12$ 肋位内为 T 型结构,$^{\#}12$~$^{\#}37$ 肋位之间为板材结构,$^{\#}7$~$^{\#}24$ 肋位之间为非水密的,$^{\#}24$~$^{\#}37$ 肋位之间则为水密结构;侧桁材在$^{\#}17$~$^{\#}37$ 肋位之间设置,位于中桁材的两旁,距中桁材 785 mm,为非水密的板材结构,厚 9 mm。此外,在$^{\#}32$~$^{\#}34$ 肋位之间,距中线 2 800 mm 处,支柱的下方设有纵向加强桁材。

横向构件主要为(　　),其中$^{\#}9$、$^{\#}16$、$^{\#}24$、$^{\#}36$ 四档肋位为水密或油密肋板(图中为轨道线),其他均为(　　);除$^{\#}8$、$^{\#}10$ 和$^{\#}11$ 三档肋位为 T 型结构外,其余都是板材结构;水密或油密肋板厚(　　)mm、实肋板厚(　　)mm。该舱底具体结构见图 6-9。

案例 6.2　绘制 150 t 冷藏船基本结构图

布置任务单

<table>
<tr><td>学习领域</td><td>船舶图样识读与绘制</td><td>模块名称</td><td colspan="3">项目六:船体基本结构图的识读与绘制</td></tr>
<tr><td>任务名称 4</td><td>绘制 150 t 冷藏船基本结构图</td><td>学时</td><td></td><td>班级</td><td></td></tr>
<tr><td>任务导入</td><td colspan="5">参考已知 150 t 冷藏船型线图、基本结构图、总布置图,绘制 150 t 冷藏船基本结构图。要求表达全船主要纵、横构件的布置情况、结构形式、尺寸和与其他构件连接的方式。</td></tr>
<tr><td>任务描述</td><td colspan="5">绘制步骤:
(1)选择剖切位置;
(2)确定图样比例和图纸幅面;
(3)布置图面;
(4)绘制各图形的基准线并在其上定出肋位;
(5)绘制各图的外形;
(6)绘制各视图;
(7)加深图形并进行相应的尺寸标注;
(8)标注舱室名称,填写主尺度栏和标题栏。</td></tr>
<tr><td>任务要求</td><td colspan="5">技能要求:
(1)能够正确选取纵剖面图、甲板图和平台图、舱底图的剖切位置;
(2)能够正确选取比例、图纸幅面并进行图面的布置;
(3)能够根据图面布局及各图形的大小正确定出各个视图的基准线位置;
(4)能够根据型线图绘制各个视图的外形轮廓;
(5)能够正确绘制纵剖面图中线面上构件、中线面与舷侧之间构件、舷侧构件及穿过中线面构件的位置、结构形式、尺寸和与其他构件连接的方式;
(6)能够正确绘制甲板、平台和船底的构件布置情况、结构形式、大小、连接方式;
(7)掌握正确绘制船体基本结构图的方法和步骤。
职业素质要求:
(1)具有认真负责的工作态度;
(2)具有认真钻研、不断进取的意志和品质;
(3)具有团结协作和与人沟通的能力;
(4)具有创新意识和解决问题的能力。</td></tr>
</table>

学习任务单

学习领域	船舶图样识读与绘制	模块名称	项目六:船体基本结构图的识读与绘制			
任务名称	150 t 冷藏船基本结构图绘制	学时		班级		学习笔记

1. 选择剖切位置

(1)纵剖面图

通常选取中线面作为剖切平面。

(2)甲板图和平台图

通常选取沿着甲板或平台上表面的一个面作为剖切面。剖切的方式也可以采用阶梯剖,把不完全连续的甲板和升高甲板或平台表示在同一个剖面图中。

(3)舱底图

舱底图的剖切位置可视图形中需要表示的结构而定,可选取在最下层甲板与底部构架之间的剖面(包含舷侧结构),也可选取靠近底部构架上缘的阶梯形剖面(以简化图面)。

2. 确定图样比例和图纸幅面

比例可根据船体的主尺度来选取,常用的比例有 1∶100、1∶50、1∶25 等;图纸幅面则由比例、主尺度和甲板及平台图的数量来确定,如船体尺度较大、甲板层数较多,可选用两张以上的图纸。

3. 图面的布置

纵剖面图布置在图纸上方,甲板图和平台图依次布置在纵剖面图的下方,舱底图布置在图纸的最下方,主尺度栏布置在图纸的右上方。由于上层建筑甲板层数较多,其位置可不与纵剖面图对应,通常自下向上、自左向右布置。

4. 画出各图形的基准线并在其上定出肋位

根据图面布局及各图形的大小,在图纸适当位置画出基线作为纵剖面图的基准线;画出各层甲板、平台图和舱底图的船体中线,以作为基准线;然后,在基线上定出艏、艉垂线的位置及肋位,并以此肋位为基准定出各船体中线上的相应肋位。

5. 绘制各图的外形

(1)绘制纵剖面图的外形

根据型线图画出中纵剖线和甲板中线,根据总布置图画出上层建筑中的各层甲板、平台线。

(2)绘制甲板图和平台图的外形

在船体中线上先作出若干根肋位线,再根据型线图量得相应肋位上的甲板边线或平台边线的半宽型值,连接各点即得甲板图和平台图的外形。

续表

(3)绘制舱底图的外形 舱底图的外形与剖切位置有关。如果在最下层甲板与底部构架之间选取剖切面,则通常取最下层甲板边线为外形轮廓;如果选取靠近底部构架上缘的阶梯剖,则取肋板边线、内底板边线及舵机舱平台边线等作为外形轮廓。画法与甲板图相似。	
6. 绘制纵剖面图 (1)画横舱壁、上层建筑横向围壁、舱口围板、内底板等(图中均为粗实线)。 (2)画中内龙骨、舷侧纵桁、纵舱壁、甲板纵桁等纵向构件。画时应注意:凡位于中线面的纵向构件均作未剖处理(可见轮廓用细实线,不可见轮廓用细虚线)。 (3)画肋板、横梁(剖面为粗实线)及强肋骨(用简化线)等横向构件。	
7. 绘制甲板图、平台图和舱底图 (1)画甲板板、平台板和内底板上的开口(开口轮廓为细实线)。 (2)画纵、横舱壁(剖面为粗实线,不可见时用粗虚线或轨道线)及甲板纵桁、强横梁、甲板纵骨、普通横梁等构件线(用简化线)。 (3)画甲板板、平台板和内底板上的接缝线(分段接缝用斜栅线,其他接缝用细实线)。 如果结构对称于中线面,则允许图形不全部画出(双层底除外),只画略多于一半的图形。 对于正视和俯视这两类不同方向的视图,画图时应注意构件及开口位置等的相互对应。	
8. 根据图线所表达的含义加深图形并进行相应的尺寸标注 构件的大小尺寸,一部分可直接标注在图形中,另一部分则标注在构件所在范围的图形外面。舱壁扶强材及其肘板的尺寸通常标注在纵剖面图中,舷侧构件和支柱的尺寸通常标注在纵剖面图的下方,甲板和平台下的构件尺寸标注在相应图形的外面,底部构件尺寸标注在舱底图的外面。 纵剖面图、连续的甲板图和舱底图的肋位号逢 0、5、10 等标注,其余较小的视图可逢双号标注。	
9. 标注舱室名称,填写主尺度栏和标题栏 舱室名称标注在纵剖面图中的相应舱室位置,甲板图中标注大舱口的名称,舱底图中还要写出舱壁或肋板是否水密。主尺度栏列在图纸右上方空白位置。最后在标题栏中填写船名、图名等内容。	

项目七　船体肋骨型线图的识读与绘制

【项目描述】

船体肋骨型线图是表示全船肋骨剖面形状、外板纵横接缝位置以及甲板、平台和与外板相接的各纵向构件布置的图样，是一张全船性结构图样。在船体放样中肋骨型线图作为肋骨型线、外板接缝线和船体结构线放样的依据；在绘制外板展开图时作为伸长肋骨型线、求取肋骨型线实长和确定构件位置的依据；在绘制其他船体图样时作为选取或剖切所需船体横剖面形状的依据。船体肋骨型线图和外板展开图共同表示了船体外板结构和主要构件的位置。因此必须正确识读和绘制船体肋骨型线图。

【项目目标】

知识目标

1. 掌握船体肋骨型线图的组成及表达内容；
2. 熟悉船体肋骨型线图中的主要线条及其含义；
3. 掌握船体肋骨型线图中的主要图线及其含义。

能力目标

1. 能正确识读船体肋骨型线图；
2. 能正确绘制船体肋骨型线图。

素质目标

1. 具有良好的读图和绘图的基础技术素养；
2. 具有严谨细致的工作态度；
3. 具有创新意识，以及获取新知识、新技能的学习能力；
4. 具有分析问题、解决问题的能力。

【学习任务】

学习任务 1:识读 150 t 冷藏船肋骨型线图外板的边界;
学习任务 2:识读 150 t 冷藏船肋骨型线图外板的布置和数量;
学习任务 3:识读 150 t 冷藏船肋骨型线图的位置;
学习任务 4:绘制 150 t 冷藏船肋骨型线图。

【学习载体】

150 t 冷藏船肋骨型线图。

【学习评价】

完成本项目的学习后,按照下表对本项目的学习情况进行总评,评价总分为 100 分。

成绩评价单

评价内容	分值	自我评价(30%)	小组互评(40%)	教师评价(30%)	总分
(1)了解肋骨型线图的组成和表达内容	20				
(2)了解外板的布置和数量	20				
(3)了解构件的位置	20				
(4)绘制肋骨型线图(局部)	20				
职业素养考核(职业精神、思想政治、创新发展)	20				
合计					
自我评价与总结					
教师点评					

【素养小课堂】

科研巨匠:"辽宁舰"总设计师朱英富——从船长梦到造船人

朱英富院士

朱英富,出生于1941年7月,舰船工程专家,浙江省宁波人。现任中国船舶重工集团公司第七〇一研究所研究员,国家重大专项工程总设计师,2011年当选中国工程院院士,中国第一艘航空母舰"辽宁舰"总设计师。

2002年3月3日,"瓦良格号"抵达中国大连港,来到了中国的怀抱。它就是"辽宁舰"的前身。

航空母舰,是目前海军装备序列中最复杂的海上战斗平台,其建造必须以现代化大工业体系为支撑,充分考验并体现一个国家的基础科学、尖端材料、高端装备制造业等领域的科技及工业实力。比如材料技术、船体设计技术、舰机适配技术、舰载机技术、拦阻技术、武器技术、动力技术及其他配套的各种设施保障技术等。

2012年9月25日,"辽宁舰"正式加入中国人民解放军海军序列。看似波澜不惊的交付,却凝聚着总设计师朱英富的心血和汗水。或许是"辽宁舰"总设计师的光环太过耀眼,很多人不知道朱英富还是我国"052B"和"052C"两级现代化驱逐舰的总设计师,而"052C"更广为人知的名字就是"中华神盾舰"。朱英富曾说,研制驱逐舰、护卫舰,为建造"辽宁舰"积累了许多经验。

20世纪80年代,世界大国特别是美国和苏联都在热烈地讨论:国家应该用什么样的项目把整个国民经济牵动起来。军事发展对科技与经济的促进作用是显而易见的,而且在海军与海洋经济的互动上尤为明显。一艘航母的建造涉及造船厂、飞机制造厂、弹药工厂、发动机厂、钢铁厂、线缆厂、电子设备厂、雷达厂、武器生产厂以及相应的科研机构,这里面牵涉的人,少则数十万,多则上百万。据估计,建设一支完整的航母编队约需640亿元人民币。此外,考虑到航母轮岗或我国保护东海、南海国家权益的需要,各布置一支航母编队,则总投资约1 300亿元人民币。虽然航母造价不菲,但它将带动一系列工业体系的发展,推进人才的培养,带来巨大的效益。

从2004年国家决定对未完成建造的"瓦良格号"航空母舰进行续建,到2012年交付并正式更名为"辽宁舰"航空母舰,从科学的角度讲,8年时间改造好航母是很困难的,作为总设计师的朱英富十分清楚这一点,但是为了国家利益,他欣然接受挑战。

"瓦良格号"拖来时只有一个船体,没有设计图纸,没有规范,没有经验,朱英富也想过与"瓦良格号"的研制方乌克兰合作,但是被拒绝了。求人不如求己,朱英富完全按照军舰研制的流程,从方案设计、技术设计、施工设计,一步一步地走完制造的全过程。朱英富造军舰的经验虽然丰富,但是造航空母舰跟造驱逐舰还是有很大的差别,造驱逐舰就像造一幢大楼,造航空母舰则更像设计一个小区,整个配套、运转都不一样,涉及许多新的设计理念。

朱英富带领团队做了很多工作,经过 8 年的不懈努力,他最终指导大家将只能算是半成品的船体,建成了拥有作战能力的航空母舰!通过第一艘航母的研制,朱英富团队经历了建造航母的完整实践过程,获得了许多宝贵经验,组建了一支技术队伍,建立了一套研制程序,制定了一套管理方法,形成了国内配套体系。“瓦良格号”改造完成后,我国已经完全具备了自主研制国产航母的能力。

【启示】在党的正确引领下,一代代“航母人”不断克服艰难险阻,用忠诚凝结航母基因,用使命书写航母历史,以“满负荷”运转、“忘我式”拼搏、“超极限”爆发的精神状态为不断夺取新时代强军事业新胜利贡献力量。他们继承和弘扬了开天辟地、敢为人先、坚定理想、百折不挠、立党为公、忠诚为民的“红船精神”,形成了以“爱国、创新、科学、拼搏、协作”为核心的新时代航母精神。

【思考】朱院士时常告诫年轻人:“干工程、搞技术,就要踏踏实实,无论任何事情,都要尽职尽责,努力把事情做到最好。”质朴的言语,诠释着他舰船报国的初心使命和永攀高峰的执着追求,也为年轻人留下了宝贵的精神财富。谈谈你从中获得哪些启示。

来源于:https://mp.weixin.qq.com/s/VZ1jujDyuzQLmiKrw_Ne7Q(有改动)

标语:传承航母精神,凝聚青春力量。

【知识结构】

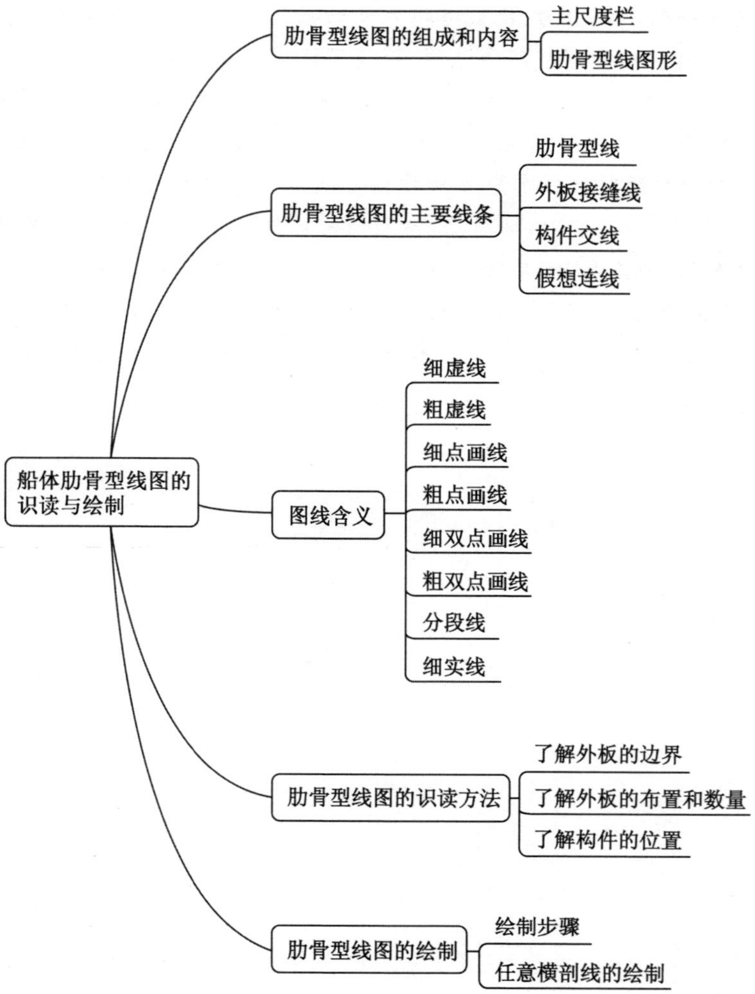
船体肋骨型线图的识读与绘制
肋骨型线图的组成和内容
主尺度栏
肋骨型线图形
肋骨型线图的主要线条
肋骨型线
外板接缝线
构件交线
假想连线
图线含义
细虚线
粗虚线
细点画线
粗点画线
细双点画线
粗双点画线
分段线
细实线
肋骨型线图的识读方法
了解外板的边界
了解外板的布置和数量
了解构件的位置
肋骨型线图的绘制
绘制步骤
任意横剖线的绘制

【相关知识】

1. 肋骨型线图的组成及表达内容

肋骨型线图由主尺度栏和肋骨型线图形组成，见图 7-1（见书后附图）。

（1）主尺度栏

肋骨型线图属于全船性图样，在图纸的右上方列有主尺度栏，包括总长、垂线间长、型宽、型深、吃水、肋距和梁拱等。

（2）肋骨型线图形

肋骨型线图图形与型线图中的横剖线图比较相似，不同的是横剖线图中的横剖线是 10 等分或 20 等分垂线间长的横向剖切平面与船体型表面的交线，只表示了理论站号处的船体横剖面形状；而肋骨型线图中的肋骨线则以型线图为依据，用通过各肋位处的横向平面（肋骨平面）剖切船体与船体型表面的交线，它表示了各肋位处的船体肋骨型线的真实形状。

此外，在肋骨型线图上，还表示了外板接缝的排列及甲板、平台和与外板相接的各纵向构件布置的情况，见图 7-2。

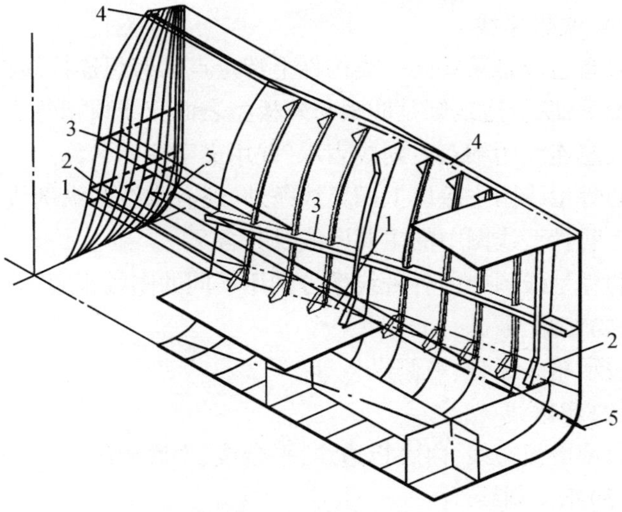

1—内底板边线；2—舭肘板顶线；3—舷侧纵桁线；4—甲板边线；5—舭龙骨线。

图 7-2　肋骨型线图中的构件布置

2. 肋骨型线图中的主要线条及其含义

肋骨型线图中的主要线条基本分为四类：

（1）肋骨型线

它是在各个肋位处剖切船体所得的真实的肋骨型线形状。由于船体左右对称于中线面，所以肋骨型线只画一半，在中线面的左面画中站面至艉部的各肋骨型线，在中线面的右面画中站面至艏部的各肋骨型线。

大中型船舶的肋位较多，为了保持图面的清晰，一般间隔一档肋位绘制一根肋骨型线，通常逢双号绘制。在船体首尾部分的线型变化较大，故要求绘制出每档肋位的肋骨型线。

对所绘出的肋骨型线都须注出相应的肋位号。

（2）外板接缝线

外板接缝线表示了全船外板的排列和各块外板的形状。其可分为三种：

①边接缝线

边接缝线是船体纵向相邻两列外板间接缝的投影。对于边接缝线,图中须注写其名称,如 A×B、B×C 等。

②端接缝线

端接缝线是同一列外板中相邻两块外板间接缝的投影,即外板横向接缝的投影。

③分段接缝线

分段接缝线是相邻两分段间接缝的投影,可分为横向分段接缝线(沿肋骨围长方向)和纵向分段接缝线(沿船长方向)。

(3)构件交线

构件交线是船体甲板、平台、外底纵骨、旁底桁、旁内龙骨、内底边板、舷侧纵桁、舭龙骨等与外板的交线在投影面上的投影,表示了这些构件的位置及其与板缝的相对位置。

构件交线在图中须用文字写明,并用尺寸表示其位置。不易表达清楚的纵向构件还须注明起点和终点。

(4)假想连线

假想连线是某些同一类构件上特定点的假想连接线在投影面上的投影。如:舭肘板顶线是舭肘板与外板型表面交线顶端各点假想连接线的投影;肋板边线则是肋板与外板型表面交线顶端各点假想连线的投影。假想连线表示了某些构件距基线的高度在船长方向的变化。

假想连线用细双点划线表示,并用文字注明名称。

肋骨型线图中除以上四类线条外,还有水线和纵剖线。

3. 肋骨型线图中的主要图线及其含义

肋骨型线图中的各种线条分别用不同的图线来表示,以示区别,含义如下:

(1)细虚线

表示船底纵骨、舷侧纵骨等。

(2)粗虚线

表示甲板边线、内底板边线、平台线、旁底桁等。

(3)细点划线

表示折角线等。

(4)粗点划线

表示舭龙骨线等。

(5)细双点划线

表示舭肘板顶线、肋板边线等。

(6)粗双点划线

表示舷侧纵桁线等。

(7)分段线

表示船体总段或分段的接缝线。

(8)细实线

表示格子线、边接缝线、端接缝线、舷墙顶线和外板顶线等。

【任务实施】

案例 7.1 识读 150 t 冷藏船肋骨型线图

布置任务单 1

学习领域	船舶图样识读与绘制		
学习任务 1	识读 150 t 冷藏船肋骨型线图外板的边界	学时	
任务描述	任务导入： 图 7-2 所示为 150 t 冷藏船肋骨型线图，其由主尺度和肋骨型线图形组成。通过船体肋骨型线图的识读，了解 150 t 冷藏船的全船肋骨剖面形状、外板纵横接缝位置以及甲板、平台和与外板相接的各纵向构件布置。		
任务要求	技能要求： 能够通过分析外板的横向边界和纵向边界了解外板的边界。 职业素质要求： (1)具有严谨认真的工作态度； (2)具有创新意识，以及获取新知识、新技能的学习能力； (3)具有分析问题、解决问题的能力。		
学习资源	教材、教学课件、图片、图纸。		

学习任务单 1

<table>
<tr><td>学习领域</td><td>船舶图样识读与绘制</td><td>模块名称</td><td colspan="4">项目七:船体肋骨型线图的识读与绘制</td></tr>
<tr><td>任务名称</td><td>识读 150 t 冷藏船肋骨型线图外板的边界</td><td>学时</td><td></td><td>班级</td><td></td><td>学习笔记</td></tr>
<tr><td>识读内容</td><td>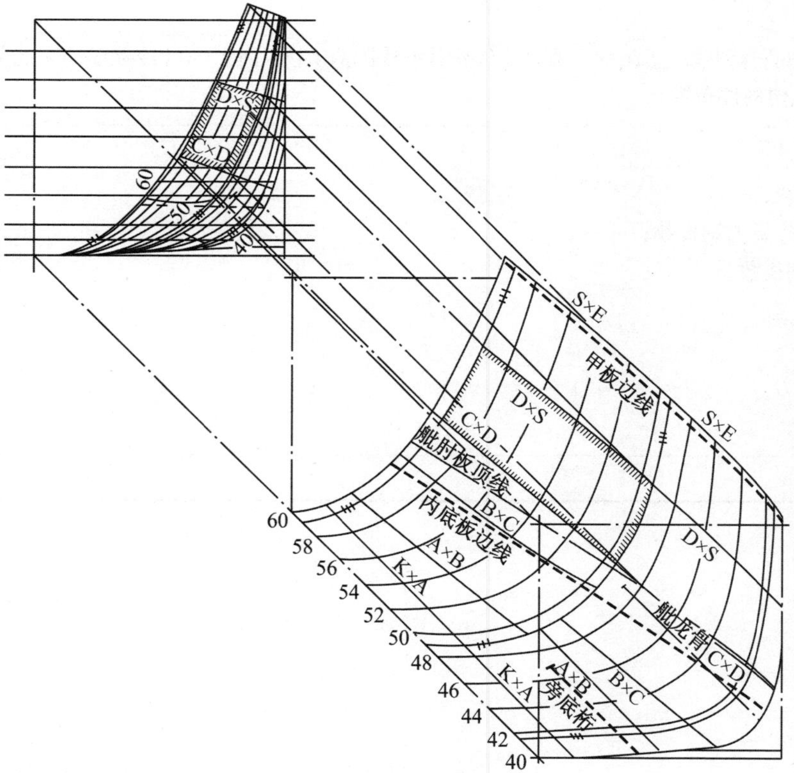

图 7-3　板缝和构件的投影</td><td colspan="4">了解外板在肋骨型线图上的投影形状,首先要知道外板的边界构成。外板的横向边界通常由横向分段接缝线或端接缝线构成,外板的纵向边界通常由各列板之间的纵向边接缝线构成。相邻两条纵向接缝线和相邻两条横向接缝线所围成的边界就构成了一块外板,例如图 7-3 中四周加短斜线的外板,边界由边接缝线 C×D、D×S 和#60 与#50 肋位附近的分段接缝线围成。</td><td></td></tr>
</table>

布置任务单 2

学习领域	船舶图样识读与绘制		
学习任务 2	识读 150 t 冷藏船肋骨型线图外板的布置和数量	学时	
任务描述	任务导入： 图 7-2 所示为 150 t 冷藏船肋骨型线图，其由主尺度和肋骨型线图形组成。通过船体肋骨型线图的识读，了解 150 t 冷藏船的全船肋骨剖面形状、外板纵横接缝位置以及甲板、平台和与外板相接的各纵向构件布置。		
任务要求	技能要求： (1)能够通过外板的纵向边接缝的数目确定外板的列数； (2)能够通过一列外板中横向接缝线的数目确定该列外板的钢板数； (3)能够综合各列外板的钢板数，确定整条船所需的钢板数量。 职业素质要求： (1)具有严谨认真的工作态度； (2)具有创新意识，以及获取新知识、新技能的学习能力； (3)具有较强的语言表达能力、分析和解决问题的能力。		
学习资源	教材、教学课件、图片、图纸。		

学习任务单 2

<table>
<tr><td>学习领域</td><td>船舶图样识读与绘制</td><td>模块名称</td><td colspan="4">项目七:船体肋骨型线图的识读与绘制</td></tr>
<tr><td>任务名称</td><td>识读 150 t 冷藏船肋骨型线图外板的布置和数量</td><td>学时</td><td></td><td>班级</td><td></td><td>学习笔记</td></tr>
<tr><td rowspan="2">识读内容</td><td>1. 通过外板的纵向边接缝的数目确定外板的列数。</td><td colspan="4">通过外板的纵向边接缝的数目即可确定外板的列数。每两条边接缝线之间为一列板。《金属船体制图》中规定:K 列板表示平板龙骨,并且对称于中线面布置,S 列板表示舷顶列板,其余各列板由 K 列板至 S 列板依次用 A,B,C,…命名,K 列板两侧对称位置的板用相同字母命名。K 列板与 A 列板之间的纵向边接缝用 K×A 表示,其他类同。例如图 7-2 中#40~#60 肋位之间有 K×A、A×B、B×C、C×D、D×S、S×E 六条纵向接缝线,由此可知主甲板以下有 K、A、B、C、D、S 列板,其中 K 列板只有一列(对称中线面布置),其余列板左右舷各一列,从而可确定#40~#60 肋位之间外板的列数左右舷共为 11 列。</td><td></td></tr>
<tr><td>2. 通过一列外板中横向接缝线的数目确定该列外板的钢板数。
3. 综合各列外板的钢板数,确定整条船所需的钢板数量。</td><td colspan="4">由于每两道横向接缝围成一块板,从一列外板中的横向接缝线的数目即可确定组成该列外板的钢板数。综合各列外板的钢板数,就可以确定整条船所需的钢板数量。例如图 7-2 中#40~#60 肋位之间,在#40~#42、#48~#50 和#58~#60 肋位处各有一个横向分段线,说明每列外板由两块钢板组成,所以整个区间的外板共由 22 块钢板组成。</td><td></td></tr>
</table>

布置任务单 3

学习领域	船舶图样识读与绘制		
学习任务 3	识读 150 t 冷藏船肋骨型线图构件的位置	学时	
任务描述	任务导入： 图 7-2 所示为 150 t 冷藏船肋骨型线图，其由主尺度和肋骨型线图形组成。通过船体肋骨型线图的识读，了解 150 t 冷藏船的全船肋骨剖面形状、外板纵横接缝位置以及甲板、平台和与外板相接的各纵向构件布置。		
任务要求	技能要求： 能够通过构件交线、假想连线确定构件的位置。 职业素质要求： (1)具有严谨认真的工作态度； (2)具有创新意识，以及获取新知识、新技能的学习能力； (3)具有较强的语言表达能力、分析和解决问题的能力。		
学习资源	教材、教学课件、图片、图纸。		

学习任务单 3

学习领域	船舶图样识读与绘制	模块名称	项目七：船体肋骨型线图的识读与绘制			
任务名称	识读 150 t 冷藏船肋骨型线图构件的位置	学时		班级		学习笔记
识读内容	能够通过构件交线、假想连线确定构件的位置。	构件的位置由各种构件交线和假想连线决定。根据线条的表达含义，并通过图中给出的文字标注及相应线条的定位尺寸，即可大体确定构件的位置。例如图 7-2 中#40~#60 肋位之间，内底距基线高度为 800 mm，旁桁材距中线距离为 1 650 mm，从#25 肋位设置到#47 肋位，舭龙骨从#24 肋位设置到#48 肋位，等等。				

任务总结单

学习领域	船舶图样识读与绘制	模块名称	项目七:船体肋骨型线图的识读与绘制
任务名称	识读 150 t 冷藏船肋骨型线图		
职业素养总结	请按照知识总结思维导图格式,从职业精神、思想政治、创新发展等方面总结识读 150 t 冷藏船肋骨型线图的学习收获。		
识读总结	肋骨型线图的图样与型线图中的横剖线图有些相似。但是横剖线图中的横剖线是以 10 等分或 20 等分垂线间长的横向平面作为剖切平面与船体型表面的交线;而肋骨型线图中的肋骨型线则是以型线图为依据,以通过各肋位处的横向剖面(即肋骨平面)为剖切平面,与船体型表面的交线,它表示了各肋位处的船体肋骨型线的真实形状。识读肋骨型线图,一是可以通读全船,了解全船的情况;二是重点专看某一部分内容。在了解型线图、中横剖面图和基本结构图的基础上,再识读肋骨型线图会容易些,其要点是应该清楚地了解图中各种线条的含义。识读时,可采用如下步骤进行: (1)了解外板的边界; (2)了解外板的布置和数量(对照外板展开图); (3)了解构件的位置(参照中横剖面图和基本结构图)。		
笔记总结			

【拓展练习】

拓展任务单 1

学习领域	船舶图样识读与绘制	模块名称	项目七:船体肋骨型线图的识读与绘制	
任务名称	识读 3 000 t 货船肋骨型线图外板的布置和数量	学时		班级	
学生姓名		学号		组别	
任务描述	图 7-4 所示为 3 000 t 货船肋骨型线图,其由主尺度和肋骨型线图形组成。通过船体肋骨型线图的识读,了解 3 000 t 货船的全船肋骨剖面形状、外板纵横接缝位置以及甲板、平台和与外板相接的各纵向构件布置。在学习过程中培养学生踏实严谨、吃苦耐劳、追求卓越的工作态度及钻研精神。				

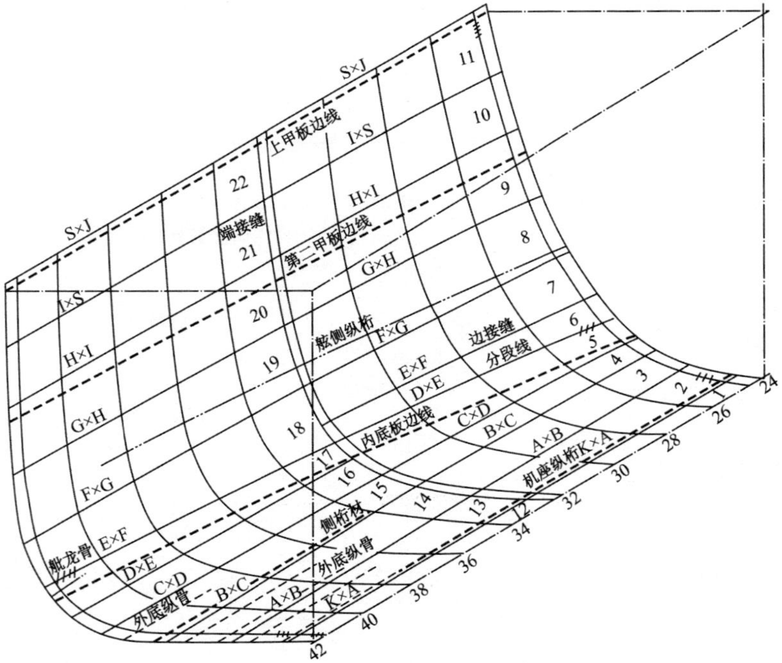

图 7-5　肋骨型线图中的交线

1. 了解外板的列数

例如图 7-4 中,在#24 ~ #42 肋位之间主船体有 K×A、A×B、B×C、C×D、D×E、E×F、F×G、G×H、H×I、I×S、S×J(　　)条纵向接缝线,由此可知主甲板以下有 K、A、B、C、D、E、F、G、H、I、S 列板,其中(　　)列板只有一列(对称于中线面布置),其余列板左右舷各一列,从而可确定整个区间外板的列数:左右舷共有(　　)列。

2. 了解每一列板由几块钢板组成

例如图 7-4 中,在#32 ~ #33 肋位之间有(　　)条端接缝线,在#24 ~ #25 肋位和#41 ~ #42 肋位之间各有(　　)条分段线,因此每列外板由两块钢板组成,所以整个区间的外板共由(　　)块钢板组成,其排列和形状见图 7-5(只表示一舷)。

拓展任务单 2

<table>
<tr><td>学习领域</td><td>船舶图样识读与绘制</td><td>模块名称</td><td colspan="3">项目七:船体肋骨型线图的识读与绘制</td></tr>
<tr><td>任务名称</td><td>识读 3 000 t 货船肋骨型线图外板构件的位置</td><td>学时</td><td></td><td>班级</td><td></td></tr>
<tr><td>学生姓名</td><td></td><td>学号</td><td></td><td>组别</td><td></td></tr>
<tr><td>任务描述</td><td colspan="5">图 7-4 所示为 3 000 t 货船肋骨型线图,其由主尺度和肋骨型线图形组成。通过船体肋骨型线图的识读,了解 3 000 t 货船的全船肋骨剖面形状、外板纵横接缝位置以及甲板、平台和与外板相接的各纵向构件布置。</td></tr>
<tr><td colspan="3">通过构件交线、假想连线确定构件的位置。</td><td colspan="3">例如图 7-4 中,在#24~#42 肋位之间,#1 船底纵骨距中纵剖面(　　)mm,#2 船底纵骨距中纵剖面(　　)mm,都始于#37 肋位终于#127 肋位。#3 船底纵骨距中纵剖面(　　)mm,始于#37 肋位终于#121 肋位。#4 船底纵骨距中纵剖面(　　)mm,始于#37 肋位终于#116 肋位。#5 船底纵骨距中纵剖面(　　)mm,始于#39 肋位终于#108 肋位。侧桁材距中纵剖面(　　)mm,始于#34 肋位终于#112 肋位。基座纵桁距中纵剖面(　　)mm,始于#17 肋位终于#37 肋位。舭侧纵桁距基线(　　)mm,始于#7 肋位终于#39 肋位,纵桁腹板与水平面之间的夹角为 20°。舭龙骨始于#41 肋位终于#105 肋位。

除上述构件外,整个区间还设有上甲板、第二甲板和内底,参见图 7-5。</td></tr>
</table>

案例 7.2　绘制 150 t 冷藏船肋骨型线图

布置任务单

学习领域	船舶图样识读与绘制	模块名称	项目七:船体肋骨型线图的识读与绘制		
任务名称 4	绘制 150 t 冷藏船肋骨型线图	学时		班级	
任务导入	参考已知 3 000 t 货船型线图、中横剖面图、基本结构图、外板展开图、艏柱结构图,绘制 3 000 t 货船肋骨型线图。要求肋骨型线图线条清晰、光顺,构件的位置应与有关结构图样一致。				
任务描述	绘制步骤: (1)选取比例和布置图面; (2)绘制视图; (3)绘制构件交线; (4)绘制接缝线; (5)加深图线和标注尺寸; (6)注写编号及名称,编写主尺度栏和填写标题栏。				
任务要求	技能要求: (1)能够根据型线图绘制肋骨型线图形中的型线; (2)能够根据基本结构图和中横剖面图绘制肋骨型线图形中的构件交线; (3)能够根据外板展开图绘制肋骨型线图形中的外板接缝线; (4)能够根据艏柱结构图提供的接缝位置,绘制肋骨型线图形中艏柱接缝线; (5)掌握正确绘制船体肋骨型线图的方法和步骤。 职业素质要求: (1)具有严谨认真的工作态度; (2)具有创新意识,以及获取新知识、新技能的学习能力; (3)具有分析问题、解决问题的能力; (4)具有迎接挑战的意识。				

学习任务单

<table>
<tr><td>学习领域</td><td colspan="2">船舶图样识读与绘制</td><td>模块名称</td><td colspan="2">项目七：船体肋骨型线图的识读与绘制</td></tr>
<tr><td>任务名称</td><td colspan="2">150 t 冷藏船肋骨型线图绘制</td><td>学时</td><td></td><td>班级</td></tr>
<tr><td rowspan="2">绘制
内容</td><td colspan="5">1. 选取比例和布置图面
肋骨型线图图形相对其他全船性图样小得多，为了使线条清晰，可根据图纸的幅面选取适当的比例。肋骨型线图常用的比例有 1∶25、1∶50 等，一般取型线图比例的 2 倍或 4 倍。比例选好后，在图纸适当位置布置视图，主尺度在右上方。</td></tr>
<tr><td>2. 绘制视图
（1）根据型线图中主尺度、水线和纵剖线间距画出格子线，并作船底斜升线。
（2）画肋骨型线、甲板边线、外板顶线和舷墙顶线。
在型线图的纵剖线图和半宽水线图中画出肋骨型线的投影线（均为直线），用型线图中的比例尺量取肋骨型线与甲板边线、外板顶线、舷墙顶线、水线、纵剖线和船底线交点的高度值和半宽值，再按肋骨型线图的比例量到格子线中，得到各交点，用曲线板连接各点，即为肋骨型线，例如图 7-6；每根肋骨型线均按此法绘制而成。连接各肋骨型线上的甲板边线、外板顶线、舷墙顶线的点，即得甲板边线、外板顶线和舷墙顶线。</td><td colspan="4">任意横剖线的绘制
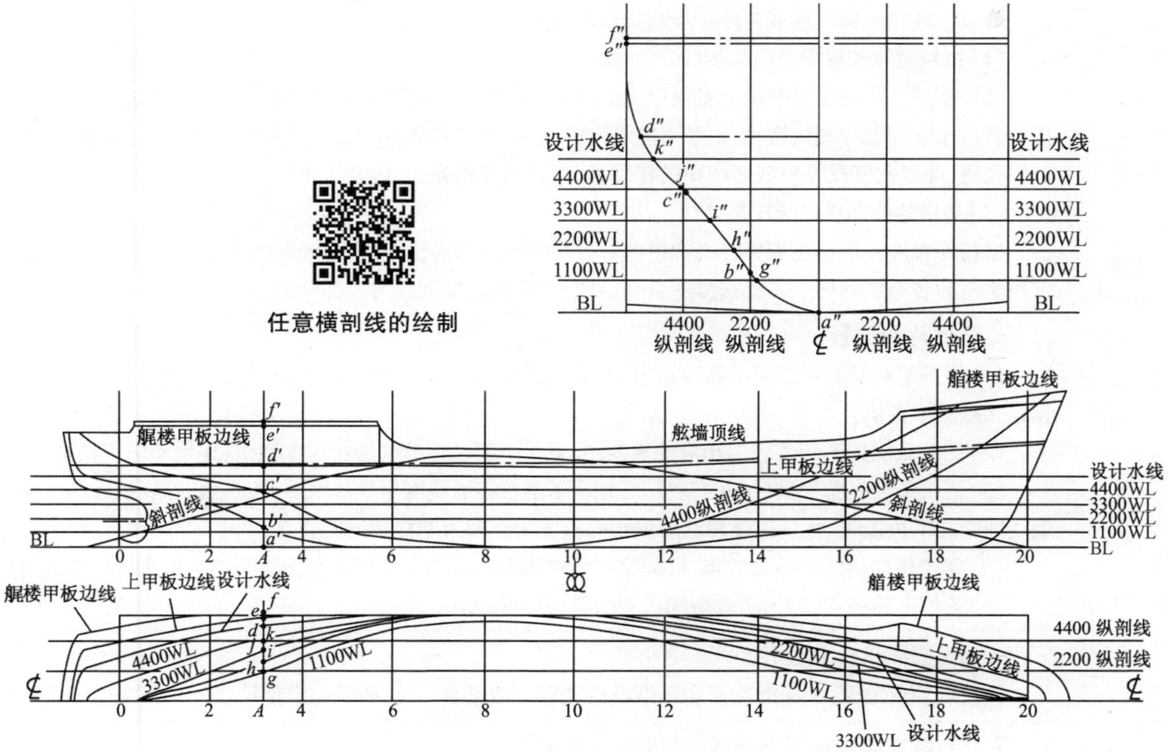

图 7-6　肋骨型线的画法</td></tr>
</table>

续表

绘制内容	3. 绘制构件交线 构件交线位置是根据结构图样中构件的定位尺寸画出的。 根据基本结构图和中横剖面图中给出的构件在某一肋位处距基线的高度,或距船体中线的半宽值,在相应肋骨型线上定出交点,连接各点即为该构件交线。如舷侧各纵向构件位置线的绘制,要根据其在各肋位处距基线的高度,在肋骨型线上定出交点,然后连接各点得出交线。舷侧纵桁、舭龙骨在图中用箭头标出起止位置。
	4. 绘制外板接缝线 外板接缝线根据外板展开图中板的接缝位置来画出。 (1)边接缝线和纵向分段接缝线 在外板展开图的相应肋位上量取边接缝线和纵向分段接缝线距基准线的尺寸,在纸条上按肋骨型线图的比例确定好各点,然后确定好基准点,把纸条沿相应的肋骨型线转动,记录下接缝线的交点,连接各肋骨型线上的相应点,即得边接缝线和纵向分段接缝线。如果曲线不光顺,则修改某些点的位置,并以此修改外板展开图中的接缝线,直到两者均光顺、协调为止。 (2)端接缝线和横向分段接缝线 根据外板展开图确定端接缝线或横向分段接缝线的纵向位置,在型线图的半宽水线图和纵剖线图上相应位置处作平面剖切船体(即垂直线),余下作法与肋骨型线相同。如果端接缝只是一段,则取相应横剖线的一部分。
	5. 绘制艏柱接缝线 (1)根据艏柱结构图提供的接缝位置,在型线图的半宽水线图中画出艏柱接缝线,并用纸条记录下艏柱接缝线与水线、甲板边线、外板顶线、舷墙顶线交点的半宽值; (2)把纸条放在肋骨型线图相应的水线上,记录下艏柱接缝线的相应半宽值,比例不同应换算; (3)把纸条放在肋骨型线图的基线上,记录下艏柱接缝线与甲板边线、外板顶线、舷墙顶线的交点,并过这些点作基线的垂直线,此垂直线与肋骨型线图中的甲板边线、外板顶线和舷墙顶线的相应交点即为艏柱接缝线交点; (4)确定艏柱接缝线的最低点,根据艏柱结构图中提供的高度值和在型线图的半宽水线图中量得的半宽值,即可在肋骨型线图中确定该点; (5)连接上述各点,即为肋骨型线图中的艏柱接缝线。
	6. 加深图线和标注尺寸 按图线要求加深,加深时注意肋骨型线的光顺。加深后,标注构件的定位尺寸。
	7. 注写编号及名称,编写主尺度栏和填写标题栏 注写肋骨型线的编号及构件交线、假想连线和边接缝的名称;在图纸右上方列出主尺度;在标题栏中填写船名、图名、比例等有关内容。

项目八　船体外板展开图的识读与绘制

【项目描述】

外板展开图由主尺度栏和展开图视图组成,主尺度栏中列出的主尺度与肋骨型线图相同。外板展开图通常只有一个展开视图,图面组成比较简单。外板展开图主要是表示全船外板的排列、厚度以及外板上开口的位置和大小的结构图样,它是一个右舷侧视的近似展开图。外板展开图是生产准备和外板放样、下料以及拼板工作的施工依据。因此必须正确识读和绘制船体外板展开图。

【项目目标】

知识目标

1. 掌握船体外板展开图的组成和表达内容;
2. 了解船体外板展开图的表达特点;
3. 掌握船体外板展开图中的常用图线及其含义。

能力目标

1. 能正确识读船体外板展开图;
2. 能正确绘制船体外板展开图。

素质目标

1. 具有团队协作、与人沟通能力和自我表达能力;
2. 具有严谨细致、认真务实的职业素质;
3. 具有自我学习、不断更新知识结构的意识和能力。

【学习任务】

学习任务 1:识读 150 t 冷藏船外板展开图中外板的排列与尺寸;
学习任务 2:绘制 150 t 冷藏船外板展开图开口与加强复板的位置和大小;
学习任务 3:识读 150 t 冷藏船外板展开图的纵横构件的位置;
学习任务 4:绘制 150 t 冷藏船外板展开图。

【学习载体】

150 t 冷藏船外板展开图。

【学习评价】

完成本项目的学习后,按照下表对本项目的学习情况进行总评,评价总分为 100 分。

成绩评价单

评价内容	分值	自我评价(30%)	小组互评(40%)	教师评价(30%)	总分
外板的排列与尺寸	10				
外板上开口与加强复板的位置和大小	10				
纵横构件的位置	20				
#50~#73 肋位钢板数目	10				
艉封板厚度分布	10				
艏柱板厚度分布	10				
舷墙板厚度分布	10				
职业素养考核(职业精神、思想政治、创新发展)	20				
合计					
自我评价与总结					
教师点评					

【素养小课堂】

大连造船厂

大连造船厂：风雨洗礼，百年大船

大连船舶重工集团有限公司（简称大连造船厂）拥有国内研发能力最强的国家级企业技术中心，拥有国内造船生产企业中唯一的以中国工程院院士为科技带头人的科研与设计队伍，创造了一大批国家级新产品及省、市级优秀产品和名牌产品，成功开发并建造了超大型油轮（VLCC）、大型化学品船、大型集装箱船、大型滚装船、大型浮式生产储油轮、半潜式钻井平台、自升式钻井平台等多型高技术、高附加值船舶和海洋工程产品。

翻开大连造船厂120多年的历史，你会惊喜地发现，这里诞生了新中国第一艘万吨级远洋货轮“跃进号”、新中国第一艘导弹驱逐舰“济南舰”、新中国第一艘大型出口船“长城号”、新中国第一艘航母“辽宁舰”…… 80多个“第一”犹如一串串美丽的珍珠，灿烂夺目，惊艳时光。

今天，这座昔日被称为“小坞”的修船厂，已建设为国内领先、世界一流的大型现代化船舶制造企业。从这里下水的每一艘舰船所溅起的海浪，都在述说着中国造船发展史的辉煌与荣耀。

1949年，随着新中国诞生的隆隆礼炮，沿海、内河及远洋运输船舶成为国之急需。1955年，国务院决定将大连造船厂扩建为远洋船舶生产基地，并列入国家“一五”期间重点工程项目，大连造船厂第一次大规模建设拉开了序幕。

核心技术是国之重器，大国重器必须掌握在自己手里。1958年，新中国第一艘万吨远洋货轮“跃进”号正式下水，标志着中国造船工业驶入万吨级时代，确立了大连造船厂在中国造船业内的龙头地位。1966年，大连造船厂又自主设计了中国第一艘1.5万吨原油船，这是当时国内最大吨位的船舶。大连造船厂因此成为设计万吨级船舶最多的船厂。

20世纪70年代起，世界造船业的千帆竞发和我国对外贸易的蓬勃发展，国内对大型船舶的需求量也随之增加，大连造船厂开始第二次大规模建设，成为国内首家具备10万吨级以上船舶建造能力的船厂。1972年，1.2万吨大舱口远洋货轮“大理号”正式交工。该船第三舱口长24米，并自备吊车，这项技术为国内首创。同时，该船也是我国首次采用电子计算辅助设计建造的大型船舶。1976年，中国自行建造的第一艘5万吨远洋油轮“西湖号”在大连造船厂建成下水，标志我国船舶设计建造进入大型化。

改革开放后，中国造船要出口。船舶市场由计划经济向市场经济转变。1980年，大连造船厂与香港联成航运公司签订了2.7万吨散装货船建造合同。“长城号”是中国第一艘按国际规范和标准设计建造的出口船，它打开了中国船舶出口之门。

20世纪90年代，大连造船厂加快了追赶世界先进水平的步伐。1995年，被誉为“神州第一坞”的30万吨船坞正式投产，为该坞配套安装的900吨吊车是亚洲起重能力和跨度最大的吊车,以该船坞建成投产为标志,大连造船厂成为国内首家具备30万吨超大型船舶能力的船厂。这时,大连造船厂已不满足于仅仅出口一般船只,而是把目光瞄准了国际造船业的标杆产品——VLCC。VLCC是海上的“巨无霸”,其载重量一般为20万~30万吨,相当于200万桶原油的装运量,总涂装面积相当于170个足球场。能不能建造VLCC,是衡量一个造船厂乃至一个国家造船能力的重要指标。

2002年8月,历时3年,“伊朗·德瓦尔号”签字交付。这也是中国建造的第一艘30万吨级巨型原油轮,标志着中国造船工业在超大型油轮的设计建造上实现了零的突破,不仅实现了几代中国造船人的梦想,也打破了世界造船强国在该领域的垄断,从而使中国进入世界仅有的几个能够设计建造超大型油轮国家的行列。从建造万吨轮“跃进号”,到建造5万吨油船,大连造船厂用了45年的时间;从承接建造15万吨散货船,到建造30万吨超大型油船,大连造船厂只用了6年的时间。

【启示】建设海洋强国是实现中华民族伟大复兴的重大战略任务,其核心基础是造船工业。2013年8月,习近平总书记在考察大连造船厂时再次强调,要顺应建设海洋强国的需要,加快培育海洋工程制造业这一战略性新兴产业,不断提高海洋开发能力,使海洋经济成为新的增长点。历史告诉我们,向海则兴,背海则衰。

【思考】劳动精神、工匠精神,是适应当今世界科技革命和产业变革的需要,每一个人都肩负着每一个时代的使命。谈谈你从中获得哪些启示。我们作为新时代造船人,又应该肩负哪些职责呢?

来源于:https://mp.weixin.qq.com/s/cNthGQneyY3tAgJeBHfNpQ(有改动)

标语:守正出新担使命,凝心聚力开新局

【知识结构】

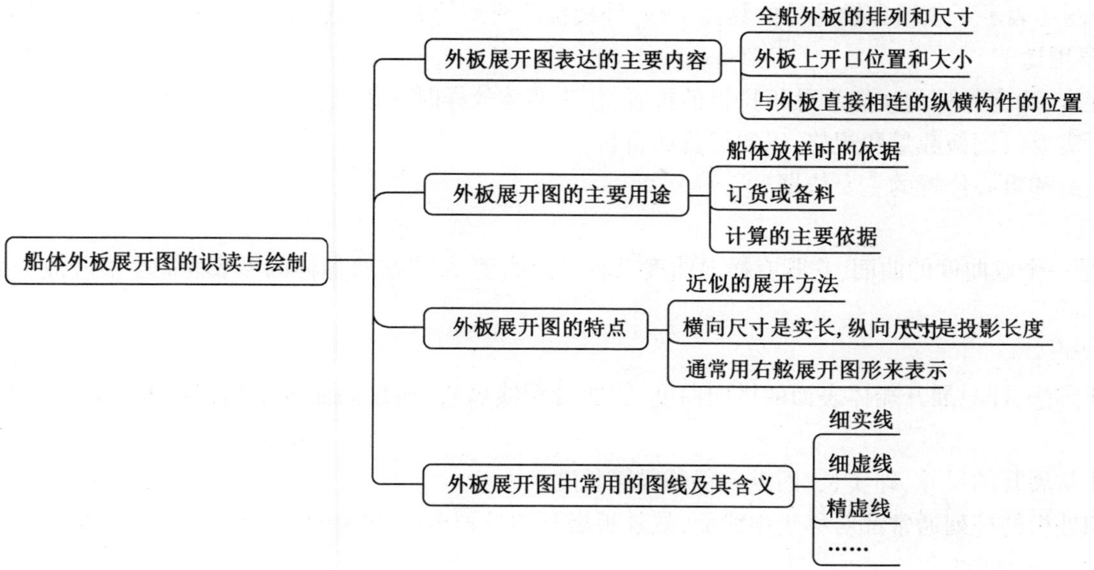

【相关知识】

1. 外板展开图表达的主要内容

(1)全船外板的排列和尺寸

船体分段的划分、板材规格、工艺、结构上的要求排列外板接缝线，从而表示了全船外板的布置，图中对每块钢板均编号和注明厚度。

(2)外板上开口位置和大小

根据有关图样提供的尺寸，表示外板上的开口及加强复板的位置与大小，覆板的轮廓用阴影线表示。开口尺寸下方所注写的“仅左舷”表示的是仅船左舷有一个开口，其轮廓用假想轮廓线细双点划线表示；“仅右舷”表示的是仅船右舷有一个开口；没有以上字样的，表示开口在船左、右舷对称各有一个。

(3)与外板直接相连的纵横构件的位置

根据结构图样，凡与外板直接相连的纵、横构件的位置都要在图中表示出来，借以说明这些构件与外板接缝线及开口的相对位置，以此来检查板缝线和开口的布置是否满足工艺和结构上的要求。

此外，有些外板展开图还表示了舷墙和舭龙骨的具体结构，外板接缝典型的坡口形式，以及表明外板用料的规格和数量的明细表。

2. 外板展开图的主要用途

(1)与肋骨型线图配合，确定外板的接缝和外板拼板的位置，作为船体放样时的依据；

(2)统计全船外板所需要的钢板数量和规格，以便订货或备料；

(3)作为计算船体质量和重心位置的主要依据。

3. 外板展开图的特点

由于船体外壳表面是一个双曲度的曲面，它既有横向曲度又有纵向曲度，故无法将船体的型表面完全展开成平面，只能沿曲度较大的方向进行展开。

外板展开图的表达特点：

(1)采用近似的展开方法，即只展开船体表面的横向曲度，将肋骨型线展直，而纵向曲度不加以展开，这样就得到了船体外板的近似展开图；

(2)外板的横向尺寸是展开的尺寸，即实长，而纵向仍是投影长度；

(3)由于船体形状和外板的排列通常都对称于中线面，故外板展开图只画出展开图形的一半，习惯上通常用右舷展开图形来表示，见图8-1。

4. 外板展开图中常用的图线及其含义

(1)细实线：外板接缝线、外板上开孔的轮廓线、舷墙顶线、艏艉轮廓线等；

(2)细虚线：船底纵骨、普通肋骨等简化线；

(3)粗虚线：非水密的舱壁、平台、肋板、旁底桁等板材结构的简化线；

(4)细点划线：甲板板转圆线等；

(5)粗点划线：舭龙骨等简化线；

(6)细双点划线：护舷材轮廓的投影线、肋板边线等假想连线；

(7)粗双点划线：强肋骨、舷侧纵桁、基座纵桁等强构件的简化线；

(8)轨道线：水密或油密的甲板、平台、内底边线、舱壁、肋板等板材结构的简化线；

(9)斜栅线：分段分界位置处的外板接缝线。

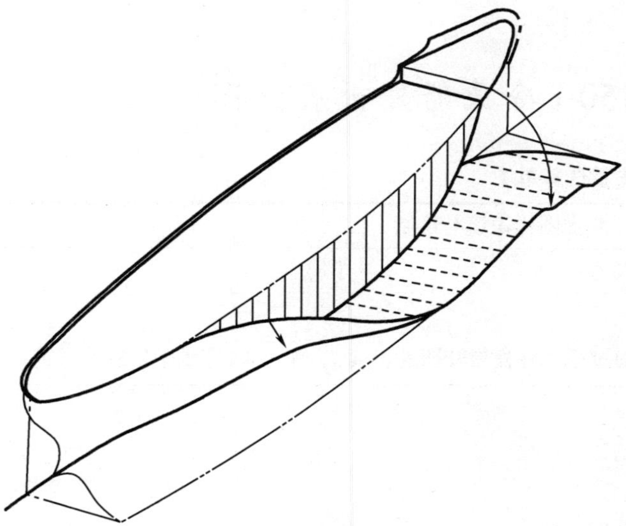

图 8-1　船体曲面的近似展开

外板展开图的用途、特点

【任务实施】

案例 8.1 识读 150 t 冷藏船外板展开图

布置任务单 1

学习领域	船舶图样识读与绘制		
学习任务 1	识读 150 t 冷藏船外板展开图中外板的排列与尺寸	学时	
任务描述	任务导入： 图 8-2(见书后附图)所示为 150 t 冷藏船外板展开图。通过船体外板展开图的识读,了解 150 t 冷藏船外板的布置。		
任务要求	技能要求： (1)能够通过分析外板的横向边界和纵向边界了解外板的边界； (2)能够通过外板的纵向边接缝的数目确定外板的列数； (3)能够通过一列外板中横向接缝线的数目确定该列外板的钢板数； (4)能够综合各列外板的钢板数,确定整条船所需的钢板数量。 职业素质要求： (1)具有严谨细致、认真务实的工作态度； (2)具有创新意识,以及获取新知识、新技能的学习能力； (3)具有分析问题、解决问题的能力； (4)具有团队协作能力和语言表达能力； (5)具有迎接挑战的意识。		
学习资源	教材、教学课件、图片、图纸。		

学习任务单 1

<table>
<tr><td>学习领域</td><td>船舶图样识读与绘制</td><td>模块名称</td><td colspan="4">项目八:船体外板展开图的识读与绘制</td></tr>
<tr><td>任务名称</td><td>识读 150 t 冷藏船外板展开图中外板的排列与尺寸</td><td>学时</td><td></td><td>班级</td><td></td><td>学习笔记</td></tr>
<tr><td rowspan="2">识读内容</td><td>1. 了解 150 t 冷藏船外板展开图的识读方法和注意点。</td><td colspan="4">外板展开图和肋骨型线图之间关系密切,互相配合,互为补充,共同反映了全船外板的结构和布置情况。因此,识读外板展开图时要与肋骨型线图相互对照,以加深对图样表达内容的理解,同时还要参照有关的结构图样。</td><td></td></tr>
<tr><td>2. 了解外板的排列与尺寸,查找板缝线、字母、数字、下划线等关键信息。
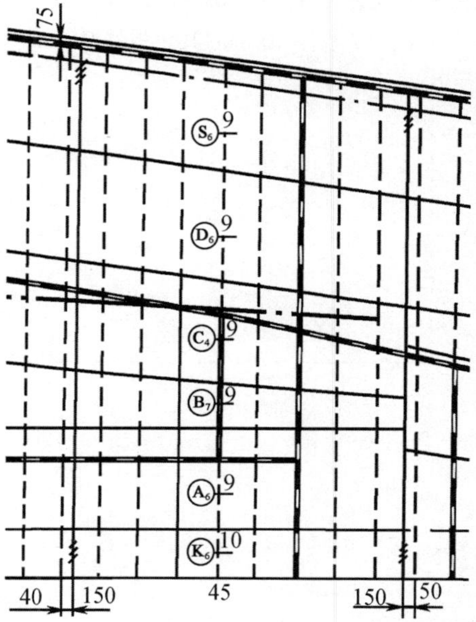

图 8-3　150 t 冷藏船#40~#50 肋位外板展开图</td><td colspan="4">与肋骨型线图相似,板的排列情况主要由板缝线决定。外板展开图中除 K 列板外,其余各列板都是左右舷各一块,由两条相邻的纵向接缝线与两条相邻的横向接缝线围成;K 列板因对称于中线面布置,仅绘制一半;为了区分同一列中的每一块板,在列板的名称后带有数字下标用以表示外板序号(图 8-3),如 K_6、A_6、B_7 等;外板序号由艉向艏依次编排,并注写在直径为 8 mm 的细实线圆内。板厚由数值加下划线组成,如 10、9 等。每块板的近似长度可由其所占肋位数及肋距值估计,每块板的宽度可由比例尺量得。</td><td></td></tr>
</table>

续表 1

识读内容	3. #50～#60 肋位之间的外板识读。 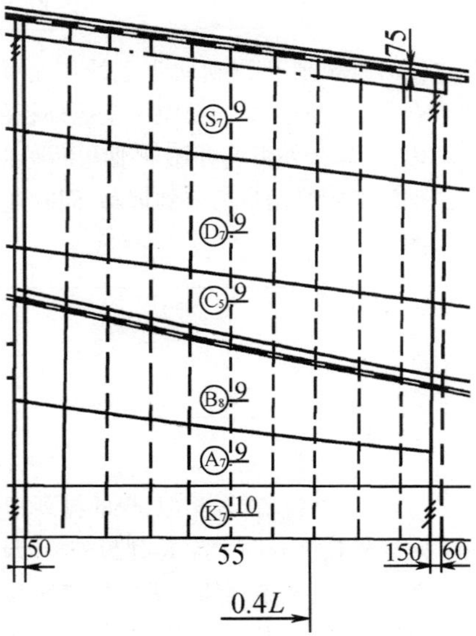 **图 8-4　150 t 冷藏船#50～#60 肋位外板展开图**	如图 8-4 所示，在#50～#60 肋位之间，外板由 K7、A7、B8、C5、D7、S7 板组成，除了 K7 板为一块外，其余板都是左右舷各一块，因此#50～#60 肋位之间共有 11 块板，K7 板厚 10 mm，其余板厚 9 mm。	

续表 2

<table>
<tr>
<td>识读内容</td>
<td>4. #21～#31 肋位之间的外板识读。
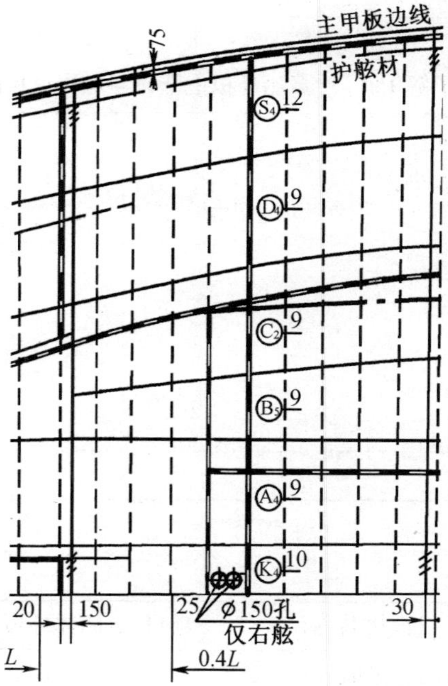

图 8-5　150 t 冷藏船#21～#31 肋位外板展开图</td>
<td>如图 8-5 所示，在 150 t 冷藏船#21～#31 肋位之间，外板由 K4、A4、B5、C2、D4、S4 板组成，除了 K4 板为一块外，其余板都是左右舷各一块，因此#21～#31 肋位之间共有 11 块板，K4 板厚为 10 mm，S4 板厚为 12 mm，其余板厚为 9 mm。
以此类推，从而确定出全船的外板数量及厚度。</td>
<td></td>
</tr>
</table>

布置任务单 2

学习领域	船舶图样识读与绘制		
学习任务 2	识读 150 t 冷藏船外板展开图开口与加强复板的位置和大小	学时	
任务描述	任务导入： 图 8-2 所示为 150 t 冷藏船外板展开图。通过船体外板展开图的识读，了解 150 t 冷藏船外板上开口与加强复板的位置和大小。		
任务要求	技能要求： (1)能够通过识读外板展开图的外板部分，了解船舶外板开口的位置和大小； (2)能够通过识读外板展开图的外板部分，了解加强复板的位置和大小。 (3)掌握正确识读外板展开图的方法和步骤。 职业素质要求： (1)具有严谨认真的工作态度； (2)具有创新意识，以及获取新知识、新技能的学习能力； (3)具有较强的语言表达能力、分析和解决问题的能力。		
学习资源	教材、教学课件、图片、图纸。		

学习任务单 2

学习领域	船舶图样识读与绘制	模块名称	项目八：船体外板展开图的识读与绘制		
任务名称	识读 150 t 冷藏船外板展开图开口与加强复板的位置和大小	学时		班级	学习笔记
识读内容	1. 识读技巧：注意线型和位置。	外板开口的可见轮廓用封闭的细实线表示，加强复板的可见轮廓用封闭的细实线及短斜线表示，大小和位置可直接在图中查得。只在一舷设置的开口或复板，在图中注有“仅左舷”或“仅右舷”的字样，表示另一舷对称位置不设置。			

续表

<table>
<tr>
<td rowspan="2">识读内容</td>
<td>2. 识读举例 1：#13～#14 肋位上的开口和加强复板识读。
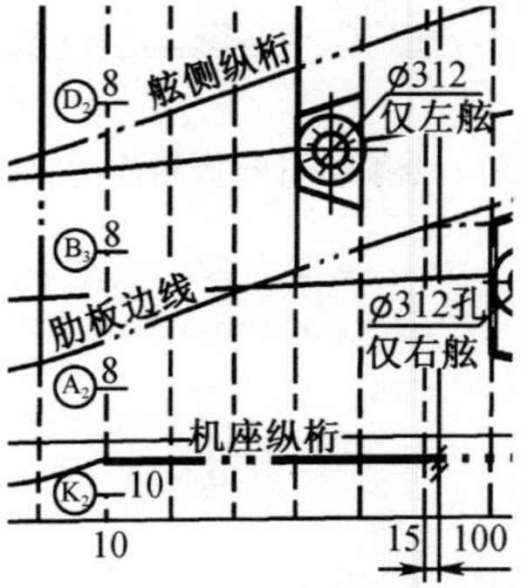

图 8-6　150 t 冷藏船#9～#16 肋位部分外板展开图</td>
<td>由图 8-6 可知，在 150 t 冷藏船#9～#16 肋位中，位于#13～#14 肋位之间的外板 B_3、D_2 上，左舷开有一直径为 312 mm 的圆形开孔，开孔周围有一圆环形加强复板。</td>
<td></td>
</tr>
<tr>
<td>3. 识读举例 2：#21～#31 肋位上的开口识读。
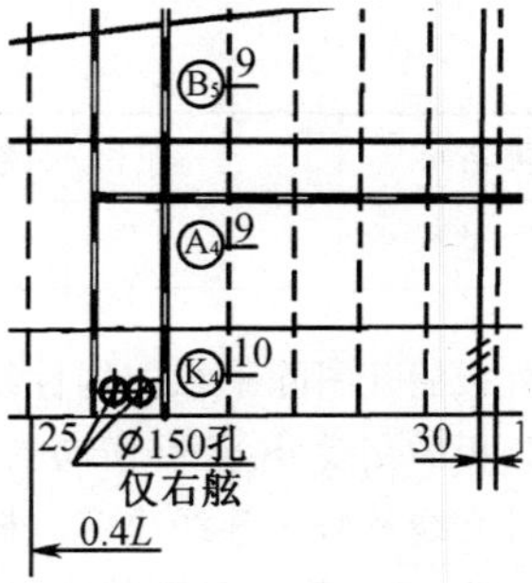

图 8-7　150 t 冷藏船#24～#31 肋位部分外板展开图</td>
<td>如图 8-7 所示，在 150 t 冷藏船#24～#31 肋位部分外板展开图中，可以识读出在#21～#31 肋位之间的外板上，K_4 板上开有直径为 150 mm 的两个圆形孔，位于#25～#26 肋位之间的右舷。</td>
<td></td>
</tr>
</table>

布置任务单 3

学习领域	船舶图样识读与绘制		
学习任务 3	识读 150 t 冷藏船外板展开图的纵横构件的位置	学时	
任务描述	任务导入： 图 8-2 所示为 150 t 冷藏船外板展开图。通过船体外板展开图的识读，了解 150 t 冷藏船与外板相连的纵横构件的位置。		
任务要求	技能要求： (1)能够通过识读外板展开图，根据构件交线、假想连线确定构件的位置； (2)掌握正确识读船体外板展开图的方法和步骤。 职业素质要求： (1)具有严谨认真的工作态度； (2)具有创新意识，以及获取新知识、新技能的学习能力； (3)具有较强的语言表达能力、分析和解决问题的能力。		
学习资源	教材、教学课件、图片、图纸。		

学习任务单 3

学习领域	船舶图样识读与绘制	模块名称	项目八：船体外板展开图的识读与绘制			
任务名称	识读 150 t 冷藏船外板展开图的纵横构件的位置	学时		班级		学习笔记
识读内容	1. 识读技巧：注意线型种类和代表含义，掌握构件类型和位置。	外板展开图除了纵向构件线及甲板、平台、内底板等与外板的交线外，还有横向构件线，构件的位置由这些构件交线及假想连线决定。根据线条种类及标注的构件名称，可以确定是哪种构件，还可以了解构件线与板的接缝线及开口之间的相对位置。				

续表

识读内容	2. 粗虚线、粗双点划线识读举例。 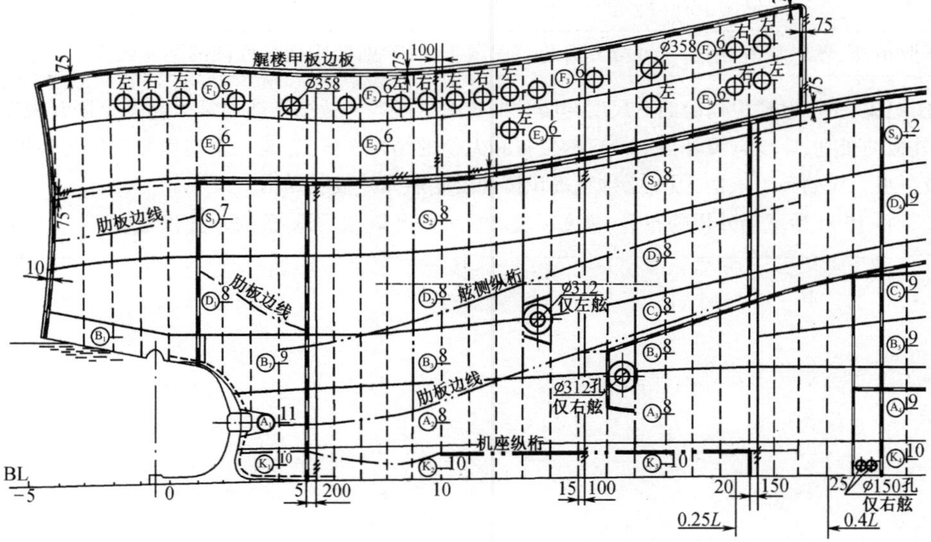 **图 8-8 150 t 冷藏船船尾至#28 肋位外板展开图**	根据图 8-8 所示 150 t 冷藏船外板展开图信息，横向的垂直细虚线为普通肋骨，除了设有强肋骨和横舱壁的肋位外，每档肋位设置；#9、#13、#17 肋位的垂直粗双点划线为强肋骨；#5~#21 肋位之间舷侧处的纵向粗双点划线为舷侧纵桁，等等。	
总结	船体外板展开图主要以肋骨型线图为依据进行展开。识读外板展开图时，要参照肋骨型线图以及中横剖面图、基本结构图等结构图样。了解了各部分结构之后，进行综合、归纳就可掌握外板及相关构件的概貌。其他剖面图可用相似的方法阅读。 具体识读步骤如下： (1) 了解外板的排列与尺寸； (2) 了解外板上开口与加强复板的位置和大小； (3) 了解纵横构件的位置。		

任务总结单

学习领域	船舶图样识读与绘制	模块名称	项目八:船体外板展开图的识读与绘制
任务名称	识读 150 t 冷藏船外板展开图		
职业素养总结	请按照知识总结思维导图格式,从职业精神、思想政治、创新发展等方面总结识读 150 t 冷藏船中横剖面图的学习收获。		
识读总结	外板展开图由主尺度栏和展开图视图组成,主尺度栏中列出的主尺度与肋骨型线图相同。外板展开图通常只有一个展开视图,图面组成比较简单。外板展开图主要是表示全船外板的排列、厚度以及外板上开口的位置和大小的结构图样,它是一个右舷侧视的近似展开图。外板展开图是生产准备和外板放样、下料以及拼板工作的施工依据,因此必须正确识读和绘制船体外板展开图。 本任务通过船体外板展开图的识读,了解 150 t 冷藏船外板的布置、厚度以及外板上的开口、加强复板的位置和大小。		
笔记总结			

【拓展练习】

拓展任务单 1

学习领域	船舶图样识读与绘制	模块名称	项目八：船体外板展开图的识读与绘制		
任务名称	识读 3 000 t 货船外板展开图外板排列和尺寸	学时		班级	
学生姓名		学号		组别	
任务描述	图 8-9（见书后附图）所示为 3 000 t 货船外板展开图。通过识读图 8-10 所示 3 000 t 货船部分外板展开图，根据所学知识，了解 3 000 t 货船部分船体外板的排列与尺寸。				

识读 3 000 t 货船的外板情况。

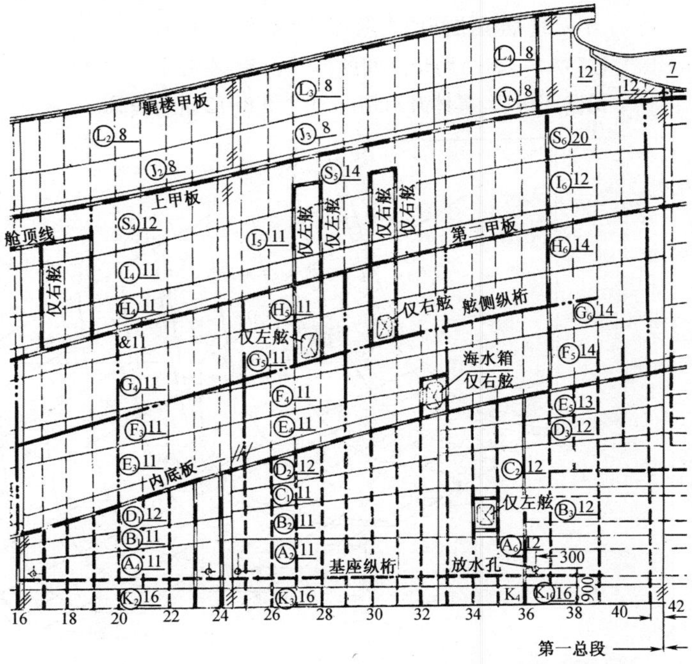

图 8-10　3 000 t 货船$^{\#}$16~$^{\#}$42 肋位外板展开图

外板展开图中除 K 列板外，其余每一块外板均由两条边接缝与两条（　　）围成。K 列板通常对称于中线面布置，仅绘制（　　）。

$^{\#}$24~$^{\#}$33 肋位之间的外板是由 K3、（　　）、B2、C1、D2、（　　）、F4、G5、H5、I5、S5 等（　　）块钢板组成。

K2 板的厚度为（　　）mm，A5 板的厚度为（　　）mm，S6 板的厚度为（　　）mm。

板缝线由（　　）和（　　）组成。

在同一肋位上，与外板 D1 相连的分别是 B1 和（　　）。

拓展任务单 2

学习领域	船舶图样识读与绘制	模块名称	项目八:船体外板展开图的识读与绘制		
任务名称	识读 3 000 t 货船外板展开图开口与加强复板的位置和大小	学时		班级	
学生姓名		学号		组别	
任务描述	结合图 8-11 和图 8-12,并根据所学知识,了解 3 000 t 货船部分船体外板开口与加强复板的位置和大小。				

识读 3 000 t 货船的船体外板开口与加强复板的位置和大小。

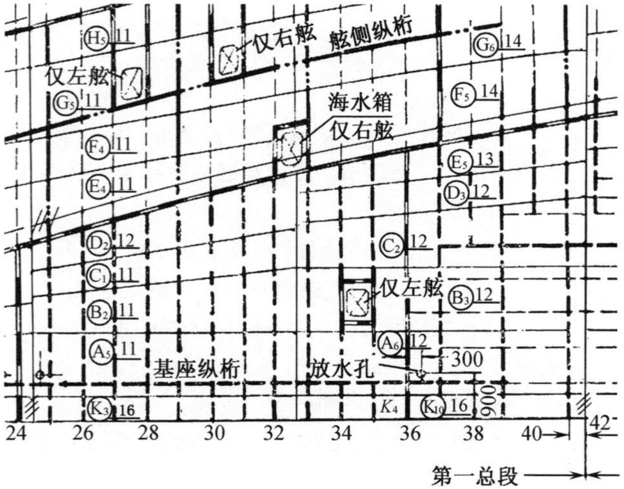

图 8-11　3 000 t 货船#24~#42 肋位部分外板展开图

由图 8-11 可知,外板上开口的可见轮廓用(　　)表示,加强覆板用(　　)轮廓线加细斜线表示。

在 A5 钢板上#24~(　　)肋位之间的(　　)舷有放水孔。

在(　　)钢板上,#27~#28 肋位之间的(　　)舷有污水总管的开口;在(　　)~#31 肋位之间的右舷有污水总管的开口。

在#32~(　　)肋位之间的(　　)舷,有海水箱的开口。

识读完毕后,具体开口情况通过图 8-12 进行验证。

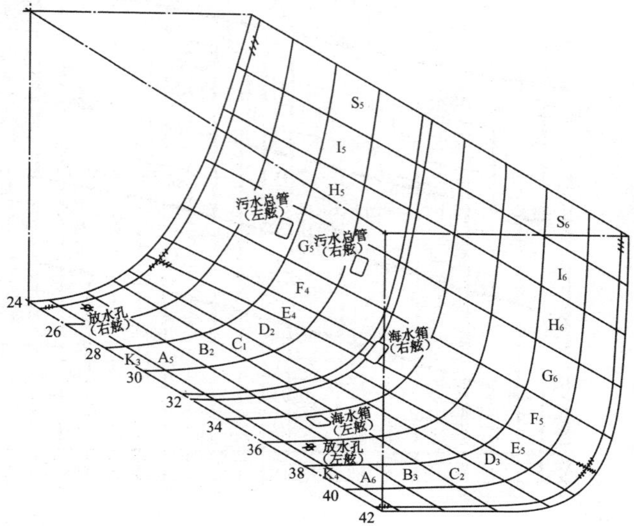

图 8-12　3 000 t 货船#24~#42 肋位部分外板结构示意图

拓展任务单 3

学习领域	船舶图样识读与绘制	模块名称	项目八:船体外板展开图的识读与绘制		
任务名称	识读 3 000 t 货船外板展开图纵横构件的位置	学时		班级	
学生姓名		学号		组别	
任务描述	图 8-13 为 3 000 t 货船的部分外板展开图,根据所学知识,了解 3 000 t 货船部分船体外板开口与加强复板的位置和大小。在学习过程中培养学生认真、严谨、精益求精的工作态度及钻研精神。				

识读 3 000 t 货船的展开图(部分),查找纵横构件的位置,回答右侧问题。

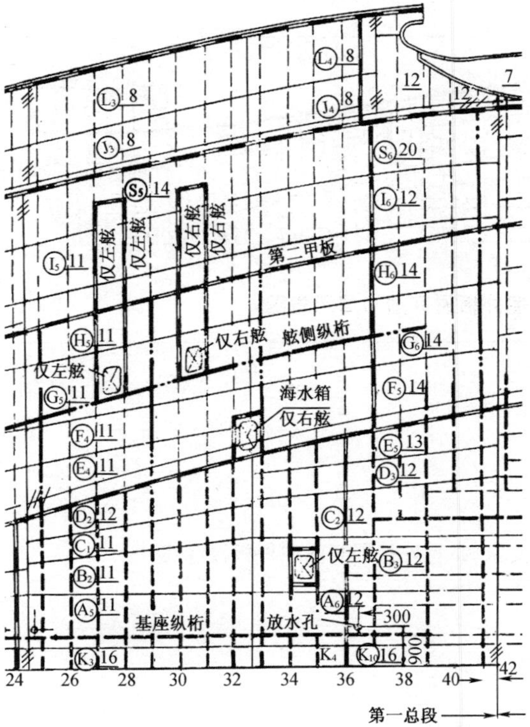

图 8-13　3 000 t 货船#24~#42 肋位外板展开图

识读图 8-13,回答下列问题。

外板展开图除了纵向构件线及甲板、平台、内底板等与外板的交线外,还有(　　)构件线,构件的位置由这些构件(　　)及假想连线决定。

#25、#(　　)、#33 肋位第二甲板下的垂直(　　)线为强肋骨,表明只在第二甲板下舷侧设置;#41 肋位的垂直粗双点划线为(　　),表明在上甲板下就开始设置;#24~#39 肋位之间舷侧处的(　　)粗双点划线为舷侧纵桁。

案例 8.2　绘制 150 t 冷藏船外板展开图

布置任务单

<table>
<tr><td>学习领域</td><td>船舶图样识读与绘制</td><td>模块名称</td><td colspan="3">项目八：船体外板展开图的识读与绘制</td></tr>
<tr><td>任务名称 4</td><td>绘制 150 t 冷藏船外板展开图</td><td>学时</td><td></td><td>班级</td><td></td></tr>
<tr><td>任务导入</td><td colspan="5">参考已知 150 t 冷藏船型线图、肋骨型线图、总布置图、分段划分图和有关的结构图样，绘制 150 t 冷藏船外板展开图。要求外板接缝排列合理，满足结构和工艺要求。满载水线以上要注意接缝的美观。</td></tr>
<tr><td>任务描述</td><td>绘制步骤：
(1)选取图样比例、图纸幅面及布置图面；
(2)绘制视图；
(3)按图线要求加深，并标注外板代号、构件名称、有关尺寸和编写主尺度栏。</td><td colspan="4">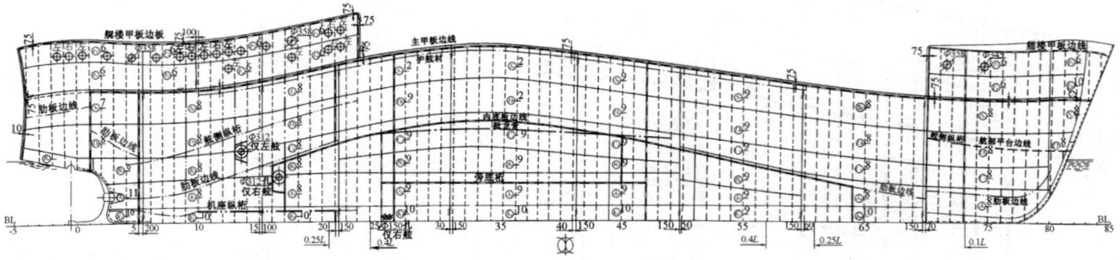
图 8-14　150 t 冷藏船外板展开图布局示意图</td></tr>
<tr><td>任务要求</td><td colspan="5">技能要求：
(1)能够根据型线图提供的尺寸绘制外板展开图中艏艉轮廓形状；
(2)能够根据肋骨型线图求取外板展开图中肋骨线实长；
(3)能够根据肋骨型线图求取外板展开图中纵向构件与肋骨型线的交点；
(4)能够根据基本结构图和中横剖面图绘制外板展开图中横向构件交线；
(5)能够根据船体分段的划分、外板的厚度、板材的规格以及工艺和结构上的要求，布置外板展开图中外板接缝线；
(6)掌握正确绘制船体外板展开图的方法和步骤。
职业素质要求：
(1)具有严谨认真的工作态度；
(2)具有自学能力和知识自我更新能力；
(3)具有创新意识和解决问题的能力；
(4)具有团队合作精神与竞争意识。</td></tr>
</table>

学习任务单

<table>
<tr><td>学习领域</td><td>船舶图样识读与绘制</td><td>模块名称</td><td colspan="4">项目八：船体外板展开图的识读与绘制</td></tr>
<tr><td>任务名称</td><td>150 t冷藏船外板展开图绘制</td><td>学时</td><td></td><td>班级</td><td></td><td>学习笔记</td></tr>
<tr><td rowspan="3">绘制外板展开图</td><td colspan="5">1. 选取图样比例、图纸幅面
绘制外板展开图常用的比例有1:25、1:50、1:100等，外板展开图的比例与肋骨型线图相同时，绘图最为方便，但图形通常显得过大，所以外板展开图的比例常按肋骨型线图缩小至$^1/_2$。</td><td></td></tr>
<tr><td colspan="5">2. 图面布置
外板展开图通常采用加长的图纸，如图纸过长，可分两张绘制。根据船长在图纸适当位置布置视图。</td><td></td></tr>
<tr><td colspan="2">3. 绘制视图
绘制的步骤如下：
(1)作基线，量出垂线间长，根据肋骨间距确定肋位，隔5~10档肋位作垂直于基线的直线。
(2)绘制艏艉轮廓线。由于外板展开图纵向曲度不展开，只展开横向曲度，因此外板展开图中的艏艉轮廓形状与型线图中的艏艉轮廓相同，可以根据型线图提供的尺寸绘制。
(3)展直肋骨型线。用与曲线外切的折线近似代替曲线，其方法是：在平直的纸条上作起点，将起点对准肋骨型线与中纵剖线的交点，沿肋骨型线外缘慢慢转动纸条，并用笔尖顶住纸条边缘，笔尖移动的距离在曲率大处要小，曲率小处可大些，转动过程中记下构件与肋骨型线的交点。
肋骨型线不需要每根都展直，按步骤(1)中隔5~10档肋位取样即可。
(4)比例换算。将所记录下的值按外板展开图的比例，在外板展开图中的相应肋骨线上转录下纸条上所记录的各点。
(5)绘制纵向构件交线。连接各肋骨型线上相应的各构件与型线交点，画出各种纵向构件线，如内底板、甲板、平台、舷侧纵桁、旁底桁等。
(6)根据基本结构图和中横剖面图等有关的结构图样，在相应肋位画出横舱壁、强肋骨、普通肋骨、肋板等横向构件的投影线。</td><td colspan="3">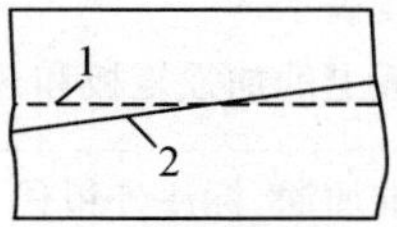

(a)交角过小
1—纵向构件；2—外板边接缝。
图8-15　外板的边接缝</td><td></td></tr>
</table>

续表

<table>
<tr>
<td>绘制外板展开图</td>
<td>（7）绘制边接缝线、端接缝线和分段接缝线。外板接缝线要根据船体分段的划分、外板的厚度和板材的规格以及工艺和结构上的要求来布置。平板龙骨和舷顶列板的宽度由“钢质海船入级和建造规范”或强度计算决定，通常先布置；然后再由工艺性决定舭列板的边接缝；最后布置其他边接缝线。
布置边接缝线时，应考虑甲板、平台、纵桁、纵骨和内底边板等纵向构件的布置。外板的边接缝与纵向构件的角焊缝应避免重合或形成过小的交角，否则会影响焊接的质量。若纵向构件与外板边接缝的交角小于 30°，则应将接缝改为阶梯形，如图 8-15（b）所示。此外，接缝线与纵向构件在很长一段距离中平行时，其间距应大于 50 mm。
在艏艉端，由于肋骨围长减小，外板板列的数目也要相应地减少，形成并板结构。一般在艏艉处设计水线以下采用并板。
边接缝线和纵向分段接缝线通常为纵向的光顺曲线，在设计水线以上应与甲板边线或折角线平行，并保持相同的宽度伸至船的两端，以使外板排列整齐美观。端接缝线和横向分段接缝线是垂直的直线，通常位于 1/4 或 3/4 肋距处，并尽可能布置于同一横剖面上。分段线用斜栅线表示。
绘制外板上的加强复板和开口。</td>
<td>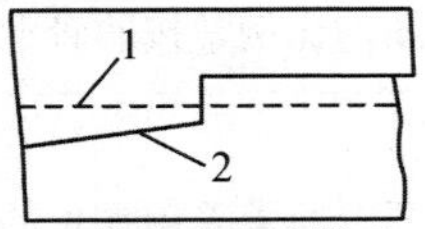

(b)接缝改为阶梯形
1—纵向构件；2—外板边接缝。
图 8-15　外板的边接缝</td>
<td></td>
</tr>
<tr>
<td></td>
<td colspan="2">4. 按要求加深，标注外板代号、构件名称、有关尺寸和编写主尺度
外板各列板的代号按前述的 K、A、B、C 等注写，同一列外板中，外板的序号由艉向艏依次编排。艏艉部分采用并板时，则可略去 A、B、C、D 中的某些列板。外板编号注写在直径 8 mm 的细实线圆内，圆外引出对准圆心的水平细实线标注板厚。外板上某些加强覆板和开口在一舷时，可在覆板和开口附近用文字说明“仅左舷”或“仅右舷”。
纵向构件在图中通常要注写名称，以便看图。此外，为了说明外板厚度在船长方向不同区域的变化，按建造规范要求，一般在基线下方要注明船端 0.075L 或船中 0.4L 等范围。</td>
<td></td>
</tr>
</table>

项目九　船体分段划分图的识读与绘制

【项目描述】

船体分段划分图是表示全船分段划分情况的图样。当船舶的设计进行到一定阶段，整个船舶的基本结构图已经完成，船台装配方式已经确定之后，就需着手研究船体分段的划分。船体分段划分是否合理，关系到能否有效地利用工厂的设备能力，提高劳动生产率，改善劳动条件，提高建造质量和降低成本。分段划分是一项复杂而细致的工作，我们需要经过反复分析研究，才能得到合理的分段划分方案，从而绘制出分段划分图。

【项目目标】

知识目标

1. 掌握船体分段划分图的组成和各视图表达的内容；
2. 掌握船体分段编号的方法；
3. 了解船体分段划分图的特点。

能力目标

1. 正确识读船体分段划分图；
2. 熟悉船体分段划分图的绘制方法。

素质目标

1. 具有良好的读图和绘图的基础技术素养；
2. 具有发现问题、解决问题的能力；
3. 具有勇于探索的精神；
4. 具有爱岗敬业、实事求是、团结协作的优秀品质。

【学习任务】

学习任务 1:识读 150 t 冷藏船分段划分图外板的边界;
学习任务 2:识读 150 t 冷藏船各分段的位置、质量和外形尺寸;
学习任务 3:绘制 150 t 冷藏船分段划分图。

【学习载体】

150 t 冷藏船分段划分图。

【学习评价】

完成本项目的学习后,按照下表对本项目的学习情况进行总评,评价总分为 100 分。

成绩评价单

评价内容	分值	自我评价(30%)	小组互评(40%)	教师评价(30%)	总分
(1)识读船体的分段划分概况	20				
(2)识读各分段的位置	20				
(3)识读分段的质量和外形尺寸	20				
(4)绘制分段划分图(局部)	20				
职业素养考核(职业精神、思想政治、创新发展)	20				
合计					
自我评价与总结					
教师点评					

【素养小课堂】

船配行业的老工匠丁郁华，三项国标填补国内空白

江苏船舶制造工匠丁郁华

丁郁华，1958 年出生，江苏华阳重工股份有限公司总工程师。他 19 岁获评盐城地区劳动模范，是盐城有史以来最年轻的劳模，船舶专业高级工程师，首届“盐城工匠”。他研发的配件可让船在风大浪急的情况下正常作业；700 多个昼夜攻关克难，3 项船舶国标填补国内空白；从生产一线汲取灵感，擅开“小处方”成绝活，一个小电机解决大公司 3 年技术难题……

产品被用在中国海警船上

船只减摇是欧美国家都难以克服的技术难题。2013 年 5 月，作为我国船舶专家，丁郁华受命登上钓鱼岛巡航海警船，现场感受强烈的摇摆。不到一年时间，他研发出智能减摇鳍，极大增强了船舶的平衡性，这一装置被中国海警船、科考船等公务船优先选用。

智能减摇鳍多用于高速船舶，航速越高，效果越好。那么零航速情况下，船舶是否可以减摇？丁郁华没有止步，两年前他开始进行减摇陀螺的研究。“减摇陀螺的灵感来自陀螺旋转的平衡，通过转盘高速旋转，产生足够的动量矩，使得船艇减摇，可将船只的摇摆幅度降低 15°。”

“要打造出极致的产品，每一个零件、每一道工序都要精心打磨，哪怕再小的细节，都要全心专注，全力以赴。”两年多的攻关克难，丁郁华图纸画了 100 多份，摞起来有一米多高；为了得到最佳效果，不同规格样品他制作了十多种，每种样品他都严格把关，在试验台上测试数千次。

这种精益求精的追求，丁郁华一以贯之。在测试中段，他发现转盘在高度旋转时有震动，当即叫停测试，并判断这是由材料密度不均衡造成的。最终通过仪器测量，发现是动平衡超标，转盘质量超过 25 克，而产品样本当时有 2 吨多。

丁郁华做过木工、电工、瓦工、锻工等几乎所有的匠人工种。丰富的一线经验积累，让他练就了“小处方”解决大难题的绝活。

700 多个昼夜攻关制定国标

一位德国客商曾向丁郁华推销液压联轴器，因为他认为“中国人做不出来”。“等着，我现场就能做一个！”找来原材料，丁郁华手工制出了一只简易的联轴器，其独特的设计原理让老外沉思半晌。

“一流企业卖标准，二流企业卖技术，三流企业卖产品。”这是丁郁华时常挂在嘴边的话。

2010 年，他作为第一起草人，制定了《船用隔舱传动装置》《船艇轴水润滑密封装置》《船艇轴油润滑密封装置》三项行业标准。三项标

准一次性通过，填补了国内空白，也争得了我国船舶行业对外交流的话语权。

2008 年，华阳重工轴系、舵系产品通过英国船级社的认证，远销西欧。产品销出去了，却引发了丁郁华更深层次的思考：欧美船舶配件各类标准多达 6 万多个，而我国航海标准只有 6 000 多个。

强烈的国防意识和民族自尊心，烙印在丁郁华的匠心里：发展海洋事业，做大船舶产业，我们急需完善标准体系！

三个标准应用的领域环境都不一样，两年多时间里，他带领研究人员对标准涉及的 400 多个数据逐一进行详细采集、试验和论证。为了使标准更具可操作性，他和同事们将最初收集的数据增至 7 000 多个；为了得到一个准确的磨耗量，他们修改磨具配方 90 多次；磨具在水润滑、油润滑环境下的收缩密度是不一样的，为寻求更精确的数据，他们光磨具就制作了 427 套……每一个数据都经历了无数次考验。

“既然是行业标准，必须是最好的，甚至要超过国外标准。”在制定标准前，华阳重工的产品的抗老化系数并不比国外高，但为了制定出更好的标准，丁郁华和同事们在十多个温度下反复实验，最终将抗老化系数提高到－30 ℃（即－30 ℃也能使用），而当时国外的标准是－20 ℃。

【启示】丁郁华说他是一个匠人。学机电时，他琢磨着将三相电机改为单相，将电机改为发电机，将废旧柴油机改为空压机，创造出了闻名乡里的“三大发明”；学瓦工、木工，由于肯钻研，学不了多久，他就因技术比师傅好而两度被炒；当锻工时，他在黑土里掺上糠灰，解决了黑土模子的膨胀系数问题；做船舶配件时，他就要制造出世界一流响当当的产品……正是这种不断求知和爱琢磨的韧劲，造就了这位船舶行业领航者的工匠之路。

【思考】工匠就是做手艺的人，以前是苦干、实干，现在要再加上巧干和创新，在传承传统基础上再创新，赶超世界水平。谈谈你从中获得哪些启示。

来源于：https://mp.weixin.qq.com/s/nwZdTDSc74w9Fxct5BmBRg（有改动）

标语：弘扬工匠精神，助推中国制造。

【知识结构】

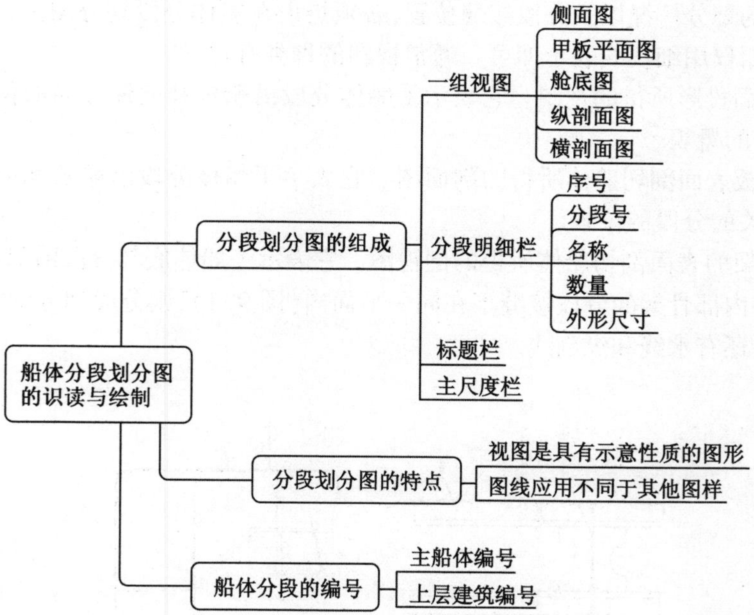

【相关知识】

1. 分段划分图的特点

分段划分图表示了全船分段的数量、各分段的分段接缝位置、分段的理论质量以及船台装配余量的数量和加放部位。某些分段划分图还表示了各分段在船台上的定位吊装顺序。船体分段划分图是其他结构图样绘制分段接缝位置的依据，也是船台装配时分段吊装、定位以及起重、运输配备设备的依据。

由于分段划分图主要用来表明分段接缝的位置，所以视图中，除与分段定位有关的结构（如甲板、平台、舱壁、内底、水密肋板等）外，其他结构均省略不画。图中也不画一般的板缝线，只画分段接缝线。图样绘制方便、简洁、清晰、一目了然，便于使用。

分段划分图主要由一组视图、标题栏、分段明细栏和主尺度组成。除纵、横剖面图外，其余视图的外形轮廓用细实线画出；甲板、平台、舱壁、内底等结构不论其水密与否，凡不可见的均用粗虚线画出；分段接缝线不用斜栅线而用细实线画出。

2. 分段划分图的视图

分段划分图的视图用来表达分段的划分情况以及分段接缝位置，必须指出在船体分段划分图上只表示分段的接缝，而不表示一般的板缝，所以分段接缝线不必画出斜栅线，而仅用细实线表示即可。通常视图的种类有：

（1）侧面图：从船体右舷向 V 投影面投影所得的视图。它表示了船体分段沿船长和船深方向的位置。侧面图是分段划分图的主视图，一般来说，从中可以了解全船分段划分的概貌。

（2）甲板平面图：是用剖切面沿甲板表面剖切船体所得的剖面图。它表示了船体分段沿船长和船宽方向的位置。具体来说，甲板平面图主要用来表示甲板分段或与甲板相关的分段的位置。

（3）舱底图：是用剖切面沿底部构架的表面剖切船体所得的剖视图。它表示了船体底部分段沿船长和船宽方向的位置。

除上述视图外，若船体分段的板和内部骨架的分段接缝不在同一平面内（图 9-1），则分段划分图通常还绘有纵剖面图和横剖面图。

分段划分图中除以上四类线条外，还有水线和纵剖线。

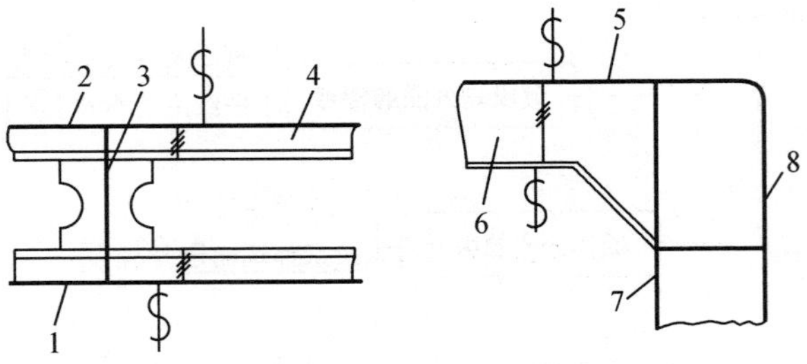

(a)横缝不在同一位置　　(b)纵缝不在同一位置

1—外底板；2—内底板；3—肋板；4—纵骨；5—甲板；6—强横梁；7—内壳纵壁；8—舷侧外板。

图 9-1　板与内部骨架接缝不在同一位置

（4）纵剖面图：是用纵向平面剖切船体而得的剖面图。它表示了剖切平面处的分段的板和内部纵向骨架沿船长方向的分段接缝位置。

（5）横剖面图：是用横向平面剖切船体而得的剖面图。它表示了剖切平面处的分段的板和横向骨架沿船宽方向的分段接缝位置。

纵剖面图和横剖面图不仅表示了分段的接缝位置，而且表示了内部纵、横骨架的接缝位置，体现了船体分段划分时内部骨架处理结果，表示了分段处板与骨架之间的分段接缝线的相对位置。而侧面图、甲板平面图、舱底图是不表示内部骨架接缝位置的。

3. 船体分段的编号

分段划分图上必须对各分段进行编号，每个分段的编号数称为分段号。分段号要体现分段的所在位置及其依次上船台的顺序，见图 9-2。

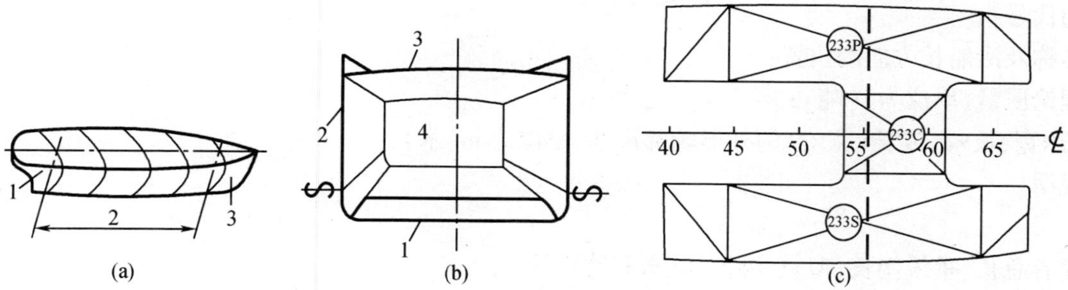

图 9-2　分段的编号

（1）主船体分段采用三位数字编号。其中百位数字表示分段的区域，用“1”代表艉段，“2”代表中段，“3”代表艏段。十位数字表示分段的部位，用“1”代表底部，“2”代表舷侧，“3”代表甲板，“4”代表舱壁，“0”代表立体分段。个位数字表示分段的序号，序号顺序自艉向艏、自下向上进行。例如：211 表示主船体中段底部第一分段。对于大型船舶，当同一底部分段在横向再划分成左、右两段或左、中、右三段时，则还应注明 P（左）、S（右）或 P（左）、C（中）、S（右）。

223 表示主船体舷侧第三分段。对于同一部位左右对称的两个舷侧分段，除写上分段号外，同样应注明 P 和 S，以区分左舷分段还是右舷分段。

如果主船体的中段采用总段形式，则三位数中的后两位表示总段的序号，序号顺序自艉向艏，从 01 起编，依次以 02，03，…编制，如：201 表示中段中第一总段。

艏、艉段如果沿船深方向再进行水平划分，则三位数中的后两位为分段序号，自下向上以 01，02，…编制，如：101 表示艉段中第一分段；301 表示艏段中第一分段。

（2）上层建筑分段的分段号编法是：百位数字为“6”；后两位数字为分段的序号，顺序自艉向艏，再自下向上进行。例如：601 表示上层建筑分段中第一段。

分段号写在直径为 8 mm 的细实线圆中，分段范围用对准圆心的细实线对角线表示，见图 9-3（见书后附图）。目前，各船厂对分段的编号并不统一，特别是随着生产设计的深化，对分段编号有进一步细化的要求。

4. 分段明细栏

分段划分图的标题栏上方编有明细栏，列出了全船各分段的分段号、名称、质量及外形尺寸等，其中：

序号表示全船分段的次序号，通常自艉向艏、自下向上编排。可以从序号中知道全船分段的数量；

分段号表示各分段的代号；

名称表示各分段的名称及沿船长方向的位置；

质量表示该分段的理论质量，单位为 t(吨)；

外形尺寸表示分段长×宽、长×高或长×宽×高的外形轮廓尺寸，单位为 m(米)；

附注中填写必要的说明。

5. 主尺度

分段划分图的主尺度有总长、垂线间长、型宽、型深、吃水和肋距等。

【任务实施】

案例 9.1　识读 150 t 冷藏船分段划分图

布置任务单 1

学习领域	船舶图样识读与绘制		
学习任务 1	识读 150 t 冷藏船分段划分图外板的边界	学时	
任务描述	任务导入： 图 9-3(见书后附图)所示为 150 t 冷藏船分段划分图,其主要由一组视图、标题栏、分段明细栏和主尺度组成。通过船体分段划分图的识读,主要了解 150 t 冷藏船全船分段的划分情况。		
任务要求	技能要求： 能够通过识读明细栏,结合侧面图、甲板图、舱底图和分段号概括了解整个船体的分段划分情况。 职业素质要求： (1)具有责任意识和敬业精神； (2)具有团队精神和合作意识； (3)具有较强的语言表达能力和沟通能力； (4)具有创新意识,以及获取新知识、新技能的学习能力。		
学习资源	教材、教学课件、图片、图纸。		

学习任务单 1

<table>
<tr><td>学习领域</td><td>船舶图样识读与绘制</td><td>模块名称</td><td colspan="4">项目九:船体分段划分图的识读与绘制</td></tr>
<tr><td>任务名称</td><td>识读 150 t 冷藏船的分段划分概况</td><td>学时</td><td></td><td>班级</td><td></td><td>学习笔记</td></tr>
<tr><td>识读内容</td><td>根据明细栏,结合侧面图、甲板图、舱底图和分段号可知主船体的艏、艉段划分情况,中段划分的底部分段数、舷侧分段数、甲板分段和舱壁分段数;还可了解上层建筑中艏楼、艉楼等的划分情况,这样可对整个船体的分段划分情况有个概括的了解。</td><td colspan="4">例如,图 9-3 中,根据明细栏,结合侧面图、甲板图、舱底图和分段号可知 150 t 冷藏船主船体的艏和艉各为 1 个立体分段,即艏段(301)、艉段(101)。
中段则划分成 7 个底部分段、7 个舷侧分段、7 个甲板分段和 3 个舱壁分段。
上层建筑中,艉楼划分成 4 个立体分段(包括烟囱分段),艏楼为 1 个立体分段,中部起货机平台为 1 个立体分段,共计 6 个分段。
这样可对整个船体的分段划分情况有个概括的了解。</td><td></td></tr>
</table>

布置任务单 2

学习领域	船舶图样识读与绘制		
学习任务 2	识读 150 t 冷藏船各分段的位置、质量和外形尺寸	学时	
任务描述	任务导入： 图 9-3 所示为 150 t 冷藏船分段划分图，其主要由一组视图、标题栏、分段明细栏和主尺度组成。通过船体分段划分图的识读，主要了解 150 t 冷藏船全船分段的划分情况。		
任务要求	技能要求： (1)能够通过识读侧面图、对照相应的甲板或舱底图，再结合分段号逐段了解各分段的具体位置； (2)能够查阅明细栏了解各分段的质量和外形尺寸。 职业素质要求： (1)具有责任意识和敬业精神； (2)具有团队精神和合作意识； (3)具有较强的语言表达能力和沟通能力； (4)具有创新意识，以及获取新知识、新技能的学习能力； (5)具有分析问题、解决问题的能力。		
学习资源	教材、教学课件、图片、图纸。		

学习任务单 2

<table>
<tr><td>学习领域</td><td>船舶图样识读与绘制</td><td>模块名称</td><td colspan="3">项目九：船体分段划分图的识读与绘制</td><td rowspan="3">学习笔记</td></tr>
<tr><td>任务名称</td><td>识读 150 t 冷藏船各分段的位置、质量和外形尺寸</td><td>学时</td><td></td><td>班级</td><td></td></tr>
<tr><td>识读内容</td><td>根据侧面图并对照相应的甲板或舱底图，再结合分段号逐段了解各分段的具体位置，分段的位置由分段的接缝线位置来决定。识读时，可自艉向艏、自下向上逐段进行。通过这样的逐段识读，就能将全船分段的具体位置和关系搞清。
由于分段质量和外形尺寸与起重运输设备及工艺装备的选用有直接关系，因此需查阅明细栏了解各分段的质量和外形尺寸。并应知道全船分段中哪个分段最重，哪个分段外形尺寸最大。这样就可有效地配置适当的起重运输设备。</td><td colspan="4">例如，图 9-3 中 101 艉段，船长方向是自艉端至 $^{\#}5^{+150}$ 肋位（包括艉尖舱舱壁），船深方向是自船底至上甲板以上的外板顶线。
图 9-3 中 211 底部分段，船长方向是自 $^{\#}5^{+150}$ 至 $^{\#}15^{+150}$ 肋位，船深方向分段接缝线的位置在内底以上，船宽方向对照舱底图可知，没有再进行划分。
图 9-3 中 221 舷侧分段，船长方向是自 $^{\#}5^{+150}$ 至 $^{\#}15^{+150}$ 肋位，船深方向是内底以上至上甲板以上的外板顶线，左右舷对称设置。
图 9-3 中 231 甲板分段，船长方向是自 $^{\#}5^{+150}$ 至 $^{\#}15^{+150}$ 肋位，全宽设置。
图 9-3 中 241 非水密横舱壁分段，设在 $^{\#}21$ 肋位，内底板与上甲板之间，全宽设置。
图 9-3 中 301 艏部立体分段，船长方向是自艏至 $^{\#}70^{-150}$ 肋位（包括艏尖舱舱壁），船深方向是自船底至上甲板以上的外板顶线。
图 9-3 中 601、602、603 是艉楼立体分段，分别由一层甲板带其下围壁组成。
图 9-3 中 605 是艏楼立体分段，由艏楼甲板带其下围壁组成。
图 9-3 中 604 和 606 分别是桅室、烟囱整体组成的立体分段。</td></tr>
</table>

任务总结单

学习领域	船舶图样识读与绘制	模块名称	项目九:船体分段划分图的识读与绘制
任务名称	识读 150 t 冷藏船分段划分图		
职业素养总结	请按照知识总结思维导图格式,从职业精神、思想政治、创新发展等方面总结识读 150 t 冷藏船分段划分图的学习收获。		
识读总结	分段划分图的视图表示比较简单,所识读内容与其他船体图样相比也较少,主要了解船体分段位置、分段的数量及分段的质量和大小。识读时,明细栏、侧面图、甲板图、舱底图和分段号要相互参照,可按照如下步骤进行: (1)识读船体的分段划分概况; (2)识读各分段的位置; (3)识读分段的质量和外形尺寸。		
笔记总结			

【拓展练习】

拓展任务单 1

学习领域	船舶图样识读与绘制	模块名称	项目九:船体分段划分图的识读与绘制		
任务名称	识读 3 000 t 货船分段划分概况	学时		班级	
学生姓名		学号		组别	
任务描述	图 9-4(见书后附图)所示为 3 000 t 货船分段划分图,其主要由明细栏、侧面图、甲板图和舱底图组成。明细栏中主要表示出全船各分段的分段号、名称、质量及分段位置等,侧面图、甲板图和舱底图这一组视图表示出各分段的划分情况以及分段接缝位置。通过船体分段划分图的识读,主要了解 3 000 t 货船全船分段的划分情况。在学习过程中培养爱岗敬业、学思结合、精益求精、开拓创新的职业品格和行为习惯。				

根据明细栏,结合侧面图、甲板图、舱底图和分段号可知主船体的艏、艉段划分情况,中段划分的底部分段数、舷侧分段数、甲板分段和舱壁分段数。还可了解上层建筑中艏楼、艉楼等的划分情况,这样可对整个船体的分段划分情况有个概括的了解。	例如,图 9-4 中,根据明细栏,结合侧面图、甲板图、舱底图和分段号可知,3 000 t 货船主船体的艏和艉划分成(　　)个立体分段:艏段(301)、(302)和艉段(101)、(102)。 中段则划分成(　　)个底部分段、(　　)个舷侧分段、(　　)个甲板分段和(　　)个舱壁分段。 上层建筑中,艉楼划分成(　　)个立体分段,艏楼为(　　)个立体分段,中部起货机平台为(　　)个立体分段,共计 7 个分段。 这样可对整个船体的分段划分情况有个概括的了解。

拓展任务单 2

学习领域	船舶图样识读与绘制	模块名称	项目九：船体分段划分图的识读与绘制		
任务名称	识读 3 000 t 货船各分段的位置、质量和外形尺寸	学时		班级	
学生姓名		学号		组别	
任务描述	图 9-4 所示为 3 000 t 货船分段划分图，其主要由一组视图、标题栏、分段明细栏和主尺度组成。通过船体分段划分图的识读，主要了解 3 000 t 货船全船分段的划分情况。在学习过程中培养爱岗敬业、学思结合、精益求精、开拓创新的职业品格和行为习惯。				

根据侧面图并对照相应的甲板或舱底图，再结合分段号逐段了解各分段的具体位置，分段的位置由分段的接缝线位置来决定。识读时，可自艉向艏、自下向上逐段进行。通过这样的逐段识读，就能将全船分段的具体位置和关系搞清。

例如，图 9-4 中 101 艉段，船长方向是自艉端至(　　)肋位(包括艉尖舱舱壁)，船深方向是自船底至舵机舱平台(包括舵机舱平台)。

211 底部分段，船长方向是自$^{\#}7^{+150}$ 至(　　)肋位；船宽方向对照舱底图可知，没有再进行划分。

221 舷侧分段，船长方向是自$^{\#}7^{+150}$ 至(　　)肋位；船深方向是内底以上至上甲板的外板顶线，左右舷对称设置。

231U 上甲板分段，船长方向是自$^{\#}7^{+150}$ 至$^{\#}24^{+150}$ 肋位，全宽设置。

231D 第二甲板分段，船长方向是自$^{\#}7^{+150}$ 至$^{\#}$(　　)肋位，全宽设置。

241 水密横舱壁分段，设在(　　)肋位，内底板与上甲板之间，全宽设置。

301 艏部立体分段，船长方向是自艏至(　　)肋位，船深方向是内底板之下。

601、602、603、604 是艉楼立体分段，分别由一层甲板带其下围壁组成。

607 是艏楼立体分段，由艏楼甲板带其下围壁组成。

605 和 606 是桅室整体组成的立体分段。

案例 9.2　绘制 150 t 冷藏船分段划分图

布置任务单

学习领域	船舶图样识读与绘制	模块名称	项目九:船体分段划分图的识读与绘制		
任务名称 3	绘制 150 t 冷藏船分段划分图	学时		班级	
任务导入	已知 3 000 t 货船分段划分方案,参考 3 000 t 货船型线图、中横剖面图、基本结构图和肋骨型线图,绘制 3 000 t 货船分段划分图。要求完整、清晰地表达分段划分情况。				
任务描述	绘制步骤: (1)确定视图的数量; (2)选择图样比例和图纸幅面; (3)布置图面; (4)绘制视图; (5)根据图线规格加深图形并标注尺寸; (6)编制明细栏和填写标题栏。				
任务要求	技能要求: (1)能够根据船舶类型、大小及分段划分情况,确定分段划分图的视图种类和数量; (2)能够根据分段划分图表达的内容,选用适当的比例,由所选比例、视图数量及主尺度确定图纸幅面; (3)能够合理进行分段划分图的图面布置; (4)能够根据型线图绘制侧面图、甲板平面图以及舱底图的外形; (5)能够根据基本结构图,画出侧面图、甲板平面图以及舱底图中与分段定位有关的结构; (6)能够根据分段划分方案中分段接缝线的位置,画出侧面图、甲板平面图以及舱底图中各接缝线; (7)能够正确进行分段编号; (8)掌握正确绘制分段划分图的方法和步骤。				

续表

任务要求	职业素质要求： (1)具有严谨认真的工作态度； (2)具有分析问题、解决问题的能力； (3)具有责任意识和敬业精神； (4)具有迎接挑战的意识。

学习任务单

学习领域	船舶图样识读与绘制	模块名称	项目九:船体分段划分图的识读与绘制	
任务名称	150 t 冷藏船分段划分图绘制	学时	班级	
绘制内容	1. 确定视图的数量 分段划分图的视图种类和数量,取决于船舶类型、大小及分段划分情况。这里的确定视图数量主要是确定除侧面图以外的其他视图的数量。一般原则是:在完整、清晰表达分段位置的前提下,力求较少的视图,以减少画图的工作量。			
	2. 选择图样比例和图纸幅面 分段划分图表达的内容比较简单,因此选用的比例可适当小些。常用的比例有 1:100、1:50、1:25 等。根据所选比例、视图数量及主尺度确定图纸幅面。图纸幅图不宜过大,以免使用不便。			
	3. 布置幅面 分段划分图的图面布置通常是:侧面图布置在图纸左上方。向下依次布置甲板平面图和舱底图,图纸中间部分布置纵剖面图和横剖面图,明细栏布置在标题栏上方,主尺度列于图纸的右上角。			
	4. 绘制视图 (1)画出各图形的基准线并在其上定出肋位 画基准线(基线或中心线)和确定肋位的方法与基本结构图相同,可参见基本结构图。 (2)画出各图的外形 侧面图、甲板平面图以及舱底图的外形可以型线图为依据画出。其方法可参见基本结构图各图外形的画法。横向剖面图的外形可根据肋骨型线图中相应肋骨型线画出。			

续表

绘制内容	(3)画出侧面图中的有关结构 在侧面图外形基础上,可根据基本结构图画出侧面图中的各层甲板、平台、内底、横舱壁和水密肋板等结构。 (4)画出甲板平面图上的有关结构及开口 在甲板平面图的外形基础上,根据基本结构图画出该甲板以下的有关结构,如横舱壁、纵舱壁等,该甲板上面的结构通常省略不画。甲板的开口通常只画大开口,如机舱口、货舱口等;小的开口,如梯口、人孔等均省略不画。 (5)画出舱底图上的有关结构 舱底图上的有关结构,通常也只画内底以下的结构,如水密肋板、水密纵桁等。 (6)画出分段接缝线,编制分段号及画出分段对角线 根据已定的分段划分方案所决定的分段接缝线位置,在各图形上画出接缝线,并对各分段进行编号,然后画出分段对角线(细实线画出)。画分段对角线的目的是使分段的范围更清晰、更醒目。
	5. 根据图线规格加深图形并标注尺寸 分段划分图中的尺寸,一般只标注船体主尺度及分段的定位尺寸,即分段接缝线的位置。
	6. 编制明细栏和填写标题栏 明细栏设置在标题栏上方时,应根据分段序号自下而上填写;若明细栏不设置在标题上方,则应根据分段序号自上而下填写。

项目十　船体分段结构图的识读与绘制

【项目描述】

目前船舶制造大多采用分段建造的方法。一艘大、中型船舶的船体,往往被分成几十个甚至近百个分段。由于船体构件繁多,仅靠中横剖面图和基本结构图等基本图样无法清楚完整地表达每个分段的结构,为此还必须增绘分段结构图。分段结构图是按照船体分段的划分情况,以中横剖面图和基本结构图等基本图样为依据,用较大比例绘制的图样,用于表达船体分段中构件的布置、形状、尺寸、连接形式、材料、数量、质量和工艺要求等。

分段结构图直接用于施工生产,是船体建造中放样、加工、装配、焊接等工序的施工依据;是编订装配工艺、施焊程序、胎架设计、考虑工艺加强等工艺工作的依据;是编订材料明细表、准备原材料及构件配套等工作的依据;是计算船体质量和重心位置的依据,从而为分段完工后起重、运输等提供参考。因此必须正确识读和绘制船体分段结构图。

【项目目标】

知识目标

1. 了解分段结构图的作用、种类;
2. 掌握分段结构图的组成与表达的内容;
3. 掌握分段结构图中构件的尺寸、件号以及焊缝代号的标注方法和表达的意义。

能力目标

1. 能正确进行分段结构图的识读;
2. 能正确进行分段结构图的绘制。

素质目标

1. 具有严肃认真的工作态度;

2. 具有克服困难、勇于进取的精神；
3. 具有创新意识，以及获取新知识、新技能的学习能力。

【学习任务】

学习任务 1：识读 150 t 冷藏船$^{\#}6^{-350}\sim{}^{\#}15^{+100}$ 上甲板分段结构图主视图；
学习任务 2：识读 150 t 冷藏船$^{\#}6^{-350}\sim{}^{\#}15^{+100}$ 上甲板分段结构图剖面图及节点详图；
学习任务 3：绘制 150 t 冷藏船$^{\#}6^{-350}\sim{}^{\#}15^{+100}$ 上甲板分段结构图。

【学习载体】

150 t 冷藏船分段结构图。

【学习评价】

完成本项目的学习后，按照下表对本项目的学习情况进行总评，评价总分为 100 分。

成绩评价单

评价内容	分值	自我评价(30%)	小组互评(40%)	教师评价(30%)	总分
(1)识读主视图	20				
(2)识读剖面图	20				
(3)识读节点详图	20				
(4)绘制甲板分段结构图	20				
职业素养考核(职业精神、思想政治、创新发展)	20				
合计					
自我评价与总结					
教师点评					

【素养小课堂】

“丝丝”入扣，筑梦海洋强国

顾秋亮，男，江苏无锡人，生于1955年，中国船舶重工集团公司第七〇二研究所（简称七〇二所）水下工程研究开发部职工，“蛟龙号”载人潜水器首席装配钳工技师。

“蛟龙号”上的“两丝”钳工顾秋亮

一把锉刀，练就精湛技术

顾秋亮说：“别看现在的技术好，当初学徒可没少挨师傅骂。”他1972年高中毕业，被分配到七〇二所，跟师傅学习钳工。看钳工基本功过不过硬，“平面锉平”是最基本的。在师傅们严厉调教下，顾秋亮开始用最“笨”的方法练习基本功——将10厘米厚的一块方铁锉到5毫米，为了这个，他锉了近20块方铁，锉刀都磨断了几十把。一遍遍地锉钢板，一遍遍地动脑筋琢磨，渐渐地手里的活儿有了灵性。“练锉平特别费时，站得腿麻，锉得手酸，依然要坚持，坚持，再坚持。”他说，“直到手上有感觉了，平面也自然锉平了。”

参加工作以来，顾秋亮磨断了几十把锉刀，练就了扎实的基本功。工作中的顾秋亮素来爱琢磨、善钻研，像一颗铆足了劲的“螺丝钉”，但凡碰到棘手活儿，就算绞尽脑汁也要解决，自己也积累了丰富的工程经验。2004年，顾秋亮顺理成章地扛起了国家863重大专项“蛟龙号”载人潜水器装配组组长的重担。

敢拼爱钻，助力蛟龙成型“出炉”

在“蛟龙号”载人潜水器总装之初，如何将上千个零部件整合为一台功能齐全、性能优异的潜水器，是横在顾秋亮和同事们面前的一座大山。这时顾秋亮爱琢磨的那股“钻”劲发挥了大作用。“蛟龙号”使用的钛合金框架强度高，打孔异常困难，但光是M6型螺丝孔就得打700多个，而且板很薄，螺丝很难吃牢。为此顾秋亮带着徒弟一起想出了办法：在孔的反面加焊螺帽，不仅能吃牢螺丝，也不怕今后反复拧进拧出了。

“蛟龙号”的研制目标是“下得去，上得来，能干活”，为此潜水器上面装有诸多高精度传感器和执行单元，如艉部四个矢量布置的推力器，安装精度要求极高。但“蛟龙号”的钛合金支架是焊接结构，其安装焊接、应力释放是一个综合而复杂的过程，焊接变形量无法预估。顾秋亮用高精度激光水平仪找平、测距仪测量实际偏差、轴径向拉钢丝确认位置等，确保了推力器的高精度安装。

“蛟龙号”的最大下潜深度为7 000米，潜水器的结构件及设备安装都有非常严格的要求，所有结构件、零部件的安装位置必须到位，强度必须保证。如潜水器舯部两侧的测深侧扫声呐，对安装精度要求非常高，顾秋亮根据设计安装图纸设计了专用工装，并绘制安装工艺图，成功完成了安装,满足了精度要求。

“拼命三郎”不负深海下的生命托付

2009 年,蛟龙号拉开了海上试验的大幕。年过半百的顾秋亮义无反顾地踏上海试征程。海试条件异常艰苦,常与烈日和暴风雨做伴,经常要在 60 多摄氏度的甲板上完成拆卸、安装、维修工作;甚至为了抢时间、抢海情,经常加班加点、通宵达旦地工作。2012 年海试期间,顾秋亮和同事们连熬两个通宵,解决了进口推进器的问题。冲刺 7 000 米深度大关前夕,他冒雨抢修损坏的推力器,再次忙到次日凌晨。“蛟龙号”首席潜航员叶聪从 7 020 米的深海返回,写下这样一段话:“昨晚,同志们只睡了 5 个小时,顾秋亮则更少。今天早上,我来到蛟龙边,他们已做好了下潜前的准备。因为有了他们,我无所畏惧,无比自信。”

四年海试的辛苦,顾秋亮从未抱怨,与他并肩战斗的科研人员提到亦师亦友的顾秋亮,都会由衷地竖起大拇指,称他“拼命三郎”! 顾秋亮说:“在海上工作生活确实很苦很累,但我感到很兴奋、很自豪。不管是晚上加班到半夜还是早上五点半起床保养潜器,不管日晒还是雨淋,我感到很光荣,能为海试出一份力,我很骄傲,因为在祖国的深潜纪录中有我的汗水,光荣!”

怀揣崇高的使命感和荣誉感,年过花甲的顾秋亮仍坚守在科研生产第一线,继续为我国的载人深潜事业默默奉献……

【启示】大国工匠顾秋亮是一线工匠们的代表。正是一线工匠们的辛勤付出,作为国家经济细胞的企业才有了生命力和创造力,他们是国家的宝贵财富。他们对技术创新的执着,对技艺完美的追求,感染着我们,也值得全社会尊重。

【思考】尊重之外,更需要见贤思齐。诚如顾秋亮所说,每个人都应该去寻找适合自己的人生之路。知识重要,手上的技艺同样重要,不应该被人为划出高低贵贱。作为 21 世纪的主人,年轻一代理应看清——自己人生的价值体现其实不必拘泥于书本,身怀一技之长,在平凡的岗位上也能熠熠生辉。谈谈你从中获得哪些启示。

来源于:https://mp.weixin.qq.com/s/_OBQc903nAPQs2GQdCc_ng(有改动)

标语:天下大事,必作于细

【知识结构】

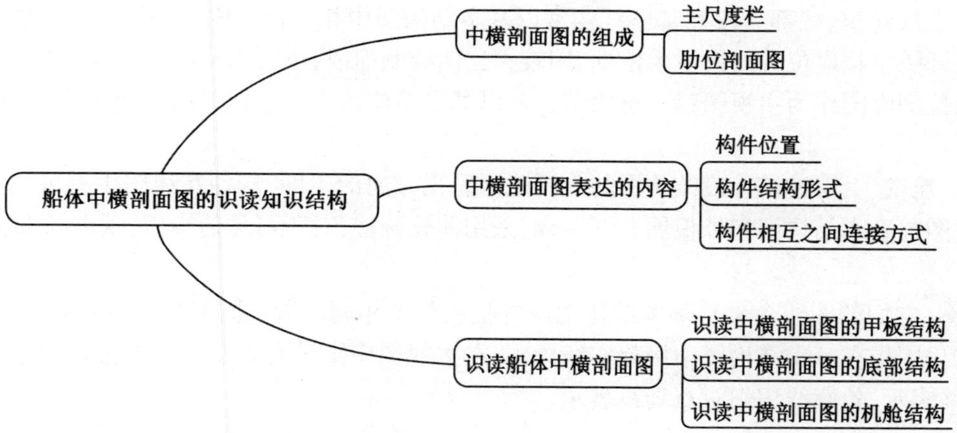

【相关知识】

1. 分段结构图的种类及数量

分段结构图通常以其表示的结构来分类。一般有底部分段结构图、舷侧分段结构图、甲板分段结构图、舱壁结构图、艏段结构图、艉段结构图、上层建筑结构图及艏柱结构图和艉柱结构图等。如果分段结构图表示的是船体某一环形段的结构,称为总段结构图。对于同一类分段结构图,则以其表示的分段位置来区分,如$^{\#}6^{-350}\sim{}^{\#}15^{+100}$甲板分段结构图、$^{\#}55$横舱壁结构图等。分段结构图的数量取决于船舶大小和分段划分的情况,大、中型船舶的船体分段数量较多,一般有几十个分段,因此,分段结构图的数量也就较多。

2. 分段结构图的组成和表达内容

分段结构图主要由视图和明细栏组成,有些分段结构图中,还用文字对分段的技术要求、工艺措施和注意事项做简要说明。

分段结构图中标题栏的上方编有明细栏,明细栏用以统计分段中所有构件的名称、尺寸、数量、材料、质量等。明细栏可以作为编制全船材料明细表和准备原材料的原始文件,也可作为配套的依据。现在船舶设计中,随着生产设计细化,明细栏也发生很大变化,在进行生产设计的船厂,均以分段零件册形式出现,便于生产管理。

分段结构图的视图通常有主视图、剖面图和节点详图。视图中标注构件尺寸、件号和构件连接的焊缝代号。

(1)主视图

主视图是表示分段结构基本组成的视图,主视图中反映了构件的布置情况、板的排列、厚度、焊接要求及板上开口的位置和大小。

一般来说,甲板、平台、上层建筑、底部分段和基座结构常以基本结构图中相应位置的甲板图、平台图或舱底图为依据,用较大比例绘制而成;舷侧分段常以外板展开图中相应位置的图形为依据,用较大比例绘制而成,也可以从舷侧有构架的一面进行投影所得的视图作为主视图;横舱壁结构则以它的肋位剖面图作为主视图;艏、艉段结构常以基本结构图中相应位置的纵剖面图为依据;艏、艉柱结构则以它的侧面投影图为主视图。

底部、舷侧、甲板、平台、舱壁、上层建筑分段结构图的主视图因看视方向的不同,构件在视图中有可见和不可见两种情况。对于不可见的构件,分段结构图的主视图与基本结构图和外板展开图一样,采用简化画法;对于可见的构件,既可以采用简化画法,也可以采用钢材与型材投影的小比例画法。

采用简化画法的主视图,它们的图线含义与基本结构图或外板展开图相同。所不同的是,凡不属本分段或与本分段关系不大的构件在主视图中可不画出,如货舱口围板在基本结构图中用粗实线画出,在主视图中则没有表示。与本分段关系较大的构件,在主视图中须画出,其可见时的断面仍用粗实线表示,轮廓线用细双点划线表示。

(2)剖面图

剖面图是用来表示分段中构件的形状、结构形式、尺寸和相互连接方式的视图。常用的剖面图有肋位剖面图、一般位置剖面图和分剖面图等几种形式。

①肋位剖面图

肋位剖面图是以肋骨平面作为剖切平面而绘制的剖面图。它表示了位于肋骨平面内的横向构件的形状、结构形式、连接方式以及纵向构件的结构形式和布置。在船体图样中,民船肋位是从船尾向船首依次编号的,对于某一号肋位,其位置是确定的。所以,在主视图中不用剖切符号表示肋骨剖面的位置及视向,而只在剖面图的上方画出视向符号(粗实线大箭头),并在其上标注剖切位置的肋位号,如“$\overset{\#8}{\longleftarrow}$”,其中“#8”表示剖面位置在#8 肋骨平面,而“$\longleftarrow$”则表示剖面视向为向艉看,因为船体在图纸中的布置通常总是艉左艏右,箭头向左表示向艉看,箭头向右,则表示向艏看。

②一般位置剖面图

一般位置剖面图是指不在肋骨平面内的剖面图以及即使在肋骨平面内,但仅仅表示某一局部结构的剖面图,如“$\underline{A—A}$”“$\underline{B—B}$”等。在主视图中标注剖切符号“$A\uparrow$__ __$\uparrow A$”,剖面图上方标写“$\underline{A—A}$”与其对应。

③分剖面图

如果用肋位剖面图、一般位置剖面图、向视图、剖视图等还不能将结构表示清楚,须在剖面图或向视图、剖视图上再作剖面图,此剖面图即为分剖面图。分剖面图标注方式为在原剖面图(或向视图、剖视图)上标注剖切符号及位置“8 ↑⌊ ⌋↑ 1”“*A* ↑⌊ ⌋↑ 1”,在分剖面图上方对应标写“8—1”“*A*—1”。

(3)节点详图

节点详图是表示节点处结构情况的局部放大图。由于主视图和剖面图通常采用的比例往往不易把节点处的结构、尺寸及焊接要求表示清楚,所以在分段结构图中,对主视图和剖面图内图形较小、连接形式不同、表达又不够清晰的节点,均另行绘制节点详图,以详细表达构件的结构形式和相互连接方式,并在图中完整地标注构件的尺寸和焊缝代号。如果节点详图尚未把节点的结构完整地表达清楚,也可以节点详图为主视图,再画其他视向的视图表达。当详图的比例较大,板和型材厚度的投影大于 2 mm 时,则其剖面要画剖面符号。

节点详图的标注方法是:在主视图或剖面图中,把要绘制详图的节点用细实线圆圈出,圆的直径视节点图形大小而定,并用 7 号字体的阿拉伯数字顺序编号。然后在画好的节点详图上方画一水平粗实线,在水平粗实线上方用同样大小的字体注写相应的数字,下方注写节点详图的比例,见图 10-1(a)。当详图很少时,可不编号,而直接将其画在节点附近,并用箭头指出,见图 10-1(b)。

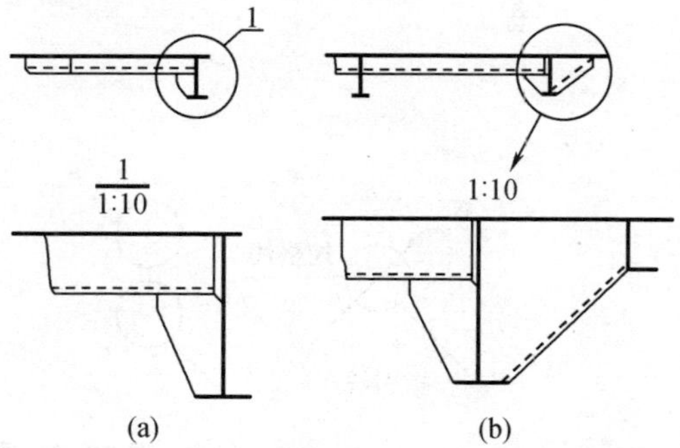

图 10-1　节点详图的标注方法

此外,在上层建筑结构图中,围壁结构还常用展开视图、局部视图和分剖面图来表示,艏、艉柱结构图中,常用向视图、剖视图和移出剖面来表示。

3. 分段结构图中构件的尺寸、件号和焊缝代号

(1)构件尺寸的标注

分段结构图中构件尺寸的标注与一般零件尺寸的标注不同。由于船体外板和甲板的表面形状与构件的形状都比较复杂,同时,很多构件的正确形状和尺寸还有待于船体放样后才能确定。因此,在分段结构图中,板材结构的构件通常只标注厚度,而不标注长度和宽度;型材结构的构件只标注出断面尺寸,而不标注长度,也不以标注尺寸的形式来表示构件的曲面或曲线形状。这些构件的长度和形状由放样间提供的草图或样板来决定。

分段结构图中构件的定位尺寸的基准与基本图样相一致。

(2)构件的编号

为了便于识读,在分段结构图中对本分段的每个构件都进行了编号。每个构件的编号数称为件号。

①件号编制方法:编制件号时,凡是名称、尺寸和形状完全相同的构件编同一件号,并在明细栏中注明件数。此外,有些图纸还将名称和断面尺寸相同的构件编同一件号。

②构件编号的标注形式见图 10-2,指引线、规格线及圆均用细实线绘制。指引线对准圆心引出,圆的直径为 8 mm。规格线为对准圆心

引出的水平线，在其上标注尺寸（不标注尺寸时，规格线可以省略）。

③编制件号的顺序一般是先编板，再编型材，然后编肘板。

④件号要标注在构件外形显著的视图中，且应相对集中。通常板材的件号标注在平面图中，横向构件的件号标注在肋位剖面图中，纵向构件的件号标注在一般位置剖面图中，肘板的件号标注在节点详图中。

⑤在肋位剖面（或剖视）图中，同类相似构件的编号，可以采用公共指引线并加以简化，其件号应按肋位号顺序依次编排，见图 10-3。

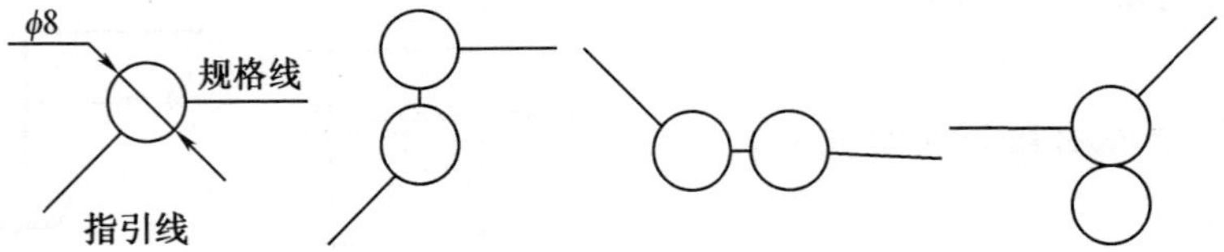

图 10-2　引件号的形式

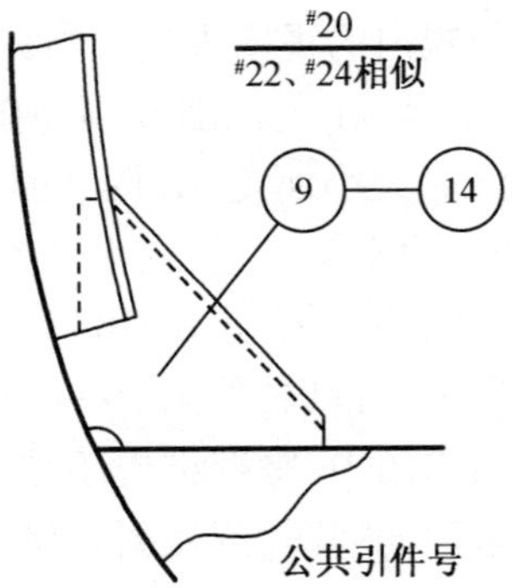

图 10-3　公共引件号

现在各船厂的生产设计图中，对构件编号都有一定的严格要求，各个构件的编号都采用编码形式，编码不仅仅表示其尺寸、形状，而且还要表示出该构件下料方法、加工方法、下料后的去向以及该构件所在船上的位置。各船厂所采用的构件编码也不相同。

（3）焊缝代号的标注

分段结构图中需要标注焊缝符号，以表示构件连接处的焊缝形式、坡口式样、焊接尺寸和焊接方法等。焊缝符号应标注在能清晰表示焊缝的视图中，并相对集中，便于读图。同一条焊缝一般只需标注一次。焊接形式相同，位置又相邻近的焊缝，可用公共横线的形式标注。通常板与板的焊缝符号标注在平面图中；横向构件的焊缝符号标注在肋位剖面图中；纵向构件的焊缝符号标注在一般位置剖面图中；节点处的焊缝符号标注在节点详图中。

【任务实施】

案例 10.1　识读 150 t 冷藏船$^{\#}6^{-350}$～$^{\#}15^{+100}$ 上甲板分段结构图

布置任务单 1

学习领域	船舶图样识读与绘制		
学习任务 1	识读 150 t 冷藏船$^{\#}6^{-350}$～$^{\#}15^{+100}$ 上甲板分段结构图主视图	学时	
任务描述	任务导入： 图 10-4 所示为 150 t 冷藏船$^{\#}6^{-350}$～$^{\#}15^{+100}$ 上甲板分段结构主视图。通过识读，了解 150 t 冷藏船$^{\#}6^{-350}$～$^{\#}15^{+100}$ 上甲板分段结构中每个构件的形状、大小、相对位置、结构形式以及与其他构件连接的方式。在识图过程中，除了要主视图、剖面图和节点详图相互对照识读外，还要随时查阅明细栏，了解构件的数量和所用的材料及质量。最后，还要结合技术要求分析分段结构的特点，弄清分段施工时的工艺措施和注意事项等。		
任务要求	技能要求： (1)能够通过识读标题栏和明细栏，了解分段所在的部位、分段的质量及组成分段的构件数； (2)能够通过识读主视图，了解板的排列、大小、焊接要求以及板上各种开孔的位置和大小； (3)能够根据主视图中的图线来确定分段中构件的组成和布置。 职业素质要求： (1)具有严谨认真的工作态度； (2)具有创新意识，以及获取新知识、新技能的学习能力； (3)具有吃苦耐劳、踏实肯干的工作精神。		
学习资源	教材、教学课件、图片、图纸。		

学习任务单 1

学习领域	船舶图样识读与绘制	模块名称	项目十:船体分段结构图的识读与绘制			
任务名称	识读 150 t 冷藏船$^{\#}6^{-350}$ ~ $^{\#}15^{+100}$ 上甲板分段结构图主视图	学时		班级		学习笔记
识读内容	识读标题栏和明细栏	根据标题栏和明细栏,了解分段所在的部位、分段的质量及组成分段的构件数。由图 10-7(见书后附图)的标题栏和明细栏,可以看出该分段为甲板分段,从$^{\#}6^{-350}$ ~ $^{\#}15^{+100}$ 肋位,质量为 2 969. 3 kg,共有 83 件构件组成。				
	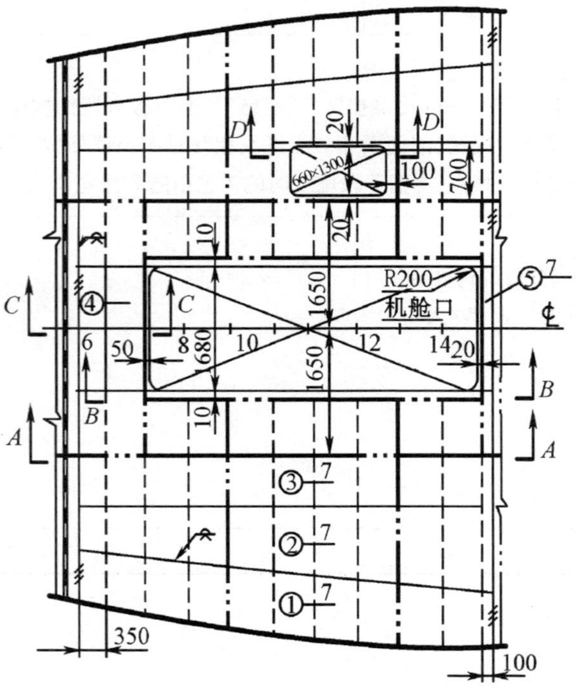 图 10-4	通常图中,板的排列由接缝线确定,焊接要求由标注在接缝线上的焊缝代号决定,板厚从图中查阅。根据主视图中图线的含义来确定分段中构件的组成和布置。由图 10-4 上甲板分段结构图的主视图可知,甲板板由件号 1 到件号 5 的板材焊接而成,钢板的厚度为 7 mm。钢板接缝用 V 型坡口的对接焊(板缝线用细实线表示),封底焊缝在甲板上表面。 在$^{\#}7$ ~ $^{\#}15$ 肋位之间有机舱口,宽度为 1 680 mm;在$^{\#}10$ ~ $^{\#}13$ 肋位之间有梯口,长度为 1 300 mm,宽度为 660 mm,开口轮廓线距构件距离为 10 mm、20 mm、100 mm(开口范围用细实线表示)。 $^{\#}6$ 肋位为普通全横梁;$^{\#}7$、$^{\#}8$、$^{\#}10$、$^{\#}11$、$^{\#}12$、$^{\#}14$、$^{\#}15$ 肋位为普通半横梁(用细虚线表示);$^{\#}9$ 和$^{\#}13$ 肋位为强半横梁(用粗双点划线表示)。 在$^{\#}6^{-350}$ ~ $^{\#}7$ 肋位之间的船体中线上装有甲板中纵桁;在$^{\#}6^{-350}$ ~ $^{\#}15^{+100}$ 肋位之间,距中线 1 650 mm 的两侧装有甲板边纵桁(用粗双点划线表示)。 在$^{\#}7$ ~ $^{\#}15$ 肋位之间距中线 850 mm 的两侧装有机舱口纵围板(或称舱口纵桁,用粗双点划线表示);在甲板边纵桁之间,$^{\#}7$、$^{\#}15$ 肋位上装有机舱口横围板(或称舱口端横梁,由粗双点划线表示)。在船体左舷$^{\#}10$ ~ $^{\#}13$ 肋位之间距船体中线 2 350 mm 处设有梯口短纵骨(细虚线)。 在分段位置为$^{\#}6$ 肋位向艉 350 mm 至$^{\#}15$ 肋位向艏 100 mm 之间(由分段线表示)。本分段与相邻分段的连接采用 V 型坡口的对接焊,封底焊在甲板板的上表面。				

布置任务单 2

学习领域	船舶图样识读与绘制		
学习任务 2	识读 150 t 冷藏船甲板分段结构图剖面图及节点详图	学时	
任务描述	任务导入： 图 10-4 所示为 150 t 冷藏船$^{\#}6^{-350}$ ~ $^{\#}15^{+100}$ 上甲板分段结构图的肋位剖面图、一般位置剖面图。通过识读，了解剖面图中每个构件的形状、大小、相对位置、结构形式以及与其他构件连接的方式。在识图过程中，除了要主视图、剖面图和节点详图相互对照识读外，还要随时查阅明细栏，了解构件的数量、质量及所用材料。最后，还要结合技术要求分析分段结构的特点，弄清分段施工时的工艺措施和注意事项等。		
任务要求	技能要求： (1) 能够通过识读剖面图、节点详图了解分段中各构件的结构形式、大小、相对位置、连接方式和焊接要求，并能够结合明细栏，进一步了解相应构件的数量、质量及所用材料； (2) 掌握正确识读船体分段结构图的方法和步骤。 职业素质要求： (1) 具有严谨认真的工作态度； (2) 具有创新意识，以及获取新知识、新技能的学习能力； (3) 具有较强的语言表达能力、分析和解决问题的能力。		
学习资源	教材、教学课件、图片、图纸。		

学习任务单 2

<table>
<tr><td>学习领域</td><td>船舶图样识读与绘制</td><td>模块名称</td><td colspan="2">项目十:船体分段结构图的识读与绘制</td></tr>
<tr><td>任务名称</td><td>识读 150 t 冷藏船甲板分段结构图一般位置剖面图</td><td>学时</td><td></td><td>班级</td><td></td></tr>
<tr><td>识读一般位置剖面图</td><td colspan="5">

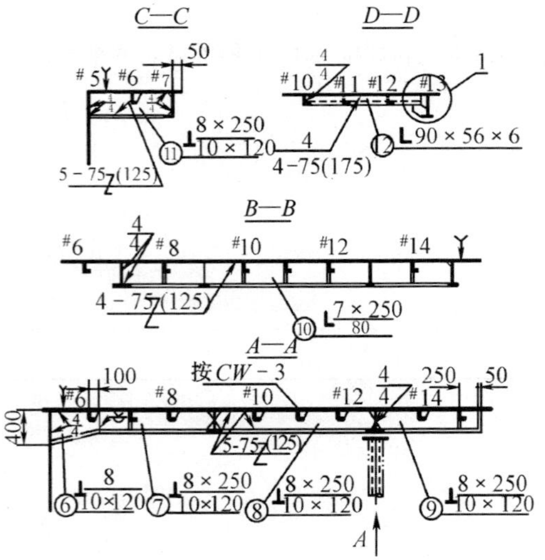

图 10-5

1. *A*—*A* 剖面图

表示甲板边纵桁结构。从图 10-5 所示尺寸标注中可知甲板边纵桁为 T 型结构,它由件号 6 到件号 9 四部分组成,大小可查看标注的尺寸。第一部分从#5 肋位到#6^{+100} 肋位,件号为 6,尺寸为 $\perp\frac{8}{10\times120}$;第二部分从#$6^{+100}$ 肋位到#9 肋位,件号为 7,尺寸为 $\perp\frac{8\times250}{10\times120}$;第三部分从#9 肋位到#13 肋位,件号为 87,尺寸为 $\perp\frac{8\times250}{10\times120}$;第四部分从#13 肋位到#15 肋位向艏 300 mm 处,件号为 97,尺寸为 $\perp\frac{8\times250}{10\times120}$。纵桁与甲板板以及纵桁面板与腹板的连接采用交错断续焊,焊角高 5 mm,每段焊缝长 75 mm,相邻两段焊缝的间距为 125 mm。6 与 7 之间的连接采用 V 型坡口封底焊。甲板边纵桁通过件号为 6 的纵桁肘板与#5 横舱壁连接,纵桁肘板与横舱壁及甲板板采用双面连续焊,焊角高 4 mm。

甲板边纵桁腹板上开切口以穿过普通横梁,切口形式为 *CW*-3,可查阅标准。甲板边纵桁与#7、#11、#15 肋位的横梁相交处安装肘板,具体结构要参见相应的#7 肋位剖面图。甲板边纵桁与强横梁的连接方式是甲板边纵桁间断、强横梁连续,相互间的连接采用双面连续角焊,焊角高 4 mm。

2. *B*—*B* 剖面图

表示机舱口纵围板结构。从尺寸标注中可知纵围板为折边钢板,件号为 10,大小可查看标注的尺寸。纵围板与甲板板的连接采用一边断续、一边连续角焊,焊角高 4 mm,断续焊每段焊缝长 75 mm,相邻两段焊缝间的间距 125 mm,与舱口横围板采用双面连续角焊,焊角高 4 mm。

3. *C*—*C* 剖面图和 *D*—*D* 剖面图

表示甲板中纵桁和梯口短纵骨结构。甲板中纵桁是 T 型构件,件号为 11,大小可查看标注的尺寸。甲板中纵桁与横舱壁、甲板板、横围板采用双面连续角焊,焊角高 4 mm,面板与腹板采用交错断续焊,焊缝代号意义同上。在腹板上开切口让普通横梁穿过。

梯口短纵骨由尺寸为 L90×56×6 的不等边角钢制成,件号为 12。纵桁与普通横梁采用双面连续角焊,焊角高 4 mm;与强横梁采用肘板(件号 38)连接,具体参见节点详图 1,肘板厚 8 mm,一边长 100 mm,与梯口短纵骨、强横梁采用双面连续角焊,焊角高 4 mm;与甲板板的连接采用一边连续、一边断续角焊,焊缝代号意义同上。

</td></tr>
</table>

学习任务单 3

学习领域	船舶图样识读与绘制	模块名称	项目十:船体分段结构图的识读与绘制		
任务名称	识读 150 t 冷藏船甲板分段结构图肋位剖面图及节点详图	学时		班级	

学习笔记

识读肋位剖面图及节点详图

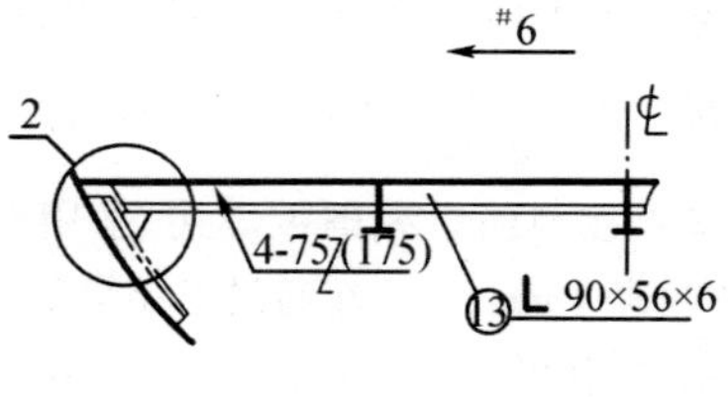

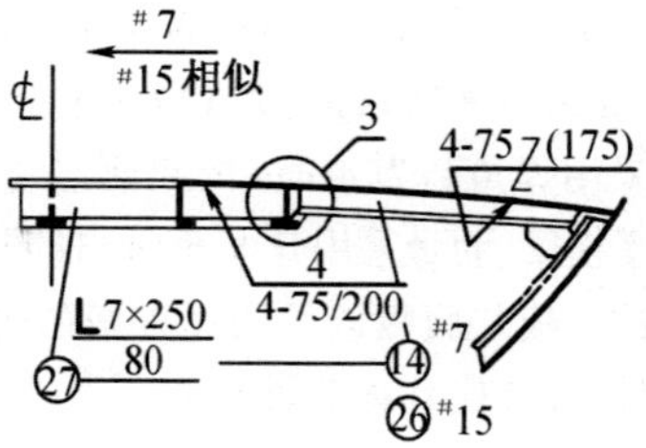

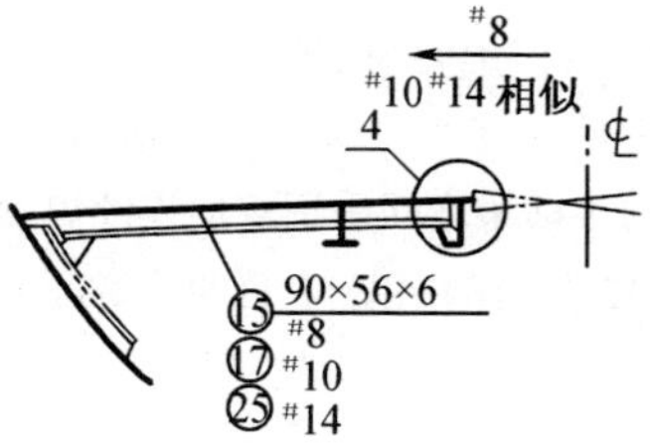

1. #6 肋位剖面图

表示普通全横梁结构,剖面的视向为向艉看。普通全横梁由尺寸为 L90×56×6 的不等边角钢制成,件号为 13。普通全横梁通过甲板纵桁腹板上的切口,在两舷通过梁肘板与肋骨相连。

普通全横梁与甲板板采用交错断续焊,焊缝代号意义同上。

2. #7 肋位剖面图

表示机舱口横围板与普通半横梁结构。从尺寸标注可知机舱口横围板为折边钢板,件号为 27,大小可查看标注的尺寸。横围板与甲板板的连接采用一边连续、一边断续角焊,焊缝代号意义同上;与甲板边纵桁、普通半横梁采用肘板(件号 39)连接,具体参见节点详图 3,肘板厚 8 mm,一边长 100 mm,肘板与甲板边纵桁、普通半横梁以及舱口横围板与甲板边纵桁之间采用双面连续角焊,焊角高 4 mm。

普通半横梁由尺寸 L90×56×6 的不等边角钢制成,件号为 14。普通半横梁和舷侧通过梁肘板与肋骨相连,具体参见节点详图 2。普通半横梁与甲板板采用交错断续焊,焊缝代号意义同上。

#15 肋位剖面图与#7 肋位剖面图相似。

3. #8 肋位剖面图

表示普通半横梁结构。半横梁由尺寸为 L90×56×6 的不等边角钢制成,件号为 15。它与甲板板的连接采用交错断续焊,焊接代号意义同上。半横梁与甲板纵桁的连接方式是在甲板纵桁腹板上开切口,让半横梁穿过(参见 *A*—*A* 剖面图)。半横梁通过肘板(件号 40)与纵向围板相连接(节点详图 4),肘板厚 8 mm,边长为 100 mm,肘板与半横梁及纵向围板的连接采用焊角高度为 4 mm 的双面连续焊接。半横梁通过梁肘板与两舷肋骨相连,梁肘板的结构尺寸以及与其他构件相连接的情况可看节点详图 2。

#10、#14 肋位剖面图与#8 肋位剖面图相似。

续表

识读肋位剖面图及节点详图

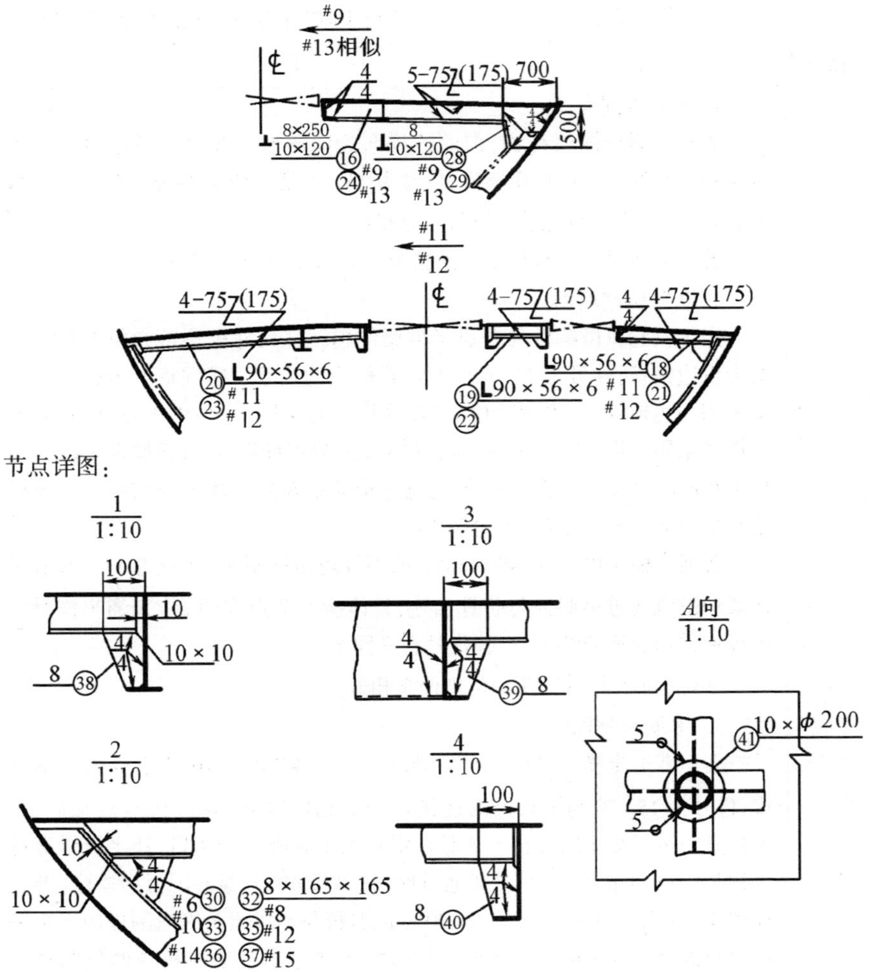

图 10-6

4. #9 肋位剖面图

表示强半横梁结构。由图 10-6 可知，强半横梁由尺寸为⊥$\frac{8\times250}{10\times120}$的 T 型材制成，件号为 16。它的一端直接与舱口纵围板焊接，采用双面连续角焊，焊角高 4 mm，另一端通过 T 型梁肘板与肋骨连接。由图中可见，梁肘板是 T 型构件，腹板厚 8 mm，与肋骨连接的一边长为 500 mm，另一边长为 700 mm，面板厚 10 mm，宽 120 mm，与甲板板、舷侧外板采用焊角高为 4 mm 的双面连续角焊，梁肘板与强半横梁、肋骨采用开 V 型坡口的封底焊。强半横梁的面板与腹板以及与甲板板的焊接采用交错断续焊，焊接代号意义同上。

#13 肋位剖面图与#9 肋位剖面图相似。

5. #11 肋位剖面图

表示梯口处的结构及连接情况。梯口短纵骨与普通半横梁之间采用双面连续焊，焊角高 4 mm。

#12 肋位剖面图与#11 肋位剖面图相似。

任务总结单

学习领域	船舶图样识读与绘制	模块名称	项目十：船体分段结构图的识读与绘制
任务名称	识读 150 t 冷藏船$^{\#}6^{-350}$～$^{\#}15^{+100}$ 上甲板分段结构图		
职业素养总结	请按照知识总结思维导图格式，从职业精神、思想政治、创新发展等方面总结识读图 10-7（见书后附图）所示 150 t 冷藏船$^{\#}6^{-350}$～$^{\#}15^{+100}$ 上甲板分段结构图的学习收获。		
识读总结	识读分段结构图时，通常先识读主视图，通过纵向和横向的图线识读出主视图分段中纵横构件，从而对该分段有个概括的了解，但是想要进一步了解构件的连接情况、剖面尺寸或者焊接形式，还需要进一步识读剖面图和节点详图。在识图过程中，除了要主视图、剖面图和节点详图相互对照识读外，还要随时查阅明细栏，了解构件的数量、质量及所用材料。最后，还要结合技术要求分析分段结构的特点，弄清分段施工时的工艺措施和注意事项等。		
笔记总结			

【拓展练习】

拓展任务单 1

<table>
<tr><td>学习领域</td><td>船舶图样识读与绘制</td><td>模块名称</td><td colspan="3">项目十:船体分段结构图的识读与绘制</td></tr>
<tr><td>任务名称</td><td>识读 3 000 t 干货船$^{\#}7\ ^{1}/_{2}$~$^{\#}24\ ^{1}/_{2}$上甲板分段结构图主视图</td><td>学时</td><td></td><td>班级</td><td></td></tr>
<tr><td>学生姓名</td><td></td><td>学号</td><td></td><td>组别</td><td></td></tr>
<tr><td>任务描述</td><td colspan="5">图 10-8(见书后附图)所示为 3 000 t 干货船$^{\#}7\ ^{1}/_{2}$~$^{\#}24\ ^{1}/_{2}$上甲板分段结构图主视图。通过识读,了解 3 000 t 干货船$^{\#}7\ ^{1}/_{2}$~$^{\#}24\ ^{1}/_{2}$上甲板分段结构中纵横构件的相对位置和结构形式。</td></tr>
<tr><td colspan="2">识读标题栏和明细栏</td><td colspan="4">根据标题栏和明细栏,了解分段所在的部位、分段的质量及组成分段的构件数。由图 10-8 的标题栏和明细栏可以看出,该分段为甲板分段,从(　　)~(　　)肋位,质量为 10 373.0 kg,共有(　　)件构件组成。</td></tr>
<tr><td colspan="2">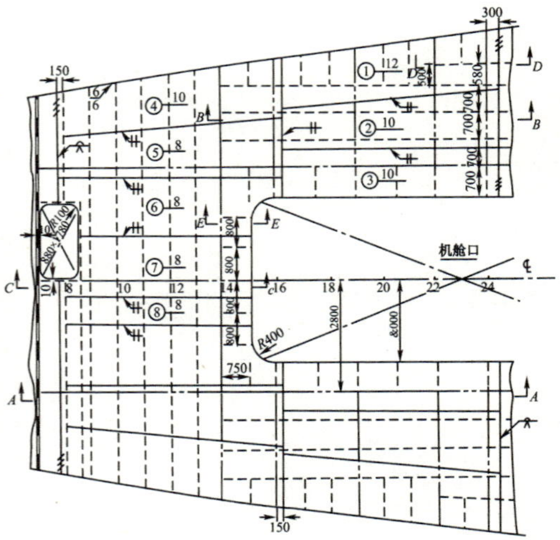图 10-9</td><td colspan="4">根据主视图中图线的含义来确定分段中构件的组成和布置,根据板的接缝线确定板的排列,板厚从图中查阅,焊接要求由标注在接缝线上的焊缝代号决定。板上开口轮廓由细实线表示,开口大小通过尺寸标注来了解。
由图 10-8 上甲板分段结构图主视图可知,甲板板由件号 1 到件号 8 的板材焊接而成,钢板的厚度分别为(　　)、(　　)和(　　)。钢板接缝用不开坡口的平对接焊(板缝线由细实线表示)。
$^{\#}15$~$^{\#}24$ 肋位之间有机舱口,宽度为(　　);在$^{\#}7$~$^{\#}9$ 肋位之间有梯口,长度为(　　),宽度为(　　),开口轮廓线距构件距离为(　　)(开口范围用细实线表示)。
$^{\#}9$~$^{\#}13$ 各肋位为普通全横梁;$^{\#}8$ 肋位为(　　)(用细虚线表示);$^{\#}14$ 肋位为(　　);$^{\#}16$、$^{\#}19$、$^{\#}22$ 和$^{\#}24$ 肋位为(　　)(用粗双点划线表示)。$^{\#}15$、$^{\#}17$、$^{\#}18$、$^{\#}20$、$^{\#}21$ 和$^{\#}23$ 肋位的舷边装有(　　),在$^{\#}15$、$^{\#}16$、$^{\#}17\ ^{1}/_{2}$、$^{\#}19$、$^{\#}20\ ^{1}/_{2}$、$^{\#}22$ 和$^{\#}24$ 肋位的舱口附近装有(　　),$^{\#}14$~$^{\#}15$ 肋位之间的中线及其两侧(间距为 800 mm)也装有舱口加强肘板(用(　　)线表示)。</td></tr>
</table>

续表

	在$^{\#}7^{+900}$ ~ $^{\#}14$肋位之间的船体中线上装有(　　);在$^{\#}7$ ~ $^{\#}24$肋位之间,距中线(　　)的两侧装有甲板边纵桁(用粗双点划线表示)。它的外侧装有甲板纵骨,在$^{\#}14$ ~ $^{\#}24$肋位之间,与甲板纵桁平行各安装3根,间距为(　　);在$^{\#}22$ ~ $^{\#}24$肋位之间近舷处还各安装一根,在$^{\#}22$肋位一端的间距为(　　),在$^{\#}24$肋位一端的间距为(　　)(用细虚线表示)。 在$^{\#}7$肋位向艏(　　)的甲板下装有一道非水密的横向围壁;在$^{\#}7$ ~ $^{\#}7^{+900}$肋位之间的船体中线左侧(　　)处,装有一道非水密的纵向短围壁(用粗虚线表示)。在$^{\#}7$ ~ $^{\#}7^{+900}$肋位之间船体中线处设有梯口短纵骨(用细虚线表示)。 分段位置为$^{\#}8$肋位向艉(　　)到$^{\#}24$肋位向艏(　　)之间(用分段线表示)。本分段与相邻分段的连接采用V型坡口的对接焊,封底焊在甲板板的上表面。

拓展任务单 2

学习领域	船舶图样识读与绘制	模块名称	项目十:船体分段结构图的识读与绘制		
任务名称	识读 3 000 t 干货船上甲板分段一般位置剖面图	学时		班级	
学生姓名		学号		组别	
任务描述	图 10-8 所示为 3 000 t 干货船$^{\#}7\,^{1}/_{2}$~$^{\#}24\,^{1}/_{2}$上甲板分段结构图一般位置剖面图。通过识读,了解 3 000 t 干货船上甲板分段结构中 *A—A*、*B—B*、*C—C*、*D—D*、*E—E* 位置剖面上每个构件的形状、大小、相对位置、结构形式以及与其他构件连接的方式。				

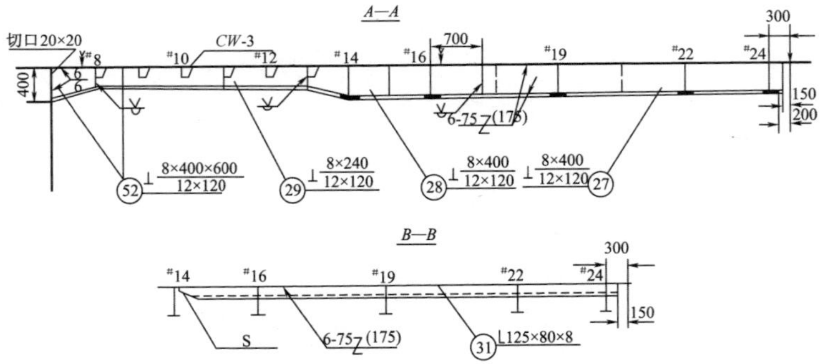

图 10-10

1. *A—A* 剖面图

表示甲板旁纵桁结构。从尺寸标注中可知甲板旁纵桁为 T 型结构,它由件号 27 到件号 29 三部分组成,大小可查看标注的尺寸;第一部分从$^{\#}8$ 肋位到$^{\#}13$ 肋位,件号为 29;第二部分从$^{\#}13$ 肋位到$^{\#}16$ 肋位向艏(　　)处,件号为 28;$^{\#}13$ 肋位到$^{\#}14$ 肋位之间有一从小到大的过渡;第三部分从$^{\#}16$ 肋位向艏(　　)处到$^{\#}24$ 肋位向艏(　　)处,件号为 27。纵桁与甲板板以及纵桁面板与腹板的连接采用交错断续焊,焊角高 6 mm,每段焊缝长(　　),相邻两段焊缝的间距为(　　),纵桁三段之间的连接采用 V 型坡口封底焊接。甲板旁纵桁通过件号为 52 的纵桁肘板与$^{\#}7$ 横舱壁连接,纵桁肘板与横舱壁及甲板板采用双面连续焊,焊角高(　　)。

甲板旁纵桁腹板上开切口以穿过普通横梁,切口形式为 *CW*-3,可查阅相关标准。甲板旁纵桁与$^{\#}11$ 肋位的横梁相交处安装肘板,具体结构参见相应的$^{\#}9$ 肋位剖面图。甲板旁纵桁与强横梁的连接方式是甲板旁纵桁连续,强横梁间断。相互间的连接采用双面连续角焊,焊角高(　　)。

2. *B—B* 剖面图和 *D—D* 剖面图

表示(　　)结构。甲板纵骨由尺寸为 L125×80×8 的不等边角钢制成。件号(　　)的甲板纵骨在$^{\#}14$ 肋位处端部削斜,件号 32 的甲板纵骨在$^{\#}22$ 肋位处端部削斜,削斜的具体尺寸可按标准 S 型查得。

甲板纵骨与强半横梁的连接方式是甲板纵骨通过强半横梁腹板上的切口,保持连续,参见$^{\#}16$ 或$^{\#}24$ 肋位剖面图。

甲板纵骨与甲板板的连接采用(　　),焊接符号意义同上。

续表

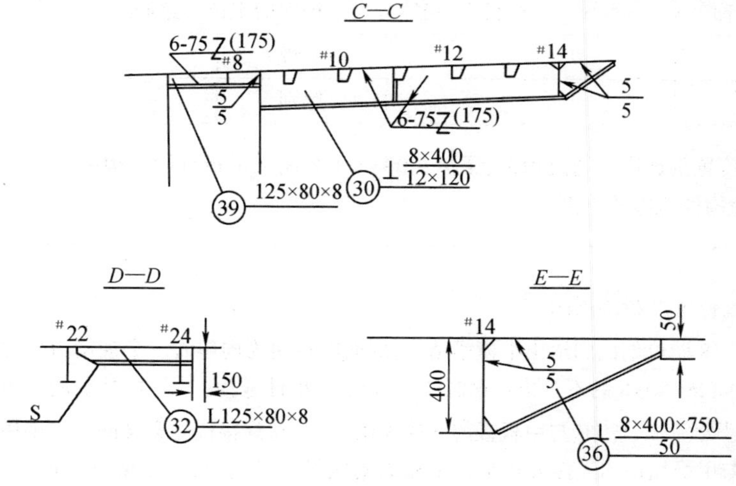

图 10-11

3. *C—C* 剖面图

表示甲板中纵桁和梯口短纵骨结构。甲板中纵桁为 T 型结构，位于#7 肋位向艏(　　)处到#14 肋位之间，件号为(　　)，大小可查看标注的尺寸。甲板中纵桁和强横梁直接连接，并在腹板上开切口让普通横梁穿过，在#11 肋位处还安装有肘板，参见#9 肋位剖面图。构件间连接的焊接要求与甲板边纵桁相同。

梯口短纵骨由尺寸为 L125×80×8 的不等边角钢制成，位于#7 肋位到#7 肋位向艏(　　)处，件号为 39。纵骨两端与舱壁直接焊接，与甲板板的连接也采用(　　)。

4. *E—E* 剖面图

#14～#15 肋位之间安装有舱口加强肘板，件号为(　　)。舱口加强肘板采用折边的形式，肘板板厚为 8 mm，长边为 750 mm，短边为(　　)，折边宽度为(　　)。它与强横梁及甲板板的连接采用焊角高为(　　)的双面连续焊接。

拓展任务单 3

学习领域	船舶图样识读与绘制	模块名称	项目十:船体分段结构图的识读与绘制		
任务名称	识读 3 000 t 干货船上甲板分段肋位剖面图	学时		班级	
学生姓名		学号		组别	
任务描述	图 10-8 所示为 3 000 t 干货船#7 1/2~#24 1/2上甲板分段结构图中的一般位置剖面图。通过识读,了解 3 000 t 干货船上甲板分段结构中#8、#9、#14、#15 和#20 处剖面上每个构件的形状、大小、相对位置、结构形式以及与其他构件连接的方式。				

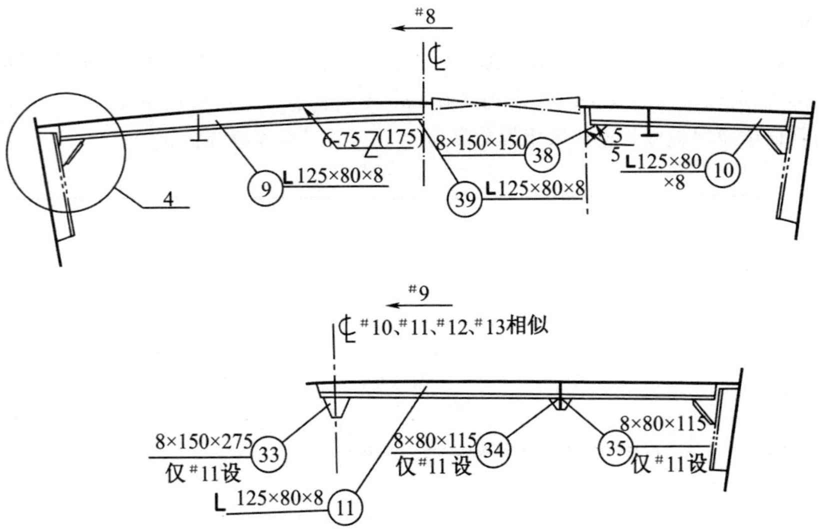

图 10-12

1. #8 肋位剖面图

#8 肋位剖面图给出半横梁结构,剖面的视向为向艉看。半横梁由尺寸为 L125×80×8 的不等边角钢制成,右舷的一根件号为(　　),左舷的一根件号为(　　)。它与甲板板的连接采用(　　),焊接代号意义同上。半横梁与甲板纵桁的连接方式是在甲板纵桁腹板上开切口,让半横梁穿过(参见 *A—A* 剖面图)。半横梁通过肘板(件号 38)与纵向短围壁相连接。肘板板厚为(　　),边长为(　　)。肘板与半横梁及纵向短围壁的连接采用焊角高度为(　　)的双面连续焊接。半横梁在船体中线处与件号 39 的梯口短纵骨直接焊接(参见 *C—C* 剖面图)。

半横梁通过梁肘板与两舷肋骨相连。梁肘板的结构以及与其他构件相连接的情况可看节点详图 4。从图中说明可知,#8~#13 肋位上的梁肘板的结构和尺寸与此相同。

2. #9 肋位剖面图

#9 肋位剖面图给出普通横梁结构。普通横梁由 L125×80×8 的不等边角钢制成,件号为(　　)。普通横梁通过甲板纵桁腹板上的切口,在两舷通过(　　)与肋骨相连。从图中说明可知,#10~#13 肋位上的普通横梁结构与此相似,不同的是在#11 肋位的横梁与甲板纵桁相交处还装有肘板,件号为 33、34 和 35,尺寸分别为 8×150×275 及 8×80×115。

续表

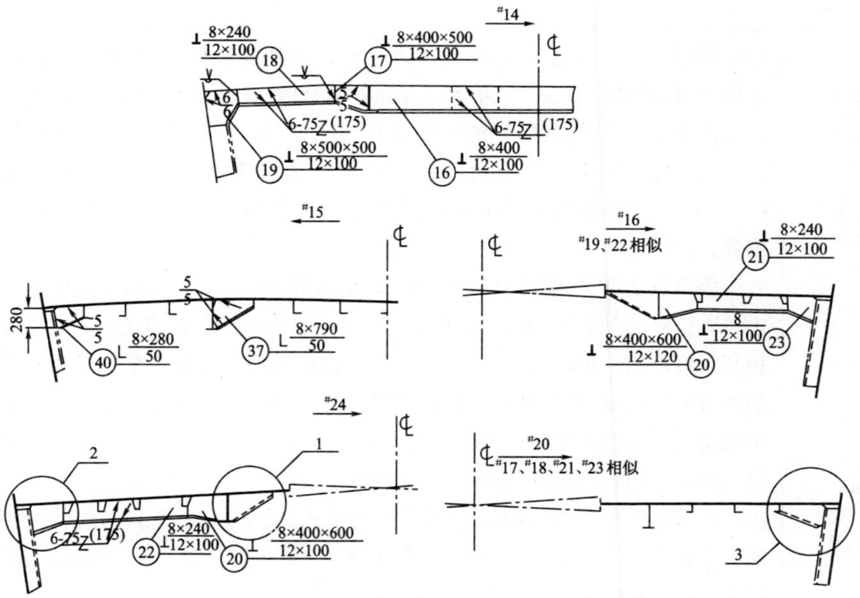

图 10-13

3. #14 肋位剖面图

#14 肋位剖面图为强横梁结构。从尺寸标注可知强横梁为 T 型结构,它由件号(　　)到件号(　　)五部分组成,大小可查看标注的尺寸;中间一段件号为 16,它与甲板边纵桁直接焊接;边上两段件号为 18,其近舷的一端通过件号为 19 的梁肘板与肋骨相连;由于件号 16 和 18 的强横梁尺寸不同,所以通过件号 17 的强横梁作为结构上的过渡。

强横梁腹板与面板以及件号(　　)和(　　)的强横梁与甲板板的连接采用(　　),焊接代号意义同上;件号 18 与 17 的强横梁的连接以及件号 18 的强横梁与梁肘板的连接采用 V 型坡口封底焊接;件号 17 的强横梁与甲板板的连接以及件号 16 和 17 的强横梁与甲板纵桁的连接采用焊角高为 5 mm 的(　　)焊;梁肘板与甲板及外板的连接采用焊角高为(　　)的双面连续焊。

4. #15 和#20 肋位剖面图

#15 和#20 肋位剖面图(#17、#18、#21 和#23 肋位剖面图与#20 肋位剖面图相似),表示了不设横梁各肋位处的结构。在#15 肋位的舷边装有件号为 40 的加强肘板,它的一端与(　　)相连,另一端与(　　)相连,可参阅节点详图 3。在舱口处装有件号为 37 的加强肘板,一端与甲板纵桁相连,其结构可参阅节点详图 1。

#20 肋位的舷边装有加强肘板,其具体结构表示在节点详图 3 上。从图中说明可知,#17、#18、#20、#21 和#23 肋位上的舷边加强肘板结构与此相同。

5. #16 和#24 肋位剖面图

#16(#19、#22 肋位剖面图与#16 肋位剖面图相似)、#24 肋位剖面图,表示(　　)结构。(　　)为 T 型构件,由件号 20 和 21 以及件号 20 和 22 组成,尺寸见标注。它的一端直接与甲板纵桁焊接,另一端通过 T 型梁肘板与肋骨连接,(　　)的具体结构表示在节点详图 2 中。在靠近舱口处,装设加强肘板,具体结构表示在节点详图 1 中。

拓展任务单 4

学习领域	船舶图样识读与绘制	模块名称	项目十:船体分段结构图的识读与绘制		
任务名称	识读 3 000 t 干货船上甲板分段节点详图	学时		班级	
学生姓名		学号		组别	
任务描述	图 10-8 所示为 3 000 t 干货船上甲板分段结构图中的节点详图。通过识读,了解四个节点处每个构件的形状、大小、相对位置、结构形式以及与其他构件连接的方式。				

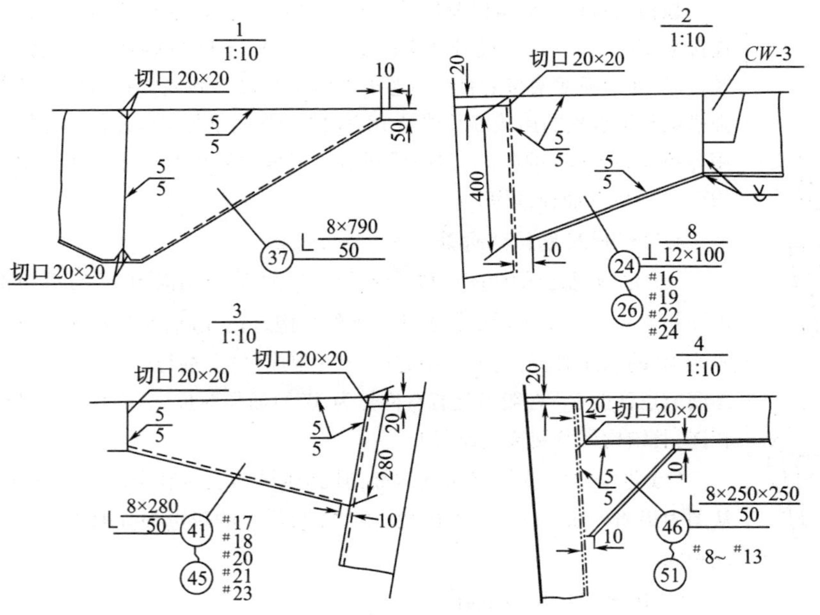

图 10-14

共(　　)个节点详图,节点 1 表示舱口处加强肘板结构,节点 2 表示强横梁肘板结构,节点 3 表示舷边加强肘板结构,节点 4 表示梁肘板结构。

由节点 1 可见,舱口加强肘板是折边构件,板厚为(　　),一边长为(　　)(与甲板纵桁高度尺寸相同),另一边长为(　　),折边宽度为(　　),它与甲板纵桁及甲板板的连接采用焊角高为(　　)的双面连续焊。

由节点 2 可见,梁肘板是 T 型构件,腹板厚为(　　),与肋骨连接的一边长为(　　),另一边长由放样时确定,面板厚为(　　),宽为(　　),腹板与面板采用焊角高为(　　)的双面连续焊,梁肘板与强半横梁采用开 V 型坡口的封底焊,与肋骨及甲板板采用焊角高为(　　)的双面连续焊。强半横梁与甲板纵骨的连接方式是在强半横梁腹板上开切口,让甲板纵骨穿过,切口形式和尺寸可按标准 *CW*-3 查得。

由节点 3 可见,舷边加强肘板为折边形式,板厚为(　　),与肋骨连接的一边长为(　　),另一边长在放样时确定,折边宽度为(　　)。肘板的两边与甲板和肋骨的连接为双面连续焊,焊缝高度为(　　)。

由节点 4 可见,梁肘板采用折边的形式,板厚为(　　),边长为(　　),折边宽度为(　　)。梁肘板与半横梁及肋骨的连接采用焊角高为(　　)的双面连续焊。

案例 10.2　绘制 150 t 冷藏船# 6^{-350} ~# 15^{+100} 上甲板分段结构图

布置任务单

学习领域	船舶图样识读与绘制	模块名称	项目十：船体分段结构图的识读与绘制		
学习任务 3	绘制 150 t 冷藏船# 6^{-350} ~# 15^{+100} 上甲板分段结构图	学时		班级	
任务导入	参考已知 150 t 冷藏船型线图、分段划分图、中横剖面图、基本结构图、外板展开图、肋骨型线图，绘制 150 t 冷藏船# 6^{-350} ~# 15^{+100} 上甲板分段结构图。要求分段位置与分段划分图一致，构件的位置应与有关结构图样一致。				
任务描述	(1)确定视图； (2)选取图样比例和图纸幅面； (3)布置视图的位置； (4)绘制分段结构图； (5)编制件号、标注尺寸和焊缝代号； (6)编制明细栏，填写技术要求和标题栏。				
任务要求	技能要求： (1)能够正确从基本图样中选取表示分段结构基本情况的视图作为主视图； (2)能够根据主视图所表示的结构基本情况来确定不同形式的剖面图； (3)能够根据分段的外形尺寸和剖面图及节点详图的数量来确定图样比例和图纸幅面，并能够合理布置图面； (4)能够正确识读中横剖面图、基本结构图等图样，弄清分段构件的组成和主要构件的尺寸及连接情况，从而正确绘制主视图、剖面图及节点详图； (5)能够正确编写件号，标注尺寸和焊缝代号，并编制明细栏，填写技术要求和标题栏； (6)掌握正确绘制船体分段结构图的方法和步骤。 职业素质要求： (1)具有严谨认真的工作态度； (2)具有吃苦耐劳、踏实肯干的工作精神； (3)具有创新意识，以及获取新知识、新技能的学习能力； (4)具有分析问题、解决问题的能力；				

学习任务单

<table>
<tr><td>学习领域</td><td>船舶图样识读与绘制</td><td>模块名称</td><td colspan="4">项目十:船体分段结构图的识读与绘制</td></tr>
<tr><td>任务名称</td><td>绘制 150 t 冷藏船#6^{-350} ~ #15^{+100} 上甲板分段结构图</td><td>学时</td><td></td><td>班级</td><td></td><td>学习笔记</td></tr>
<tr><td>绘制
分段
结构图</td><td colspan="5">1. 确定视图
(1)确定主视图
通常选择能表示分段结构基本情况的视图作为主视图。150 t 冷藏船#6^{-350} ~ #15^{+100} 上甲板分段选择甲板平面图为主视图,以基本结构图中上甲板结构图#6^{-350} ~ #15^{+100} 肋位一段图样为依据。
(2)确定剖面图
根据主视图所表示的结构基本情况来确定剖面图,对形式不同的结构分别绘制剖面图来表示,对形式相同的结构只绘制一个剖面图来表示。
①选取肋位剖面图
由主视图可以看出,#6 肋位为普通全横梁,应剖切并绘制剖面图。#7、#8、#10、#11、#12、#14、#15 肋位为普通半横梁,但#7 与#15 肋位还表示出机舱口横围板结构,#11 与#12 肋位被梯口所截,所以#7 与#15 肋位,#11 与#12 肋位,#8、#10、#14 肋位,各选取其中任何一号肋位绘制剖面图。#9 和#13 肋位为强半横梁,选取其中任何一号肋位绘制剖面图。
②选取一般位置剖面图
根据结构情况,甲板中纵桁、甲板边纵桁、梯口短纵桁、舱口纵围板结构不同,所以都要绘制剖面图。
(3)确定节点详图
通常对于连接形式不同、图形较小、表达不够清晰的节点都需绘制详图。根据 150 t 冷藏船#6^{-350} ~ #15^{+100} 上甲板分段结构情况,初步考虑绘制肘板连接处的结构。
2. 选取图样比例和图纸幅面
图样比例和图纸幅面要根据分段的外形尺寸和剖面图及节点详图的数量来确定。由于分段结构图直接用于施工现场,为了使用方便,图纸幅面不宜过大,但图形要求清晰,比例又不宜太小,所以比例和幅面要选择适当。通常主视图的比例选用 1:50、1:25、1:20 等;节点详图的比例选用 1:10、1:5等。图纸面积一般不宜超过 0.5 m^2。现一般采用几张 A3 图纸的形式。
3. 布置视图的位置
通常主视图布置在图纸的左上方或左下方,一般位置剖面图依次布置在主视图的下方或上方的相应位置(尽量按投影关系布置),肋位剖面图等布置在图纸中间,明细栏布置在标题栏上方,节点详图布置在其余空白的地方。
4. 绘制分段结构图
绘制各种分段结构图的图形时,一般先绘制主视图,再绘制剖面图,最后绘制节点详图。主视图和剖面图的外形尺寸在型线图和肋骨型线图中量取。例如 150 t 冷藏船#6^{-350} ~ #15^{+100} 上甲板分段图形的绘制过程如下:</td><td></td></tr>
</table>

续表 1

绘制 分段 结构图	(1)绘制主视图 ①在图面左下方绘出船体中线,根据分段划分情况和肋骨间距量出各肋位和分段接缝位置,并过各点作船体中线的垂直线。 ②根据型线图绘出甲板边线。一般做法是在型线图的半宽图中所绘制的分段各肋位上,作船体中线的垂直线,在垂直线上量取甲板边线的半宽型值,然后把这些型值量到主视图中相应的肋位号上,用曲线板把截得的交点光顺连接便得甲板边线。 ③根据基本结构图中的上甲板平面图上$^{\#}6^{-350}$~$^{\#}15^{+100}$一段的图样,绘制并完成主视图。 (2)绘制一般位置剖面图 以基本结构图和中横剖面图为依据,绘制 *A—A* 剖面图。 ①在主视图中,绘出剖面符号。 ②在主视图上方绘制 *A—A* 剖切处的甲板线,并在甲板线上定出肋位和分段的位置。由于纵向构件的纵向曲度尺寸是由放样确定的,因此为画图方便起见,当曲率不大时甲板线可近似地以直线绘制。"*A—A*"剖面的甲板线即绘成直线。 ③在#5 肋位绘出横舱壁。 ④根据基本结构图中给出的尺寸绘出甲板纵桁及纵桁肘板。 ⑤根据基本图样给出的尺寸,在#6~#8、#10~#12、#14~#15 肋位处绘出普通横梁,在#9、#13 肋位处绘出强横梁。 ⑥在甲板边纵桁腹板上,绘出普通横梁穿过的切口,并在#7、#11、#15 肋位处绘出小肘板的投影。 ⑦在剖面图上方标注视图名称"$\underline{A—A}$"。 以基本结构图和中横剖面图等图样为依据,并根据确定的节点连接形式,用类似上述步骤绘出 *B—B*、*C—C*、*D—D* 剖面。 (3)绘制肋位剖面图 以中横剖面图等图样为依据,绘制#6 肋位剖面图,做法如下: ①首先确定视向,本图取向艉看,这样可以从正面看视横梁,以减少图面上的虚线。 ②在图纸的中上方画水平线,在水平线中央取一点,过该点作水平线的垂直线,作为船体中线。把在主视图上量得的#6 肋位处的甲板半宽值,以船体中线为基准,定出甲板宽度。 ③以水平线为基准,绘出甲板线,根据甲板梁拱值绘制。 ④根据基本图样给出的尺寸,在船体中线处绘出甲板中纵桁,在船体中线左侧 1 650 mm 处绘出甲板边纵桁。 ⑤根据基本图样给出的尺寸,绘出横梁、梁肘板的投影。 ⑥在剖面图上方标注剖面名称和视向,"$\xleftarrow{\#6}$"。 用上述类似的方法,绘出其他肋位剖面图。

续表 2

绘制分段结构图	(4)绘制节点详图 在剖面图上,把要绘制详图的节点用细实线圆圈出,圆的直径视节点的大小而定。在图面空余处,以适当比例绘制节点详图,并标注相应的节点号及比例。 最后,校对视图,无错误后,按图线要求加深。 5. 编制件号、标注尺寸和焊缝代号 150 t 冷藏船$^{\#}6^{-350}$~$^{\#}15^{+100}$ 上甲板分段共编制 41 个件号,1~5 标注在主视图中,13~29 标注在肋位剖面图中,6~12 标注在一般位置剖面图中,30~40 标注在节点详图中,41 标注在 *A* 向视图中。 6. 编制明细栏,填写技术要求和标题栏 明细栏连接在主标题栏上方时,序号应自下而上填写(如果图样中设置单独的明细栏,则序号应自上而下填写)。当标题栏上方填写位置不够时,明细栏可移至标题栏左边自下而上继续填写。技术要求和说明等通常写在图纸的上方空白处,装订成册的图纸可写在第一页。标题栏中要填写分段结构图的名称等。	

参考文献

[1] 魏莉洁. 船舶结构与制图[M]. 北京:人民交通出版社,2006.

[2] 魏莉洁. 船舶与制图[M]. 北京:人民交通出版社,2002.

[3] 高靖. 船体识图与制图[M]. 哈尔滨:哈尔滨工程大学出版社,2010.

[4] 吴仁元. 船体结构[M]. 北京:国防工业出版社,1992.

[5] 刘雪梅. 船体各部位名称图[M]. 哈尔滨:哈尔滨工程大学出版社,2011.

[6] 杨永祥. 船体制图[M]. 哈尔滨:哈尔滨工程大学出版社,1995.